THE LOGIC OF AUDITING
FROM THE PERSPECTIVE OF SELECTION

审计的逻辑
基于选择的视角

李 洪 著

中国财经出版传媒集团

经济科学出版社

Economic Science Press

图书在版编目（CIP）数据

审计的逻辑：基于选择的视角/李洪著. — 北京：
经济科学出版社，2021.12（2023.3重印）

ISBN 978-7-5218-3102- 3

Ⅰ.①审⋯　Ⅱ.①李⋯　Ⅲ.①审计学　Ⅳ.
① F239.0

中国版本图书馆CIP数据核字（2021）第240623号

责任编辑：谭志军
责任校对：杨　海
责任印制：范　艳　张佳裕

审计的逻辑：基于选择的视角

李　洪　著

经济科学出版社出版、发行　新华书店经销

社址：北京市海淀区阜成路甲28号　邮编：100142

总编部电话：010-88191217　发行部电话：010-88191522

网址：www.esp.com.cn

电子邮箱：esp@esp.com.cn

天猫网店：经济科学出版社旗舰店

网址：http://jjkxcbs.tmall.com

北京鑫海金澳胶印有限公司印装

787×1092　16 开　29.75 印张　450000 字

2021年12月第1版　2023年3月第2次印刷

ISBN 978-7-5218-3102-3　定价：128.00元

（图书出现印装问题，本社负责调换。电话：010-88191510）

（版权所有　侵权必究　打击盗版　举报热线：010-88191661

QQ：2242791300　营销中心电话：010-88191537

电子邮箱：dbts@esp.com.cn）

　　注册会计师行业恢复重建40年来，在党中央、国务院的关心和支持下，坚决贯彻习近平总书记"以服务国家建设为主题、以行业诚信建设为主线"的要求，不断提升专业胜任能力和职业化水平，推动行业高质量发展，在提高经济信息质量、引导资源合理配置、优化企业治理结构、维护市场经济秩序和社会公共利益方面发挥了积极作用，成为发展社会主义市场经济、维护社会和谐稳定发展、为实现全面建设小康社会宏伟目标服务的重要力量。

　　党的十九大以来，国内外形势发生了重大变化，世界经济呈下行趋势。2020年突如其来的新冠肺炎疫情，使全球经济遭到重创，经济复苏困难。当前，我国经济发展进入新常态，着力构建以国内大循环为主、国内国际双循环相互促进的新发展格局，经济发展稳中向好。随着中央深化资本市场改革，加快全面实施注册制，提高资本市场直接融资比重决策部署的推进，资本市场迎来新一轮大发展。注册会计师行业作为"资本的眼睛"，面临新的发展机遇。尤其是上海证券交易所科创板开通、北京证券交易所的设立，为注册会计师从事证券服务审计业务提供了广阔空间。自2020年以来，仅IPO新股发行就达900余家，募集资金规模总额近万亿元，这是注册会计师行业难得的发展机遇。但近年来，行业在内部管理、市场秩序、人才建设、审计创新、职业道德等方面还不完全适应新发展新格局，面临的执业环境压力较大，导致审计失败时有发生，使得社会公众对注册会计师行业产生了"信任危机"，影响了行业高质量发展。

　　新时代赋予注册会计师行业新使命，新问题对注册会计师行业提出新挑战。如何重塑对审计的信任，关键是进一步提升行业专业服务能力，提供高质量的审计报告。本书跳出业务循环审计的传统模式，以"审计选择"的维度，树立新的审计思维，强调审计方法论及其应用，视角新颖、独特。审计选择贯穿于注册会计师执业的整个过程，注册会计师的审计活动，是一个不断选择并作出职业判断的过程。高质量的审计工作，源于注册会计师恰当的选择。审计的逻辑，就是选择合适的客户，由合适的执业人员，在恰当的时间和地点，选择实施恰当的程序，据以获取相关可靠的证据，得出正确的审计结论。

　　本书理论与实务并重，突出资本市场审计实践，针对一些共性问题进行了归纳总结和探索，直击审计实务痛点，便于审计人员理解和执行审计准则。书中的不少案例，来源于注册会计师审计中存在的共性问题，是注册会计师吸取经验教训的鲜活教材。如果执业人员能够以此为鉴，在此基础上融会贯通，举一反三，增强审计的洞察力和敏锐性，就能够避免犯类似的错误，从而进一步提高审计质量。

选择比努力重要！相信本书会对读者有所帮助。

大信会计师事务所（特殊普通合伙）
首席合伙人　胡咏华

前言

世界正经历百年未有之大变局，我国经济发展已由高速增长阶段转向高质量发展阶段。作为发挥财会监督职能和维护社会公众利益，服务国家经济建设的注册会计师行业，面对新的经济格局和监管态势，叠加突如其来的新冠肺炎疫情，执业环境发生深刻变化，加之影响审计质量的因素更加复杂，行业面临40年来的重大变局。首先，经济放缓的新态势，使得行业面临经营风险转化为审计失败的新风险。全球贸易摩擦和逆全球化下，世界经济呈下行趋势，经营困难导致企业舞弊动机增大，可能引发道德风险，操纵财务报表。其次，数字化下的新经济，审计模式面临适应客户变化的新挑战。因信息技术快速发展，推动经济社会向数字化迈进，数据成为驱动经济增长的重要要素资源。数字化也深刻地改变了注册会计师职业的模式，不论是审计理论还是实务操作，都对注册会计师提出了挑战。再次，日趋复杂的新会计，使从业人员面临职业判断的新考验。国际会计准则理事会（IASB）致力于构建全球统一的高质量会计准则，近年来对多项财务报告准则进行了重大改革，以重构国际准则体系。日趋复杂化的新准则，需要更多的职业判断，对注册会计师专业胜任能力提出了更高的要求。最后，注册制下的新监管，使得注册会计师面临审计责任的新压力。2020年3月1日，随着新《证券法》的实施，集体诉讼案件增多。近年来，司法实践中会计师事务所多被判决承担连带赔偿责任，且金额越来越大，行业面临的民事赔偿责任压力增大。

新变化和新格局下，注册会计师行业要实现高质量发展，必须进一步提高审计质量，降低审计失败对审计报告使用者的影响，缩小社会公众及利益相关者的"期望差距"。高质量的审计，需要科学的审计理论和方法为引领，深刻把握和理解审计的内在逻辑。其中，如何有效地进行审计选择，是提高审计质量和效率，防范和化解风险的重要途径。审计选择源于抽样审计方法论、企业经济活动的差异化和复杂性、原则导向的审计理念以及成本效益原则。如果说风险导向理念是审计的理论主线，那么审计选择是审计的实务主线。

会计是分类的艺术，审计是选择的艺术。审计活动是获取和评价证据的过程，在这个过程中，审计选择贯穿始终。审计的逻辑在于基于不同的样本、风险、程序、方法等，如何做出最优选择，以达到审计目标。注册会计师审计活动中的选择包括：选择客户、选择审计团队、选择重点审计领域、选择审计方法、选择审计程序、选择测试样本、选择审计证据、选择审计时间、选择关键审计事项、选择审计意见类型等，覆盖审计工作的整个流程。审计选择与职业判断相辅相成，审计选择需要并依赖职业判断，职业判断通过审计选择及工作底稿得以体现。审计选择恰当，能够使风险与审计资源实现最佳匹配，不仅能提高审计质量，还能够达到事半功倍，提高审计工作效率；审计选择不当，不仅浪费审计资源，还可能导致审计失败。

本书特点：一是视角新颖。能力比知识重要，方法比经验重要。注册会计师需要审计思维与会计思维并重，有一套方法论作为指导，本书以审计选择的视角提供了新审计思路和方法。二是内容全面。以审计选择的维度，涵盖了审计活动从客户承接，业务执行，直到出具审计报告的主要方面，内容翔实。全书按照审计流程的逻辑体系编排，但每部分内容相对独立，可单独阅读。三是实务性强。审计是一门实践性较强的科学，审计选择来源于实践，经总结提炼后指导审计实务。本书紧紧围绕审计准则，结合审计业务的具体场景，拓展审计准则的具体应用，具有较强的实务操作性。四是紧扣热点。财务舞弊与信息化，是当前行业的两大热点问题。本书以单独章节探讨识别财务造假的预警信号，选择采取有针对性的措施，并从理论与实务方面探索数字化时代的审计创新和审计选择新模式。五是案例丰富。学史明理，学史力行。全书选择了120余个审计案例，这些案例主要来源于公开披露的信息，具有典型性和学习借鉴意义。

在写作本书之际，国务院办公厅出台了《关于进一步规范财务审计秩序促进注册会计师行业健康发展的意见》（国办发〔2021〕30号），强调进一步规范财务审计秩序，切实加强会计师事务所监管，遏制财务造假，有效发挥注册会计师的审计鉴证作用。这是自2009年"国办56号文"以来，国务院又一次专门就注册会计师行业发展出台的政策，体现了党中央和国务院对行业发展的高度重视及殷切期望，是一个"历史的终结"，掀开了行业发展的新篇章。希望本书对注册会计师执业有所帮助，为提高行业审计质量，贯彻落实"国办30号文"尽一份绵薄之力。

愿与注册会计师同仁共勉！

李 洪

2021年11月于北京

目　录

第一章　概　　述

第一节　审　计　选　择

一、注册会计师审计活动

美国会计学会（AAA）将审计定义为："审计是一个系统化过程，即通过客观地获取和评价有关经济活动与经济事项认定的证据，以证实这些认定与既定标准的符合程度，并将结果传达给有关使用者。"在所有审计业务中，财务报表审计是注册会计师[①]最重要的业务，这个定义反映了注册会计师的审计活动具有如下特点：

一是审计的用户是财务报表预期使用者，审计鉴证可以用来满足财务报表预期使用者的需求。

二是审计的目的是改善财务报表的质量或内涵，增强除管理层之外的预期使用者对财务报表的信赖程度，以合理保证的方式提高财务报表的可信度。

三是合理保证是一种高水平保证，只要注册会计师获取了充分、适当的审计证据将风险降低至可接受水平，即为合理保证。由于审计存在固有限制，据以得出的结论和形成审计意见的证据多数是说服性而非结论性，因此，审计不能提供绝对保证。

四是审计活动的基础是独立性和专业性，需要由具备专业胜任能力和独立性的注册会计师执行，注册会计师必须独立于被审计单位和审计报告预期使用者。

五是审计的最终产品是审计报告，注册会计师对财务报表是否在所有重大方面按照既定的基础编制并实现公允反映发表意见，并以审计报告的形式传达。

---

① 注册会计师，指取得注册会计师证书并在会计师事务所执业的人员，有时也指会计师事务所除注册会计师外的其他审计人员。

舒惠好 [①] 认为，注册会计师审计活动具有鉴证、增信和增值三大职能。鉴证职能，是注册会计师最基本、最原始的职能，它源于企业所有权与经营权的分离，是市场经济发展到一定阶段的产物，是注册会计师与生俱来的职能。鉴证职能的本质是一种监督，它解决的不仅仅是股东与企业之间信息不对称及信息失衡问题，更是为了防范企业管理层出于自身利益考虑而可能做出的重大逆向选择与道德风险行为，注册会计师"生产"的审计报告是一种具有监督性质的产品。增信职能，是债权人、投资者通过财务报表了解企业的财务状况和盈利水平，为自身的具体经济决策寻找依据。注册会计师审计活动的增信职能解决的主要是企业外部利益相关者对自身财务报表的信心、信任和信赖问题，在一定程度上帮助企业与外部利益相关者建立信任关系。增信职能能够有效提高市场经济信息质量，提高社会资源配置效率。增值职能，是注册会计师在传统审计鉴证服务中为企业提供的一些增值服务。

要充分发挥注册会计师的职能，就必须提供高质量的审计报告，降低审计失败对审计报告使用者的影响，缩小社会公众及利益相关者的"期望差距"。高质量的审计，需要科学的审计理论和方法，深刻把握和理解审计的内在逻辑。其中，如何有效地进行审计选择，是提高审计质量和效率，防范和化解审计风险的重要途径。

案例 1-1

针对当前企业财务会计信息失真、上市公司财务造假等现象时有发生，注册会计师"看门人"职责履行不到位、行业监管和执法力度不足等问题，2021年7月，国务院办公厅出台《关于进一步规范财务审计秩序促进注册会计师行业健康发展的意见》（国办发〔2021〕30号），这是自2009年"国办56号文"以来，国务院又一次专门就注册会计师行业发展出台的政策。文件从依法加强从事证券业务的会计师事务所监管、严肃查处违法违规行为并曝光典型案例、加快推进注册会计师行业法律和基础制度建设、完善审计准则体系和职业道德规范体系、引导会计师事务所强化内部管理、规范银行函证业务等方面，进一步规范财务审计秩序，切实加强会计师事务所监管，遏制财务造假，有效发挥注册会计师的审计鉴证作用。

---

① 舒惠好，中国注册会计师协会副会长兼秘书长。

二、审计活动需要选择的原因

（一）现代审计方法论决定了需要审计选择

进入 20 世纪以来，企业规模的迅速扩大使得注册会计师对被审计单位全部交易进行逐笔审查不再现实，因此产生了在选择性测试的基础上进行审计的需要。抽样审计是现代审计理论最重要的基础之一，即运用概率论和数理统计方法，通过对样本的判断，推断出总体特征。从逻辑方法上讲，抽样理论属于归纳法，注册会计师从个别性或特殊性的前提，推导出一般性的结论。由于归纳法获得的结论总是或然性的，往往需要演绎法来补充。实际上，"证伪"或"证实"的审计方法论，是演绎法的思维，但具体的审计过程则是归纳法的运用，二者是辩证统一的。

审计抽样，就涉及样本的选择。样本的选择是审计工作最重要的内容之一，是开展具体审计测试的前提。样本选择是否合理，直接影响审计结论的恰当性。选择的样本特征不具有代表性，样本数量不具有广泛性，抽样方法不当等，就会产生抽样风险，获得的结论是或然性的概率较大，注册会计师根据样本得出的结论，与对总体全部项目实施同样的审计程序得出的结论存在差异的可能性越大，因而审计风险越高。因此，现代抽样审计的方法，决定了注册会计师需要进行审计选择。

（二）企业经济活动的差异化和复杂性需要选择性审计

不同企业的业务性质、经营风险、发展规模、诚信状况、治理结构、内部控制、管理水平等影响审计风险的因素存在差异，即使是同一企业，上述事项在不同时期也处于不断变化中，客观上需要注册会计师根据审计对象的具体情况，有针对性地选择审计重点。例如，两家业务相同和规模相当的企业，若管理层的诚信、内部治理等控制环境存在较大差异，则注册会计师在实施审计时，可能对控制环境较差的企业选择实施相对更多的程序，获取更多的证据，以降低审计风险。近年来，随着信息技术的发展，重塑了企业创造价值的环境，数字经济方兴未艾，企业规模迅速增长，经济事项日趋复杂，审计风险越来越大。面对审计环境的巨变，如何在纷繁复杂的海量审计事项中快速和精准地找到重点、难点和关键点，是注册会计师当下面临的最大挑战。传统的审计方法已经难以满足实务发展要求，审计职业界对拓展选择审计方法，创新审计技术的需求越来越迫切，这也是风险导向审计理念的需要。

（三）原则导向审计理念需要对审计事项作出选择

原则导向是相对于规则导向而言的，我国现行审计准则，因与国际准则趋同也采用了原则导向。原则导向的特点是较多职业判断、注重经济实质、不易被操纵，这显著区别于规则导向的操作性强、注重交易形式、易被利用的特点。原则导向的职业判断，本质上是一个不断选择的过程。虽然审计准则列举了很多关于审计程序执行、证据获取等方面的示例，多数会计师事务所制定了审计工作底稿模版，列示了"标准"审计程序，但并不表明这些示例必然属于规定动作，仍然是参考性的，需要注册会计师从中选取，有时候"标准"程序中可能没有应执行的程序，还要注册会计师创新一些审计程序。

（四）审计成本与风险管理的协调需要审计选择

注册会计师的审计意见提供的是合理保证，而非绝对保证。为了提供绝对保证而实施全面的详细审计，不符合成本效益原则。平衡协调审计质量与审计成本的关系，则需要进行审计选择。从事上市公司、债券发行等证券服务业务，风险较高，需要投入的审计资源多，选择实施的程序更多，以保证审计质量。小规模企业审计，则可以选择实施相对简化的审计程序。

三、审计选择的领域

审计活动是获取和评价证据的过程，在这个过程中，审计选择贯穿始终。审计的逻辑在于基于不同的样本、风险、程序、方法等，做出最优选择，以达到审计目标，实现审计对会计行为的再监督。在下列领域，注册会计师需要进行选择：

（一）选择审计客户

这是审计活动的起点，也是风险管理的关键。会计师事务所如何选择客户，取决于经营理念与风格，以及具体的风险与质量管理体系，是质量至上，还是规模优先。好客户的标准，是审计风险较小的客户，而不完全是经营绩效好的客户。当社会公众与注册会计师对于审计报告及其职业责任存在"期望差距"时，选择客户更加具有现实的重要意义，选择优质客户，远离问题公司是规避审计风险的源头。

（二）选择审计团队

审计选择的过程，同时也是注册会计师进行职业判断的过程，而职业判断需要专业胜任能力，选择、委派具有胜任能力的项目组成员是保证其他审计选择的前提。审计活动往往是集体行为，任何项目都不可能由一个人完成所有审计工作，需要根据被审计单位的规模、风险、时间要求等因素选派不同层次和级别的项目组成员，尤其是要选好关键角色，如项目合伙人、项目经理，他们是整个项目的组织者、领导者和质量管理的把关者，在整个项目中发挥核心作用。实务中，不少审计失败案例，表面上看是项目成员审计程序执行不到位，深层次原因在于项目组成员委派不合理，未能选择胜任能力与审计风险相匹配的项目团队。

（三）选择重点审计领域

注册会计师通过风险评估，识别重要风险事项，选择重点审计领域，并制定总体审计策略和具体审计计划作为应对措施，这是风险导向审计的基本逻辑。选择重点审计领域时，"重要性"的概念和运用非常重要，既影响样本的选择，也影响发现的错报是否需要调整，还影响审计意见的确定。当然，重要性的确定本身也需要选择基准，如总资产、净资产、营业收入、利润总额等的一定比例。选择重点审计领域，同时是识别风险的过程，需要进行大量的职业判断。重点领域的选择包括：首先，从主体范围中选择，如集团财务报表审计中，哪些组成部分（分、子公司）具有重要性；其次，从业务层面选择，哪些业务具有较高的风险；最后，从财务报表及账户和交易认定层面选择，哪些财务报表项目具有重要性，重要账户、重大交易、非常规重大交易等，一般属于重要审计领域。

（四）选择审计时间

注册会计师具备时空观对审计至关重要，选择恰当的时间对恰当的项目实施审计，有利于获取关键证据。一方面，注册会计师应选择确定项目的总体时间安排，风险评估、控制测试、实质性测试、报告撰写等各阶段工时预算，并进一步分解，特别是实质性测试，要保证收入、存货等重要项目的审计时间；另一方面，注册会计师应灵活选择具体项目的审计时间，包括期中测试、期末测试、接近期末测试、突击测试、期后测试等，不同时间点审计适用于不同情形，需要审慎选择。例如，突击测试是为了增加审计程序的不可预见性，广泛应用于观察、抽盘检查；风险较高的项目则一般适用于期末测试；期后截止日测试，是对关联资金过程占用，期末归还的有效方法。

（五）选择审计方法

审计方法是注册会计师为获取充分、适当的证据，实现审计目标所采取的技术手段。审计方法主要包括函证、监盘、分析性程序、检查、询问、重新计算、重新执行、观察等，实际审计中还可以进一步细分。如检查样本的选择方法，可采用判断抽样、统计抽样和任意抽样；对存货入账的完整性检查，可选择顺查法、逆查法；分析性程序，可选择比较分析法、比率分析法、趋势分析法；函证方法，可选择积极函证、消极函证。这些方法既可单独使用，也可以综合运用，取决于审计对象的性质。同时，审计方法的选择，还与财务报表项目的认定有关，即发生、完整性、准确性、截止、分类、列报，函证程序不能对计价和分摊的准确性作出认定，监盘程序不能对资产的所有权作出认定。如何选择审计方法，贯穿于注册会计师的整个审计工作。选择恰当的方法，有利于获取有效证据，做到事半功倍；审计方法选择不当，不仅影响审计质量，还浪费审计资源。

（六）选择审计程序

首先，对于被审计单位的各个组成部分，需要选择总体审计程序，是实施重点审计、一般审计、审阅，还是分析性程序。

其次，要选择恰当的工作底稿标准。实务中，会计师事务所会根据审计准则规定，制定若干套审计工作底稿，如通用工作底稿、证券业务工作底稿、金融企业工作底稿、小规模企业工作底稿，以及施工行业、房地产行业、商业零售等特定行业工作底稿，不同底稿设计了相应的标准程序，如制造业与房地产的存货审计程序，差异很大。

最后，针对认定层次的账户或交易，需要选择具体的审计程序。以收入审计为例，常规的程序主要为抽取样本进行检查，核对合同、运单、发票、收款等信息是否相符，以判断交易的真实性。但是，如果收入风险较高，可能还需要选择追加审计程序，如向交易对手进行函证，即交易性询证函。如果收入风险特别高，涉及关联交易非关联化，或者可能存在虚构交易，注册会计师还需要进一步选择访谈交易对手、追踪实物流转、终端销售情况、核查资金流水等穿透审计。

审计程序的选择，与行业特征、业务性质、风险状况相关，程序实施的详与略，取决于注册会计师对风险的评估水平。

（七）选择测试样本

样本选择涉及两个方面：第一，抽样方法的选择。是选择随机抽样，还是非随机抽样，若选择随机抽样，进一步需要选择简单随机抽样、系统抽样、分层抽样、概率规模比率抽样等方法；若选择非随机抽样，是进行随意选样，还是判断选样。抽样方法的恰当性，直接影响抽样风险。第二，具体账户余额和交易样本的选择。从财务报表角度看，多数报表项目都涉及测试样本选择，如货币资金样本、存货样本、销售费用样本等；从审计方法角度看，分为检查样本、函证样本、监盘样本等。样本选择，最能体现注册会计师审计工作的逻辑思维，也是保证审计质量的基础。样本选择不合理，后续分析误差、推断误差、得出审计结论等则不一定准确，即产生抽样风险。

（八）选择审计证据

注册会计师审计过程中，获取的哪些资料应作为证据形成审计工作底稿，选择的标准是证据的充分性和适当性。实务中，有的注册会计师复印大量被审计单位总账及明细账、记账凭证、销售和采购发票、银行流水、格式化合同协议等作为工作底稿，这些资料并不能有效支持审计结论，属于无效或低效证据。工作底稿并不是越多越好，注册会计师不应成为"复印机""留声机"，不加选择地收集大量缺乏证明力的资料作为底稿，既浪费审计资源，又无助于审计风险控制。审计证据选择，必须要与审计目标、审计结论建立因果关系，要有证明力，并非多多益善。审计准则要求，错报风险越大，需要的证据越多；证据的质量越高，需要的证据越少。对于重大风险事项，应当获取关键证据，必要时需要选择获取其他证据相互印证。

（九）选择关键审计事项

根据《中国注册会计师审计准则第 1504 号——在审计报告中沟通关键审计事项》的规定，注册会计师应确定关键审计事项，并在对财务报表形成审计意见后，以在审计报告中描述关键审计事项的方式沟通这些事项。关键审计事项主要涉及两个方面的选择：一是选择哪些事项作为关键审计事项，需要注册会计师选择出重大错报风险较高的领域或识别出的特别风险、涉及重大管理层判断，以及重大交易；二是选择关键审计事项的数量，要将对财务报表审计最为重要的事项确定为关键审计事项，数量不宜过多，过多不能体现"最"重要，但通常也不能没有关键审计事项。

（十）选择审计意见类型

注册会计师所有的审计选择，都是为了最终选择，即审计意见的选择。注册会计师需要根据获取的证据，选择恰当的审计意见类型，包括标准无保留意见、保留意见、否定意见和无法表示意见，以及其他带解释性说明段意见的审计意见。审计意见是保护注册会计师的最后防线，如果选择不当，将给会计师事务所带来重大风险，甚至其他所有的审计选择都将归零。

四、审计选择与会计选择的区别

选择无处不在。例如，经济学就是在做"选择题"，一方面，世界上所有的资源都是有限的、稀缺的；另一方面，人们的欲望却是无穷的。在有限的资源和无限的欲望间，如何让资源实现最优配置，这需要根据成本—收益等原则进行选择的问题，诺贝尔经济学奖得主布坎南把新古典经济学称为"选择科学"。

与审计最为相关的会计学，也是一门需要选择的学科，两者选择既有相同点，也存在区别。同审计准则一样，现行会计准则也是原则导向，既然是原则导向，就必然存在选择。例如，经济业务在会计确认、计量、报告和披露等方面存在大量选择，包括会计政策选择、会计估计选择等。原则导向下都存在选择，这是审计选择与会计选择的共同之处。

不同于会计准则的原则导向，审计准则的原则导向不存在界限分明的"对"与"错"的问题。不同被审计单位相同的经济业务，注册会计师可以根据风险评估结果，选择实施不同详略的审计程序。会计核算则不然，虽然可以选择会计政策和会计估计，但相同的经济业务应采用一致的会计处理，以增强会计信息的可比性。虽然均为原则导向，但审计选择较会计选择更加灵活、选择的事项更多，职业判断的空间更大。此外，会计比较重视"分类"，将不同经济业务归入财务报表中的"六要素"中，并进一步按照流动性、功能性等不同维度对资产负债、成本费用分类；审计比较重视选择，几乎所有的审计活动都需要选择。所以，如果说会计是一门分类的艺术，那么审计则是一门选择的艺术。

第二节　审计选择与职业判断

一、审计职业判断

审计活动的职业判断是一种高级别的心理认知行为，是注册会计师最有价值的活动，也是注册会计师职业的精髓。

首先，注册会计师的职业活动由一系列的职业判断构成。注册会计师的工作对象是经济现象和数据，其工作成果是系统化的财务信息和审计报告，职业判断贯穿审计对象的始终。交易实质、资产减值、使用年限属于会计判断；确定审计重要性水平、识别和评估重大错报风险、对会计问题判断的再判断、确定审计意见类型等属于审计判断；是否违背独立性原则属于职业道德判断。

其次，职业判断是注册会计师胜任能力的核心。每个人、每个行业都离不开判断，只是注册会计师面临判断的情形更频繁、更大量、更复杂，更为公众所倚重。

最后，职业判断是执业标准的内在要求。职业标准是规范注册会计师职业活动的技术标准和行为标准，它本身就是一种职业判断，无论是会计标准，还是审计标准，本质上是注册会计师职业作为一个集体所进行的判断。职业标准的运用，离不开职业判断，尤其是原则导向准则下，没有针对具体问题的规定，这就需要注册会计师根据原则和原理作出判断，即使有具体规定，也需要对这些具体规定的适用对象、适用范围作出判断。

二、审计选择与职业判断的关系

审计选择与职业判断，两者相辅相成，是一个问题的两个方面，共同帮助注册会计师完成审计执业活动。

一方面，审计选择需要依赖职业判断。面对纷繁复杂的审计资料，注册会计师可供选择的方案、标准、程序、证据多种多样，需要作出决策。只有高水平的职业判断能力，才能实现高质量的审计选择结果。在这个过程中，注册会计师需要有两种精神：一是探究精神，像哲学家一样思考问题，保持职业怀疑，多提问，多猜测，甚至是想象，追查经济业务的实质，核查交易的真相；二是批判精神，不能轻信被审计单位提供资料的真实性，简单地采取拿来主义，要通过核查"宣称的事实"、澄清概念、推理验证，从而去伪存真，决定采用哪些审计证据，据以得出相应的审计结论。如果职业判断不当，将直接影响审计选择。例如，在承接客户时，低估管理层诚信对于审计风险的影响，明知管理层存在不诚信行为，仍然承接其审计业务，这种不当选择为审计失败埋下了隐患。又如，注册会计师抽样审计如果存在职业判断不当，可能导致"误受风险"或"误拒风险"，带来的直接后果：要么多选择样本，实施不必要的额外审计程序，浪费审计资源；要么样本选择量不足，审计证据不充分，导致注册会计师发表不恰当的审计意见。再如，对于存在舞弊迹象的事项，如果注册会计师缺乏探究和批判精神，完全听信于管理层的解释，进而作出执行常规程序的职业判断，导致审计选择的后果可能非常严重，由于审计的深度不够而难以发现被审计单位的错报，引发审计失败的风险很高。这时的审计选择，并非注册会计师的理性决策行为，而是一种随机漫步式的决策模式。例如，实务中，有的注册会计师抽样检查缺乏样本选择依据，随意抽取会计记录进行检查，实际上就是一种随机决策方式。因此，离开了职业判断，审计选择将成为无水资源，毫无意义。

另一方面，职业判断通过审计选择及工作底稿得以体现。《中国注册会计师审计准则第 1131 号——审计工作底稿》规定，注册会计师应记录实施的审计程序和获取的审计证据，包括按照审计准则和相关法律法规的规定实施的审计程序的性质、时间和范围，审计中遇到的重大事项和得出的结论，以及在得出结论时作出的重大职业判断。因此，注册会计师职业判断过程应反映在审计选择中，这能够解释注册会计师得出的结论并提高职业判断的质量，也有利于各级复核人员复核工作。例如，注册会计师在选择不对某些银行账户实施函证程序时，应作出不予函证理由的职业判断，并记录于银行存款项目审计工作底稿。又如，注册会计师选择确定关键审计事项，或确定不需要沟通关键审计事项时，应当将作出决策的职业判断记录于工作底稿。实务中，有的注册会计师不注重审计记录，没有将与职业怀疑、舞弊迹象等相关的审计选择事项的职业判断记录在审计工作底稿，涉及注册会计师行政责任或民事赔偿责任等审计责任时没有证据支持，存在较大的法律风险。

三、审计选择的差异化

只要存在选择，就需要判断，而判断就可能存在差异。审计选择的差异体现在两个方面：一是同一个注册会计师，对不同的审计项目或事项，作出的审计选择可能存在差异；二是不同的注册会计师，对同一审计项目或事项，作出的审计判断可能不同。前者比较容易理解，不同审计项目的风险有别，注册会计师选择测试的样本、实施的程序和获取的证据不同，这正是风险导向审计理念的反映。后者所反映的差异，就是诺贝尔经济学奖获得者丹尼尔·卡尼曼所称的"噪声"。他认为，"噪声"是判断中不必要存在的变异，它无处不在，哪里有判断，哪里就有"噪声"。例如，司法判决里"同罪不同罚"就是典型的"噪声"。由于法官大都拥有自由裁量权，同样的罪行，有人被判处 5 年有期徒刑，有人却被判处缓刑。审计执业中，由于注册会计师在准则框架内拥有"自由选择权"，必然存在选择"噪声"带来的差异化。

理论上，完全理性的注册会计师，如果都按照审计准则的要求实施审计，应不存在审计选择差异，但实际执行几乎不可能没有差异。审计选择差异化，可能受到以下因素的影响：首先，注册会计师个人能力。能力不同，作出的审计选择不同，且通常能力较强者作出的选择更准确，这是显而易见的。其次，注册会计师所处环境，如所在会计师事务所的质量文化。如果注册会计师处在重视审计质量，且其审计行为受到严格的监督情况下，该注册会计师会更加慎重地作出审计选择，以免审计质量不被所在单位认可。最后，执业规则。执业规则越详细，注册会计师需要作出的判断越少，相应地，不同注册会计师作出的审计选择差异也越小，反之亦然。注册会计师行业高质量审计，应当减少"噪声"，缩小审计选择的差异化，使得注册会计师之间的选择更趋向于"均值"。当然，这个"均值"越大越好，越大表明注册会计师的职业判断越准确。审计实务中，既不能因少选、漏选、误选导致审计不足，使得注册会计师不能发现重大错报风险，也不能因多选导致审计过度，使得注册会计师实施不必要的审计程序。审计选择的最佳状态，是实现效率与成本的平衡，这也是审计选择的意义所在。

此外，审计选择的差异性还体现在"单选"与"多选"上。所谓单选，是会计师事务所或注册会计师只有一个选项。例如，项目团队成员委派中，选择项目合伙人时，通常委派一位合伙人作为项目合伙人，代表会计师事务所在审计报告上签字；又如，选择审计意见时，注册会计师根据所获取的证据，只能选择一种审计意见。所谓多选，是会计师事务所或注册会计师可有多个选项。例如，审计程序的执行，往往需要选择多项审计程序及方法，审计证据的获取，一般是证据组合。审计实务中，大多数审计选择是多选。不论是单选，还是多选，都需要注册会计师作出职业判断。如果是单选，选择不当导致的后果可能非常严重。试想项目合伙人不具备胜任能力，如何能够确保审计质量？应出具非无保留审计意见，但却选择了标准无保留审计意见，这意味着审计失败。如果是多选，注册会计师要根据审计目标要求，按照重要性形成一个多选项。特别需要注意的是，不能遗漏关键审计要素，如应收账款审计，函证是必须执行的关键程序；存货审计，监盘是必须执行的关键程序。

第二章　影响审计选择的因素

审计风险和注册会计师胜任能力是影响审计选择的两大因素。审计风险多为定性描述，有的也可以计量。重要性即为计量审计风险的标尺，故重要性是衡量审计风险的一种方式。对注册会计师而言，风险大的事项当然重要，重要的事项可能实际风险并不大，但从职业怀疑角度，注册会计师会假定其风险大。审计风险的载体是客户，胜任能力的载体是注册会计师，两者是"盾"和"矛"的攻防关系，共同影响审计选择。审计风险越大，需要选择的程序和获取的证据越多，越需要选择胜任能力强的注册会计师。

第一节　审　计　风　险

一、审计风险模型

审计风险是对含有重大不实事项的财务报表产生错误判断的可能性，它包括两方面的含义：一是注册会计师认为公允的财务报表，但实际上却是错误的，即已经证实的财务报表实际上并未按照会计准则的要求公允反映被审计单位的财务状况、经营成果和现金流量变动情况，或以被审计单位审查范围中显示的特征表明其中存在重要错误而未被注册会计师察觉的可能性；二是注册会计师认为错误的财务报表，但实际上是公允的。审计是识别风险、应对和处理风险的过程，是注册会计师进行审计选择的首要依据。审计风险包括固有风险、控制风险和检查风险，它们之间的关系为：

$$PAR = IR \times CR \times DR$$

式中，PAR 表示可接受的审计风险；IR 表示固有风险；CR 表示控制风险；DR 表示检查风险。

（一）固有风险

固有风险是在不考虑内部控制有效性的情况下，评估存在重大错报可能性的程度。如果在没有内部控制的情况下存在错报的可能性高，则固有风险就高，反之，固有风险就低。固有风险与检查风险呈反向关系，固有风险越高，因为要选择执行更多的审计程序，获取更多的证据，因而检查风险较低；固有风险越低，由于注册会计师认为存在重大错报的可能性较小，选择执行的审计程序和获取的证据较少，检查风险相对较高。

（二）控制风险

控制风险是指某类交易、账户余额或披露的某一认定发生错报，该错报单独或连同其他错报是重大的，但没有被内部控制及时防止或发现的可能性。同固有风险一样，控制风险与检查风险呈反向关系，而与审计程序实施及证据数量之间是正向关系。

（三）检查风险

检查风险是审计证据没有发现可容忍错报的风险。将审计风险模型变换为：DR=PAR/IR×CR，即检查风险取决于审计风险模型中的其他三个因素，任何一个因素的变化，均会导致检查风险的变化。检查风险与选择执行的审计程序以及获取的证据数量呈反向变化，如果检查风险低，注册会计师需要获取的证据更多，反之，需要获取的证据相对较少。

（四）可接受的审计风险

审计风险，或称可接受的审计风险，是注册会计师经审计后，能够接受财务报表仍然存在重大错报的可能性程度。当可接受的审计风险确定为低时，意味着注册会计师有把握确信财务报表不存在重大错报，通常采用保证程度表达。例如，5%的可接受审计风险，表明注册会计师有95%的把握保证财务报表没有重大错报风险。

二、影响审计风险的因素

影响审计风险的因素，同时也是影响审计选择的因素。在审计风险模型中，固有风险、控制风险和接受的审计风险需要独立评估，而检查风险则完全依赖于其他三类风险。

（一）影响固有风险的因素

（1）行业特征。固有风险与企业所处行业有关，业务复杂、不易监控等行业固有风险较大，例如，农、林、牧、渔、餐饮等以现金交易为主的行业，如果没有内部控制，企业发生错报的风险将非常高；又如，银行、保险、证券等金融行业，经营业务直接与"钱"相关，且经常涉及复杂的交易结构或衍生业务，固有风险较高。不要说没有内部控制，即使建立了较为完善的内部控制体系，只要某个内控环节出现缺陷，都可能出现错报，甚至发生舞弊。所以，金融机构对内部控制的要求最为严格，风险管理水平也最高。固有风险是会计师事务所选择客户的重要考虑因素，如果固有风险较高，则会计师事务所需要审慎评估选择客户。实务中，有的会计师事务所在关于承接与保持客户政策中，涉及农、林、牧、渔、餐饮的行业不予承接，这是从审计的固有风险程度作出的选择。

（2）具体业务特征。从账户余额和交易认定层面，注册会计师预测在财务报表中哪些部分最有可能发生错报，哪些部分最不可能发生错报，这直接影响其他审计选择。例如，某些账户的固有风险受被审计单位的业务特征影响，比如电子信息制造商存货陈旧过时的可能性大于钢铁企业，因而电子信息制造企业的存货固有风险较高。

（3）首次承接还是连续审计。如果是首次承接，由于缺乏对被审计单位的了解，注册会计师通常将固有风险确定较高。随着对被审计单位的了解和经验的积累，后续审计固有风险水平逐步下降。

（4）以前年度审计结果。由于不少错报在特征上具有系统特点，且被审计单位从组织改变到完全消除错报往往是缓慢进行的，因而以前年度审计发现的错报在本年度再次发生的可能性较高，这些领域固有风险较高。例如，如果注册会计师以前年度审计中发现存货计价方面存大量错报，则这个方面的固有风险较高；如果注册会计师过去几年对某些账户或交易未发现错报，则在相关环境不变下，可降低这些方面的固有风险。

（5）关联方及交易。关联方之间的交易不是"独立交易"，错报的可能性较大，导致固有风险上升，这在我国社会环境下比较突出。

（6）非常规业务。被审计单位不经常发生的业务比日常业务更有可能被错误记录，因为企业缺乏记录新业务的经验。

（7）需要进行较为复杂估计和判断的领域。有的账户余额需要管理层作出大量估计和判断，如坏账准备的计提、银行贷款资产拨备计提、产品售后维修服务预计负债确认等，这些账户的固有风险较高。

（8）舞弊相关因素。舞弊属于特别风险，有的注册会计师将对舞弊风险的评估从审计风险模型中单独分离出来，审计时也形成单独的工作底稿。

（9）总体构成。构成总体的单个项目通常也影响注册会计师对重大错报的预期，例如，大部分应收账款都超过信用期，相较于大部分欠款均在信用期内的固有风险相对高。

（二）影响控制风险的因素

美国反虚假财务报告委员会下属的发起人委员会（COSO）① 发布的《内部控制整合框架》，描述了内部控制体系的"五要素"，即控制环境、风险评估、控制活动、信息沟通、监督，内部控制框架模型如图 2-1 所示。

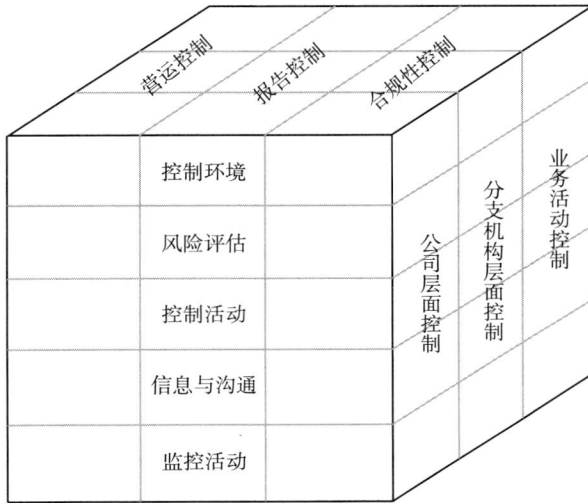

图 2-1　COSO 内部控制框架模型

资料来源：Internal Control Integrated Framework（2013）.

自 1992 年 COSO 发布《内部控制整合框架》以来，该框架在全球范围内获得广泛的认可和应用，多数企业按照该框架建立内部控制体系。2013 年，COSO 对该框架进行了修订，重要变化之一是将"五要素"中的控制环境从模型的最底层移到了最上面，这个变化强调控制环境及管理层的引领作用，其是组织有效运行的牵引者，而不仅仅是基础性作用。

控制环境对审计风险具有系统性、根本性的影响，若控制环境出现问题，如管理层凌驾于内部控制之上，则财务报告发生舞弊的风险极高。在我国现行企业治理环境下，控制风险通常较高，即使建立了内部控制制度，有时也形同虚设，某个人或管理层凌驾于内部控制之上的现象较为普遍，这主要是基于文化基因影

---

① 1985 年，由美国管理会计师协会、美国注册会计师协会、美国会计学会、财务经理人协会、内部审计师协会联合创建了反虚假财务报告委员会，旨在探讨财务报告中的舞弊产生的原因，并寻找解决方法。两年后，基于该委员会的建议，其赞助机构成立 COSO 委员会，专门研究内部控制问题。

响。维系一个组织运行的基础往往有三大因素：感情、权利和规则。在重血缘宗氏和邦族关系的文化背景下，不少企业以感情和权利为主，以规则为辅，这是内部控制难以有效运行的文化因素。

首先，以感情为主，人情大于内控制度，这在民营企业最为普遍。爱情，导致夫妻店，夫唱妇随，建立攻守同盟；亲情，产生家族企业，听从长者，关联企业众多，很容易发生关联资金占用等问题；友情，朋友之间互相帮助，如互相虚买虚卖做大收入、互相担保、资金拆借，这是串通舞弊财务造假的根源之一，也是注册会计师审计的难点。

其次，以权利为主，领导就是内控制度，这在民营和国有企业均较为普遍。中国长期以来的官本位思想，强调集权领导，下级服从上级。特别是个人的薪酬、晋升、职位往往与上司关系密切，谁的权利大，就听谁的，因为这跟自己切身利益相关，所以监督体系失效，权力不受约束，领导凌驾于内控之上甚为普遍。以上市公司内部治理为例，上市公司虽然建立了"五方"监督体系，即内部审计、监事会、独立董事、审计机构和行政监管，看似完善，实际运行并不容易到位，未按照内控"监督"要求执行，这是导致内控运行缺陷的重要原因。内部审计、监事会因独立性不够，作用微乎其微；独立董事因由主要股东提名，往往既不独立，也不"懂事"，甚至成为大股东的代言人，难以发挥维护中小投资者利益的作用；行政监管应当最有震慑力，但检查发现企业内控缺陷或舞弊时，强调支持企业发展，维护社会稳定，从轻甚至纵容上市公司违规行为，监督作用发挥不充分；审计机构监督总体有效，但对提升内控水平有限。因此，监督约束机制弱化，使得"舞弊"性质的内控运行盛行，且造成的后果往往十分严重。

最后，以规则为主，法治大于人治。西方社会倡导自由民主思想，要维系社会秩序，大家必须遵守规则，否则天下将大乱，所以形成了"三权分立"的国家和公司治理体系。由于中国文化不同于西方，靠行政等级维系的组织很发达，靠血缘亲情维系的组织也很发达，唯靠自由契约维系的市场组织不够发达，真正建立以规则为主的内部治理并不容易，需要逐步推进。

（三）影响可接受风险的因素

1. 外部使用者对财务报表的依赖程度

当外部使用者高度依赖财务报表时，注册会计师应降低可接受的审计风险水平，可能反映外部使用者对财务报表的依赖程度内容包括：企业规模，规模越大的企业，财务报表的使用者越广泛；所有权的分散程度，公众利益实体通常比少数股东持有的企业拥有更多使用者，相关者还包括监管部门、分析师和社会公众；债务的性质和金额，相比债务较小时，当财务报表存在大额债务时，更有可能被现有或潜在债务人使用。

国际会计师联合会（IFAC）下属的职业道德委员会于 2021 年发布《对上市实体和公众利益实体定义的修订》（征求意见稿），该征求意见稿对公众利益实体的定义主要考虑外部使用者情况，在这些实体财务报表中体现重大公共利益，考虑因素包括：

（1）业务或活动的性质，如对公众具有财务义务实体的主要业务；

（2）实体是否受到法规的监管，以保证对实体能够履行财务义务的信心；

（3）实体的规模；

（4）实体所在行业的重要性，包括如果实体发生财务失败时，被替换是否容易实现；

（5）利益相关者的数量和性质，利益相关者包括投资人、客户、信贷方和雇员；

（6）在实体发生财务失败时，对其他行业和整体经济的潜在系统性影响。

2. 审计报告出具后，被审计单位发生财务困难的可能性

如果被审计单位在注册会计师出具审计报告后发生经营困难，导致巨额亏损、无法偿还债务、破产等，以及由此引发的股价下跌，那么遭受损失的利益相关者趋向于向注册会计师索赔，而不管其审计工作是否勤勉尽责。这种情况在债券发行、企业股权融资、并购重组交易等审计业务领域可能发生。虽然经营失败属于被审计单位的会计责任，不属于审计责任，但注册会计师的审计工作难免十全十美，在结果导向的问责惯例下，很难完全免责。这种情况下，注册会计师应降低可接受的审计风险，获取更多的证据，防范因被审计单位经营失败而导致的诉讼。

注册会计师在选择审计客户时，需要具有一定的前瞻性，能对被审计单位的经营失败作出预判。例如，关注流动性状况，如果被审计单位持续出现现金和运营资本短缺，可能在未来存在支付困难；关注再融资能力，当经营状况越差，被审计单位越依赖于举债作为融资手段，发生财务困难的风险越大；关注经营特征，特别是某些经营业务风险较高，如依靠单一产品的公司破产的可能性比多种产品的公司可能性大。

案例 2-1

A公司主要经营瓦楞纸板及纸箱加工和销售，2015年在全国中小企业股份转让系统挂牌，成为新三板挂牌企业。2016年6月，B公司与A公司签订股份定向增发协议，B公司向A公司增资3 000万元，并于当年完成增资，成为挂牌企业第二大股东。因经营环境变化及管理不善原因，A公司挂牌后收入持续下滑，2020年经营陷于停滞，股价从3元/股跌至0.2元/股。

2021年6月，B公司以A公司在挂牌期间及挂牌后存在"两套账"、账外借款等财务报告虚假记载为由，将负责挂牌申请文件制作的中介机构，包括证券公司、会计师事务所、律师事务所等起诉至北京市金融法院，要求这些中介机构赔偿其损失。尽管A公司、会计师事务所及其他中介机构均未受到相关部门任何处罚，B公司的投资损失是被投资企业经营风险所致，但为了挽回损失而起诉中介机构。证券虚假陈述采取举证责任倒置方式，注册会计师需向法院提供审计工作底稿，证明自己已经执行了恰当的审计程序，获取的证据支持审计结论。如果审计工作存在问题，将面临较大的法律责任。

3. 管理层的诚信

若管理层缺乏正直诚信，使得发生重大错报的风险增大，注册会计师应将可接受的审计风险评估为更低水平。

三、风险与审计选择

风险与审计选择相伴相生，风险状况影响注册会计师选择客户、选择重要性水平、选择拟执行的审计程序、选择证据数量和质量、选择委派项目组成员等，风险程度与审计选择之间的关系如表2-1所示。

注册会计师审计选择的结果是为了获取证据，而风险与证据间存在内在联系，由于难以通过定量的方式计量风险与证据之间的数量关系，实务中，注册会计师通常以高、中、低程度表达二者之间的关系。风险与审计证据之间的关系如表2-2所示。

表2-1

风险程度与审计选择关系

风险程度	客户承接	项目成员选派	复核人员选派	重要性水平	总体审计思路	测试样本量	拟执行的审计程序	审计证据	审计时间	审计方法	审计报告意见
低风险	承接	常规选派	若不属于公众利益实体等强制要求实施质量复核，可不委派复核人员	高	适当简化审计、审阅或分析性程序	少	少	较少	正常时间审计	单一方法或较少方法	正常决策审计意见
中风险	审慎承接	选派具有相应经验的项目成员	常规复核	中	常规审计	中	中	中	期末、期中审计	多种方法	正常决策审计意见
高风险	审慎承接和保持，如果没有相应胜任能力人员，不承接和保持	配备更有经验的审计人员，特别是项目合伙人和项目经理必须具有胜任能力	选派具有丰富经验的复核人员，实施重点复核	低	重点审计	较多	更多审计程序，包括延伸审计	更多审计证据	期末、期中审计，并增加审计时间的不可预见性	综合利用各种方法，必要时利用专家工作	审慎评价证据后决定审计意见类型，特别考虑风险导向审计不能落地对审计意见的影响

资料来源：笔者整理。

表2-2

风险与审计证据之间的关系

情形	可接受的审计风险	固有风险	控制风险	检查风险	需要的审计证据量
1	高	低	低	高	少
2	低	低	低	中	中
3	低	高	高	低	多
4	中	中	中	中	中
5	高	低	中	中	中

资料来源：笔者整理。

表 2-2 中，情形 1：注册会计师对某账户或交易设定高风险，同时注册会计师认为财务报表存在错报的风险低并且内部控制有效，因此计划的检查风险定为高是恰当的，其结果是需要的审计证据数量少。

情形 3：与情形 1 相反，如果固有风险和控制风险都很高，同时注册会计师又希望审计风险低，则需要大量的审计证据。

情形 2、情形 4、情形 5：三种情形介于情形 1 与情形 3 两种极端情况之间。

案例 2-2

注册会计师对某公司审计中，拟定了各循环在不同的风险状况下审计证据数量，如表 2-3 所示。

表 2-3 各循环对审计证据数量差异

序号	风险	销售与收款循环	采购与付款循环	工薪与人工循环	存货与仓储循环	投资与筹资循环
1	考虑内部控制之前对重大错报预期的评估（固有风险）	预期存在一些错报（中）	预期存在许多错报（高）	预期存在较少错报（低）	预期存在许多错报（高）	预期存在较少的错报（低）
2	对内部控制预防或发现重大错报有效性的评估（控制风险）	中等有效（中）	高度有效（低）	高度有效（低）	低效（高）	中等有效（中）
3	完成审计仍然存在重大错报的愿意接受程度（可接受审计风险）	低接受程度（低）	低接受程度（低）	低接受程度（低）	低接受程度（低）	低接受程度（低）
4	计划获取的审计证据数量（计划检查风险）	中等水平（中）	中等水平（中）	低水平（低）	高水平（低）	中等水平（中）

说明：（1）在不同循环中预计错报发生的频率和规模不同。例如，在工薪与人工循环中预计几乎没有错报，而在存货与仓储循环中则存在许多错报，因为工资为重复性行为，而存货记录则较为复杂。

（2）内部控制的有效性在各循环中存在差异，工薪与人工循环的内部控制被认为高度有效，而存货与仓储循环内部控制则被注册会计师认定为低效。

（3）在完成各循环的审计工作后，注册会计师对于财务报表存在重大错报的愿意接受程度低，每个循环存在错报的可能性都被确定为低水平。

（4）在考虑前述风险后，注册会计师对选择审计程序和收集证据作出决策，例如，因为预计工薪与人工循环几乎不存在错报，并且内部控制有效，因此，拟获取的证据数量比存货与仓储循环少。

第二节　重　要　性

一、财务报表使用者决策与重要性

如果能够合理预期某项目被省略、错报或模糊可能影响通用目的财务报表使用者根据某特定报告主体提供的含有财务信息的财务报表作出的经济决策，则该项目具有重要性。重要性更多是站在财务报表使用者角度考虑，因为财务报表的目标是向使用者提供与主体财务状况、经营成果和现金流量相关的信息。相应地，注册会计师出具的审计报告，要对被审计单位的财务报表是否在所有重大方面按照既定的会计标准进行了公允反映，以发挥注册会计师对被审计单位财务报表可靠性的增信作用。这里所指的"重要性"，不仅仅是会计人员及注册会计师确定的重要性水平，而是达到并超过重要性水平的所有重要事项。

重要事项，既可以从投资者、债权人等财务报表使用者角度考虑，也可以从市场主体监管者判断，还可以从财务报表的编制者和注册会计师独立审计角度考察。不论从何种角度，重要性的本质内涵是一致的，都是服务和服从于决策有用性这一目标。以上市公司相关监管政策为例，不少规定涉及重要性，例如：

（1）《上市公司信息披露管理办法》规定，发生可能对上市公司证券及其衍生品种交易价格产生较大影响的重大事件，投资者尚未知悉时，应立即披露。重大事件包括：公司订立重要合同，可能对公司的资产、负债、权益和经营成果产生重大影响；公司发生重大债务和未能清偿到期重大债务的违约情况，或者发生大额赔偿责任；公司生产经营的外部条件发生重大变化；对外提供重大担保；变更会计政策、会计估计等。

（2）《公开发行证券的公司信息披露内容与格式准则第 2 号——年度报告的内容与格式》《公开发行证券的公司信息披露内容与格式准则第 3 号——半年度报告的内容与格式》规定，公司应单独披露重要控股子公司及参股企业（重要组成部分）经营情况，包括主要业务、注册资本、总资产、净资产、净利润等财务数据。如果来源于单个子公司净利润或参股企业的投资收益对公司净利润影响达到 10%以上，还应详细披露主营业务收入、主营业务利润等数据。该准则还要求，上市公司应披露报告期内发生的重大关联交易，关联交易累计超过 3 000 万元且占公司最近一期经审计净资产的 5% 以上的，应分别不同类型披露。

（3）《公开发行证券的公司信息披露编报规则第 15 号——财务报告的一般规定》规定，公司在编制财务报告时应遵循重要性原则，并根据实际情况从性质和金额两方面判断重要性。该规则还明确了很多具体重要项目的披露要求，如重要的税收优惠政策及依据、重要的应收款项、重要的预付款项、重要的逾期应收利息、重要的在建工程项目、重要的逾期借款、重要的应付账款、重要的预计负债、重要的合营或联营企业、重要的债务重组、重要的资产置换等。

（4）《首发业务若干问题问答》要求，发行人申请材料申报后，如出现会计差错更正事项，应充分考虑差错更正的原因、性质、重要性与累积影响程度，如果差错更正影响报告期内相应期间净利润或净资产比例达到 20% 以上，可能会被认为内部控制存在重大缺陷而不符合上市条件。

（5）《上市公司重大资产重组管理办法》规定，上市公司及其控制的公司购买、出售资产，达到下列标准之一的，构成重大资产重组：购买、出售的资产总额占上市公司最近一个会计年度经审计的合并财务会计报告期末资产总额的比例达到 50% 以上；购买、出售的资产在最近一个会计年度所产生的营业收入占上市公司同期经审计的合并财务会计报告营业收入的比例达到 50% 以上；购买、出售的资产净额占上市公司最近一个会计年度经审计的合并财务会计报告期末净资产额的比例达到 50% 以上，且超过 5 000 万元。

（6）《上海证券交易所股票上市规则》《深圳证券交易所股票上市规则》规定，上市公司发生的交易达到下列标志之一的，应当及时披露：交易的资产总额占上市公司最近一期经审计总资产的 10% 以上；交易的成交金额占上市公司最近一期经审计的净资产额的 10% 以上；交易产生的利润占上市公司最近一个会计年度经审计净利润的 10% 以上且绝对金额超过 100 万元；股权等交易标的在最近一个会计年度相关的营业收入占上市公司最近一个会计年度经审计营业收入的 10% 以上，且绝对金额超过 1 000 万元；股权等交易标的在最近一个会计年度相关的净利润占上市公司最近一个会计年度经审计净利润的 10% 以上且绝对金额超过 100 万元等。

（7）《上海证券交易所上市公司关联交易实施指引》规定，上市公司与关联人拟发生的关联交易达到下列标准之一的，应及时披露，还应提交董事会和股东大会审议：交易（上市公司提供担保、受赠现金资产、单纯减免上市公司义务的债务除外）金额在 3 000 万元以上，且占上市公司最近一期经审计净资产绝对值 5% 以上的重大关联交易。

（8）《上海证券交易所上市公司行业信息披露指引第 6 号——汽车制造》规定，上市公司整车制造业务收入占公司主营业务收入 10% 以上的，应单独披露整车经营业务相关信息，包括收入、成本、毛利等情况。

......

监管规则之所以要求上市公司及时披露重要事项，是因为这些事项影响投资者决策。很多重要事项最终结果都会反映到被审计单位财务信息中，不仅财务报表的编制者关注，注册会计师也应关注这些事项是否进行了正确会计处理，是否存在重大错报风险。会计准则的重要性与审计准则重要性二者具有趋同性，都是站在报表使用者角度考虑问题。因此，注册会计师作出审计选择时应考虑重要性，重要性是衡量审计风险的一种方式。对注册会计师而言，无论重要的事项实际风险大小，都应假定重要事项为高风险，这是审计选择考虑的一条主线。

二、审计选择考虑的重要性因素

具体而言，注册会计师在进行审计选择时，可能会关注重要性对下列方面的影响：

（1）选择重要性水平。重要性水平贯穿于注册会计师整个审计过程，是对审计风险的可接受程度、审计程序执行及证据获取的"指挥棒"。

（2）选择重要组成部分。集团财务报表审计中，注册会计师需要确定组成部分是否重大，包括财务重大性和性质特殊的组成部分，据以制定不同的审计策略，对重要组成部分实施重点审计，选择执行更多的审计程序，而对不重要组成部分选择常规审计程序，或者审阅、分析性程序。

（3）测试样本选择。样本选择包括单独选择测试、抽样选择测试等方法，注册会计师对单个重大的账户余额或交易，往往直接选取进行单独测试。即使是抽样，样本规模的确定也与重要性相关，以样本规模确定方式之一为例："样本规模 = 总体账面金额 / 可容忍错报 × 保证系数"，可容忍错报即为重要性的表现方式，直接影响样本选取数量。

（4）审计资源选择。重要性是配置审计资源的关键决策因素，会计师事务所根据审计项目的重要性委派相应经验的项目合伙人和项目经理，以及其他项目组成员，这是保证审计质量的基础；项目合伙人、项目经理根据财务报表不同项目的重要性，开展组织、督导、复核工作。在时间选择上，越是重要的项目，投入的审计时间越长，如存货是制造行业的重要项目，需要的审计时间往往较长。

（5）选择审计程序。对于重要程度不同的账户余额和交易事项，注册会计师选择执行的审计程序可能存在较大差异，如收入等重要的交易，如果存在异常交易，注册会计师不仅要执行检查等常规审计程序，还要执行函证程序，如果仍然不能消除疑虑，还可选择延伸审计，对被审计单位交易客户进行现场访谈，实地观察货物流转，追踪至最终用户等，必要时还要获取交易对手资金流水。

（6）选择审计证据。越是重要的事项，越需要执行更多的程序，以获取充分、适当的审计证据，证据数量与重要性呈正相关关系。

（7）审计调整选择。注册会计师发现的错报是否建议被审计单位调整，考虑的因素是重要性，如果已发现错报连同潜在错报超过注册会计师确定的重要性，则需要调整，直至将可容忍错报降低至可接受水平，而不是只要发现错报，不论金额大小均予以审计调整。因为低于临界值的明显微小错报，并不会对财务报表产生重大影响。

（8）选择关键审计事项。选择关键审计事项直接体现重要性及程度，因为关键审计事项是注册会计师从与治理层沟通的重要事项中，选出的"最重要"事项。

（9）选择审计意见类型。财务报表项目错报或受限的重要性程度，会影响注册会计师选择发表审计意见，如果错报或受限超过重要性水平，但未达到广泛性时，注册会计师应出具保留意见审计报告；如果错报或受限具有广泛性，注册会计师应出具否定意见或无法表示意见审计报告。

不论是监管政策，还是注册会计师的判断，不少重要性事项往往可以设定量化标准，以便于操作，这与风险难以量化计量显著不同。应当注意的是，注册会计师设定的量化指标，如重要性水平、组成部分财务重大性的标准等应合理，过大或过小都可能会影响注册会计师作出不恰当的审计选择。

此外，注册会计师对重要性的考虑还基于成本效益的权衡。审计业务活动始终贯穿着质量与效率之间的平衡，如果不考虑重要性实施详细审计，尽管能够最大限度地减少因未发现错报带来的风险，但详细审计带来高昂的成本最终将转嫁给投资者等财务报表使用者，这并不符合成本效益原则。因此，注册会计师必须考虑重要性，以实现质量与效率的平衡，将审计资源投向重大和最有可能存在重大错报风险的领域，相应减少其他不重要领域的审计资源。

三、风险、重要性与证据之间的关系

重要性与风险密不可分，风险是对不确定性的计量，重要性是对程度或规模的计量，两者结合起来，就是对特定程度金额的不确定性计量。例如，注册会计师计划获取证据，以使没有发现超过可容忍错报（重要性水平）265 000 元的错报风险只有 5%（可接受审计风险）。如果在说明中删除风险或重要性部分，那么将是毫无意义的。只说明 5% 的风险而不指出具体的重要性程度，意味着 100 元错报或 100 万元错报都是可以接受的；只说明 265 000 元错报而不说明具体的风险水平，则意味着 1% 的风险或 80% 的风险都是可以接受的。

尽管重要性与风险是不同的概念，具有不同的内涵，且重要的项目未必存在错报，但实务中，注册会计师往往将两者"等同"看待，因为数量上具有重要性的项目，如果发生错报，将会导致较大的审计风险，只有控制住了重大项目风险，才能将整个审计项目风险降至可接受程度。

可容忍错报、风险与所需审计证据之间的关系如图 2-2 所示。虽然可容忍错报不是审计风险模型中的组成部分，不直接也不影响风险，风险也不影响可容忍错报，但它们共同决定证据的数量。

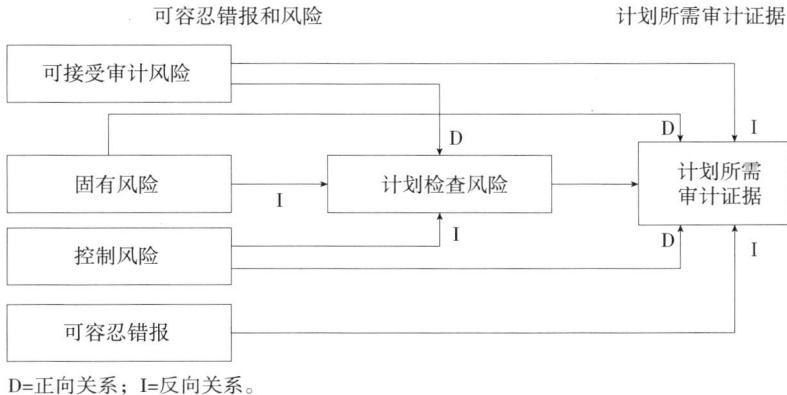

可容忍错报和风险　　　　　　　　　　　计划所需审计证据

```
┌─────────────────┐                              ┌──────────────┐
│  可接受审计风险  │──────────┐         D    I   │  计划所需    │
└─────────────────┘          │          ┌───────│  审计证据    │
┌─────────────────┐    I  ┌──────────┐  D       └──────────────┘
│    固有风险     │───────│计划检查风险│──────────       D    I
└─────────────────┘       └──────────┘
┌─────────────────┐    I       ↑
│    控制风险     │────────────┘
└─────────────────┘
┌─────────────────┐
│    可容忍错报    │
└─────────────────┘
```

D=正向关系；I=反向关系。

图 2-2 可容忍错报、风险与所需证据之间的关系

资料来源：笔者自绘。

第三节　职　业　素　质

审计选择是一个职业判断过程，而职业判断需要职业素质。也就是说，注册会计师的职业素质影响审计选择。高素质的注册会计师，能够准确作出与审计目标相关的审计选择，而能力不够的注册会计师，审计选择和实施结果可能与审计目标存在较大偏差，最终影响审计质量。职业素质包括职业价值观、职业道德、职业技能、职业判断和职业创新。

一、职业价值观

价值观是基于人一定的思维感官之上而作出的认知、理解、判断或抉择，职业价值观是对职业的认知和态度，以及对职业目标的追求和向往。注册会计师的职业价值观，最重要的是明确为谁执业的问题，这是审计选择的引领。

注册会计师是看重社会公众利益，还是看重经济效益，影响审计选择。例如，如果一味追求经济效益，那么注册会计师可能在选择客户时，若收费高就会努力争取承接，而将客户诚信、舞弊迹象等风险置之度外；在发现重大错报时，为了留住客户而"放水"，明知客户会计处理与会计准则及相关制度不符也不予以指明，依然出具标准无保留审计意见，甚至协助被审计单位进行财务造假，以取得经济利益。这样的职业价值观，必然影响注册会计师作出正确的审计选择。国家领导人对注册会计师行业的批示，要求行业紧紧抓住服务国家建设的主题和诚信建设的主线，"主题主线"是注册会计师的职业价值观，这是行业的立业之本，发展之基。

二、职业道德

道德是衡量行为正当性的观念上的标准，注册会计师职业道德的核心是独立性。注册会计师的独立性包括实质上的独立和形式上的独立：实质上的独立性是一种内心状态，使得注册会计师在提出结论时不受损害职业判断因素的影响，诚信行事，遵循客观公正原则，保持职业怀疑；形式上的独立性是一种外在表现，使得一个理性且掌握充分信息的第三方，在权衡所有相关事实和情况后，认为会计师事务所或审计项目团队成员没有损害诚信原则、客观公正原则或职业怀疑。保持独立性能够增强注册会计师保持职业怀疑的能力。《中国注册会计师职业道德守则》规定了影响独立性的情形，如经济利益、商业关系、为审计客户提供非鉴证服务、收费等，要求注册会计师不能因为自身利益失去公正。但是，人总是趋向于提升自己的利益，以满足自身的欲望。达尔文说："人生而自私"。在充满诱惑的资本市场审计领域，坚守职业道德，就是战胜自己的欲望，实现社会价值与商业价值的统一。诺贝尔经济学奖获得者米尔顿·弗里德曼曾说过，不读《国富论》，不知道怎样才叫"利己"，读了《道德情操论》，才知道"利他"是问心无愧的"利己"。

审计独立性问题，突出地体现在如何选择性地承接客户，当前资本市场的审计失败，有的并不是专业胜任能力问题，而是独立性问题，这在尚未实现一体化管理的会计师事务所时有发生，某位合伙人的行为可能影响会计师事务所的整体利益。例如，2018 年报审计中，某上市公司开出了 2 000 万元审计费聘请会计师事务所，前提条件是不能出具无法表示意见审计报告，而该公司之前年报审计费不到 200 万元。面对类似的诱惑，没有恪守职业道德作为保障，审计失败的可能性很大。

注册会计师违反职业道德，可能会严重影响审计选择，丧失客观公正性，甚至成为企业财务造假的协助者，这会造成非常严重的后果。《注册会计师法》《最高人民法院关于审理涉及会计师事务所在审计业务活动中民事侵权赔偿案件的若干规定》等规定，对于注册会计师违反职业道德的故意行为，若给当事人造成损失的，应承担连带赔偿责任。《刑法修正案（十一）》则规定，注册会计师故意出具虚假审计报告，需要承担刑事责任，且如果同时索取他人财物或者非法收受他人财物构成犯罪的，依照处罚较重的规定定罪处罚。

三、职业技能

职业技能是注册会计师解决专业问题、完成专业任务应当具备的能力，是专家职业最本质的特征，也是审计选择的关键。职业技能由职业知识支撑，实质上是运用职业知识的能力，会计、审计、财务、税务、法律和管理是注册会计师职业知识的核心。职业技能包括以下方面：

（1）智力技能。智力技能是注册会计师的认知能力，按照由低到高排序为认识能力、理解能力、应用能力、分析能力、综合能力、评价能力。

（2）技术和应用能力。包括数理能力、信息技术能力、决策建模和风险管理能力、计量和报告能力、遵循法规的能力。

（3）个人技能。这与注册会计师的个人态度和行为有关，例如，自我管理，具有创造力、影响力、自学能力，能够对有限的资源作出选择和配置，以保证应优先完成的工作，并且能够在决策过程中守持职业精神。

（4）人际沟通能力。有助于注册会计师基于组织的共同利益与他人共事，接受和传递信息，形成合理判断，有效作出决策。

（5）组织和管理能力。要求注册会计师具有广阔的商业视角、管理意识和全球视野，包括能够进行战略规划、项目管理、人力资源管理，能够组织分派任务、实施有效激励，具备领导力、判断力和洞察力。

陈毓圭[1]认为，信息技术在会计和审计领域的广泛运用，需要新型的注册会计师，主要体现在三个方面：一是创新会计系统的注册会计师，新的会计系统是建立在互联网和云平台上的会计系统，这个系统既需要依赖信息技术专家，也需要注册会计师的参与；二是在新的平台上工作的注册会计师，要求注册会计师能够操作新的会计系统，否则就难以开展审计工作，难以发现错报和防范审计风险；三是为企业提供创新服务的注册会计师，需要注册会计师能为客户提供更有效的决策支持。

注册会计师的职业技能中，会计方面的知识至关重要。审计活动是对会计问题的再判断，这个再判断依赖"知识"和"经验"。由于审计是对财务报表的编制是否符合既定标准（会计准则和制度）的判断，所以注册会计师必须熟练掌握会计核算规则相关知识，这是注册会计师的基本功。人类的一切知识来源于四个方

---

[1]　陈毓圭，前中国注册会计师协会副会长兼秘书长，现任中国证监会首席会计师。

面：一是感官，是信息的主要来源；二是理性；三是直觉；四是权威。所有知识的主要来源是感官，包括视觉、听觉、嗅觉。理性，即推理，是使用已知事实得出新事实的过程，主要的推理形式包括演绎法和归纳法。演绎法是从一个前提中得出一个或多个关于事实的陈述；归纳法是得出一般的解释性假说，以解释一组事实。直觉，是来自内心深处的知识，有时候是一种情感体验。权威，是来自他人的知识，阅读书籍获得的知识。对大多数人而言，科学知识主要来自权威。注册会计师获取与会计、审计相关的知识，主要通过上述四种渠道。而审计本身，虽然也有相应的方法论，但比较灵活，注册会计师需要根据不同的情形选择相应的审计程序和证据，更多的是凭借"经验"，经验丰富的注册会计师能够快捷找到实现审计目标的路径，尤其是对可能存在的舞弊导致的错报，仅熟悉会计准则是不够的。因此，只有将知识与经验有机结合，才能快速精准地作出审计选择。

例如，国际准则关于规范新的收入确认的准则，其篇幅长达 700 多页，极为复杂。我国于 2018 年修订了《企业会计准则第 14 号——收入》，新收入准则较原收入准则发生了实质性变化，包括合同的识别、履约义务及分拆、收入计量、时点法与时段法、总额法与净额法等关于收入确认与计量的相关规定，需要深刻理解准则精神实质，才能判断被审计单位收入确认是否符合新准则规定，这属于知识层面的技能。如果没有系统性地学习过新收入准则，可能会出现错误判断。又如，对于类似函证程序的审计工作，审计准则规定明确，且并不复杂，但为什么实务中频繁出现函证程序不到位的现象？主要原因在于注册会计师经验欠缺，对函证可能存在的风险环节缺少经验。

《中国注册会计师专业胜任能力指南（征求意见稿）》要求，注册会计师应当掌握的技术胜任能力领域及达到的熟练程度包括但不限于：

（1）财务会计和报告（中级）；

（2）管理会计（中级）；

（3）财务和财务管理（中级）；

（4）税务（中级）；

（5）审计与鉴证（中级）；

（6）治理、风险管理和内部控制（中级）；

（7）商业法律法规（中级）；

（8）信息和通信技术（中级）；

（9）商业和组织环境（中级）；

（10）经济学（基础）；

（11）商业策略与管理（中级）。

其中，审计与鉴证，相应的学习成果包括但不限于：

（1）描述执行财务报表审计所涉及的目标和阶段。

（2）使用中国注册会计师审计准则或适用的财务报表审计的其他相关审计准则、法律法规来执行财务报表审计。

（3）评估财务报表中的重大错报风险，并考虑其对审计策略的影响。

（4）应用审计业务中使用的定量方法。

（5）能够确定审计证据（包括相互矛盾的证据）的相关性，以为判断提供依据，做出决策并得出合理的结论。

（6）得出有关是否已获得充分、适当的审计证据的结论。

（7）阐明鉴证业务的关键因素以及与此类鉴证业务相关的适用准则。

随着中国企业的走出去，本土注册会计师也越来越多承办跨境审计业务，这对注册会计师职业技能提出更高要求。注册会计师执行跨境审计业务至少应具备下列领域的技术胜任能力：

（1）适用的会计准则和审计准则；

（2）多地点审计与集团审计的方法；

（3）适用的上市要求；

（4）适用的公司治理要求；

（5）适用的当地监管规定；

（6）全球的和当地的经济与商业环境。

四、职业判断

职业判断贯穿注册会计师审计的始终，是注册会计师的核心能力。如果职业判断能力不足，注册会计师就难以作出恰当的选择，实施的审计程序和获取的证据就不能支持审计结论。提高职业判断能力，不仅要求注册会计师具备相应的会计审计知识和执业经验，更重要的是有好的审计方法论。

当前，企业财务会计信息失真、上市公司财务造假等现象时有发生，这种涉及被审计单位舞弊行为导致的错报，对注册会计师职业判断能力提出了更高的要求，注册会计师需要审慎作出选择。

第一，树立一个思维，即哲学思维。哲学思维强调透过现象看本质，关注事物之间的内在逻辑联系和规律。注册会计师要秉持合理怀疑态度，关注交易是否具有商业实质。

案例 2-3

1961 年，莫茨和夏拉夫出版了《审计哲学》一书，第一次从哲学的高度系统地、科学地探索审计理论，为规范式审计理论的发展作出了开创性的贡献。《审计哲学》以抽象的科学（与审计相关的知识领域的基础即数学、逻辑学、形而上学等）为核心，并从这一核心中推出框架的最基层，即审计理论研究的哲学基础，进而提出审计假设；审计假设又为基本审计概念的形式和发展提供了基础，用于指导审计实务。

第二，用好一个准则，即舞弊准则。绝大多数审计失败都与客户舞弊有关。我国企业舞弊频发，尤其是串通舞弊，给注册会计师审计带来极大的审计风险。资本市场的审计，就是舞弊与反舞弊的斗争。注册会计师要用好《中国注册会计师审计准则第 1141 号——财务报表审计中与舞弊相关的责任》及相关准则，提高反舞弊能力。

第三，提高一个决策，即风险导向不能落地下的决策。企业系统性舞弊造假，注册会计师获取的"形式证据"往往很充分，虽然怀疑，但却无法进一步延伸穿透，导致风险导向审计不能最终落地。在这种情况下，要么放弃委托，要么出具非标准意见，要么"赌一把"出具标准意见。因此，在准确判断基础上，要有勇气作出正确的决策，切忌心存侥幸。

五、职业创新

信息技术快速发展，推动经济社会向数字化迈进，数据成为驱动经济增长的重要要素资源。数字化正在深刻地改变注册会计师职业的模式，即虽然审计目标没有变，但实现目标的方式、途径变化了，行业必须加快职业创新，提升职业素质，以适应数字经济发展，否则可能被技术进步而淘汰。

具体而言，注册会计师行业要在下列方面创新：一是会计师事务所管理体制要创新，要通过信息化手段，创新管理体制机制，实现一体化、扁平化、机动化管理。二是审计风险意识要创新，深刻理解数字经济不同于传统经济的风险，把握风险导向新趋势。三是审计工具与方法要创新，传统手工、作坊式审计已经无法适应数字经济下的审计环境，审计作业平台、大数据挖掘和分析工具、审计智能机器人、VR/AR 技术等已经越来越多地运用到审计实践，远程审计、联网审计、共享审计已快速推广。没有创新的审计工具和方法，注册会计师将被技术革命所淘汰。四是审计理论要创新，现行抽样审计已经难以适应海量数据，大数据全样本审计将改变审计方式和作业流程，审计证据由关注因果关系到识别相关关系。五是业务要创新，新技术为注册会计师创新业务发展提供了机遇，IT 审计与咨询服务成为会计师事务所新的增长点。六是人才结构要创新，引进计算机人员、数理统计人员，以实现人才结构的多元化，构建新的注册会计师胜任能力框架。七是行业监管要创新，如会计责任与审计责任的界限、数字化审计证据认定、报备系统的互联互通等。

注册会计师的职业素质是影响审计选择的根本原因，因为专业胜任能力不够而导致的审计失败，应承担何种审计责任？从原因的性质看，因注册会计师专业胜任问题导致的审计失败与故意导致的审计失败有区别，但如果从财务报表使用者角度，不管是因专业能力不够的过失行为，还是因为主观的故意行为，利害相关者关心遭受的损失，并不关心导致损失的原因。

2017 年以来，上市公司、新三板挂牌企业因为财务信息虚假记载（财务造假），被监管部门采取行政处罚近 200 家次，负责这些公司审计的会计师事务所被行政处罚 23 家次，占比 10% 左右。客户被处罚但会计师事务所未被处罚，可能是因为注册会计师按照准则执行了相应程序而仍未能发现被审计单位的虚假财务信息，即注册会计师不应承担审计责任。90% 的财务信息虚假记载案件（即使是剔除虚假记载当年，注册会计师出具了非无保留意见审计报告的情形，这个比例仍然很高）[①]，注册会计师都未能发现，这种现象是否反映了注册会计师的胜任能力或独立性存在问题？注册会计师的法律责任，强调注册会计师应不低于从事该职业的一般专业能力标准，如果注册会计师的专业能力普遍低于应有的要求，即从业人员的职业素质整体低于一般标准，如前述未能发现如此高比例的财务虚假信息，是否已经反映现行执业人员已经低于标准要求，这个行业是否还有存在的价值，这是值得探讨的。

[①]　黄世忠等《2010～2019 年中国上市公司财务舞弊分析》研究发现，注册会计师出具标准无保留意见的，从财务舞弊发生前一年的 82.3% 上升至财务舞弊发生当年的 84.96%，仅有 3 家上市公司在财务舞弊发生当年被出具了无法表示意见的审计报告。

第三章 客 户 承 接

客户是注册会计师审计工作的对象，也是审计工作的起点。把好入口关，防止"病从口入"，是质量管理的关键环节。不同会计师事务所其业务领域和发展方向有所差异，有各自承接客户的政策和标准。会计师事务所在承接客户时，应综合考虑客户的风险因素与自身胜任能力，选择高质量的客户，从源头上降低审计风险，实现高质量发展。

第一节 客户质量与审计风险

一、选择客户的方式

注册会计师的业务范围比较广，中国注册会计师协会《注册会计师业务指导目录（2014年）》列举的注册会计师业务共436项，分为三大类：鉴证业务271项；相关咨询服务业务149项；会计服务示范基地创新业务17项。其中，鉴证业务共271项，具体包括：证券期货相关43项；金融保险相关45项；国有企业相关19项；外商投资企业相关业务5项；财政预算资金相关72项；非营利机构及其他组织相关业务32项；其他领域鉴证业务55项。不同业务对应不同客户类型，不同客户类型的内部治理、经营风险不同，相应地，审计风险也有所差异。客户是会计师事务所生存和发展的基础，只有拥有高质量的客户，会计师事务所才能吸引高质量的人才，而拥有高质量的人才，才能提供高质量的专业服务，最终促进会计师事务所高质量发展。但是，由于客户质地与审计风险存在较大的相关性，客户往往也是审计失败的根源，尤其是质地较差的客户，审计风险较高。如何选择优质客户，是会计师事务所质量管理的第一关，是风险控制的关键环节。

会计师事务所选择承接客户，主要有以下几种方式：

第一，招投标。根据《中华人民共和国政府采购法》规定，政府采购是指各级国家机关、事业单位和团体组织，使用财政性资金采购依法制定的集中采购目录以内的或者采购限额标准以上的货物、工程和服务的行为。政府采购采用以下方式：公开招标；邀请招标；竞争性谈判；单一来源采购；询价；国务院政府采购监督管理部门认定的其他采购方式。公开招标应作为政府采购的主要采购方式。会计师事务所审计招投标属于政府"服务"采购。《中央企业财务决算审计工作规则》《国有金融企业选聘会计师事务所管理办法》分别规定了中央企业、国有金融企业选聘会计师应当采用招投标方式。因此，招投标是会计师事务所选择承接客户的重要方式。

第二，券商、律师、投资人推荐。在IPO业务市场，作为牵头的券商（投行），具有推荐审计机构的较大话语权，往往愿意向客户推荐经常合作的审计机构。此外，律师及IPO企业的投资人有时也会推荐会计师事务所。

第三，合伙人、会计师事务所员工利用朋友关系承接客户，以及由于在审计过程中，被审计单位对审计质量比较满意，给予延伸审计业务。

第四，客户通过会计师事务所官方网站等信息，主动联系会计师事务所。

第五，其他方式承接客户。

当前，注册会计师行业比较突出的"乱象"之一，是审计收费低价竞争问题，包括通过招投标方式选聘会计师事务所。例如，某银行2008年末资产总额12万亿元，审计收费1.7亿元，而2018年末资产总额增加至28万亿元，审计收费却降为1.36亿元。在资产规模增长135%的情况下，审计收费却下降20%。美国摩根大通银行在同时期内，资产规模增长30%，审计收费增长50%。低价中标的后果是不恰当选择客户，可能导致会计师事务所无法补偿合理的资源投入，难以保证中标项目审计质量，最终严重影响行业生态。

案例 3-1

2021年4月15日和5月8日，四川省注册会计师协会分两批次集中约谈了21家会计师事务所负责人和质量控制负责人，对在四川省及成都市国资委2020～2022年度财务决算及结算审计招标项目中，采取低价方式参与投标行为进行谈话提醒。从中标结果来看，最低折扣仅为限价的47%。表3-1为四川省国资委监管企业2020～2022年度财务决算审计招标结果情况。

表 3-1　　四川省国资委监管企业 2020～2022 年度财务决算审计招标结果

标包	中标会计师事务所	中标价格（万元）	招标限价（万元）
第1包	TJ 会计师事务所	90	120
第2包	TZGJ 会计师事务所	99	166

标包	中标会计师事务所	中标价格（万元）	招标限价（万元）
第 3 包	XGM 会计师事务所	102.5	205
第 4 包	XGM 会计师事务所	66.5	133
第 5 包	XGM 会计师事务所	68.5	137
第 6 包	XGM 会计师事务所	58.5	117
第 7 包	TJ 会计师事务所	40	49
第 8 包	TH 会计师事务所	32.8	49
第 9 包	TZGJ 会计师事务所	23	38
第 10 包	TZGJ 会计师事务所	21	33
第 11 包	无合格投标人		30
第 12 包	TJ 会计师事务所	41	59
第 13 包	XGM 会计师事务所	47	71
第 14 包	TH 会计师事务所	3.2	4
第 15 包	SCHQ 会计师事务所	2	4
第 16 包	ZHA 会计师事务所	7.7	8
第 17 包	ZHA 会计师事务所	3.9	4
第 18 包	无合格投标人		22
第 19 包	SCPC 会计师事务所	13	26
第 20 包	SCPC 会计师事务所	12.95	26
第 21 包	SCPC 会计师事务所	12.87	26

资料来源：四川省政府采购网。

上市公司审计收费，也存在低价竞争的现象。如表 3-2 所示，上市公司（不含银行、保险类）户均资产总额从 2015 年到 2020 年，增长 29%，但平均单位资产收费（每亿元资产收费金额）不仅没有增长，反而下降了 9.46%，一升一降相差近 40%。

表 3-2　　　　　　　　　　上市公司户均资产变化及单位资产审计收费变化

项目	2015 年	2016 年	2017 年	2018 年	2019 年	2020 年
上市公司平均资产额（亿元）	159.11	175.31	179.57	194.36	203.12	205.36
上市公司平均审计收费（万元）	117.67	124.10	128.11	136.57	136.85	137.80
平均单位资产收费（万元 / 亿元）	0.74	0.71	0.71	0.70	0.67	0.67

资料来源：根据 Wind 资讯数据整理。

二、评价客户质量的标准

第一，客户的内部控制。财务报表发生错报或舞弊，归根结底是企业内部控制出了问题，而内部控制的关键是控制环境，这是企业实施内部控制的基础，一般包括治理结构、机构设置及权责分配、内部审计、人力资源政策、企业文化等。其中，管理层，尤其是"一把手"的诚信和社会责任意识，是影响内控有效运行的关键因素。关键管理人员，特别是"一把手"和实际控制人若凌驾于内部控制之上，将导致严重的内部人控制。我即企业，企业即我，形成以"一把手"为中心的"内控"，这是不少民营上市公司内控最显著的特征。监管部门查处的上市公司资金占用和违规担保，几乎都是"一把手"亲自组织和策划。选择这类客户需要特别慎重。内部控制差的客户，即使业务发展良好，市场份额高，盈利能力强，也不应当成为注册会计师视角的优质客户，这类企业一旦市场环境出现变化，发生舞弊的可能性较大。民营企业和国有企业控制环境相比，在重大事项决策机制上，主要区别是个体决策与集体决策，或者说是决策效率与决策质量的选择，国有企业内控环境较好，包括强调"三重一大"集体决策机制，虽然一定程度上牺牲了效率，但较少发生重大决策失误。因此，从这个角度看，国有企业客户相对风险较低。以上市公司 2018 年度报告为例，注册会计师对 52 家上市公司出具了否定意见内控审计报告，90% 以上为民营上市公司，国有控股上市公司不到 10%，绝大部分缺陷都直接或间接与企业的内部环境因素相关，占比高达 63%。

第二，客户的经营风险。企业的经营风险通常包括政策变化、市场萎缩、关键客户流失、重要供应短缺、技术落后、资金周转困难、关键管理人员离职等不利影响，反映到财务报表中，表现是收入、利润下滑，资产质量下降，现金流量不畅。但是，财务报表并非都会真实、客观地反映企业经营状况，一旦经营业务与财务反映结果脱节，意味着经营风险将转化为审计风险。舞弊三角理论认为，"压力"是管理层舞弊的重要因素之一，而舞弊导致财务报表的重大错报，属于注册会计师审计应关注的特别风险。以上市公司为例，经营风险或经营失败导致的业绩压力可能包括：维持再融资财务条件、过度依赖信贷支持、避免暂停上市、兑现盈利承诺、满足股权激励行权条件、保护管理层报酬、隐瞒决策失误、高价减持股票套现、保持市场形象、控股股东压力等，上市公司通过粉饰财务报表，掩盖经营困难，获取巨大利益。虽然经营风险并不必然导致审计风险，但在我国资本市场尚不成熟，普遍缺乏诚信意识，违规成本低的现实环境中，管理层舞弊动机强烈，从而加大了经营风险转化为审计风险的概率。2017 年至 2021 年 5 月，超过 140 家上市公司因财务会计信息违法问题被监管部门予以行政处罚，同时涉及 14 家次会计师事务所因审计程序不到位被行政处罚。这些公司多数处于经营困难、业绩压力较大的窘况。

需要特别注意的是，有的注册会计师认为，虽然客户内部控制较差，或者经营风险较大，但只要会计师事务所委派具有胜任能力的人员，实施所有可以执行的审计程序，若仍不能获取充分、适当的审计证据，则通过非无保留审计意见以规避审计风险。这种观点认为，客户质量是次要的，重要的是要有能力防范风险，什么客户都可以承接，无非是出具标准或是非标准审计意见。这种观点的问题在于：一是价值观及风险理念不清晰，与不诚信的客户合作，不仅不符合注册会计师职业道德的要求，也不符合风险导向的执业理念；二是审计的固有局限性，更容易在内部控制较差、经营风险较高的客户发生审计失败。

案例 3-2

注册会计师在对 H 上市公司 2015 年度财务报表审计中，发现该公司存在虚构交易的舞弊行为，虚增收入 2.6 亿元，虚增利润 4 300 万元。注册会计师与客户进行了沟通，管理层承认财务造假，冲回了虚构交易，并表示今后将规范运作，严格遵守证券法律法规。注册会计师认为管理层态度诚恳，继续承接该上市公司审计业务。2019 年，证券监管部门在对 H 公司进行现场检查中，发现公司 2016 年、2017 年存在虚构交易行为，分别虚增收入 9 000 万元、4.43 亿元，虚增利润 2 000 万元、1.1 亿元，并予以 H 公司行政处罚。

该案例中，会计师事务所及注册会计师放松了职业怀疑，轻信了管理层能够改正以前不诚实的诚信表态。在后续审计中，尽管注册会计师审计工作很努力，甚至实施了一些超出常规审计程序的延伸审计，但由于被审计单位系统性财务造假，注册会计师未能发现 2016 年、2017 年财务舞弊行为，导致审计失败。

实务中，会计师事务所对客户往往实行分类管理，根据客户的性质、规模、风险等划分为不同类型，相应地实施不同的质量控制措施，包括首次承接和连续承接流程。

案例 3-3

某会计师事务所将客户分为 A、B、C、D 四类，不同类型客户承接时需要履行的风险评估和内部审批流程不同，如 A 类项目客户需提交会计师事务所风险委员会讨论审批后承接，B 类客户需总部质量控制负责人批准后承接，D 类客户则由合伙人决定承接。

1. A 类业务项目

（1）首次承接的上市公司、ST 类上市公司或 H 股等境外上市企业审计业务。

（2）拟上市企业首次申报财务报表审计，以及需经监管部门核准的上市公司重大资产重组审计业务。

（3）资产总额超过 1 000 亿元的企业审计业务。

（4）其他特别重要的业务项目。

2. B 类业务项目

（1）除 A 类证券业务之外的其他证券审计业务，包括连续承接上市公司、新三板挂牌企业、证券基金期货经营机构及其资产管理产品、债券发行项目、上市公司和新三板挂牌企业等证券实体重大资产重组标的资产，以及拟上市企业首次申报财务报表之外的股改、加期审计。若连续承接的 B 类业务当年保持评估风险为高，则风险等级调整为 A 类。

（2）金融、保险及非证券业务客户发债等财务报表审计及其专项审计业务。

（3）资产总额 300 亿～1 000 亿元范围内的企业审计业务。

（4）其他重要的业务项目。

3. C 类业务项目

（1）并购重组、企业改制、清产核资、高新技术认定、IT 专项审计、验资等相关的专项审计业务。

（2）资产总额 1 亿～300 亿元范围内的企业审计业务。

4. D 类业务项目

（1）资产总额不超过 1 亿元的企业审计业务。

（2）其他非鉴证类业务项目。

三、审计意见与客户质量

被注册会计师出具非无保留意见审计报告的客户，要么可能存在舞弊，要么可能存在错报，或已发现错报但不愿更正，要么管理失控，或者持续经营存在不确定性。审计意见非标率较高的会计师事务所，通常表明客户质量较差。截至2021年4月30日，上市公司2020年报非标意见情况如表3-3所示。

表3-3 A股上市公司2020年报非标审计意见情况

审计机构	客户数量（家）	标准无保留意见（份）	带持续经营和带强调事项段无保留意见（份）	保留意见（份）	无法表示意见（份）	非标意见比例（%）
立信	580	558	11	9	2	3.8
天健	522	498	10	14		4.6
大华	373	356	9	8		4.6
信永中和	343	334	3	5	1	2.6
容诚	265	263	1		1	0.8
致同	210	208	1		1	1
天职国际	185	183	2			1.1
大信	178	162	8	5	3	9
中审众环	178	165	8	4	1	7.3
中汇	107	105		1	1	1.9
普华永道中天	102	99		2	1	2.9
安永华明	100	99	1			1
中兴华	80	67	4	5	4	16.3
华兴	77	74	2		1	3.9
众华	73	70		2	1	4.1
天衡	72	70	1	1		2.8
中兴财光华	68	39	14	14	1	42.6
德勤华永	59	59				
公证天业	58	57		1		1.7
毕马威华振	57	57				
亚太（集团）	49	31	5	7	6	36.7
中天运	48	46		1	1	4.2
和信	43	39	2	2		9.3
上会	41	36	3	2		12.2

续表

审计机构	客户数量（家）	标准无保留意见（份）	带持续经营和带强调事项段无保留意见（份）	保留意见（份）	无法表示意见（份）	非标意见比例（%）
中喜	39	34	1	2	2	12.8
四川华信（集团）	39	34	3	2		12.8
永拓	33	28	3	2		15.2
西格玛	30	29		1		3.3
中勤万信	30	27	2	1		10
苏亚金诚	30	25	3	1	1	16.7
立信中联	29	21	5	2	1	27.6
中审亚太	26	19	3	2	2	26.9
中审华	26	24		1	1	7.7
北京兴华	23	17	1	5		26.1
利安达	23	19	1	3		17.4
中准	19	17	2			10.5
中证天通	12	11		1		8.3
天圆全	9	9				
广东司农	5	4	1			20
正中珠江	2	2				
瑞华	1	1				
北京中天华茂	1	1				
深圳堂堂	1			1		100

资料来源：中国注册会计师协会《上市公司 2020 年年报审计情况快报》。

　　非标意见客户占比较大的会计师事务所，过往几年受到监管部门行政处罚和警示函等行政监管措施的比例相对较高，有的还多次受到处罚。这从另外一个侧面反映了客户质量与审计风险的关系，质量越差的客户，审计风险越高，审计失败的可能性越大。注册会计师行业适用"木桶短板"理论，最容易出问题、质量最差的客户就是最短的那一块木板，一个客户出问题，在现行"连坐"责任的处罚体制下，可能使整个会计师事务所招致灭顶之灾。

　　当前，我国对注册会计师行业实行严监管、零容忍，尤其是资本市场审计监管，审计失败付出的代价很大。不仅声誉受到影响，还面临暂停业务、民事赔偿等严重的后果。新《证券法》实施前，财政部、证监会《关于会计师事务所从事证券期货相关业务有关问题的通知》规定了"两年两单"制度，即两年内在执业活动中受到两次以上行政处罚的，暂停承接新的证券业务。2018 年 3 月，修订后的《中国证券监督管理委员会行政许可实施程序规定》规定了"立案即停"的资格罚，即会计师事务所涉及行政许可事项被立案调查的，证监会不予受理和审查其出具的文件。利安达、立信、瑞华、众华等会计师事务所先后因两年内受到行政处罚被暂停证券业务。近年来，资本市场投资者针对会计师事务所的民事侵权赔偿越来越多，尤其是 2020 年 3 月 1 日新《证券法》实施后，投资者可以采取集体诉讼，诉讼案件呈增多趋势。在近年的司法审判实践中，会计师事务所多被判决承担连带赔偿责任，且金额越来越大。例如，2020 年 12 月 31 日，全国首例债券集体诉讼"五洋债"案件，杭州市中级人民法院判决审计机构承担高达 7 亿元的连带赔偿责任，引发社会强烈反响，注册会计师行业面临前所未有的压力，这也更加凸显了选择客户的重要性。

> **案例 3-4**
>
> 瑞华会计师事务所（特殊普通合伙）曾经是我国规模最大的本土事务所，2017 年全国综合评价百家会计师事务所中，瑞华高居第 2 位，仅低于普华永道，超过德勤、安永、毕马威。瑞华从业人员最高达 11 000 人，其中注册会计师超过 2 000 人，合伙人近 400 人，上市公司客户最多时达 380 余家。但是，因康得新、辅仁药业等财务造假客户的影响，瑞华受到多次立案调查和行政处罚，自 2018 年开始团队陆续离开，客户骤减，2020 年报上市公司客户仅存 1 家，曾经的第一大内资所已经名存实亡。
>
> 资料来源：中国注册会计师协会网站。

第二节　选择客户考虑的具体因素

一、承接客户的职业道德考虑

（一）客户的某些问题是否可能对注册会计师职业道德产生不利影响

如果发现客户涉嫌违反法律法规、缺乏诚信、存在可疑的财务报告问题、存在其他违反职业道德的行为，或者客户的所有者、管理层或其从事的活动存在一些可疑事项，这些问题可能对注册会计师的诚信、良好职业行为原则产生不利影响。注册会计师应考虑下列因素，以评价不利影响的严重程度：

（1）注册会计师对客户的业务性质、经营复杂程度、业务具体要求，以及拟执行工作的目的、性质和范围的了解；

（2）注册会计师对相关行业或业务对象的了解；

（3）注册会计师拥有的与相关监管或报告要求有关的经验；

（4）会计师事务所制定了质量管理政策和程序，以合理保证仅承接能够胜任的业务。

（二）是否会产生利益冲突

前述可能的不利影响是从客户角度出发，而利益冲突则从注册会计师角度进行评估。利益冲突通常对客观公正原则产生不利影响，在决定是否承接一项业务之前，实施有效的冲突识别流程可以帮助注册会计师采取合理措施识别可能产生利益冲突的利益和关系。可能产生利益冲突的情形如下：

（1）向某一客户提供交易咨询服务，该客户拟收购注册会计师的某一审计客户，而注册会计师已在审计过程中获知了可能与该交易相关的涉密信息；

（2）同时为两家客户提供建议，而这两家客户是收购同一家公司的竞争对手，并且注册会计师的建议可能涉及双方相互竞争的立场；

（3）在同一项交易中同时向买卖双方提供服务；

（4）同时为两方提供某项资产的估值服务，而这两方针对该资产处于对立状态；

（5）针对同一事项同时代表两个客户，而这两个客户正处于法律纠纷中；

（6）针对某项许可证协议，就应收的特许权使用费为许可证授予方出具鉴证报告，并同时向被许可方就应付金额提供建议；

（7）建议客户投资一家企业，而注册会计师的主要近亲属在该企业拥有经济利益；

（8）建议客户买入一项产品或服务，但同时与该产品或服务的潜在卖方订立佣金协议。

例如，为企业内部控制提供咨询的会计师事务所，不得同时为同一企业提供内部控制审计服务，因为这可能产生利益冲突。

（三）收费

收费报价水平可能影响注册会计师按照职业准则提供专业服务的能力。如果报价水平过低，以致注册会计师难以按照适用的职业准则执行业务，则可能因自身利益对专业胜任能力和勤勉尽责原则产生不利影响。

除非法律法规允许，注册会计师不得以或有收费方式提供鉴证服务，收费与否或收费多少不得以鉴证工作结果或实现特定目的为条件。以下为或有收费的一些示例：

（1）审计客户要求注册会计师出具标准审计报告，否则就不付费，这属于收费与否型的或有收费；

（2）审计客户按照审计后的净利润水平高低付费，这属于收费水平型的或有收费；

（3）若审计目的为公开或私募资金，审计收费以募集资金总额的一定百分比确定，属于或有收费；

（4）以小时计费但包括上限，而该上限取决于会计师事务所的工作成果，也属于收费水平型的或有收费；

（5）双方约定，审计客户先支付审计费用的一半，剩余收费视审计结果确定是否支付，或者阶段性收费中，可能影响独立性的或有收费；

（6）非签证服务（如税务服务、管理咨询）的结果以及由此收取的费用金额，取决于未来或当期与财务报表重大金额审计相关的判断；

（7）网络事务所参与大部分审计工作，非鉴证服务的或有收费由该网络事务所取得，并且对其重大影响或预期影响重大；

（8）直接或以间接形式（如通过中介人）取得或有收费。

按一定比率计算的收费并非都属于或有收费，下列情况不属于或有收费：

（1）基于工时的收费。基于工时的收费包括基于会计师事务所的标准工时率（或其百分比或倍数）的收费，或根据完成工作所需的预算或估计工时和标准工时率（或其百分比或倍数）所得出的固定收费。基于工时的收费并非或有收费，不管发生特定事件或者是否发现某些特定结果，这些收费均是必须支付的。

（2）如果一项收费视由法院或政府有关部门规定的，如以破产程序收入的一部分作为会计师事务所的收费，则该项收费不被视为或有收费。

阶段性收费是否属于或有收费？如果精心设计的阶段性收费能够确保收费在形式上和实质上并非或有收费，则阶段性收费安排是被允许的。阶段性收费安排包括按业务进展设置收费项目，未事先固定、费率按项目不同阶段的变化收费安排。在阶段性收费的安排下，针对每一阶段的不同收费应当包含于业务约定书中。

案例 3-5

会计师事务所与某 IPO 客户签订审计业务约定书，约定收费条款如下："乙方（会计师事务所）将根据有关规定，视发行人鉴证业务的复杂程度等，以乙方在本次工作中所耗费的人员、时间为基础计算鉴证服务费用，确定服务费用总额为 200 万元。上述业务费在本约定书经双方签署后三个工作日内委托方支付受托方约定金额的 10%，即 20 万元；在出具股改报告及股改的验资报告后三日之内支付约定金额的 30%，即 60 万元，股改过程中如涉及股改报告变动，乙方需无偿提供配合；制作完申报材料并呈报中国证监会后三日之内支付约定金额的 60%，即 120 万元。如果能够通过审核上市，在公司实现首次公开发行股票并上市后三日之内，另行奖励 300 万元。"

上述条款约定的奖励，以是否上市为条件，而注册会计师的审计工作对上市有重大影响，如为了上市后的重大经济利益，注册会计师可能隐瞒不利于上市公司的相关问题。因此，该条款属于或有收费，可能对注册会计师职业道德产生重大不利影响。

二、公共利益与"客户至上"

注册会计师行业是一个职业，也是一门"生意"，但这门"生意"有三个不同于其他生意的特点：

一是审计业务获取不完全是市场行为。《注册会计师法》《证券法》等法律法规规定了企业必须要接受审计的情形，且只能由注册会计师审计。若没有强制审计规定，有多少企业会主动花钱请人审计？从这个意义上说，注册会计师审计是政府监督体系的制度安排，当注册会计师在审计报告上签字时，意味着在行使"公权力"。

二是合同关系与利益相关方不完全一致。虽然会计师事务所与客户签订的业务约定书明确了双方的权利和义务，但交易不仅仅是契约双方，注册会计师还要对潜在的不特定利益相关者负责，即提供的服务具有社会性。最高人民法院《关于审理涉及会计师事务所在审计业务活动中民事侵权赔偿案件的若干规定》（法释〔2007〕12 号）规定，在审计报告上限定用途不能免责，目的即是为了维护社会相关方利益。

三是服务质量与对价不一定匹配。市场公平交易，是价格相同的情况下，产品或服务质量越好，对方越满意。注册会计师提供的产品，即审计报告，有时可能质量越好，客户越不满意，甚至出现高质量的产品价格为零的情况，即客户不接受审计报告，导致更换会计师事务所。

因此，注册会计师行业具有显著的公益性特征，"客户至上""企业价值最大化"等经营理念并不适合会计师事务所。新修订的《中国注册会计师职业道德守则（2020）》突出的变化之一，是坚持以维护公众利益为宗旨，强化了维护公众利益的要求，要求注册会计师始终牢记维护公众利益的宗旨。修订后的职业道德守则进一步加强了独立性要求，以保障审计质量。对于违反法律法规行为、利益冲突等涉及公众利益较多的方面，提出了更严格的要求并提供了更为详尽、具体的指引。党的十九大报告多处提及要以人民为中心，注册会计师行业的职业价值观，也应当以人民为中心，服务国家经济建设，执业时更多地想到审计报告的所有使用者，忠诚于公众利益，而不仅仅是客户需求，这也是注册会计师的初心和使命。若没有正确的价值观作为引领，注册会计师将迷失方向。

三、承接客户前背景调查

在承接新的审计客户时，注册会计师可以从以下方面对客户进行背景调查：一是通过搜索引擎或其他渠道搜索潜在客户的公开信息，了解潜在客户及其股东、高管相关信息，并评估对审计风险的影响；二是通过查询相关行业数据库，对潜在客户主要财务指标与同行业可比公司财务指标进行比较分析，评价拟承接客户财务指标是否明显异常；三是通过查询企业信用公示系统，了解潜在客户的基本情况，如股东信息、关联方关系、历史沿革及所处行业等，查询企业是否存在资产抵押，是否存在重大行政处罚，以及是否被列入经营异常企业或者严重违法失信企业名单等；四是通过法院、市场管理、税务等部门公开网站，查询潜在客户是否存在重大诉讼、违法违规行为；五是如果能够获取前任注册会计师出具的审计报告，审阅、分析审计报告及其财务报表，重大会计政策、会计估计是否合理，财务数据是否存在重大异常。

按照《中国注册会计师审计准则第 1153 号——前任注册会计师和后任注册会计师的沟通》规定，在承接新客户时，注册会计师应与前任注册会计师沟通，沟通的内容包括但不限于：

（1）是否发现被审计单位管理层存在正直和诚信方面的问题；

（2）前任注册会计师与管理层在重大会计、审计等问题上存在的意见分歧；

（3）前任注册会计师向被审计单位治理层通报的管理层舞弊、违反法律法规行为以及值得关注的内部控制缺陷；

（4）前任注册会计师认为导致被审计单位变更会计师事务所的原因。

四、上市公司客户承接

上市公司是公众利益实体，投资者众多，受到严格的监管，审计失败对市场和会计师事务所影响较大。存在下列情形的，要慎重选择是否承接：

（1）内部控制环境较差，实际控制人、控股股东及管理层缺乏诚信，如被列入失信人员名单，上市公司及关键管理人员多次被采取监管措施、警告罚款等处罚。财务总监、独立董事、董秘等高管频繁变动。内部治理不健全，财务核算混乱，内部控制被出具否定意见。

（2）关联关系复杂，股东之间存在纠纷，管理层出现内耗，网络媒体负面报道和市场质疑较多。

（3）存在控股股东及其关联方资金占用，控股股东及关联方出现流动性困难，持有上市公司股权被大比例质押，面临较大平仓风险，近3年公司及控股股东和实际控制人存在债务违约。

（4）ST类上市公司，以及存在退市风险连续亏损创业板、科创板上市公司。

（5）财务指标异常，长期处于微利，存在不合理的"存贷双高"现象，高商誉业绩承诺期满次年发生大额亏损。毛利率、存货周转率、产能利用率等较同行业差异较大且缺乏合理解释，关键指标异常波动。主业经营萎缩，已经出现债务违约，或存在较大违约风险。

（6）特定行业及业务，包括无法实施有效审计程序的农林牧渔餐娱、涉密涉军、黄金珠宝、境外经营等行业，以及不具备胜任能力的复杂业务。

（7）交易不能观察和验证，无法观察到实物流和服务轨迹，无法验证销售产品或提供的服务实际用途。

（8）重要组成部分不能亲自实施审计，以及承接非本所上市公司客户组成部分财务报表审计和专项审计、核查、复核等专项业务。

（9）上市公司提出影响审计意见的重大会计处理、重要事项披露、审计意见类型等作为承接的前置条件。

（10）非正常"接下家"，上市公司频繁更换审计机构，或在临近披露日换会计师事务所，以及收费显著高于行业水平。前任会计师事务所出具了保留意见、否定意见和无法表示意见的非无保留审计意见，且无法消除。

五、新三板挂牌客户承接

新三板挂牌企业虽然不如上市公司投资者多，但也是多层次资本市场的重要组成部分，规模普遍较小，内部控制薄弱，财务不规范，抗风险能力较弱，审计风险较高。选择该类客户可以考虑下列因素：

（1）董监高、控股股东及实际控制人是否被立案调查，或被列为失信名单。

（2）近3年是否被行政处罚或采取行政监管措施及交易所纪律处分。

（3）是否存在关联方违规占用资金及违规对外担保，且仍未解除。

（4）控股股东及实际控制人股权质押比例情况。

（5）最近3年审计意见是否为保留意见、无法表示意见或带持续经营重大不确定解释说明段审计意见，以及是否消除。

（6）是否为农、林、牧、渔、餐、娱行业。

（7）最近1年员工人数，特别是员工人数较少，如仅十几人到几十人。

（8）财务状况及收入规模，如资产总额、收入均低于1 000万元的小型企业。

（9）审计收费低，如以往审计收费低于10万元。

案例 3-6

某会计师事务所为了控制风险，加强客户承接管理，调整制定了新三板挂牌企业的承接（包括连续承接）制度，规定下列新三板客户不予承接：

（1）内控薄弱，无审计基础的公司，不予承接或保持；

（2）所属行业为农、林、牧、副、渔行业的公司，不予承接或保持；

（3）新三板当年净利润不足500万元的公司，不予承接或保持；

（4）年度财务报表审计收费金额通常应不低于20万元。其中，年度财务报表审计收费金额低于15万元（含15万元）的公司，项目组应高度关注客户的抗风险能力及本所审计执业风险，除有特殊原因且经首席合伙人书面核准同意外，一般不予承接或保持；年度财务报表审计收费金额低于10万元（含10万元）的公司，不予承接或保持。

项目组存在涉及上述审计项目，因有特殊原因需要承接或保持，必须经首席合伙人书面核准同意。

该会计师事务所新三板挂牌客户最多时达近千家，经过清理调整客户结构，截至2020年12月31日，新三板客户为360余家，但户均收费高达24万元，远高于市场平均收费水平，客户质量显著优化。

六、债券发行客户承接

债券市场不同于股票市场客户，其风险侧重于债务违约，偿债能力、流动性、财务报告的真实性是风险评估关注的重点。

（1）发债企业性质，是民营还是国有企业，民营企业发生债务违约而被救助的可能性往往低于国有企业。

（2）公司及子公司最近3年是否发生过债务违约（含债券），或延迟支付本息。

（3）控股股东及实际控制人最近3年是否发生过债务违约（含债券），或延迟支付本息。

（4）控股股东及实际控制人股权质押比例。

（5）董监高、控股股东及实际控制人是否被立案调查，或被列为失信名单。

（6）近3年是否被行政处罚或采取行政监管措施及交易所纪律处分。

（7）最近3年审计意见是否为保留意见、无法表示意见或带持续经营重大不确定解释说明段审计意见，以及是否消除。

（8）偿债能力情况，短期、中期资金状况及到期债券的偿付能力，最近1年末有息负债总额，以及已发行债券余额。

（9）如为集团性公司，拟审计的资产总额和收入总额比重，如审计的资产和收入总额是否低于50%。

特别地，选择承接投融资平台发债客户需要考虑下列因素：

（1）最近一期末净资产构成中，是否存在注入的储备用地或划拨用地。

（2）最近一期末净资产构成中，是否存在相关部门明确规定不宜注入的公益性资产，或虽未明确规定，但根据企业会计准则或会计制度规定，不符合资产定义的资产注入，且没有明确、切实可行的回购或置换安排。

（3）注入的土地资产中，近3年是否流动变现及其金额和比例情况。

（4）最近一期末控股股东、地方政府及所属财政等政府有关部门，或政府控制的其他国有企业，是否存在大额非经营性占用发行人资金。

（5）近3年未很少实际从事公共基础设施建设等与投融资平台定位相关的业务，主营业务收入来源与发行人主业不相关。

（6）近3年主营业务收入累计收回情况，是否存在大额及高比例未收回。

（7）若近3年累计超过50%的净利润来源于投资性房地产公允价值变动损益，划分为以公允价值计量的投资性房地产依据是否充分。

（8）主营业务收入、政府补贴是否按规定计提缴纳税金，若不计提税金是否取得主管税务机关等部门明确不征税的证明文件。

案例 3-7

市场流动性紧张，企业信用债违约呈猛增态势，2018~2020 年新增违约规模达 1 067 亿元，且开始向国有企业蔓延，出现了如盛京能源、青海国投、紫光集团、永煤控股、华晨汽车等国有企业债券实质性违约事件。图 3-1 为信用债近年违约规模情况。

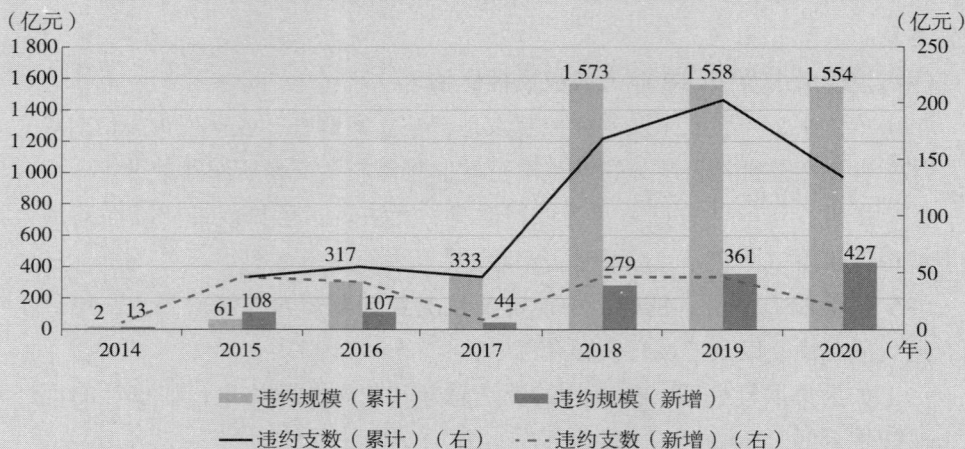

图 3-1　信用债近年违约规模和只数情况

资料来源：Wind 资讯，中信证券研究部。

发债主体存在虚假财务信息，且债券违约，会计师事务所将面临极大的审计风险。例如，证监会对山东胜通集团股份有限公司（以下简称"胜通集团"）行政处罚决定书显示，因融资需要，2013~2017 年，在胜通集团时任董事长、法定代表人及实际控制人王××决策并组织下，胜通集团以山东胜通钢帘线有限公司、山东胜通化工有限公司和山东胜通光学材料科技有限公司三家子公司为造假实体，通过复制真实账套后增加虚假记账凭证生成虚假账套及虚构购销业务等方式实施财务造假，胜通集团将虚假账套数据提供给审计机构。2013~2017 年，胜通集团通过上述三家子公司虚增主营业务收入金额共计 615.40 亿元，各年度分别为 86.53 亿元、98.87 亿元、142.53 亿元、141.84 亿元、145.62 亿元，占当年对外披露营业收入的比例分别为 59.44%、67.30%、71.41%、70.20%、68.50%；虚增利润总额共计 113.00 亿元，各年度分别为 16.54 亿元、20.24 亿元、20.67 亿元、23.06 亿元、32.49 亿元，占当年对外披露利润总额的比例分别为 121.61%、138.39%、142.23%、117.64%、164.24%。

胜通集团在交易所市场发行了面向合格投资者公开发行的公司债券和非公开发行的公司债券，以及在银行间债券市场公开发行（包括中期票据和短期融资券）和定向发行（包括定向债务融资工具）债务融资工具，累计发债规模超过 50 亿元，多只债券违约。会计师事务所不仅面临行政处罚责任，还可能面临巨额民事诉讼赔偿责任。

资料来源：中国证监会网站。

七、连续审计客户的保持

会计师事务所客户多为连续审计客户，审计准则要求注册会计师对连续审计客户进行持续评估，如果不适合继续承办，应当放弃承接。多数会计师事务所质量管理体系中，比较重视首次承接客户的风险评估与管控，但对是否应连续承接重视不够。是否应保持客户，这也是应把好的"入口关"，而不是只有首次承接才是"入口关"。某种程度上，评估客户是否应连续承接更重要。这是因为，任何事物都是发展变化的，首次承接的客户，在后期可能受到经济周期、战略方向、监管政策等因素影响，经营风险可能变大，导致经营困难，甚至大额亏损；也可能由于管理层、控股股东及实际控制人发生变化，经营理念和风格趋向于激进，甚至出现不诚信的情形，这些变化是诱发舞弊的因素，注册会计师的审计风险因此加大。所以，如果发现管理层舞弊迹象，经营风险转化为审计风险的可能性增大时，应审慎评估是否连续承接。实务中，要注意这样一种认识，由于是多年审计客户，在被审计单位遇到经营困难时，客户希望会计师事务所予以支持，有的注册会计师或者基于业务收入考虑，或者碍于多年合作的关系，轻信被审计单位描绘的美好前景，把风险化解寄托于未来。如果注册会计师心存侥幸，不及时放弃这类客户，则可能面临很大的审计风险。

案例 3-8

F 上市公司主要经营电子产品，产品更新换代较快，容易过时被淘汰。2018 年度财务报表审计时，注册会计师发现该公司产品缺乏行业竞争力，存货出现大量积压，且发现了管理层虚增收入等舞弊行为。经注册会计师审计后，F 公司当年亏损 18 亿元。

2019～2020 年度，F 公司所处行业并未发生重大变化，企业经营仍然较为困难，会计师事务所在评估是否继续承接时，未充分考虑被审计单位所处行业及自身经营风险，仍然作出继续承接的决定，且出具了标准无保留意见审计报告。2020 年报出具后，会计师事务所认为公司风险仍未化解，决定不再承接 2021 年及以后年度审计业务。

2021 年，公司更换管理层，新管理层发现公司前期存在财务造假，决定对 2019～2020 年度财务报表进行前期重大会计差错更正，仅 2020 年就调减收入超过 30 亿元，累计调减净利润超过 40 亿元，会计师事务所或将承担相应的审计责任。

上述案例启示，对于审计客户的连续承接评估至关重要，任何时候都不要与问题客户打交道。会计师事务所要知进退，当断则断，切忌侥幸心理，错过风险释放的最佳时机。

会计师事务所放弃客户后，可能存在两种情形：一是该客户因经营压力等原因实施舞弊，被监管部门查处，后任注册会计师也承担相应的审计责任。二是该客户后期并未"出事"，后任注册会计师也未受到相关部门处罚，甚至放弃的 IPO 客户还实现了成功上市。对于前者，会计师事务所及相关合伙人会庆幸决策英明，规避了审计风险，而多数情况可能是后者，即其他会计师事务所承接后，也没有发生审计失败，这使得有的注册会计师存在"早知道就不放弃客户了"的心理。在当前环境下，客户及会计师事务所是否"出事"，除了专业和技术外，还受其他非专业因素的影响，如监管的一致性、相关部门干预等。客户承接既是会计师事务所的内部质量管理制度安排，更是注册会计师的一种风险理念和态度，既不应看到后任出事而庆幸，也不宜因后任未出事而后悔。

第三节　拓展新业务客户

一、新业务客户拓展机遇

注册会计师以服务国家经济建设为最终目标，经济社会的发展程度决定了注册会计师的业务范围和规模。党的十八大以来，特别是进入新时代后，中国社会的主要矛盾发生了根本性的转变，注册会计师业务范围发展面临新的机遇：

一是市场主体日趋依赖经审计的会计信息带来机遇。市场在资源配置中起决定性作用，市场经济越发展，包括产权在内的交易越活跃，交易规模也会不断扩大。

二是简政放权等政府职能改革转型为注册会计师带来机遇。简政放权情境下，原来不少需要政府管理的事项，包括政府审计监督，由会计师事务所等市场主体承担，政府采购注册会计师服务也会越来越多。

三是科技进步带来发展机遇。21世纪以来，信息技术大规模应用势头迅猛，以互联网、云计算和大数据为核心的现代信息技术，大规模应用于经济社会各个领域，成为商业模式和业务形态转型升级的重要驱动力，注册会计师由传统审计服务向个性审计服务模式转变，由审计鉴证模式向管理咨询模式转变。

四是企业高质量发展带来机遇。我国经济已由高速增长阶段转向高质量发展阶段，正处在转变发展方式、优化经济结构、转换增长动力的攻关期，建设现代化经济体系是跨越关口的迫切要求和我国发展的战略目标，这为注册会计师发挥作用提供了空间，法定业务之外的增值业务大有可为。

五是中国企业"走出去"带来机遇。在"一带一路"倡议下，仅2014～2016年，我国同"一带一路"沿线国家贸易总额超过3万亿美元，对"一带一路"沿线国家投资累计超过500亿美元，无疑为本土注册会计师走出去提供了契机。

六是会计及审计制度完善带来的机遇。如国家审计管理体制改革、政府会计制度改革、管理会计的全面深入推进等。

二、选择新业务拓展领域

一是拓宽拓深资本市场业务。例如，推动上市公司扩大内部控制审计范围，将所有上市公司纳入内部控制审计；又如，推动更多H股企业采用中国内地会计准则，为本土会计师事务所更多参与香港资本市场审计提供条件；再如，拓展债券市场服务范围，债券市场融资规模远大于股票市场，发行债券的市场主体及品种较多，包括政府债券、投融资平台债券、中小企业私募债、公司债、中期票据、债务工具等，注册会计师在承办其发债审计业务时，应根据其企业管理状况，特别是财务管理水平，有针对性提供咨询服务，帮助提高经营管理水平，从而拓宽服务领域。

二是扩大中小微企业服务面。注册会计师为中小微企业提供服务，除了常规的财务报表审计外，还可以在以下方面进行拓展：参与企业上市、投融资之前的财务规范，特别是对于具备IPO、新三板挂牌条件的企业，注册会计师参与前期的财务规范很受企业的欢迎；参与提升企业管理水平，不少中小微企业管理基础薄弱，需要借助中介机构的帮助提升管理水平，特别是内部控制建设；参与财务外包服务，如代理记账、税务申报等；参与"公司秘书"业务，不仅限于财务代理，还包括企业行政管理、人力资源、登记注册等。

三是积极承接政府职能转变带来的业务。一方面，承接原国家审计的部分职能，在政府职能转变中，不少行政、事业单位需要进行企业化改制，如各部委、中科院等所属的各级研究院所，改制后转为由注册会计师审计。此外，积极承接或参与政府性债务审计、预算支出（财政支出）项目绩效审计、公共资源审计、预算支出（财政支出）项目绩效审计、财政投资评审等。另一方面，拓展学校、医院、行业协会、各级各类基金会等非盈利机构财务报表审计以及内控、税收、信息系统建设等咨询业务。

四是大力拓展高端咨询服务。对于"高端"咨询业务，并无明确的概念。从客户角度，主要是有利于其实现其战略目标，提升经营管理水平方面的事项；从注册会计师角度，该等业务专业要求高，收费也较高。例如，战略咨询、内部控制咨询、管理会计咨询、税收筹划、大数据应用咨询等。

五是加快"走出去"发展国际业务步伐。改革开放期初，外资企业带着技术和管理进中国，"一带一路"倡仪下的中资企业，是投资沿线国家和地区的基础设施建设及制造先行。我国会计师事务所宜先考虑中国企业投资大的国家布局网络，如先成立合资或合作所，以我为主，主要服务中资企业；基础设施建设完毕，有的企业如施工企业将会撤离，中国投资将会与所在国逐步融合和本土化，此时合作所或合资所宜本土化，以服务当地本土企业为主，这时以我为辅。

六是主动参与服务民生。例如，开展会计援助、养老保证服务、个人理财服务业务等。

七是拓宽 IT 审计覆盖面。IT 审计不限于银行、互联网等企业，只要依赖信息系统进行经营管理的企业，其信息系统本身的审计非常重要，这是确保数据可靠性、完整性、准确性的基础。IT 审计的领域主要包括：银行、证券、保险等金融企业；互联网等新兴企业，如电子商务、游戏行业、第三方支付平台；网络认证服务；系统认证服务；等等。

八是服务产业转型升级。例如，生态环境及自然资源、碳资产交易的审计。

九是其他业务领域的拓展。例如，法务会计服务、破产管理人服务、XBRL 服务、会计教育培训服务等。

案例 3-9

随着市场经济的深入发展，企业的优胜劣汰成为常态，按照《中华人民共和国破产法》规定，企业不能清偿到期债务，明显丧失清偿能力的，可以进行重整、和解或破产清算，重组重生或退出市场。全国企业破产案件逐年增加，激增至 2020 年的 33 598 件，增幅近 10 倍。破产重整涉及审计、资产评估、税务、工程造价咨询、法律服务等综合性中介服务业务，为注册会计师拓展新的特殊客户提供了广阔空间。

DX 会计师事务所 2007 年开始涉足破产重整业务，2017 年取得重庆市高级人民法院认可的破产管理人资格，是该市高院 8 家破产管理人中唯一获此资格的会计师事务所。DX 事务所从事破产重整业务的团队包括财务专家 40 人、律师 15 人、税务专家 10 人，2017 年以来承办破产重整项目 247 件，收入近亿元，其中担任破产管理人取得的收入 7 000 万元。

第四章　领导与审计团队委派

承接客户后，如何执行好业务项目，"人"是决定性的因素。一方面，如何选择会计师事务所层面质量管理相关领导人员，如质量管理主管合伙人、各业务条线的主管合伙人等关键管理人员，这是审计质量的上层保障；另一方面，如何选择具体业务项目的团队成员，包括项目合伙人、项目经理等核心成员，直接关系到项目的审计质量。

第一节　关键管理人员

会计师事务所是以知识和智力为客户提供服务的专家型机构，最重要的资源是人才，人才是会计师事务所发展的基础和关键，特别是核心管理人员，决定着事务所的战略方向和质量管理水平。《会计师事务所质量管理准则第 5101 号——业务质量管理（2020 年修订）》将"治理与领导"作为质量管理体系的重要因素之一，要求会计师事务所建立健全质量管理领导框架。

会计师事务所质量管理领导层包括主要负责人（首席合伙人、主任会计师或同等职位）、质量管理主管合伙人、职业道德主管合伙人、独立性主管合伙人、各业务条线的主管合伙人、监控和整改主管合伙人等。选择好这些关键管理人员，并明确职责任务，会计师事务所的发展就有了保障。

一、主要负责人

主要负责人对会计师事务所的质量管理体系承担最终责任，并履行下列职责：

（1）提名或委任会计师事务所质量管理领导层的其他成员，保障其具备充分的时间、资源、胜任能力和权限履行职责，并对其进行指导、监督、评价和问责；

（2）建立并有效运行以质量为导向的合伙人管理机制；

（3）合理保证质量管理体系健全并在会计师事务所全所范围内有效运行；

（4）通过审核与监控和整改程序相关的报告等方式，每年至少一次对质量管理体系作出评价，并定期评价相关人员的业绩，落实问责和整改措施；

（5）领导并决定对质量管理具有重大影响的其他事项。

二、质量管理主管合伙人

质量管理主管合伙人具体负责质量管理体系的设计、实施和运行，并履行下列职责：

（1）建立、完善并有效运行会计师事务所质量管理政策和程序，确保会计师事务所持续满足法律法规、职业准则和监管要求；

（2）全面参与业务质量管理决策，形成工作记录；

（3）对监控和整改程序的运行提供督导，就质量管理存在的问题提出整改措施，并向主要负责人报告；

（4）就与重大风险相关的事项提供咨询；

（5）会计师事务所其他质量管理职责。

三、职业道德主管合伙人

职业道德主管合伙人具体负责会计师事务所与职业道德有关的事务，并履行下列职责：

（1）制定与职业道德相关的工作计划以及与该计划相关的年度绩效目标，并对职业道德计划的所有方面承担明确的责任；

（2）根据相关职业道德要求，建立、完善并有效运行与职业道德相关的政策和程序，包括与违反职业道德后果相关的政策和程序，以确保会计师事务所持续满足相关职业道德要求；

（3）计划和组织针对全体合伙人、执业人员以及其他人员的职业道德培训，以增强这些人员对职业道德和职业价值观的认识和理解；

（4）建立专门的渠道，供会计师事务所所有人员就职业道德相关问题进行咨询和报告职业道德相关事项和情况，并对这些咨询和报告保密；

（5）建立与解决具体职业道德问题相关的流程，确保能够恰当应对所有已识别出的职业道德问题；

（6）向主要负责人报告所有与职业道德相关的重大事项；

（7）获取会计师事务所所有人员就其遵守职业道德情况的确认，包括已阅读并了解相关职业道德要求，以及是否存在违反相关职业道德要求的情况等；

（8）至少每年一次向主要负责人报告与职业道德相关的政策和程序、事件和结果，以及后续计划；

（9）会计师事务所其他职业道德管理职责。

四、独立性主管合伙人

独立性主管合伙人具体负责会计师事务所与审计、审阅和其他鉴证业务独立性有关的事务，并履行下列职责：

（1）统筹会计师事务所所有与独立性相关的重大事项，包括设计、实施、运行、监督与维护与独立性相关的监控程序；

（2）建立和完善与独立性相关的咨询机制，保证提供咨询的人员具备适当的时间、经验、专业胜任能力、客观性、权威性和判断能力；

（3）建立和维护相关信息系统，以提供会计师事务所人员禁止投资清单、受限制实体清单、关键审计合伙人执业年限清单等信息，并制定相关政策和程序，以确保这些信息真实、准确和完整；

（4）指导、监督和复核会计师事务所独立性相关政策及程序的运行情况；

（5）就独立性相关事务开展监控活动；

（6）至少每年一次向主要负责人报告与独立性相关的重大事项，如会计师事务所开展独立性监控活动的结果、违反独立性要求的情况、即将实施的独立性政策、法律法规和相关职业道德要求的变化情况、就违反独立性情况作出的处分等；

（7）及时识别法律法规、职业准则、监管机构对适用的独立性要求作出的修订，并考虑是否更新会计师事务所相关流程。

会计师事务所可以根据本所的实际需要，将职业道德主管合伙人和独立性主管合伙人的职责进行合并。

五、各业务条线的主管合伙人

会计师事务所可以根据本所业务的实际情况和质量管理的需要划分业务条线，可以根据业务的性质，客户所处行业或地区等划分业务条线。例如，有的会计师事务所项目承办实行"分板块"管理，将项目按照业务类型划分为国有企业审计、资本市场审计、金融业务审计、国际业务审计、咨询业务、其他业务等板块，相应确定各板块主管合伙人。各业务条线的主管合伙人负责所主管业务的总体质量，并履行以下职责：

（1）确定本业务条线相关计划，包括资源的需求、获取和分配计划，并合理地获取和分配资源；

（2）督导项目合伙人有效执行质量管理体系中的政策和程序，并遵守相关职业道德要求；

（3）委派或授权他人委派具有足够专业胜任能力、时间与良好诚信记录的项目合伙人执行业务；

（4）按照会计师事务所内部规定参与本业务条线中有关业务质量的重大事项的讨论以及意见分歧的解决，发表意见并形成工作记录；

（5）会计师事务所其他质量管理职责。

六、监控和整改主管合伙人

监控和整改主管合伙人对质量管理体系"监控和整改"要素的运行承担责任，包括下列职责：

（1）领导与监控和整改相关的政策和程序的设计、实施和运行，并提供适当督导；

（2）领导业务检查和其他监控活动的设计、实施和运行工作，并提供适当督导；

（3）就业务检查和其他监控活动的结果与主要负责人和质量管理体系中的相关负责人进行及时沟通；

（4）会计师事务所其他监控和整改管理职责。

七、选择关键管理人员（合伙人）考虑的因素

首先，职业价值观取向。价值观发挥引领作用，如果领导层成员单纯追求经济利益最大化，而不是树立质量至上、服务国家经济建设的执业理念，审计准则相关质量要素的政策和程序就难以执行到位。关键管理人员中，会计师事务所"一把手"居于核心地位，其价值观影响其他成员的执业行为。一个组织的文化，往往是由少数关键人员决定的，会计师事务所尤其如此。关键管理人员决定会计师事务所的发展方向，如果没有质量至上的共同价值观，将注册会计师行业仅当作一门生意，而不是一份职业和事业，看重于资本的规则而轻视遵守自身的专业的规则，则不应将这样的人员选拔到领导岗位，即使这样的人具有很强的市场开拓能力。布鲁克斯大学2004年的一份研究报告指出："几乎没有一件财务丑闻是由于审计技术运用上的方法错误导致的，更多的是违背了诚信信用、客观性等道德价值所造成的，因此，道德价值观必须被视为与专业胜任能力同等重要。"

其次，专业胜任能力。注册会计师行业是专家职业，需要大量的职业判断。在项目质量管理流程上，需要层层决策，越是重要的审计事项，越需要更高级别的人员作出判断和决定。因此，关键管理人员必须具备高于其他人员的专业能力，能够对所管理的业务领域作出独立且准确的判断。

再次，管理水平。关键管理人员领导会计师事务所全面经营管理工作，或者负责某一方面的管理，不仅要具有专业能力，还要有较高的管理水平，能够组织领导一个分所、一个板块，或某个领域的工作，充分发挥团队成员的积极性和能动性，贯彻执行会计师事务所的质量管理政策。

最后，协作能力。吴卫军[①]认为，会计师事务所重要的资产有四项：客户、品牌、专业服务能力、协作能力和企业文化，其中，最重要和最困难的是提升关键管理人员（合伙人）之间的协作能力。客户的业务越来越复杂，专业服务机构的分工越来越细，为满足客户的复杂需求，关键管理人员（合伙人）必须加强内部跨专业协作。合伙人除严格遵守专业规则外，还应建立合伙人之间的信任关系，这种信任关系建立在"对彼此负责，为彼此承担"的合伙文化基础之上，要"人和、事和、心和"，缺乏协作精神的人员，不适合被选择担任会计师事务所的合伙人和关键管理人员。

第二节　项目组成员委派

项目组委派，即审计资源的规划和调配，如向具体审计领域调配的资源，包括向高风险领域分派有适当经验的项目组成员，就复杂问题利用专家工作等，以及向具体审计领域分配资源的多少，如分派到重要地点进行存货监盘的项目组成员数量等。委派项目组成员，最重要的是选择合适的项目合伙人、项目经理及其他主要审计人员。

一、项目合伙人及项目经理

项目合伙人，是指会计师事务所中负责某项审计项目及其执行，并代表会计师事务所在出具的审计报告上签字的合伙人。项目合伙人应履行下列职责：

（1）营造以质量为导向的执业环境，充分参与审计过程，督导项目组在执业过程中严格遵守法律法规和执业准则要求；

（2）严格执行会计师事务所及项目质量管理政策和程序，并遵守相关职业道德；

（3）保持职业怀疑，恰当运用职业判断。

作为审计项目组最有经验的成员之一，项目合伙人的参与程度对于审计质量至关重要。合伙人主导的审计交付模式有助于在业务执行开始阶段设定正确的基

---

①　德勤华永会计师事务所（特殊普通合伙）中国副主席。

调，在审计执行的过程中实时监督和督导项目进程，及时更新风险评估，应对突发风险，有效引导项目组其他专业人员高质量地完成审计业务，同时可以非常有效地向其他项目组成员提供具有实际意义的现场指导。

实务中，选择项目合伙人，重点考虑的因素包括：

第一，专业能力与经验。这是保证审计质量的关键，重点考虑合伙人对相关法律法规和监管要求的熟悉程度，对项目涉及的会计审计准则的熟练情况，以及对被审计单位的业务特点、行业背景等的了解情况。特别是一些特殊行业、特定性质的项目，需要慎重委派项目合伙人。例如，银行审计业务，其业务性质与非金融业务完全不同，需要的专业技能相差很大；又如，IPO 审计业务，风险程度、审计要求不同于一般项目，从未参与过类似业务审计的合伙人难以胜任。

第二，时间和精力。项目合伙人应有充分的时间参与项目，有的合伙人虽然具备相应的专业能力与经验，但由于承担的项目较多，也不宜委派为项目合伙人。为了保障项目合伙人足够精力实质性投入项目，要注意平衡合伙人工作量，以避免个别合伙人项目过多，从而导致无法投入足够的时间完成审计业务。例如，有的会计师事务所规定了合伙人承担审计任务的上限，如全年承担的审计项目收入不超过 2 000 万元，或者规定某类业务不超过一定数量，如年报审计期间承办的上市公司数量不超过 5 家，承办的新三板挂牌企业数量不超过 10 家。

2021 年，财政部的《关于开展注册会计师超出胜任能力执业行为整治工作的通知》（财会〔2021〕14 号）文件，对注册会计师超出胜任能力执业行为开展专项整治工作，对于 2020 年及 2021 年 6 月 30 日前出具 100 份以上审计报告的注册会计师及其所在会计师事务所进行重点检查。2021 年 7 月，财政部发布的《会计师事务所监督检查办法（征求意见稿）》规定，重点检查注册会计师是否存在违法违规行为之一，如"超出胜任能力执业，重点检查年度内出具 100 份以上审计报告的注册会计师。"这些规定的目的，是为了确保注册会计师的精力与业务量相匹配。

第三，独立性。是否存在影响独立性的因素，有的会计师事务所采取承接与承办相分离的方式，能够有效地降低项目合伙人职业道德风险。

📝 **案例 4-1**

某会计师事务所为了保证证券业务审计质量，规定了项目合伙人、项目经理的委派条件，明确要求：担任上市公司、IPO 或新三板精选层类证券业务审计项目合伙人和签字注册会计师（项目经理），应当符合下列条件：

（1）具备事务所认定的从事证券业务服务签字资格；

（2）实际负责并签署过 1 个以上的 IPO，或 2 家次上市公司审计报告；

（3）具备所在行业或类似业务经验；

（4）事务所要求的其他条件。

案例 4-2

2015 年新三板挂牌企业财务报表审计中，有的会计师事务所委派的项目合伙人承担的数量过多，项目合伙人是否实际参与审计业务存在质疑。表 4-1 为签署审计报告数量最多的前 10 名注册会计师（项目合伙人）。

表 4-1　　　　2015 年报审计签署新三板数量最多的前 10 名注册会计师

排名	签字注册会计师（合伙人）	所在会计师事务所	签署审计报告数量（份）
1	孙××	中兴财光华会计师事务所（特殊普通合伙）	66
2	王××	中兴财光华会计师事务所（特殊普通合伙）	66
3	施××	大华会计师事务所（特殊普通合伙）	39
4	姚××	中兴财光华会计师事务所（特殊普通合伙）	34
5	陆××	众华会计师事务所（特殊普通合伙）	30
6	李××	中兴财光华会计师事务所（特殊普通合伙）	26
7	徐×	中审众环会计师事务所（特殊普通合伙）	25
8	于×	江苏苏亚金诚会计师事务所（特殊普通合伙）	25
9	李××	天健会计师事务所（特殊普通合伙）	25
10	李×	中汇会计师事务所（特殊普通合伙人）	25

资料来源：Wind 资讯。

年报审计期间的时间为 1～4 月，除去节假日及休息日的工作时间为 85 天，以签署审计报告最多的孙××、王×× 测算，项目合伙人投入到每家新三板挂牌企业年报审计的时间为 1.28 天，如果该合伙人还承办其他项目，则实际投入的时间更少，很难有充分的时间保障审计质量。

合伙人承担的审计项目数量和投入时间的匹配性在境外会计师事务所也有所反映。英国特许管理会计师协会（CIMA）指出，审计质量取决于是否具有较高胜任能力的审计人员执行审计程序，合伙人在每个审计项目中扮演的角色不断增加，应由更多经验丰富的审计人员来提供高质量的审计。然而，一项针对英国会计师事务所的调查显示，一部分富时 350 公司及其他大型公司审计项目中由合伙人所提供的工作小时数占比从 2014 年的 5.2% 下降至 2017 年的 4.3%，在所有"四大"会计师事务所执行的英国本土审计项目中，由合伙人提供的审计工作小时数也呈现类似趋势，其中，某个事务所审计合伙人的工作小时数占比呈现显著下滑。这些结果还得到其他证据支持，"四大"会计师事务所中每个审计主管（含合伙人及非合伙人签字会计师）所负责的公众利益实体审计项目数量从 2015 年的 2.4 个增加至 2017 年的 2.7 个，这一变化在毕马威（KPMG）中更加明显，从 2015 年审计主管人均 2.4 个审计项目上升至 2017 年人均 3.4 个审计项目。CIMA 认为，每个审计项目中经验丰富的审计人员工作时间占比下降，可能与长期存在的审计质量不高问题呈正相关性。

项目经理是审计项目的现场负责人（往往是第二签字注册会计师），处于控制审计风险的最前沿，一定程度上居于整个项目的核心地位，起到承上启下的桥梁和纽带作用。对项目组成员，要承担起具体审计任务分配、指导和工作底稿的详细复核，把控项目进度；对项目合伙人，要将审计中发现的重大事项汇报并沟通。因此，选择合适的项目经理至关重要，甚至比选择项目合伙人更重要，因其是项目的实际执行者。因此，项目经理应当具备相应的能力要素，例如，逻辑思维能力、语言表达能力、职业判断能力、组织领导能力等。选择项目经理，最重要的是考虑两个因素：

一是专业胜任能力。项目经理的重要任务是发现问题，揭示重大审计风险，在当前社会诚信意识有待提高，舞弊现象频发的情况下，项目经理的专业能力极为关键。

二是沟通协调能力。审计工作需要与多方主体沟通协调，由于项目经理掌握的信息最多，居于信息沟通的中心，包括对内与项目组成员、项目合伙人、独立复核人员，对外与被审计单位、监管部门等，有效的沟通是顺利完成审计项目的重要条件。

实践表明，多数审计失败的原因，是执业团队配置出了问题，尤其是关键角色不具备胜任能力。项目合伙人与项目经理的配备，应当"双强"，至少要做到"一强一弱"，如果出现"双弱"的配置，几乎不可能按照审计准则高质量完成审计工作。

二、其他项目组成员

审计工作是团队性的集体行为，需要团队所有成员的共同努力，大家分工合作才能完成审计项目。决策靠大智，执行靠大勇。尽管项目合伙人、项目经理是项目组中最重要的成员，但项目合伙人和项目经理制订的审计计划，需要分解落实到每一位项目组成员，因此，委派项目组其他成员很重要，否则即使合伙人、项目经理再优秀，也不可能独立完成整个项目审计工作。实务中，会计师事务所对选择其他成员有相应的标准，重点是专业胜任能力和经验，尤其是风险较高的审计项目，要求更加严格。例如，某会计师事务所规定，委派承办证券服务审计业务的项目组成员，应具有证券业务审计从业经验，原则上注册会计师数量不得低于1/3，中级审计员及以上人员不得少于2/3，实习人员不得参与审计。此外，根据《中华人民共和国注册会计师法》规定，注册会计师执行业务，应加入会计师事务所，且不能同时在两个或者两个以上会计师事务所执行业务，即注册会计师不能跨所执业。

案例 4-3

2020年11月，浙江证监局出具了"关于对××会计师事务所（特殊普通合伙）及注册会计师李×、李××采取出具警示函措施的决定"，指出该所及注册会计师在执行苏泊尔（002032）2019年财务报表审计项目中，存在函证、存货监盘及销售收入的审计程序不到位，未合理关注重大特殊业务的信息披露，以及其他信息的审计程序不到位等审计问题。产生这些问题的主要原因，是未能委派具有胜任能力的项目组成员。在人员委派方面，警示函指出：

一是你们委派多名其他会计师事务所人员，未充分关注其专业胜任能力。苏泊尔2019年年报审计项目组成员共18人，除两名签字注册会计师外，其余16名人员均非你所员工，其中注册会计师3名、审计助理人员10名、实习人员3名，上述人员缺乏证券期货业务的年报审计经验。在近几年的年报审计收入分配中，你们对其他所的分配比例占75%以上。

二是签字注册会计师未能充分指导、监督项目组成员工作。2名注册会计师均未参与年报现场审计工作，仅项目合伙人在预审期间赴子公司现场一天，未对重大会计处理咨询过程及处理结果相关审计底稿进行复核，底稿记录与实际不符；未关注公司未披露特殊业务中的对外担保事宜；存货监盘等审计程序不到位，未关注识别为特别风险的寄售存货的监盘记录及函证控制记录等。

资料来源：中国证监会网站。

三、特定行业专家

随着科技的发展和进步，社会环境的日新月异，新模式、新业态、新经济蓬勃发展以及越发强调公允价值的管理层判断的会计准则，会计师事务所以及注册会计师都需要不断提升专业胜任能力，积极应对各种挑战。会计师事务所需要建立包含多种专精的专业服务队伍，充分利用专家工作协助审计工作，以满足现代审计的要求。专家既有内部专家，也有外部专家。如果是经常性需要利用专家的审计业务，如信息技术审计（IT审计），则宜组建会计师事务所内部的专家团队，协助财务报表审计团队工作，不仅有助于降低执业成本，审计团队与专家的沟通也更加畅通和有效。实务中常见的需要利用专家工作的领域以及相关专家如表4-2所示。

表 4-2　　　　　　　　　　　　主要专家及涉及领域

专家	主要工作领域	涉及财务报表项目
信息技术专家	测试信息技术一般系统和自动化控制	多个财务报表项目
数据分析专家	基于大数据分析的风险评估、会计分录测试、异常数据筛查	收入和成本、存货
估值专家	公允价值评估、未来现金量估计、金融工具预期损失模型、股权激励费用	坏账准备，商誉、固定资产等长期资产减值，股份支付
精算专家	保险相关精算、设定受益计划	责任准备金
税务专家	税务复核、并购重组复杂税务问题	所得税
法证会计专家	反舞弊调查	特定项目

四、审计轮换

委派审计团队需要考虑独立性影响，职业道德守则、证券监管部门对审计轮换等进行了明确规定。2020年12月，中国注册会计师协会发布了《中国注册会计师职业道德守则（2020）》，守则修订了与关键审计合伙人任职及冷却期相关的规定。如果审计客户属于公众利益实体，会计师事务所任何人员担任下列一项或多项职务的累计时间不得超过五年：

（1）项目合伙人；

（2）项目质量复核人员；

（3）其他属于关键审计合伙人的职务。

如果审计客户是首次公开发行证券的公司，关键审计合伙人在该公司上市后连续执行审计业务的期限，不得超过两个完整会计年度。此外，在确定某人员担任关键审计合伙人的年限时，服务年限应包括该人员在之前任职的会计师事务所工作时针对同一审计业务担任关键审计合伙人的年限。

关于冷却期，如果某人员担任项目合伙人或其他签字注册会计师累计达到五年，冷却期应为连续五年。如果某人员相继担任多项关键审计合伙人职责，冷却期应符合以下规定：

（1）担任项目合伙人累计达到三年或以上，冷却期应当为连续五年；

（2）担任项目质量复核人员累计达到三年或以上，冷却期应为连续三年；

（3）担任项目合伙人和项目质量复核人员累计达到三年或以上，但累计担任项目合伙人未达到三年，冷却期应为连续三年；

（4）担任多项关键审计合伙人职责，并且不符合上述各项情况，冷却期应为连续二年。

在冷却期内，关键审计合伙人不得有下列行为：

（1）成为审计项目组成员或为审计项目提供项目质量管理；

（2）就有关技术或行业特定问题、交易或事项向审计项目组或审计客户提供咨询；

（3）负责领导或协调会计师事务所向审计客户提供的专业服务，或者监控会计师事务所与审计客户的关系；

（4）与审计客户高级管理层或治理层进行重大或频繁的互动，或对审计业务的结果施加直接影响。

📝 **案例 4-4**

2021年7月，北京证监局"关于对××会计师事务所（特殊普通合伙）及李×采取出具警示函措施的决定"，指出：

经查，你们在江苏立华牧业股份有限公司（以下简称"立华牧业"）财务报表审计中存在以下问题：李×为立华牧业首次公开发行股票提供审计服务，出具2015年、2016年、2017年和2018年1～6月三年一期审计报告，并在立华牧业上市后出具2018年、2019年、2020年审计报告，超过两个完整会计年度。

你们的上述行为违反了《关于证券期货审计业务签字注册会计师定期轮换的规定》（证监会计字〔2003〕13号）第五条的规定。按照《上市公司信息披露管理办法》（证监会令第40号）第六十五条的规定，我局决定对你所及注册会计师李×采取出具警示函的监督管理措施。你们应关注执业风险，准确把握政策法规要求，及时采取措施加强质量管理，确保审计执业质量，并于收到本决定书之日起 30 日内向我局提交书面报告。

资料来源：中国证监会网站。

审计轮换不仅仅有助于提高注册会计师的独立性，还有利于提高审计质量。注册会计师长期审计某一客户，容易形成固有的审计思维，出现"审计疲劳"，潜意识地降低审计敏感性，不利于发现被审计单位的一些问题，可能存在风险隐患。更换新的项目合伙人、项目经理，虽然因首次承办该客户审计需要进行更多的了解，增加审计成本，但后任注册会计师出于控制风险的角度，会更富热情，可能更容易发现被审计单位存在的问题，甚至发现前任注册会计师认为不是"问题"的问题，从而提高审计质量。因此，会计师事务所应进行实质性审计轮换，如在部门之间、分所之间轮换，若仅仅是更换签字合伙人和签字注册会计师，实际审计工作仍由原团队承办，这种形式轮换并无实质意义。

五、会计师事务所一体化管理与人员委派

会计师事务所委派团队人员，要实现最佳资源配置，应当考虑：一是专业能力的匹配性，选择最适合担任项目合伙人、项目经理等关键成员；二是地域的匹配性，全国范围内执业的大型会计师事务所，在全国设有多家分支机构，一个审计项目，可能有多个合伙人、项目经理均是合适人选，此时宜选择与客户就近的分支机构及团队，不仅有利于降低审计成本，还便于与客户沟通协调。上述两个"匹配性"，从会计师事务所业务管理的角度，就是实行专业化分工，即按项目所处行业和地域进行管理。例如，有的会计师事务所在业务管理上优先按照行业管理，将业务划分为制造业、信息技术、能源化工、金融等行业板块，在此基础上按照地域管理，如将执业分支机构划分为华北地区、华东地区、华南地区和华中地区等大区。

只有实现了专业化分工，才能实现委派的审计人员与项目特点和风险的优化配置，而实现专业化分工的前提条件是会计师事务所必须实行一体化管理，即人事、财务、业务、技术标准和信息管理"五统一"。现行不少规模较大的会计师事务所尚未完全做到总分所一体化管理，一个合伙人就是一个"执业机构主体"，合伙人既要承接业务，又要招聘和委派人员，分支机构之间、合伙人之间人员各自封闭管理，不能流动。有的合伙人承接了较多业务，但人员数量和素质跟不上，而同时其他合伙人管理的团队可能处于淡季，却无法相互融合。这种各自为阵的

现象，导致审计资源错配，难以发挥协同效应，不利于质量控制，不利于效率提升，也不利于节约成本，影响高质量发展。一体化的核心是，利益分配是否能够在"一个利润池"，是否能够在全所范围内统一进行合伙人考核和收益分配，综合考虑合伙人的执业质量、管理能力、经营业绩、社会声誉等指标，而不是以承接和执行业务的收入或利润作为首要指标，不是直接或变相以分所、部门、合伙人所在团队作为利润中心进行收益分配。财务一体化的基础是业务管理一体化，打破客户为合伙人"私有"的思想，将所有客户纳入全所范围内统一委派。业务一体化是会计师事务所一体化的突破口，业务不能实现统一管理，会对审计质量产生严重威胁：一是可能使得不具备胜任能力的人员，包括项目合伙人、签字项目经理参与审计项目；二是可能带来独立性问题，合伙人为了业务收入和维持客户，可能作出牺牲质量的审计选择。近年来，不少审计失败案例，表面上看是审计程序实施不到位，注册会计师未能勤勉尽责，但深层次的原因是会计师事务所的治理存在缺陷，突出体现在总分所一体化管理不到位。

案例 4-5

　　根据财政部、证监会《关于调整证券资格会计师事务所申请条件的通知》（财会〔2012〕2 号）[①]规定，会计师事务所两年内在执业活动中受到两次以上行政处罚、刑事处罚的，暂停承接证券业务并限期整改，未按规定提交整改计划书或者逾期仍未达到条件的，财政部、证监会将撤回其证券资格，即"两年两单"政策。

　　自 2016 年以来，利安达、瑞华、立信、众华四家会计师事务所先后被财政部、证监会处以暂停执业。在整改完成验收中，监管部门指出上述会计师事务所在一体化管理方面均存在问题，包括业务项目的管理和人员委派，如表 4-3 所示。

表 4-3　　　　　　　　　　　证券资格所"两年两单"整改核查结果

会计师事务所	年度	一体化管理存在的问题
利安达会计师事务所（特殊普通合伙）	2016	新设立分所或新加入团队的管控不足，个别分所管理基础相对薄弱，在人员编制、岗位分离、印章管理、合伙人考核制度设计等方面存在一定缺陷；尚未在全所层面实现资金调度、人力资源管理、收益分配制度的统一等

---

　　① 新《证券法》于 2020 年 3 月 1 日起实施后，该通知已经作废。

续表

会计师事务所	年度	一体化管理存在的问题
瑞华会计师事务所（特殊普通合伙）	2017	合伙人收益分配和考核、专职质量控制人员统一管理、分所预算执行差异考核、分所印章管理等方面存在一定缺陷
立信会计师事务所（特殊普通合伙）	2017	合伙人收益分配、业务分级分类管理、业务人员统一委派、技术标准贯彻实施、信息系统设计与运行等方面存在一定缺陷
众华会计师事务所（特殊普通合伙）	2020	合伙人技术标准、人员管理、财务管理、信息化管理等方面存在一定缺陷

资料来源：根据财政部网站披露信息整理。

六、行业人才发展与审计团队执业能力

新经济、新业态、新准则、新监管给注册会计师执业能力带来新的挑战，而新阶段、新形势赋予注册会计师行业的使命和期望更高，这要求行业从业人员不断更新知识，提高职业技能，创新审计方法，全面提升专业素质，适应行业发展新格局。然而，目前注册会计师行业人才队伍存在总体年龄偏大、年龄结构失衡、信息科技等新技术专业人才匮乏、人才后备力量不足、核心骨干人才流失等问题，使得行业人才的总体素质尚不能适应发展需要，加快人才队伍建设迫在眉睫。

以合伙人年龄为例，截至 2020 年末，全国会计师事务所合伙人（股东）35 020 名，平均年龄为 54 岁，超过 60 岁的合伙人（股东）占比高达 25.8%，甚至还有 9.18% 的合伙人为 70 岁以上，而 30 岁以下的年轻合伙人极少，全国不到 10 人，仅占 0.02%（见表 4-4）。会计师事务所是知识密集型行业，要求从业人员具有较高的知识学习和接受能力，60 岁已经达到国家退休年龄标准，而现行注册会计师行业尚存在大量高龄合伙人，这不符合行业对人才结构的要求，也不利于选择委派具有专业胜任能力的项目合伙人。

表 4-4　　　　　　　　　　2015～2020 年会计师事务所合伙人年龄结构

单位：%

年度	30 岁以下	31～40 岁	41～50 岁	51～60 岁	60 岁以上
2015	0.06	7.83	42.71	23.35	26.05
2016	0.07	6.49	42.83	24.31	26.29
2017	0.03	5.53	42.68	25.38	26.38
2018	0.02	5.00	41.14	27.83	26.01
2019	0.03	5.12	39.89	29.17	25.79
2020	0.02	4.87	38.72	30.59	25.80

资料来源：2020 年注册会计师行业重点问题研究报告。

不仅如此，会计师事务所合伙人（股东）的学历结构总体偏低，本科及以上学历占比仅 36.7%，硕士学历占比 3.2%，博士学历仅 39 人，而大专及以下占比高达近六成（见图 4-1），这显然与注册会计师"专家职业"的称谓不匹配。

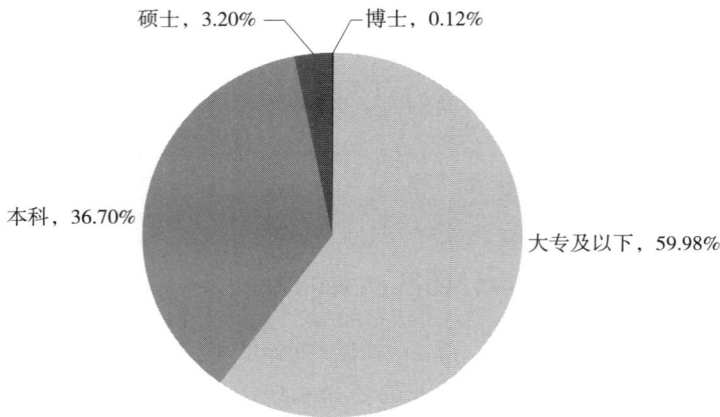

图 4-1　合伙人（股东）学历结构

资料来源：2020 年注册会计师行业重点问题研究报告。

再以人才稳定性为例，注册会计师是行业的中坚力量，但近年来注册会计师流动和流失较为频繁，执业会员增长缓慢。在对某家规模较大的会计师事务所2021 年 1～6 月人员离职情况的问卷调查中，半年内平均离职率就达到 17%，其中高级审计员及以上人员离职率 11%，注册会计师离职率 8%。进一步考察离职率的区域分布，北京、长三角、珠三角等经济发达地区离职率较高，中西部地区人员相对稳定。2021 年，中国注册会计师协会发布的《2020 年度会计师事务所综合评价百家排名信息》显示，执业超过 5 年且年龄在 60 周岁以下的注册会计师数量占事务所全部注册会计师的比例不高（见表 4-5），剔除年龄影响，主要是注册会计师流失所致。

表 4-5　　前 20 名会计师事务所执业超过 5 年且年龄在 60 周岁以下的注册会计师情况

排名	会计师事务所	截至 2020 年末注册会计师人数（人）	执业超过 5 年且年龄在 60 周岁以下的注册会计师（人）	执业超过 5 年且年龄在 60 周岁以下的注册会计师占比（%）
1	普华永道中天	1 390	518	37
2	安永华明	1 645	535	33
3	德勤华永	1 239	424	34

排名	会计师事务所	截至 2020 年末注册会计师人数（人）	执业超过 5 年且年龄在 60 周岁以下的注册会计师（人）	执业超过 5 年且年龄在 60 周岁以下的注册会计师占比（％）
4	毕马威华振	973	309	32
5	天健	1 846	763	41
6	立信	2 216	1 163	52
7	信永中和	1 739	997	57
8	大华	1 679	995	59
9	天职国际	1 254	593	47
10	容诚	1 018	424	42
11	大信	1 192	687	58
12	致同	1 267	694	55
13	中审众环	1 537	907	59
14	中兴华	920	540	59
15	中兴财光华	969	615	63
16	中汇	665	327	49
17	亚太（集团）	562	332	59
18	中天运	697	449	64
19	中审华	759	469	62
20	上会	414	273	66

资料来源：2020 年度会计师事务所综合评价百家排名信息。

第五章 审 计 策 略

审计活动是一项流程化较强的工作，前后之间存在联系。注册会计师制定的审计策略，类似于企业财务管理中的全面预算管理，在审计业务执行流程中起引领作用。审计策略中，注册会计师需要选择重要性水平、重要组成部分、重点审计领域和具体审计计划，这些选择应结合审计业务的具体情况，综合评估项目风险因素来确定，体现风险导向审计理念。

第一节 重要性水平

一、重要性概念

运用重要性是人类思维方式之一，是人们作出选择时常用的判断原则。在会计领域，重要性广泛应用于会计确认、计量和列报过程，以及财务报表信息披露的决策过程。2018 年 10 月，国际会计准则理事会（IASB）发布了最新修订的重要性定义，即"如果能够合理预期某项目被省略、错报或模糊可能影响通用目的财务报表主要使用者根据某特定报告主体提供的含有财务信息的财务报表作出的经济决策，则该项目具有重要性"。我国《企业会计准则第 30 号——财务报表列报》对重要性的定义为："重要性，是指在合理预期下，财务报表某项目的省略或错报会影响使用者据此作出经济决策的，该项目具有重要性。"审计中的重要性概念，《中国注册会计师审计准则第 1221 号——计划和执行审计工作时的重要性》指出："如果合理预期错报（包括漏报）单独或汇总起来可能影响财务报表使用者依据财务报表作出的经济决策，则通常认为错报是重大的。"

财务报表的重要性与审计中的重要性具有相通之处，总体目标一致，均是服务或服从于财务报表使用者作出经济决策。从理论上讲，会计核算越全面，列报和披露越详尽，会计信息的质量越高。类似地，实施的审计程序越全面，审计结论越可靠，审计风险越小。由于现代企业规模大、业务复杂，要达到上述要求不现实，也不符合"成本效益原则"。因此，会计和审计职业均采用了重要性概念，因审计是对会计的再监督，故审计重要性概念以会计重要性概念为基础，只是用审计语言表达出来而已。

但是，两个领域的重要性也存在差别。财务报表中重要性原则的应用，主要是用于过滤筛选不重要的会计数据，以节约信息生成成本，并增强报表的相关性；审计中重要性原则的应用，是为了辨识重大会计信息，以控制审计风险，有效率且有效果地完成审计任务。由于现代审计以抽样为基础，审计中的重要性衍生出相关概念，如实际执行的重要性，即指注册会计师确定的低于财务报表整体的重要性的一个或多个金额，旨在将未更正和未发现错报的汇总数超过财务报表整体重要性的可能性降低至适当水平。

二、选择重要性基准考虑的因素

（一）财务报表整体的重要性

根据被审计单位的性质特征、所处生命周期阶段以及行业和经济环境，选用如税前利润、收入、净资产、总资产或其他财务报表使用者特别关注的指标，作为确定财务报表整体重要性的基准。审计实务中确定重要性选择的常用基准如表5-1所示。

表5-1　　　　　　　　　　　重要性选择常用基准

序号	被审计单位情况	可能选择的基准	可能选择的百分比（%）
1	盈利水平保持稳定	经常性业务的税前利润	5
2	近年来利润大幅度波动，盈利和亏损交替发生，或者由于正常盈利变为微利或微亏，或者本年度税前利润因情况变化而出现意外增加或减少	过去三年或五年经常性业务的平均税前利润或亏损（取绝对值），或者其他基准，如营业收入	5
3	新设企业，处于开办期，尚未开始经营，正在建设厂房及购买机器设备	总资产	0.5~1
4	处于新兴行业，当前侧重于抢占市场份额、扩大企业知名度和影响力	营业收入	0.5~1
5	为某开放式基金，致力于优化投资组合、提高基金净值、为基金创造投资价值	净资产	0.5
6	企业集团设立的研发中心，主要为集团下属各企业提供研发服务，并以成本加成方式向相关企业收取费用	成本或营业费用总额	0.5
7	公益性质的基金会	捐赠收入或捐赠支出总额	0.5

实务中，注册会计师需要站在财务报表使用者角度选择重要性基准，如上市公司等公众利益实体，股票价格对利润敏感程度很高，通常以利润为选择基准，如果选择其他基准，最终确定的重要性也应考虑对利润的影响。例如，注册会计师在执行某上市公司财务报表审计时，按照未审合并报表收入的 0.5% 确定财务报表层面重要性水平为 1 734.59 万元，该公司审定净利润为 2 552.52 万元，重要性水平为净利润的 68%，重要性确定显然不合理。

此外，某些情况下，注册会计师根据其职业判断，可能会将上述基准金额进行调整，使用调整后的基准金额计算财务报表整体重要性，以使调整后的基准金额更能够反映被审计单位持续经营的业务经营情况。例如，对资产处置损益、政府补贴等非经常性损益予以调整，当基准不稳定时，对基准近年的金额进行平均等。

（二）特定类别交易、账户余额或披露的重要性

根据被审计单位的特定情况，如果存在一个或多个特定类别的交易、账户余额或披露，其发生的错报金额虽然低于财务报表整体的重要性，但合理预期可能影响财务报表使用者作出经济决策，注册会计师还应确定适用于这些交易、账户余额或披露的一个或多个重要性水平。换言之，注册会计师不仅要考虑定量的影响，还要考虑定性的影响。下面为可选择的评价标准：

（1）错报对遵守监管要求的影响程度，如银行资本充足率监管指标；

（2）错报对遵守债务合同或其他合同条款的影响程度；

（3）错报与会计政策的不正确选择或运用相关，这些会计政策的不正确选择或运用对于当期财务报表不产生重大影响，但可能对未来期间财务报表产生重大影响；

（4）错报掩盖收益的变化或其他趋势的程度，如影响上市公司盈亏变化，影响 IPO 企业的发行上市条件；

（5）错报对用于评价被审计单位财务状况、经营成果或现金流量的有关比率的影响程度；

（6）错报对财务报表中列报的分部信息的影响程度；

（7）错报对增加管理层薪酬的影响程度，例如，管理层通过达到有关奖金或其他激励政策规定的要求以增加薪酬；

（8）错报对涉及特定机构或人员的项目的相关程度，例如，与被审计单位发生交易的外部机构或人员是否与管理层成员有关联关系；

（9）舞弊导致的错报，通常比相同金额的无意差错更重要，因为舞弊反映的是管理层或其他人员的诚实和可靠问题。

案例 5-1

　　P 公司主要从事刀具生产销售，2020 年 11 月提交了科创板上市申请文件。2021 年 3 月，上海证券交易所通知该企业及保荐机构拟进行现场督导核查。P 公司、保荐机构经沟通，决定主动撤回申请文件。主动撤回文件的实际原因可能是发行人及中介服务机构担忧不符合科创属性定位的量化指标要求。根据《科创属性评价指引（试行）》规定，发行人必须满足"即最近 3 年营业收入复合增长率不低于 20%，或最近 1 年营业收入达到 3 亿元"。P 公司经审计的财务报告显示，最近 3 年收入复合增长率为 20.23%，且最近 1 年收入低于 3 亿元，复合增长率处于"踩线"值，如果现场核查发现即使远低于财务报表整体重要性水平（注册会计师选择确定的重要性为 300 万元）的错报，如 10 万元，则将不符合上市条件，注册会计师将承担相应的审计责任，可能因重要性水平确定不当等原因受到监管处罚。

（三）实际执行的重要性

　　选择确定实际执行的重要性，源于抽样审计的基本理论，目的在于将未抽取样本部分的潜在错报降低至适当水平，这是注册会计师对重要性的第二次选择。既然考虑潜在错报，则实际执行的重要性应以潜在错报风险的高低确定，如果潜在错报较高，则实际执行的重要性就低，反之则高。实务中，可从两个方面选择确定实际执行的重要性：一是被审计单位的性质及财务报表的用途，如客户为上市公司、发债企业等资本市场主体，整体风险较大，则宜选择较低的实际执行重要性；二是被审计单位的内部控制水平差，以及注册会计师审计已经发现错报情况，如果发现的错报较多，表明潜在错报较多，宜选择较低的实际执行的重要性。具体量化标准的选择，需要注册会计师作出职业判断，一般为财务报表整体重要性的 50%～75%。

（四）明显微小错报临界值

　　与重要性相关的第三个量化指标是明显微小错报临界值，指注册会计师发现的低于某一金额的错报，这些错报无论单独，还是汇总起来，均不会对财务报表整体产生重大影响。选择确定临界值需要注册会计师的职业判断，如可将明显微小错报临界值确定为财务报表整体重要性的 3%～5%，一般不超过 10%，其高低与确定实际执行的重要性原则相同。

选择重要性，还应从投资人、债权人、监管机构等外部主体考虑，特别是监管标准。例如，我国证券法律法规对于重要性的应用，主要法律用语是"重大"事件、"重大"事项、"重大"交易等，有的规定了应予披露的数量标准。例如，关于关联方交易的披露标准，报告期内累计关联交易总额高于 3 000 万元（创业板 1 000 万元）且占公司最近一期经审计的净资产值的 5% 以上的，应分不同交易类型披露。又如，监管部门对财务信息披露违法违规是否立案调查时，若涉及虚假利润，也会考虑是否超过当期利润总额的 5% 作为立案标准。

需要注意的是，若账户余额或交易存在多项错报，一般不应以相互抵销后的金额来判断是否超过重要性，除非为同类和同一性质的错报。

案例 5-2

风神股份（600649）于 2015 年 3 月 5 日收到证监会河南证监局《行政处罚决定书》，违法事项为 2012 年度财务报表存在虚假记载，其中：① 2012 年风神股份三包退赔、返利业务入账金额与实际发生金额不符，从而虚减利润 22 124 654.34 元；② 2012 年风神股份虚增主营业务收入 127 868 196.02 元，虚增主营业务成本 103 434 403.91 元，从而虚增利润 20 023 219.62 元。

上述事项既有虚增利润，又有虚减利润行为，单独计算均超过当年利润的 5%，若合并计算，相互抵销后仅影响当期利润 210 万元，远低于重要性水平。风神股份在听证过程中，提出的申辩意见之一为"2012 年同时存在虚增与虚减利润，应对数额合并计算"。证监局认为，风神股份 2012 年同时存在三包退赔、返利业务入账金额与实际发生金额不符导致虚减利润和提前确认收入导致虚增利润的行为，是相互独立的违法行为，应当单独认定，分别计算金额，而不应合并计算，故不予采纳企业意见。

资料来源：中国证监会网站。

三、审计调整与重要性

注册会计师在审计中发现的错报，选择哪些进行调整，选择哪些不进行调整，主要标准是审计确定的重要性水平。如果已经发现和潜在汇总错报超过重要性，则应选择金额较大的错报建议被审计单位更正或者审计调整，直到将未更正错报降至重要性以下水平。

实务中，注册会计师发现的错报是否进行审计调整存在以下问题：一是不考虑重要性，只要是当期发现的错报，不论金额大小均进行审计调整，导致审计调整面比较大，不符合成本效益原则，是一种审计过度的表现，浪费审计资源。二是在集团财务报表审计时，若母子公司及合并均需要出具审计报告，注册会计师未考虑主体层级，在确定上一级主体合并财务报表错报审计调整时，直接将所有子公司错报审计调整。该种情形下，从子公司主体重要性水平看，错报超过重要性水平而应审计调整，但从上一级合并报表看，错报可能并未超过重要性，不需要对所有错报进行调整，应选择金额较大的错报调整即可。三是发现前期错报是否调整期初数时，未充分考虑重要性，不具有重要性的应当在当期调整，不需要追溯前期财务报表。

案例 5-3

　　某会计师事务所（特殊普通合伙）对上市公司易世达（300125）2015 年度财务报表审计时，发现已经完工的项目存在多记成本或少记成本的情况，少记成本情况为：已付款但未取得发票的设备采购款未及时结转成本，仍在"预付款项"科目中核算；已领用但没有及时办理验收入库手续的采购材料未及时结转成本，仍在"在途物资"科目中核算。多记成本情况为：项目竣工时部分合同尚未执行完毕，需要根据合同暂估计入成本，同时记入"应付账款"暂估科目，但在合同结束后没有及时调整暂估成本。上述错报累计影响留存收益 84 万元，占净资产的比例为 0.07%，占上年利润总额的 4.5%，影响资产 480 万元，占资产总额的 0.2%，影响负债 269 万元，占负债总额的 0.24%。在注册会计师的建议下易世达对前期差错进行了更正，追溯调整了前期财务报表。不论是错报的绝对值，还是相对比例都比较小，低于重要性水平，不会影响投资者作出经济决策，注册会计师建议对上述错报调整前期财务报表的合理性值得商榷。

　　资料来源：巨潮资讯网站。

四、重要性实务应用

　　2021 年 3 月，证监会发布了《监管规则适用指引——审计类第 1 号》，要求会计师事务所出具非无保留意见审计报告时，应在非标准意见专项说明中，披露使用的合并财务报表整体的重要性水平，包括选取基准及百分比、计算结果、选取依据。若本期重要性水平内容较上期发生变化，应披露变化原因。

截至 2021 年 4 月 30 日，注册会计师对 249 家上市公司 2020 年度财务报表出具了非标准意见，会计师事务所专项说明披露重要性选择基准情况如表 5-2 所示。

表 5-2　　　　　　　　　2020 年报非标意见上市公司重要性选择基准

重要性水平基准	中兴财光华	天健	立信	大华	亚太（集团）	大信	中审众环	中兴华	立信中联	其他	合计
税前利润	2	14	7	1	1	1	2	1	1	18	48（19.28%）
调整后的利润	1	7	2							6	16（6.42%）
所有者权益			2	2		1				2	7（2.81%）
总资产（或调整后的总资产）	2		2		1			1	3	3	12（4.82%）
收入（或调整后的收入）	3	1	9	4	1	4	2		1	14	39（15.66%）
费用（或调整后的费用）											
其他										2	2（0.5%）
未披露	21	2		11	15	9	9	11	3	44	125（50.51%）
合计	29	24	22	18	18	15	13	13	8	89	249（100%）

资料来源：巨潮资讯。

英国财务报告理事会（FRC）于 2013 年 6 月发布的国际审计准则第 700 号 19A（b）要求，对于根据法定要求或自愿选择进行报告的企业，注册会计师应于审计报告中就其计划和执行审计工作阶段如何运用重要性的概念进行解释，并就其使用的用于衡量财务报表整体重要性的金额界限进行解释。2013~2016 年 280 份英国上市公司审计报告选择的基准情况如表 5-3 所示。

表 5-3　　　　　　　　　境外上市公司重要性选择基准

重要性水平基准	Deloitte	EY	KPMG	PwC	GT	BDO	其他	合计
税前利润	7	10	25	17	2	1	0	62（22%）
调整后的利润	20	18	19	37	2	2	0	98（35%）

重要性水平基准	Deloitte	EY	KPMG	PwC	GT	BDO	其他	合计
所有者权益	12	22	8	12	6	0	1	61（22%）
总资产（或调整后的总资产）	0	0	13	4	4	4	2	27（10%）
收入（或调整后的收入）	1	1	6	0	0	2	1	11（4%）
费用（或调整后的费用）	0	1	1	0	0	0	0	2（1%）
其他	1	0	1	0	0	3	1	6（2%）
未披露	11	1	0	0	0	1	0	13（4%）
合计	52	53	73	70	14	13	5	280（100%）

资料来源：财政部会计重要性课题编写组收集整理。

表5-3中调整后的利润，有的披露了会计师事务所调整项目说明，如EY披露为：我们确定的集团财务报表整体的重要性为经调整的税前利润的5%，其中关键因素是交易、整合及其他特殊费用82百万英镑，处置和关闭业务损失16百万英镑，与石棉相关的费用9百万英镑，合营企业税务影响6百万英镑。我们认为，该调整后利润为我们确定重要性提供了年度持续的基准，同时也是与被审计单位的利益相关者最为相关的业绩考量指标。PwC披露为：税前利润的5%，为审计实务中普遍认可的基准和业绩百分比。但是，我们将税前利润进行了调整，以扣除非经常性项目的影响，例如，TSB处置相关费用、诉讼费用及负债管理亏损等。

对于实际执行的重要性，公开披露信息较少，在前述280份样本中，仅EY进行了较为详细的披露，其对23家客户实际执行的重要性为50%、1家客户为50%～75%、27家客户为75%。

中国境内注册会计师与境外审计师对重要性选择基准存在较大的差异，主要表现在调整后的利润基准、收入基准以及所有者权益基准。境内注册会计师很少以调整后的利润为基准，比例仅为6.42%，远低于境外审计师选择该基准的35%。境外审计师很少选择收入基准确定重要性，占比仅4%，而境内注册会计师选择该基准比例达到了15.66%。境内注册会计师也很少选择所有者权益作为重要性基准，而境外审计师选择所有者权益的比例高达22%。

五、内部控制缺陷与重要性

内部控制缺陷包括设计缺陷和运行缺陷。设计缺陷是指缺少为实现控制目标所必要的控制，或现有控制设计不适当，即使正常运行也难以实现预期的控制目标；运行缺陷是指现存涉及适当的控制没有按设计意图运行，或执行人员没有获得必要授权，或执行人员缺乏胜任能力，无法有效地实施内部控制。《内部控制评价指引》明确了企业三种不同程度的缺陷：

（1）重大缺陷，指一个或多个控制的组合，可能导致企业严重偏离控制目标。

（2）重要缺陷，指一个或多个控制的组合，其严重程度和经济后果低于重大缺陷，但仍有可能导致企业偏离控制目标。

（3）一般缺陷，指除重大缺陷、重要缺陷之外的其他缺陷。

控制缺陷的严重程度取决于：控制不能防止或发现并纠正账户或列报发生错报的可能性的大小；因一项或多项控制缺陷导致的潜在错报的金额大小。控制缺陷的严重程度与错报是否发生无关，而取决于控制不能防止或发现并纠正错报可能性的大小。企业在进行内部控制自我评价时，需要选择具体的缺陷认定标准，通常包括定性标准和定量标准。注册会计师在对企业进行内部控制审计时，也应选择制定重要性水平，如果实施与财务报表的整合审计，则应采取与财务报表相同的重要性标准。注册会计师最为关注的是被审计单位的重大缺陷，因为重大缺陷直接影响内部控制的审计意见类型，重要缺陷、一般缺陷并不会导致注册会计师出具否定意见的内部控制报告。实务中，注册会计师通常选择下列标准判断内部控制存在重大缺陷：

（1）注册会计师发现董事、监事和高级管理人员的任何舞弊。

（2）被审计单位重述以前公布的财务报表，以更正由于舞弊或错误导致的重大错报。

（3）注册会计师发现当期财务报表存在重大错报，而被审计单位内部控制在运行过程中未能发现该错报。

（4）审计委员会和内部审计机构对内部控制的监督无效。

案例 5-4

　　海康威视（002415）聚焦于智能物联网、大数据服务和智慧业务，提供软硬融合、云边融合的智能物联网产品及服务，提供物信融合、数智融合的大数据平台产品及服务，拓展智能家居、移动机器人与机器视觉、汽车电子、智慧存储、红外热成像、智慧消防、智慧安检、智慧医疗等创新业务。海康威视2020年度报告披露的内部控制缺陷认定标准如表5-4所示。

表 5-4 海康威视内部控制缺陷认定标准

类型	财务报告缺陷	非财务报告缺陷
定性标准	①重大缺陷：一项内部控制缺陷单独或连同其他缺陷具备合理可能性导致不能及时防止或发现并纠正财务报告中的重大错报。如：A.控制环境无效；B.董事、监事和高级管理人员对财务报告构成重大影响的舞弊行为；C.外部审计发现当期财务报告存在重大错报，公司在运行过程中未能发现该错报；D.审计委员会和内部审计机构对内部控制的监督无效；E.其他可能影响报表使用者正确判断的缺陷 ②重要缺陷：内部控制缺陷单独或连同其他缺陷具备合理可能性导致不能及时防止或发现并纠正财务报告中虽然未达到和超过重大水平，但仍应引起董事会和管理层重视的错报。如：A.未依照公认会计准则选择和应用会计政策；B.未建立反舞弊程序和控制措施；C.对于非常规或特殊交易的账务处理没有建立相应的控制机制或没有实施且没有相应的补偿性控制；D.对于期末财务报告过程的控制存在一项或多项缺陷且不能合理保证编制的财务报表达到真实、完整的目标 ③一般缺陷：不构成重大缺陷和重要缺陷的内部控制缺陷	①重大缺陷：如果缺陷发生的可能性高，会严重降低工作效率或效果、或严重加大效果的不确定性、或使之严重偏离预期目标 ②重要缺陷：如果缺陷发生的可能性较高，会显著降低工作效率或效果、或显著加大效果的不确定性、或使之显著偏离预期目标 ③一般缺陷：如果缺陷发生的可能性较小，会降低工作效率或效果、或加大效果
定量标准	①重大缺陷：潜在错报 ≥利润总额 ×5% ②重要缺陷：利润总额 ×2% ≤潜在错报<利润总额 ×5% ③一般缺陷：潜在错报<利润总额 ×2%	①重大缺陷：直接财产损失金额≥利润总额 ×5% ②重要缺陷：利润总额 ×2% ≤直接财产损失金额<利润总额 ×5% ③一般缺陷：直接财产损失金额<利润总额 ×2%

资料来源：巨潮资讯网站。

第二节　选择重要组成部分

一、帕累托法则

帕累托法则，又称"二八定律""80/20 法则"，由 19 世纪末期意大利经济学家和社会学家维弗雷多·帕累托提出，大意是在任何特定群体中，重要的因子通常只占少数，而不重要的因子占多数，因此只要能控制具有重要性的少数因子即能控制全局。多数，它们只能造成少许的影响；少数，它们造成主要的、重大的影响。"二八定律"在实务中运用广泛，例如，世界 80% 的资源由 20% 的人口所消耗、世界财富的 80% 由 20% 的人所拥有、20% 的病人消耗 80% 的医疗资源、20% 的人集中了 80% 的人类智慧、股票投资 20% 的人盈利 80% 的人亏损等。

审计选择的目的是为了关注重点，提高效率，将有限的审计资源用到"刀刃"上。帕累托法则提供一个审计选择的思路，被审计单位的经营活动是否存在"二八定律"？即一个企业集团，是否存在 20% 的分公司、子公司或业务板块是很重要的，80% 的利润来源于这些主体，而其他 80% 的主体仅贡献 20% 的利润；是否存在 20% 的客户为企业带来 80% 的收入，以及 20% 的供应商提供 80% 的材料采购的情形；内部控制节点中，是否存在 20% 节点是关键控制点；等等。如果存在，无疑将为注册会计师制定审计策略提供很好依据，因为实施好 20% 的会计主体的审计工作，就控制了 80% 的审计风险，是成本效益原则的最好体现，实现了风险控制与审计成本的平衡。

《公开发行证券的公司信息披露内容与格式准则第 2 号——年度报告的内容与格式》中，要求上市公司披露主要控股子公司重要财务指标，包括总资产、净资产、营业收入、净利润等。经考察子公司较多（如超过 30 家）的多家上市公司样本，数据显示基本符合"80/20 法则"，即 20% 的子公司是很重要的，不论是总资产、净资产，还是收入和利润贡献，都占 80%。例如，光明乳业股份有限公司 2020 年报显示的控股子公司（含母公司本部）主要财务指标及占比情况如表 5-5 所示。

表 5-5　　　　　　　　　　　　光明乳业主要组成部分财务指标情况

单位：万元，%

项目	数量	资产总额	净资产	收入总额	利润总额
主要控股子公司	5	1 704 540.43	825 991.56	1 810 530.51	99 479.46
全部母子公司	34	2 030 991.03	891 526.41	2 522 271.60	119 637.85
占比	15	84	93	72	83

资料来源：巨潮资讯。

二、选择重要组成部分

重要组成部分，是指具有下列特征的组成部分：一是单个组成部分对集团具有财务重大性；二是单个组成部分的特定性质或情况，可能存在导致集团财务报表发生重大错报的特别风险。制定总体审计策略时，注册会计师首先要选择确定重要的审计主体，即被审计单位哪些分公司、子公司是重要的，这直接与后续的人员委派、审计程序实施详略、证据获取多少相关。选择重要组成部分需考虑以下因素。

（一）财务重要性

如果组成部分的资产、负债、收入、利润等财务指标达到被审计单位合并（汇总）相应指标的一定比例，即被认为具有财务重大性。对于一些对利润比较敏感的企业，如上市公司审计业务，确定财务重要性时要重点关注组成部分对利润的影响。注册会计师选择的数量基准通常为相应指标的10%～15%，达到或超过这一基准的组成部分，则被认定为具有财务重大性而作为重要组成部分。有时候，较高或较低的百分比也可能是适合的。例如，如果被审计单位主体众多，但每一个主体的规模较为均衡，甚至没有超过合并（汇总）金额10%以上的主体，此时可降低重要组成部分的选择基准。

> **案例 5-5**
>
> 2016年，上市公司凯迪生态环境科技股份有限公司（以下简称"凯迪生态"）部分在建电厂存在非正常中断且中断时间连续超过3个月的情形。建设中断期间，凯迪生态未按照会计准则暂停在建电厂的借款费用资本化，导致2016年度财务报告存在虚增在建工程、虚减财务费用、虚增利润总额的情形，虚增在建工程、虚减财务费用、虚增利润总额272 808 639.77元。该企业因虚增利润被行政处罚，会计师事务所及注册会计师也被行政处罚。
>
> 监管部门指出，注册会计师以单个组成部分的税前利润和营业收入是否达到合并报表税前利润的5%或营业收入的10%作为判断财务重大性的基准。因未完工电厂在2016年度未产生营业收入或利润，导致其均未被识别为重要组成部分。2016年，凯迪生态北海凯迪生物能源有限公司等7家未完工电厂全年借款费用资本化金额，均超过当年合并报表税前利润的5%（2 000万元），具有财务重大性，未被识别为重要组成部分。同时，监管部门还指出，注册会计师在识别出存在虚增利润的特别风险及做多业绩的舞弊风险的情形下，未考虑

未完工电厂借款费用资本化对税前利润的影响，未将具有特殊性质或情况的未完工电厂识别为重要组成部分。

资料来源：中国证监会网站。

应当注意的是，确定组成部分的重要性与确定财务报表整体错报的重要性水平目的不同，前者是为了选择出集团内的重点审计主体，以合理分配审计资源；后者是为了确定错报与风险标准，若发现错报和潜在错报超过该标准的，应建议被审计单位调整，以使审计风险降低至可接受水平。

（二）性质特殊性

虽然某组成部分资产、收入、利润等财务指标对集团而言不具有财务重大性，但因业务特殊导致风险敞口较大，也应作为重要组成部分。例如，从事金融行业的银行、财务公司、证券公司、保险等主体，或者从事期货、期权、远期合约、外汇等衍生金融产品交易的，可能使得整个集团面临重大错报的特别风险。又如，某一组成部分涉及重大会计估计判断，或者以前年度发生重大错报。再如，在政局不稳定的国家或地区从事境外业务，也应作为重要组成部分。

（三）非合并范围内组成部分

组成部分不仅限于母公司、分公司和纳入合并范围的子公司，还可能包括权益法核算的合营企业、联营企业。如果某合营企业或联营企业对被审计单位特别重要，则该被投资单位可能作为重要组成部分。例如，新三板挂牌企业明石创新（832924），2020年末资产总额99亿元、净利润3.22亿元，其中，对联营企业万达集团股份有限公司投资的账面价值72亿元，来自联营企业的投资收益3.18亿元，分别占合并财务报表的72.7%、99.37%，如何实施对联营企业的审计影响审计计划安排，是亲自审计，还是由其他注册会计师审计，审计工作及风险承担方式有所区别。

此外，需要特别注意的是，某组成部分确定为重要组成部分，并不意味着该主体所有项目都很重要，反之，某组成部分为非重要组成部分，也不意味着该主体所有项目都不重要。事实上，注册会计师选择重要组成部分，是比较粗略的划分，在制定具体审计计划时，需要进一步细化，将重要组成部分中不重要的账户或交易选出来，将非重要组成部分中的重要的账户或交易选出来，进而采取有针对性的应对措施。

三、选择组成部分注册会计师

如果组成部分由其他注册会计师审计，则需要选择组成部分注册会计师。实务中，一种情况是，已经确定了组成部分注册会计师，如中央企业的主审、参审制度，集团内各组成部分已经确定了会计师事务所，主审所不能自主另行选择。另一种情况是，主审所可以选择组成部分注册会计师，如组成部分位于境外，因特殊原因无法前往现场审计，或出于成本效益因素考虑，主审所建议将境外组成部分由当地会计师事务所审计。此种情形下，主审所需要选择符合条件的组成部分注册会计师，包括会计师事务所规模、资质、胜任能力等。如果组成部分是上市公司重要子公司，则需要考虑该会计师事务所是否具有资本市场审计经验。

案例 5-6

保隆科技（603197）是一家 A 股上市公司，主要从事汽车轮胎压力监测系统、车用传感器、高级辅助驾驶系统、主动空气悬架、汽车金属管件、气门嘴以及平衡块等汽车零部件产品的生产和销售。截至 2020 年 12 月 31 日，公司资产总额 39 亿元、收入总额 33 亿元、归属于母公司的净利润 1.83 亿元，其中，位于美国的境外控股子公司 Dill Air Controls Products, LLC，资产总额 8 亿元、2020 年度收入 6 亿元、实现净利润 1.67 亿元，净利润占合并财务报表的比例为 91%，是上市公司的重要组成部分。在 2020 年度财务报表审计时，因美国新冠肺炎疫情影响，注册会计师无法前往境外实施现场审计。项目组在制定审计策略时，拟利用组成部分注册会计师的工作，在与企业管理层沟通过程中，建议企业聘请具有相应资质和经验的境外会计师事务所，企业聘任了 MalongBailey, LLP 会计师事务所。主审项目合伙人经了解，MalongBailey, LLP 系在 PCAOB 注册备案，上市公司客户百余家，在最近 PCAOB 的检查中未出现重大质量问题，主审项目组认可该会计师事务所担任组成部分注册会计师。

资料来源：巨潮资讯网站。

有时，注册会计师容易混淆利用组成部分会计师工作与"劳务外包"之间的区别。所谓"劳务外包"，是指会计师事务所聘请本所之外的人员（通常为其他会计师事务所执业人员），以本会计师事务所名义开展审计，视同本所亲自审计，审计工作底稿全部交由本所项目组，不单独出具组成部分审计报告。利用组成部分注册会计师工作，依据的是《中国注册会计师审计准则第 1401 号——对集团财务报表审计的特殊考虑》，注册会计师需要单独出具审计报告，承担相应的审计责任，而"劳务外包"缺乏审计准则依据，甚至容易出现挂靠执业现象。

如果是同一"网络所"的成员所安排人员审计，不应视为"劳务外包"行为。"网络所"不同于"合作所"，它由多个实体组成，旨在通过合作实现下列一个或多个目的的联合体：

（1）共享收益，分担成本；

（2）共享所有权、控制权或管理权；

（3）执行统一的质量管理政策和程序；

（4）执行同一经营战略；

（5）使用同一品牌；

（6）共享重要的专业资源。

第三节　确定重点审计领域

制定总体审计策略最重要的内容，是确定重点审计领域。相较于选择重要组成部分的"宏观性"选择，重点审计领域侧重于微观层面，针对的是财务报表账户余额和交易认定，需要识别出错报风险较高的审计领域，这是审计计划阶段最重要的工作内容。

一、选择实施的审计程序

审计工作的特点是计划性和组织性强，只有制定了具有针对性的计划，才能尽最大可能降低审计风险。注册会计师制定审计计划，不同于有的计划安排，只需要简要的调查了解，便可制定出计划，而是需要进行大量的工作，即风险评估，才能识别出可能存在的重大错报领域，这些工作本身构成整个审计流程的重要环节。风险导向审计的特点之一，是要求加大制定审计计划阶段的资源投入，准确识别风险并制定应对措施。

《中国注册会计师审计准则第 1211 号——通过了解被审计单位及其环境识别和评估重大错报风险》《中国注册会计师审计准则第 1231 号——针对评估的重大错报风险采取的应对措施》是风险评估的主要准则依据，不同于实质性测试选择的审计程序，该阶段选择实施的主要程序为：

（1）询问、访谈管理层以及被审计单位内部其他人员；

（2）分析性程序；

（3）观察和检查。

二、确定重点审计领域考虑的因素

注册会计师应始终围绕"风险"开展工作，确定重点领域也不例外，根据产生重大错报风险的可能性选择确定重要领域，错报的可能性越大，越有可能确定为重点审计领域，进而需要投入的审计资源越多。选择重点领域需考虑的主要因素如下：

（一）容易发生错报或舞弊的账户及交易

不同账户或交易的风险有别，有的固有风险较高，有的相对较低。例如，货币资金，因其性质特殊被侵占的几率较大，且一旦发生舞弊则对被审计单位造成的损失往往较大，是风险较大的账户。又如，收入是衡量企业绩效的主要指标，也是经常性利润的唯一来源，同时，会计准则关于收入确认和计量的规定比较复杂，这使得收入错报和舞弊的风险较高。因此，实务中，有的注册会计师将货币资金、收入项目默认设定为重点审计领域。

（二）波动较大的账户或交易

分析性程序应用于风险评估阶段，主要是对未审财务报表进行分析，识别出波动较大的账户或交易项目。例如，有的注册会计师将本期财务报告与上期财务报告进行比较，把变动幅度超过30%的财务报表项目作为重点关注的领域。

（三）重大非常规交易事项

不符合常规交易的事项往往风险较大，这是注册会计师需要特别关注的重点领域，下面是存在较大审计风险的一些非常规交易示例：

（1）复杂的股权交易，如公司重组或收购；

（2）与处于公司法制不健全的国家或地区的境外实体之间的交易；

（3）对外提供厂房租赁或管理服务，而没有收取对价；

（4）具有异常大额折扣或退货的销售业务；

（5）循环交易；

（6）在合同期限届满之前变更条款的交易；

（7）采用特殊交易模式或创新交易模式；

（8）交易标的对被审计单位或交易对手而言不具有合理用途；

（9）交易价格明显偏离正常市场价格；

（10）非经营所需的、名义金额重大的衍生金融工具交易；

（11）不属于正常经营业务范围的、金额重大且没有实物流的交易。

（四）内部控制有效性影响

内部控制对财务报表影响具有系统性特征，是审计风险的源头。注册会计师在选择重点领域时，可能会因被审计单位的内部控制有效性而作出不同的审计决策，内部控制较差的客户，注册会计师可能选择更多的重点领域。

三、确定重点领域的针对性

不同行业、不同业务和不同企业性质的被审计单位，经营风险、监管风险和审计风险不同，需要选择确定具有针对性的重点领域。以中央企业审计为例，注册会计师根据国有企业的经营管理风险特点，结合国有资产监督管理部门的监管重点，选择确定的重点审计领域可能包括以下方面。

（一）会计核算方面

（1）会计政策和会计估计变更。是否存在滥用会计政策、随意调整会计政策和会计估计问题，如通过变更计量模式、调整固定资产折旧年限和坏账准备计提比例、选择性计提资产减值损失等途径调节利润。

（2）合并范围。检查合并范围变化情况，关注变化较大的，核实是否存在合并范围不规范问题，是否存在应纳而未纳入合并范围。

（3）会计确认计量。是否存在收入成本确认不合理问题，如通过跨期确认收入成本调节利润、人员相关支出未按规定计入职工薪酬等。

（4）职工薪酬。是否全面纳入核算，是否在工资总额外列支。

（5）期初数调整。是否存在期初数重大调整问题，如通过以前年度重大会计差错调整的方式调增或调减期初未分配利润。

（二）资金管理方面

（1）资金筹集。是否存在违规融资、内部集资、超过实际发展需求或偿付能力融资。

（2）资金使用。是否违规出借资金，以及以前年度风险资产清理回收情况；委托贷款、资金拆借情况，如有，可详细了解有关资金规模、贷款对象、是否有抵质押物、有无坏账损失等情况。特别是贷款对象涉及集团外企业的，存在较大风险隐患。

（3）资金内控。是否建立完善资金内控制度；是否不相容岗位分离制衡；是否存在通过个人账户办理资金收支业务；是否设立"账外账"和"小金库"；是否有效管控境外资金等。

（4）资金集中。关注资金归集单位范围及资金范围、归集措施，关注资金集中度低于平均水平的企业。

（5）财务公司。财务公司是否体现服务集团的功能定位，是否存在"脱实向虚"现象，违规开展信托、资管计划等非标准化金融产品投资。

（6）信托投资。是否违规承接集团内所属信托公司风险产品，信托投资产品是否存在监管禁止的房地产领域产品以及集团外信贷类、股票类高风险信托产品，并发生相关损失。

（三）担保管理方面

（1）担保制度制定和执行。关注企业是否制定担保管理规定，已经制定担保管理规定的，是否符合国资委的监管要求；是否将担保纳入"三重一大"管理，已经提供的担保，是否履行"三重一大"程序。

（2）是否对集团外无产权关系的企业提供担保。

（3）是否超股权比例提供担保。

（4）对子企业的担保是否存在风险。

（5）是否提供充分的反担保措施。

（四）降杠杆减负债方面

（1）永续债。企业发行的永续债条款是否存在无本息续期选择权或利率跳升上不封顶等情况，是否符合会计准则计入权益的要求。

（2）并表基金。企业并表基金引入战略投资者，是否存在通过签订补充协议、"抽屉协议"等各种保障措施以实现投资者本金和收益不受损的情况，是否符合准则计入权益要求。

（3）合并范围。企业对经营亏损或负债率高的子企业是否存在通过降低持股比例、修改公司章程、调节董事会席位等方式，实现名义上出表，但通过补充协议承诺回购股份、支付资金成本等方式，仍实际保持控制并承担经营风险，是否符合会计准则出表要求。

（五）"两金"压控方面

（1）保理业务。是否存在年末集中做保理业务，关注保理成本以及是否有追索权，是否存在损害企业利益虚假降"两金"，或违反会计准则要求将有追索权的"两金"出表。

（2）应收票据和其他应收款。是否存在应收票据、其他应收款大幅增加，是否无合理性仅是为减少"两金"进行报表出表。

（3）减值计提。是否存在过度计提减值而压低"两金"净值的情况。

（4）长账龄应收款变化。如存在大幅减少情况，关注有无合理理由，是否存在人为调节账龄的情况。

（5）积压存货变化。关注减少原因，是否真实处置，以及处置过程是否规范。

（六）融资性贸易业务方面

（1）是否存在虚构贸易背景，或人为增加交易环节。

（2）是否存在上游供应商和下游客户均为同一实际控制人控制，或上下游之间存在特定利益关系。

（3）是否存在贸易标的由对方实质控制。

（4）是否存在直接提供资金或通过结算票据、办理保理、增信支持等方式变相提供资金。

（七）金融衍生业务风险方面

（1）关注金融衍生品的亏损额较大或持仓规模较大的企业。

（2）关注金融衍生品的操作是否规范。金融衍生品业务制度规范和审批机构、操作流程、岗位设置等内控制度的有效性，以及实际操作执行是否符合规范要求。

（3）关注金融衍生品是否有投机行为。金融衍生业务是否在品种、规模、方向和期限上与现货相匹配，是否有投机行为，持仓规模是否超标。

（4）关注金融衍生品的风险评估和审计监督力度。企业是否定期对衍生业务套保效果，以及在手合约风险进行压力测试和评估。

（5）关注金融衍生品报告的及时性。企业是否按时向国资委报送金融衍生品业务情况，尤其是当发生重大亏损、被强行平仓或被媒体恶意炒作等情况时，是否及时向国资委报告。

例如，债券发行审计业务，需要关注与违约风险相关的领域。如果发债企业发生债券违约，投资者的损失与会计师事务所出具的审计报告存在因果关系，如因不实审计报告使得发债企业满足发债条件，误导投资者，则注册会计师需要承担行政及民事赔偿责任，触犯刑法的还将负刑事责任；如果注册会计师按照审计准则执业，依法出具审计报告，企业因后续经营不善等原因导致债券违约，这是会计责任问题，注册会计师应免责。因此，在选择确定重点领域时，需要具有针对性，特别关注下列事项：

（1）财务数据的真实性。资产、负债和业绩是否真实，是否存在虚增净资产（如公益性资产仍在表内反映）、虚构收入和利润、虚减资产负债（"对抵"以降低资产负债率）等现象。

（2）资金占用情况。是否存在大额资金被关联方直接或间接占用的情况，是否存在资金收回和减值风险。

（3）信息披露充分性。资产被抵押、质押等受限是否如实披露，对外担保是否全部披露，关联方及关联方交易披露是否完整。

（4）偿债能力。研判被审计单位的短期、中期资金状况及到期债券的偿付能力，了解所属企业集团的经济实力（如发债客户为集团中某组成部分）、地方财政状况（投融资平台发债企业还款来源主要依赖地方财政）。

（5）审计资产量。主审所审计范围占发债企业合并报表资产总额、收入总额和利润总额比重，是否超过 50% 的资产量由其他注册会计师审计。

案例 5-7

2013 年，中恒通机械制造有限公司（以下简称"中恒通"）流动资金不足，为发行私募债券融资，虚增营业收入 5.13 亿余元、虚增利润总额 1.31 亿余元、虚增资本公积 6 555 万余元、虚构某银行授信额度 500 万元、隐瞒外债 2 025 万余元。利 ×× 会计师事务所承接中恒通审计项目后，未按审计准则要求对中恒通账外收入和股东捐赠情况进行审计，在审计报告中确认了虚增的营业收入、净利润和资本公积，杨 ××、陈 ××、王 ×× 和徐 × 分别系利 ×× 会计师事务所某分所副所长、项目经理、主任会计师授权签字人和部门经理。

中恒通于 2014 年 5~7 月非公开发行两年期私募债券共计 1 亿元，被相关投资人认购。2016 年该私募债券到期后，中恒通无力偿付债券本金和部分利息，造成投资人重大经济损失。2017 年 11 月 21 日、2018 年 1 月 31 日，上海市第一中级人民法院分别作出一审判决，以出具证明文件重大失实罪，判处被告人杨 ×× 有期徒刑二年、缓刑三年，被告人陈 ×× 有期徒刑一年六个月、缓刑二年，被告人王 ×× 拘役六个月、缓刑六个月，被告人徐 × 有期徒刑六个月、缓刑一年，并分别判处罚金 5 万 ~10 万元不等。

资料来源：中国裁判文书网站。

第四节　具体审计计划

具体审计计划比总体审计策略更加详细，是为获取充分、适当的审计证据以将审计风险降低至可接受的水平，项目组成员拟实施的审计程序的性质、时间安排和范围，即如何选择审计程序，如何选择审计时间，以及如何选择审计范围。

一、选择实施审计程序的性质

从审计实施的阶段说，审计程序包括风险评估、控制测试和实质性测试阶段，不同阶段的具体审计程序性质不同，实现的目标不同。风险评估阶段，审计程序主要运用分析性程序，初步识别和评估重大错报风险及确定重点审计领域，并针对评估的认定层次的重大错报风险，计划实施进一步的审计程序的性质、时间和范围。控制测试阶段，审计程序主要运用询问、检查、观察、重新执行等方法评估被审计单位内部控制的有效性，据以确定对实质性测试的影响。实质性测试阶段，是为了测试直接影响财务报表项目正确性的金额错报所设计的审计程序。注册会计师常用的实质性测试有三种：交易实质性测试、余额细节测试和分析性程序。交易实质性测试，目的是确定各类交易的全部六项认定与交易相关的审计目标是否均已实现，针对的是业务循环中的交易发生过程，如对利润表项目的测试，而不是账户的期末余额；余额细节测试主要关注资产负债表账户，如向客户函证应收账款余额，对存货实物的检查；分析程序是将记录的金额与注册会计师确定的预期结果进行比较，主要目的在于暗示财务报表中可能存在的错报，以及提供实质性证据，当执行分析性程序获取关于账户余额证据时，分析性程序是一种实质性测试，尤其是数字经济下的大数据审计分析。

控制测试与实质性测试之间存在一定的关系，一定条件下可相互替代。如果控制测试的结果可以支持估计控制风险水平，则审计风险模型中计划的检查风险水平可增加，计划的实质性测试可以因此而减少。在不同内部控制有效水平下，实质性测试和控制风险评价之间的关系如图 5-1 所示，这实际是一个选择的过程，即根据被审计单位的内部控制有效性程度选择实质性测试程序的性质、时间和范围。

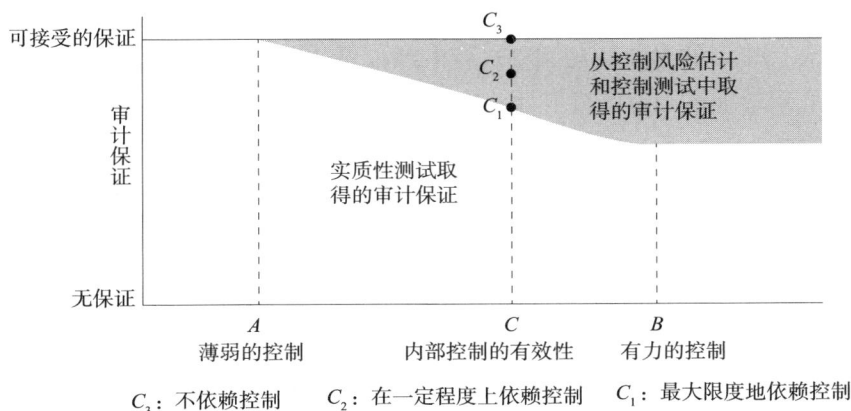

图 5-1　在内部控制有效性的不同水平上，从实质性测试和控制测试中所取得的不同水平的审计保证

实务中，注册会计师通常是制定财务报表项目的"审计程序表"，分配给项目组成员，审计人员按照"审计程序表"逐条实施测试，获取审计证据，并记录所实施的审计程序及结果，最终形成审计工作底稿。

二、选择实施审计程序的时间

选择恰当时间实施计划的审计程序非常重要，拥有正确时空观对注册会计师而言是降低审计风险的关键。审计程序的性质不同，直接影响审计时间安排，有的项目适合在期中测试，有的项目适合在期末测试，有的项目适合在期后测试。例如，内部控制测试，特别是需要单独出具内部控制审计报告（整合审计）的上市公司客户，宜在期中开展测试，如果发现内部控制缺陷，可以提请管理层整改，使得被审计单位有机会将整改后的内部控制运行一定期间，符合注册会计师出具标准无保留审计意见报告的条件。又如，对于从事新鲜农产品种植的客户，实施存货的监盘时间安排，最有效的是在被审计单位集中采摘时间内，现场实施监盘，这显然较在被审计单位已经销售大多数产品后，就剩余存货监盘并倒轧至资产负债表日效果好得多。

三、选择实施审计程序的范围

审计程序实施的范围，从空间而言是被审计单位的各会计主体，即各组成部分，需要选择出重点审计、一般审计、审阅或仅实施分析性程序的不同主体范围，选择标准是根据风险评估结果确定的重要组成部分，以及重点账户余额和交易的领域。对财务报表的具体审计项目而言，选择多大规模的样本进行测试，不论是控制测试，还是实质性测试的交易测试和账户余额测试，都需要选择适当数量的样本，这也是现代审计的重要理论基础。样本规模过小，可能存在审计程序实施不充分，所获取审计证据不能支持审计结论，从而导致检查风险；样本规模过大，可能出现审计程序实施过度，浪费审计资源，不符合成本效益的原则。

案例 5-8

某会计师事务所项目经理在制定应收账款具体审计计划时，根据风险评估结果，针对被审计单位的具体情况，要求被委派的审计人员实施表5-6的实质性余额细节测试审计程序，包括审计程序的性质、时间和范围。

表 5-6　　　　　　　　　　　　　　　应收账款审计计划（余额细节测试）

拟实施的审计程序	样本规模	选取样本项目方法	时间安排	细节相符性	应收账款余额审计目标						
					存在性	完整性	准确性	分类	截止	可实现价值	权利和义务
获取应收账款账龄明细表，将各账户追查至源文件，加总表内数据并追查至总账	追查20个项目，加总两页和全部小计数	随机选取	期中	√							
分析坏账准备和坏账费用，测试其正确性，审查坏账注销的授权手续，并追查至总账	全部	全部	年末	√	√		√	√		√	
对应收账款进行函证，对未回函的项目采取替代测试	50	最大的10项和随机选择40项	期中		√		√	√	√		√
检查会计期间内的应收账款控制账户，调查大额或异常的分录以及没有正常日记账来源的分录性质，并检查其依据。调查年末销售额的重大增减变化情况	适用	不适用	年末		√		√	√	√		√

续表

拟实施的审计程序	样本规模	选取样本项目方法	时间安排	细节相符性	应收账款余额审计目标						
					存在性	完整性	准确性	分类	截止	可实现价值	权利和义务
检查所有已出售或已抵押的应收账款	全部	全部	年末								√
调查应收账款的可收回性	不适用	不适用	年末							√	
检查应收关联方和雇员款、贷方余额、异常项目和期限在1年以上的应收票据清单	全部	全部	年末		√			√			
确定截止日是否采用了恰当的截止日手续,以保证销售、现金收入和贷项通知单均记入了正确期间	销售和现金收入20项,贷项通知10项	年末前后各占50%	年末						√		

第六章 审 计 时 间

注册会计师整个审计工作都是围绕"性质、时间、范围"六个字进行，即如何设计和安排审计程序的性质、时间和范围，选择恰当的时间，包括审计时间先后顺序、在什么时间点审计、花多长的时间审计等时间因素考虑，不仅是保障足够的审计资源投入的前提，也是重要的审计技巧。

第一节　总体时间安排

一、总体时间

一个审计项目需要投入的时间（工时），取决于诸多因素，主要包括：

（1）经营规模。规模越大、分子公司数量越多的客户，所需投入的审计人员数量及总的工时往往越多。招投标关于审计收费报价，多以被审计单位经营规模（资产总额）为基础，根据拟委派的人员及审计工作时间确定。

（2）业务复杂性。业务越是复杂，需要实施的审计程序和专业判断要求越高，同样规模的客户，需要投入更多的审计资源。例如，从事银行、保险和证券等金融机构审计服务，既涉及复杂的信息系统审计，又涉及高度的会计估计职业判断，一些复杂的衍生金融产品交易业务，有的还需要借助专家的工作，如保险公司客户的准备金计提需要借助精算师的工作，投入的人力较多。有的审计业务，从财务报表反映资产总额、收入规模都很大，但业务对象简单。例如，发电企业客户，资产规模庞大，但资产主要为固定资产，收入单一，且主要客户只有一个，即国家电网，需要实施的审计程序较为简单，与同等规模的其他审计业务相比，需要投入的审计资源和时间要少。

（3）风险程度。一方面，是风险评估结果显示的审计风险高低，如果项目评估的风险较高，准则要求实施更多的审计程序，获取更充分的审计证据，因而所需要的时间较多，这是风险导向审计理念的内在要求。另一方面，审计客户的监管风险高低也影响时间安排，上市公司、IPO、金融机构等公众利益实体，受到国家相关部门严格监管，若发生审计失败，注册会计师及会计师事务所将面临严重的后果，这使得会计师事务所趋向于在该类业务投入更多的人力和时间。

（4）项目成员素质。高素质的审计人员，能够更为快速、准确地作出审计选择以及职业判断，有的审计人员不熟悉被审计单位所在行业，边学习边审计，需要花费的时间相对较多。不同级别的审计人员，专业素质通常存在差异，相同工时对审计工作的贡献度不同，比较项目之间的实际有效工作量，不宜简单地以工时总数相比，可以某一级别（如注册会计师，或中级审计人员）审计人员作为标准，将其他级别人员按照一定比例折合为标准工时。

承办一个审计项目究竟需要多少时间？项目管理制度健全的会计师事务所，实行工时预算管理，对于连续承接的客户，根据以往的实际总体审计时间，考虑当年业务规模的变化情况，作出工时预算。总体工时预算是否合理，不仅影响审计成本，还直接影响审计质量。

案例 6-1

　　某会计师事务所建立了工时管理系统，员工参与具体业务项目时，需要填报工时。项目工时类型分为项目外勤、项目内勤，实行两级审批，即项目经理、部门高级经理审批。工时管理系统主要作用有两个方面：一是监督项目总的时间投入是否足够，实际投入与预算工时的差异及原因，以确保审计质量。对于连续承接的客户，通过多年的工时填报，可以制定出"标准"或"定额"工时，作为项目组开展审计工作的预算工时。同时，可以分析项目组不同级别员工标准工时（设定某级别员工为基准，其他员工按照一定权重折合）及其占比，据以了解项目组成员委派的合理性。二是成本核算与绩效考核，根据项目工时情况，自动计算项目成本，不仅可以作为从业人员、合伙人的绩效考核，还可作为是否承接客户或保持客户的重要参考。如果项目成本高于审计收费，不宜承接该客户。

　　工时管理系统可以输出多个维度的工时管理报表，如以项目维度，输出项目工时情况表；以员工维度，输出人员工时情况表；以成本维度，输出项目成本情况表等。

二、审计阶段性时间安排考虑

总体时间确定后，需要分解至各审计阶段，甚至是主要财务报表项目，类似于重要性水平，先确定财务报表整体的重要性，再进一步考虑账户和交易的重要性问题。总体原则是，考虑风险领域及程度与时间的关系，越是风险高的领域，越应选择安排较多的时间，"二八定律"同样适用于不同审计阶段选择不同的时间预算。

实务中，时间分解需要注意的是：一是重视风险评估阶段的时间预算。不少审计项目组仅重视实质性测试，风险评估走过场，相关工作底稿简单地划勾填空，投入时间很少，风险评估事实上流于形式。通常而言，风险评估阶段的时间预算不宜低于总体时间的 20%～30%。二是重视高风险领域的时间预算。总体审计策略和具体审计计划明确了重点领域，需要预算足够的时间，这是风险控制的关键。例如，存货监盘，如果计划的时间过少，导致监盘比例较低，尤其是一些特殊行业的存货，需要充足的时间保障，否则可能不易发现错报。三是重视项目组人员构成的影响。同样的科目，不同级别和素质的审计人员需要的时间有差别，这与拟委派的审计人员职业技能相关，完成同样的审计任务，通常一个高级审计员比中级、初级审计人员需要的时间少。四是重视审计时间的及时调整。时间预算往往是根据经验制定，影响审计时间的因素比较复杂，需要根据审计进展及时调整修正时间安排。

📝 **案例** 6-2

某股份有限公司为传统制造行业，会计师事务所在制定审计策略时，考虑到被审计单位的生产型企业的特征，预计总体时间 1 个月，并拟定了各审计阶段及部分重要项目的时间安排及占总体时间的比例，如表 6-1 所示。

表 6-1　　　　　　　　　　总体审计时间安排情况示例

序号	审计阶段和主要内容	占总体时间比例（%）	说明
1	初步业务活动、风险评估	20	包括审计计划制定
2	控制测试阶段	10	整合审计
3	实质性测试阶段	50	
4	其中：收入及应收账款	15	
5	存货及应付账款	15	

续表

序号	审计阶段和主要内容	占总体时间比例（%）	说明
6	其中：存货监盘	5～10	
7	其他项目	5～10	
8	完成阶段及审计报告撰写	10	
9	合计	100	

三、审计工作时间顺序

审计工作具有典型的流程化特征，体现在时间顺序上，有先后逻辑顺序，即选择正确的时间做正确的事情。在大的阶段上，从计划审计工作，到实施审计测试，最后出具审计报告，时间先后不能倒置。对具体审计程序实施和审计工作底稿编制而言，有大量的时间顺序制约。例如，审计业务约定书签署不应晚于审计开始日，否则不符合《中国注册会计师审计准则第1111号——就审计业务约定达成一致意见》规定；又如，注册会计师获取的管理层声明书，通常应为审计报告日，过早或晚于审计报告日，不符合《中国注册会计师审计准则第1341号——书面声明》规定；再如，出具审计报告前应当已经获取充分适当的审计证据，如重要账户的询证函回函，若审计报告日后才取得这些回函，不符合《中国注册会计师审计准则第1301号——审计证据》的要求，也存在潜在的审计风险。

以某项目2020年报审计为例，说明审计工作底稿编制时间先后顺序，如表6-2所示。

表6-2　　　　　　　　　　　审计工作底稿编制时间示例

序号	审计程序及内容	审计工作底稿编制时间	常见错误
1	被审计单位业务环境、诚信调查，职业道德情况调查等	2020年12月	
2	业务承接或保持评价表	2021年2月12日	项目合伙人签字时间在调查阶段之前，编制日期晚于该项目预审开始日期
3	业务约定书	2021年2月13日	签订日期晚于项目进点时间
4	独立性声明	2021年2月14日	在项目构成人员审批之前；签署日期晚于项目审计开始日期
5	总体审计策略	2021年2月15日	编制日期早于审计业务约定书签署日期、晚于审计开始日期

序号	审计程序及内容	审计工作底稿编制时间	常见错误
6	具体审计计划	2021 年 2 月 15 日	计划时间与实际执行时间不一致，审计计划也未修改
7	了解被审计单位及其环境（含控制测试）、未审财务报表分析	2021 年 2 月 16～18 日	晚于风险评估、控制测试
8	一般风险评估汇总表	2021 年 2 月 18 日	早于了解被审计单位及其环境
9	特别风险评估	2021 年 2 月 19～20 日	早于了解被审计单位及其环境
10	特别风险评估汇总表	2021 年 2 月 20 日	早于了解被审计单位及其环境
11	风险评估结果汇总表（财务报表层次重大错报风险及应对、实质性程序计划矩阵、内部控制缺陷汇总表）	2021 年 2 月 21 日	早于了解被审计单位及其环境、早于一般风险评估和特别风险评估
12	控制测试	2021 年 2 月 22～25 日	早于了解内部控制
13	实质性测试	2021 年 2 月 26～3 月 5 日	早于控制测试
14	其他项目	2021 年 3 月 6～7 日	
15	错报汇总表	2021 年 3 月 8 日	
16	试算平衡表及调整分录	2021 年 3 月 8 日	
17	已审财务报表分析	2021 年 3 月 8 日	
18	与治理层、审计委员会、独立董事沟通	2021 年 3 月 9 日	
19	管理层声明	2021 年 3 月 9 日	晚于审计报告日
20	审计总结	2021 年 3 月 9 日	在项目复核之前
21	项目经理复核意见	2021 年 3 月 10 日	
22	部门经理复核意见	2021 年 3 月 11 日	
23	项目合伙人复核、独立复核意见	2021 年 3 月 12～13 日	
24	项目整改回复	2021 年 3 月 14～15 日	在项目复核之前
25	审计报告	2021 年 3 月 16 日	
26	审计档案归档	2021 年 5 月 16 日前	审计报告出具后 60 天仍未归档

实务中，有的时间安排审计准则虽然没有强制性规定，但如果不选择恰当的时间实施相关工作，可能会影响审计效率和审计质量。例如，关于与客户沟通审计结果问题，选择的时间节点很重要。原则上与客户沟通应先内后外，项目组内部，以及与质量复核人员就重大事项意见一致后，再与客户沟通。项目组不宜在项目质量复核意见出具前，将拟出具的审计报告提交客户并告知为审定稿，客户

将该审计报告分发董事会成员并引用报告数据撰写年度报告，或者报送上级部门。如果质量复核人员发现影响审计意见的重大事项，应调整财务报表，否则应出具非无保留审计报告。这种情况下，项目组再与客户沟通调整财务报表问题，将面临十分被动的局面，结果往往是，要么不予调整重大错报，从而承担审计风险；要么出具非无保留意见，从而可能被客户辞聘次年审计机构。

案例 6-3

某会计师事务所为加强 IPO 执业全过程管理，减少因对重大事项处理不当，导致返工反复的情况发生，提高审计质量和工作效率，制定了阶段性沟通汇报时间要求，以及具体沟通汇报内容。

1. IPO 项目备案表

沟通时间：业务承接阶段。

报送对象：分管合伙人、所在分支机构负责人、独立复核部。

2. IPO 财务尽职调查报告

沟通时间：项目立项阶段。

报送对象：分管合伙人、所在分支机构负责人、独立复核部。

3. IPO 重大事项沟通汇报

沟通时间：审计过程阶段，不限沟通次数，项目组根据具体情况确定需要沟通的事项和时间。

报送对象：分管合伙人、所在分支机构负责人、独立复核部、技术标准部（涉及技术咨询时）、质量主管合伙人。

4. IPO 审计情况汇报

沟通时间：审计完成阶段。

报送对象：分管合伙人、所在分支机构负责人、独立复核部、质量主管合伙人、风险委员会成员。

四、数字化转型对审计时间选择的影响

行业正在着力推进数字化转型，一些大型会计师事务所开展了形式多样的审计创新探索和实践。《注册会计师行业发展规划（2021~2025 年）》提出，到 2035年，全行业要基本实现数字化转型。审计数字化转型，对审计总体时间选择带来两方面的影响：

第一，审计工作模式变化。传统的审计模式，主要在被审计单位现场开展工作，注册会计师不断地往返于各个分子公司执业，长时间处于外勤状态，特别是年报忙季，几乎都在客户现场，路途差旅时间占整个审计项目时间的相当比例，尤其是分子公司众多的大型项目。数字化审计模式下，客户资料可以通过数字化审计平台传递，访谈了解程序可以通过视频进行，甚至某些实质性程序也可实施远程审计。这种情况下，审计人员大量的工作可以通过远程完成，如初步业务活动、完成阶段工作，以及某些实质性测试工作。对于必须到现场审计的项目，如存货监盘，则只需要委派少量审计人员即可，无需整个项目组成员一直工作于客户现场，能够减少差旅时间。如果被审计单位的信息化程度较高，例如，客户实现了财务共享模式，所有会计主体的账务都集中于共享中心核算，该情形注册会计师的审计活动主要集中于共享中心，同样能够减少差旅时间。

第二，审计工具变化。注册会计师最早使用的工具是算盘，后来是计算器、笔记本电脑。审计创新带来审计工具的变革，会计师事务所不仅开发了网络化的审计作业平台，还有针对性地运用智能审计工具（RPA）实施审计程序，极大地提高了审计效率。例如，注册会计师采用RPA核对被审计单位的银行流水，能够减少90%以上的审计时间，即若某审计项目银行流水核对需要一名审计人员10天才能完成，RPA几个小时即可全部核对完毕。

近年来，注册会计师行业发展面临不少困难和挑战，主要是人才流失带来的审计质量与市场和监管期望存在差距，破解困局的关键抓手是审计创新，节约成本、提高效率是审计创新的重要驱动。实现数字化转型后，如果能够将总体审计时间降低30%，审计成本将大幅下降，节约的成本可用于提高从业人员待遇，选拔高素质执业人员，提升行业吸引力，促进行业高质量发展。

第二节　控制测试时间

一、控制测试时间的含义

控制测试的时间包含两层含义：一是何时实施控制测试，二是测试所针对的控制适用的时点或期间。如果测试特定时点的控制，注册会计师仅得到该时点控制运行有效性的审计证据；如果测试某一期间的控制，注册会计师可获取控制在该期间有效运行的审计证据。因此，注册会计师应根据控制测试的目的确定控制测试的时间，并确定拟信赖的相关控制的时点或期间。

关于根据控制测试的目的确定控制测试的时间，如果仅需要测试控制在特定时点的运行有效性（如对被审计单位期末存货盘点进行控制测试），注册会计师只需要获取该时点的审计证据。如果需要获取控制在某一期间有效运行的审计证据，仅获取与时点相关的审计证据是不充分的，注册会计师应辅以其他控制测试，包括测试被审计单位对控制的监督。而所谓的"其他控制测试"应具备的功能是，能提供相关控制在所有相关时点都运行有效的审计证据；被审计单位对控制的监督起到的是一种检验相关控制在所有相关时点是否都有效运行的作用，因此，注册会计师测试这类活动能够强化控制在某期间运行有效性的审计证据效力。

二、期中控制测试

注册会计师可能在期中实施进一步审计程序，而对于控制测试，在期中实施此类程序具有更积极的作用。但是，即使注册会计师已获取有关控制在期中运行有效性的审计证据，仍然需要考虑如何能够将控制在期中运行有效性的审计证据合理延伸至期末，以针对期中至期末这段剩余期间获取充分、适当的审计证据。因此，如果已获取有关控制在期中运行有效性的审计证据，并拟利用该证据，注册会计师应实施下列审计程序：

（一）获取这些控制在剩余期间发生重大变化的审计证据

这主要是针对期中已获取审计证据的控制，考察这些控制在剩余期间的变化情况（包括是否发生了变化以及如何变化）。如果这些控制在剩余期间没有发生变化，注册会计师可能决定信赖期中获取的审计证据；如果这些控制在剩余期间发生了变化（如信息系统、业务流程或人事管理等方面发生变动），注册会计师需要了解并测试控制的变化对期中审计证据的影响。

（二）确定针对剩余期间还需获取的补充审计证据

这主要是针对期中证据以外的、剩余期间的补充证据。在执行该项规定时，注册会计师应考虑下列因素：

（1）评估的认定层次重大错报风险的重要程度。评估的重大错报风险对财务报表的影响越大，注册会计师需要获取的剩余期间的补充证据越多。

（2）在期中测试的特定控制，以及自期中测试后发生的重大变动。例如，对自动化运行的控制，注册会计师更可能测试信息系统一般控制的运行有效性，以获取控制在剩余期间运行有效性的审计证据。

（3）在期中对有关控制运行有效性获取的审计证据的程度。如果注册会计师在期中对有关控制运行有效性获取的审计证据比较充分，可以考虑适当减少需要获取的剩余期间的补充证据。

（4）剩余期间的长度。剩余期间越长，注册会计师需要获取的剩余期间的补充证据越多。

（5）在信赖控制的基础上拟缩小实质性程序的范围。注册会计师对相关控制的信赖程度越高，通常在信赖控制的基础上拟减少实质性程序的范围越大。这种情况下，注册会计师需要获取的剩余期间的补充证据越多。

（6）控制环境。控制环境越薄弱，注册会计师需要获取的剩余期间的补充证据越多。

除了上述的测试剩余期间控制的运行有效性，测试被审计单位对控制的监督也能够作为一项有益的补充证据，以便更有把握地将控制在期中运行有效性的审计证据延伸至期末。被审计单位对控制的监督起到的是一种检验相关控制在所有相关时点是否都有效运行的作用，因此，通过测试剩余期间控制的运行有效性或测试被审计单位对控制的监督，注册会计师可以获取补充审计证据。

三、以前审计获取的证据考虑

注册会计师考虑以前审计获取的有关控制运行有效性的审计证据，其意义在于：一方面，内部控制中的诸多要素对于被审计单位往往是相对稳定的（相对于具体的交易、账户余额和披露），因此，注册会计师在本期审计时还可以适当考虑利用以前审计获取的有关控制运行有效性的审计证据；另一方面，内部控制在不同期间可能发生重大变化，注册会计师在利用以前审计获取的有关控制运行有效性的审计证据时需要格外慎重，充分考虑各种因素。

关于如何考虑以前审计获取的有关控制运行有效性的审计证据，主要是考虑拟信赖的以前审计中测试的控制在本期是否发生变化，因为考虑与控制变化有关的审计证据有助于注册会计师决定合理调整拟在本期获取的有关控制运行有效性的审计证据。

（1）考虑拟信赖的以前审计中测试的控制在本期是否发生变化。如果拟信赖以前审计获取的有关控制运行有效性的审计证据，注册会计师应通过实施询问并结合观察或检查程序，获取这些控制是否已经发生变化的审计证据。例如，在以前审计中，注册会计师可能确定被审计单位某项自动控制能够发挥预期作用。那么在本期审计中，注册会计师需要获取审计证据以确定是否发生了影响该自动控制持续有效发挥作用的变化。又如，注册会计师可以通过询问管理层或检查日志，确定哪些控制已经发生变化。注册会计师可能面临两种结果，即控制在本期发生变化，或者控制在本期没有发生变化。

（2）控制在本期发生变化。如果控制在本期发生变化，注册会计师应考虑以前审计获取的有关控制运行有效性的审计证据是否与本期审计相关。例如，如果系统的变化仅仅使被审计单位从中获取新的报告，这种变化通常不影响以前审计所获取证据的相关性；如果系统的变化引起数据累积或计算发生改变，这种变化可能影响以前审计所获取证据的相关性。如果拟信赖的控制自上次测试后已发生实质性变化，以致影响以前审计所获取证据的相关性，注册会计师应在本期审计中测试这些控制的运行有效性。

（3）控制在本期未发生变化。如果拟信赖的控制自上次测试后未发生变化，且不属于旨在减轻特别风险的控制，注册会计师应运用职业判断确定是否在本期审计中测试其运行有效性，以及本次测试与上次测试的时间间隔，但每三年至少对控制测试一次。

如果拟信赖以前审计获取的某些控制运行有效性的审计证据，注册会计师应在每次审计时从中选取足够数量的控制，测试其运行有效性；不应将所有拟信赖控制的测试集中于某一次审计，而在之后的两次审计中不进行任何测试。这主要是为了尽量降低审计风险，毕竟注册会计师可能难以充分识别以前审计中测试过的控制在本期是否发生变化。此外，在每一次审计中选取足够数量的部分控制进行测试，除了能够提供这些以前审计中测试过的控制在当期运行有效性的审计证据外，还可提供控制环境持续有效性的旁证，从而有助于注册会计师判断其信赖以前审计获取的审计证据是否恰当。

在确定利用以前审计获取的有关控制运行有效性的审计证据是否适当以及再次测试控制的时间间隔时，注册会计师应考虑的因素或情况包括：

第一，内部控制其他要素的有效性，包括控制环境、对控制的监督以及被审计单位的风险评估过程。例如，当被审计单位控制环境薄弱或对控制的监督薄弱时，注册会计师应缩短再次测试控制的时间间隔或完全不信赖以前审计获取的审计证据。

第二，控制特征（是人工控制还是自动化控制）产生的风险。当相关控制中人工控制的成分较大时，考虑到人工控制一般稳定性较差，注册会计师可能决定在本期审计中继续测试该控制的运行有效性。

第三，信息技术一般控制的有效性。当信息技术一般控制薄弱时，注册会计师可能更少地依赖以前审计获取的审计证据。

第四，影响内部控制的重大人事变动。例如，当所审计期间发生了对控制运行产生重大影响的人事变动时，注册会计师可能决定在本期审计中不依赖以前审计获取的审计证据。

第五，由于环境发生变化而特定控制缺乏相应变化导致的风险。当环境的变化表明需要对控制作出相应的变动，但控制却没有作出相应变动时，注册会计师应充分意识到控制不再有效，从而导致本期财务报表发生重大错报的可能，此时不应再依赖以前审计获取的有关控制运行有效性的审计证据。

第六，重大错报的风险和对控制的信赖程度。如果重大错报风险较大或对控制的信赖程度较高，注册会计师应缩短再次测试控制的时间间隔或完全不信赖以前审计获取的审计证据。

（4）不得依赖以前审计所获取证据的情形。鉴于特别风险的特殊性，对于旨在减轻特别风险的控制，不论该控制在本期是否发生变化，注册会计师都不应依赖以前审计获取的证据。因此，如果确定评估的认定层次重大错报风险是特别风险，并拟信赖旨在减轻特别风险的控制，注册会计师不应依赖以前审计获取的审计证据，而应在本期审计中测试这些控制的运行有效性。也就是说，如果注册会计师拟信赖针对特别风险的控制，那么，所有关于该控制运行有效性的审计证据必须来自当年的控制测试。相应地，注册会计师应当在每次审计中都测试这类控制。

注册会计师是否需要在本期进行控制测试的决策过程如图6-1所示。

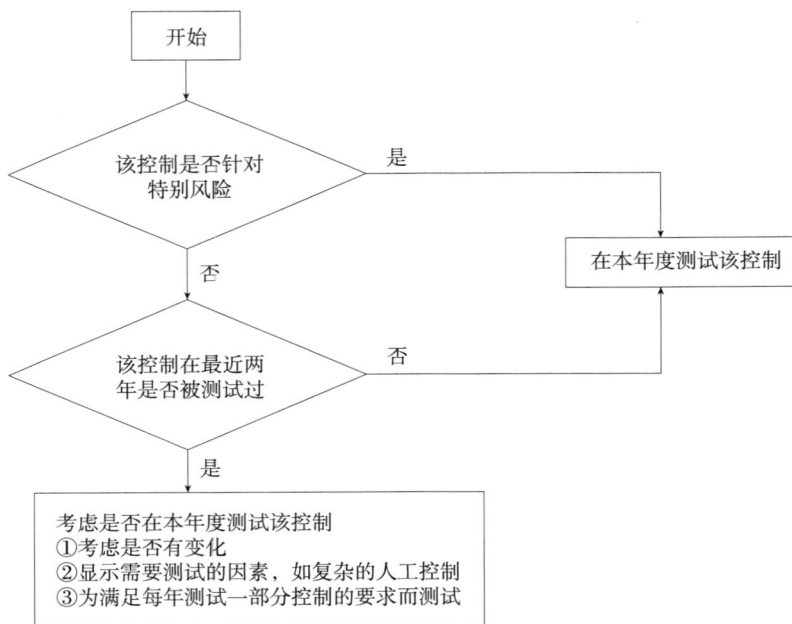

图6-1　注册会计师是否需要在本期测试某项控制的决策过程

第三节　实质性测试审计时间策略

一、时间安排与审计有效性

如果以审计基准日（资产负债表日）为基点，注册会计师既可以选择基准日之前的时间审计（如期中测试或者接近期末时点测试），也可以选择期末测试，还可以选择期后测试，以及根据具体项目特点灵活选择审计时间。如何选择具体时间，一方面，与账户或交易认定的审计目标有关，如对存在性认定的项目，资产负债表日测试最为有效，期后检查则对完整性的认定有所支持。另一方面，与账户余额或交易的性质和风险相关，特别是针对舞弊行为的审计，选择设计恰当的时间至关重要。

注册会计师审计的最大风险来源于被审计单位舞弊，为了不让审计人员发现舞弊行为，管理层往往会了解注册会计师的审计思路和具体方法，包括具体时间安排，以便应对审计人员，隐瞒交易真相。提高应对舞弊的措施，需要增加审计执行的灵活性，采用不可预见性审计程序，使得被审计单位不易掌握注册会计师的审计意图。因此，选择恰当的时机进行审计测试，不仅有利于提高审计效率，更重要的是能控制风险。

二、特定业务性质与审计测试时间

（一）业务发生日测试

对于季节性的行业，如农林牧渔业，产品收获和销售集中于某个时间段，但通常并不处于资产负债表日，注册会计师在年末后进场审计往往难以现场观察到生产过程和实物资产。例如，某公司从事淡水湖鱼类养殖，每年11月集中捕捞一次，同时很快实现销售。注册会计师如果不在捕捞时间实施现场观察、监盘程序，则无法实施更为有效的程序，以证实实物流轨迹，只能获取证明力较弱的书面证据。因此，类似的审计客户，注册会计师最佳的审计时间是业务发生时实施现场审计。

（二）资产负债表日测试

需要通过监盘确认账户余额的财务报表项目，最佳监盘时间为资产负债表日。例如，存货监盘，应优先选择财务报表日实施监盘，以获取期末存货的存在和状况。尽管审计准则规定可以在财务报表日之外的其他日期监盘，同时获取监盘日与财务报表日之间的存货变动记录，倒轧至财务报表日确定存货数量和金额。如果间隔期间的交易存在错报或舞弊，则倒轧结果也不正确，间隔期间越长，这种风险越大。现金、票据等金融资产的监盘也宜在财务报表日进行。

（三）期后测试

《企业会计准则第 29 号——资产负债表日后事项》规定了资产负债表日后事项包括调整事项和非调整事项，涵盖的期间为资产负债表日至财务报告批准报出日。期后测试关注两个方面。一是交易截止日问题。实务中，项目组在次年 1 月进场审计，注册会计师选择资产负债表日前后 10 天若干笔交易测试是否跨期。实施截止日测试的时间选择可能不恰当，因为被审计单位单据传递等原因，有的次年 2 月、3 月的会计处理或许是上年度的交易，截止日测试涵盖期间应适当延长，相应地审计测试时间推后。二是交易撤销或恢复问题。例如，财务报告批准报出前的大额销售退回，应调整资产负债表日编制的财务报表，有的退回可能是被审计单位事先安排，如果注册会计师未能发现，则将承担较大的审计风险。又如，关联方占用被审计单位资金，资产负债表日全部归还，余额为零，但次年又发生占用，即存在过程占用。有的项目注册会计师现场工作时间与出具审计报告时间较长，期后测试可能仅涵盖资产负债表日后至现场审计结束，此种情形需要延长测试时间，尤其是具有舞弊迹象等特别风险的客户。

案例 6-4

丹东欣泰电气股份有限公司（以下简称"欣泰电气"）为实现发行上市目的，解决应收账款余额过大问题，欣泰电气总会计师刘明胜向公司董事长、实际控制人温 ×× 建议在会计期末以外部借款减少应收账款，并于下期初再还款冲回。二人商议后，温 ×× 同意并与刘 ×× 确定主要以银行汇票背书转让形式进行冲减。2011 年 12 月至 2013 年 6 月，欣泰电气通过外部借款、使用自有资金或伪造银行单据的方式虚构应收账款的收回，在年末、半年末等会计期末冲减应收款项（大部分在下一会计期期初冲回），致使其在向中国证监会报送的 IPO 申请文件中相关财务数据存在虚假记载。其中，截至 2011 年 12 月 31 日，虚减应收账款 10 156 万元，少计提坏账准备 659 万元；虚增经营活动产生的现金流净额 10 156 万元。截至 2012 年 12 月 31 日，虚减应收账款 12 062 万元，虚减其他应收款 3 384 万元，少计提坏账 726 万元；虚增经营活动产生的现金流净额 5 290 万元。截至 2013 年 6 月 30 日，虚减应收账款 15 840 万元，虚减其他应收款 5 324 万元，少计提坏账准备 313 万元；虚增应付账款 2 421 万元；虚减预付账款 500 万元；虚增货币资金 21 232 万元，虚增经营活动产生的现金流净额 8 638 万元。

注册会计师在审计时，未对大量红字冲销予以充分关注，未设计和实施相应的审计程序以获取充分适当的审计证据。不仅如此，对于期后事项审计，注册会计师认为进场审计时间早，被审计单位下一会计期间的会计凭证尚未进行装订，因此无法对期后事项进行关注。

资料来源：中国证监会网站。

案例 6-5

赛迪传媒（000504）主办刊物《和谐之旅》杂志获准在动车组列车上免费摆放。此后，铁道媒体业务逐步发展为赛迪传媒主营业务之一，2011 年度，由《和谐之旅》产生的业务收入占赛迪传媒经审计营业收入的 29.65%。2012 年 11 月 29 日，全国高铁列车杂志摆放权由免费上车方式变更为全国统一招标方式，中标企业须缴纳一定的渠道费用（据测算，赛迪传媒如中标则每年将额外支付约 2 450 万元渠道费用）。2013 年 1 月 17 日，赛迪传媒董事会审议通过赛迪传媒 2012 年年度报告，并于同日召开专题会议决定退出参与摆放权招标，安排铁道媒体业务善后事宜。

2013 年 10 月 28 日，赛迪传媒重新对商誉减值进行测试并追溯调整 2012 年年度报告，调减商誉 9 434.59 万元，调减无形资产 5 798.63 万元，共计调减资产 15 233.22 万元；调增资产减值损失 15 233.22 万元，净利润由盈利 114.93 万元调减为亏损 15 118.29 万元。

摆放权由免费上车方式变更为全国统一招标方式对赛迪传媒 2012 年度财务报表产生重大影响，赛迪传媒决定退出参与摆放权招标属于资产负债表日后调整事项，注册会计师未关注该事项属于期后调整事项，使得出具的 2012 年审计报告标准无保留意见类型不恰当。

资料来源：中国证监会网站。

三、不可预见性审计测试

不可预见性审计，是注册会计师在时间安排上，不事先通知被审计单位和人员而实施突击性审计，目的是不给被审计单位提前准备的机会。不可预见性审计通常用于以下方面：

第一，单位价值高、体积小重量轻、易于移动的存货监盘。对于黄金珠宝、字画、贵金属等易于移动的特殊存货，通过监盘难以判断所有权问题，这为客户舞弊创造了条件。如果事先通知被审计单位监盘的具体时间安排，客户可以借用存货以应付注册会计师，导致监盘程序无效。

案例 6-6

Q 上市公司主要从事黄金交易，资产负债表日黄金库存余额较大。注册会计师于次年 2 月进入客户现场审计，并与客户事先沟通确定了监盘的具体时间。在实施监盘过程中，库存黄金数量与账面记录完全一致，注册会计师倒轧至资产负债表日后确认了财务报表的账面金额，并出具了标准无保留意见审计报告。

注册会计师事后得知，Q 公司库存黄金已经全部被实际控制人挪用，用于应付监盘的黄金系向同行暂时借用，注册会计师离开后即将黄金全部归还。因存在重大违法违规行为，该上市公司已经被终止上市。由于审计时间安排不当，注册会计师未能发现被审计单位的重大舞弊行为，导致审计失败。

第二，存货多仓库存放。许多大型企业的存货复杂多样且存放地点众多，这使其很容易在存放地点之间转移，增加了存货测试的难度。在不少涉及虚构存货的舞弊案件中，注册会计师都是预先通知了被审计单位拟进行监盘测试的存货存放地点，结果是被审计单位可以轻而易举地将存货从其他存放地点转移至被测试的存放地点。

第三，观察经营场所。对于存在重大错报或舞弊迹象时，注册会计师应深入被审计单位业务现场进行了解，实地观察采购、生产、销售等实物流量，如在不通知被审计单位的情况下，连续数日突击观察仓库的发货量，以推断账面记录的销售数量的准确性。

第四，访谈被审计单位的重要客户和供应商。在 IPO 审计中，根据相关规定，注册会计师应对发行人的重要客户和供应商进行现场核查访谈。在串通舞弊可能性较大时，注册会计师实施该项程序，不宜过早事前通知访谈对象，且不需要提前将访谈提纲提供给访谈对象，以增加访谈程序的不可预见性。

不可预见性审计测试，有时还可以实施二次审计。注册会计师如果认为某些审计程序执行结果不满意，或者对于舞弊风险较高的领域，在常规审计后，可在不通知被审计单位的情况下进行第二次审计，如某些高价值、易移动的存货监盘，可以实施二次突击监盘。

四、审计报告出具后知悉的事实

有的时候，存在注册会计师出具审计报告后获取证据发现可能需要修改审计报告的情形，例如，由于询证函回函需要一定的时间，在审计报告日仍未收到某些重大应收账款回函，注册会计师实施了替代审计程序后出具了标准无保留意见审计报告。但是，出具审计报告后，注册会计师收到被询证方回函，发现与函证事项不符，且对财务报表具有重大影响，若经其他测试后表明存在错报，应出具非无保留审计意见，该事项属于审计报告日后知悉的事实。

审计报告日后知悉事实，可能存在两种情形：一种情形是虽然审计报告已经出具，但被审计单位财务报告尚未批准报出，尽管注册会计师没有义务针对财务报表实施任何审计程序，但如果知悉了某事实，且可能导致修改审计报告，注册会计师应与管理层和治理层讨论该事项，确定财务报表是否需要修改。如果需要修改，应询问管理层将如何在财务报表中处理该事项。如果管理层修改财务报表，注册会计师应根据具体情况对有关修改实施必要的审计程序，并将审计程序延伸至新的审计报告日，针对修改后的财务报表出具新的审计报告，新的审计报告日不应早于修改后的财务报表被批准的日期。另一种情形是注册会计师在财务报表报出后知悉的事实，如果涉及管理层修改财务报表，注册会计师应了解、复核管理层采取的措施能否确保所有收到原财务报表和审计报告的人士了解这一情况，并在新的或经修改的审计报告中增加强调事项段或其他事项段，提醒财务报表使用者关注财务报表附注中有关修改原财务报表的详细原因和注册会计师提供的原审计报告。

第四节　非期末审计

一、选择非期末审计的原因

非期末审计，指资产负债表截止日前开展的审计工作，有时又称"预审"，资产负债表截止日及后审计则称为"正审"。注册会计师是否选择性地开展预审，主要有以下原因：

（1）均衡审计时间。根据《会计法》的规定，我国企事业单位编制年度财务报告的会计年度为每年的1月1日至12月31日，企业不能自主选择会计年度。

这使得年度报告报出集中于每年的 1~4 月，相应地，注册会计师的审计时间集中度高，审计任务重。为了均衡分配审计资源，拉长审计时间长度，错开审计高峰，提前进驻被审计单位实施审计具有必要性。如果会计师事务所很多客户要求较早出具审计报告，则注册会计师甚至不得不开展预审工作。例如，上市公司、新三板等公众利益实体客户预约披露年度报告的时间较早，有必要提前预审。又如，中央企业规模庞大，分子公司数量少则百家，多则过千家，汇总合并的工作量很大，且内部财务报告批准等的决策程序复杂，所以往往要求会计师事务所对集团下属分子公司出具审计报告的时间较早，以便为整个集团的财务决算编制留出足够时间，实务中通常从 10 月开始进驻预审。

（2）控制审计风险。风险较高的审计项目，需要投入更多的审计资源和安排足够的时间，开展预审工作，有利于提早发现风险领域，制定有针对性的审计策略。不同于年度报告披露较早的客户，注册会计师为被动预审，而以控制审计风险为目的的预审，往往是注册会计师的积极主动行为。

（3）提供财务建议。有的被审计单位为实现年度财务相关目标，在准则规定范围内进行某些运营规划，运作方案希望得到审计机构的确认，以消除后期沟通可能发生的分歧。例如，被审计单位拟将当年收购的企业纳入合并范围，根据会计准则的规定，必须满足以下条件：合并协议已在股东大会等有权机构审议通过；合并事项需要经过国家有关主管部门审批的，已获得批准；交易双方已经办理了必要的财产权转移手续；已经支付价款的大部分，且有计划和有能力支付剩余款项；已经控制了被收购方的经营和财务政策。如果这些条件不能在 12 月 31 日前全部满足，将不能纳入合并范围。会计分期的原则，决定了不少经济业务会计处理具有较强的时间约束，一旦错过了时间节点，会计核算只能反映到下一会计期间。前述合并交易如果在当年 12 月 31 日前未能获得股东大会等有权机构的审议通过，则交易结果只能体现在次年。如果注册会计师开展有针对性的预审，可以就发现的重大财务会计处理事项提前与被审计单位沟通，明确审计确认的条件，在不影响独立性的前提下提供相关建议。

二、预审主要内容

预审时被审计单位的当年经营业务尚在进行，会计期间尚不完整，未审财务报表反映的财务数据不是一个完整的会计期间。因此，注册会计师实施预审程序的性质和范围，不完全等同于资产负债表截止日的期末审计，主要内容为：

（1）风险评估。了解被审计单位及其环境和内部控制，通过询问、分析性程序、检查和观察等程序，实施风险评估程序，为识别和评估财务报表层次及认定层次的重大错报风险提供基础。

（2）总体审计策略。根据风险评估结果，制定初步审计计划。

（3）控制测试。在拟信赖被审计单位内部控制运行的有效性时，开展内部控制测试，以确定实质性程序的性质、时间和范围。特别地，若被审计单位同时需要出具内部控制审计报告，且注册会计师采取整合审计方式，则预审时间往往更为提前，例如，提前至参与客户半年度财务报告的相关工作，因若发现重大内部控制缺陷，企业整改后有足够长的运行时间。

（4）交易细节测试。因预审时最近期财务数据时点不是资产负债表日，资产负债表项目尚未结账，在实质性的账户余额测试和交易细节测试中，重点针对交易相关的细节测试，即以利润表项目为主，如收入、营业成本、期间费用等这些已经发生的交易。

（5）前期存在的重大事项、导致出具非标意见审计报告所涉及事项（如有）的进展、整改情况的了解。

（6）本期发生的重大、特殊事项的了解和沟通。了解预审时已经发生的或正在进行的可能对财务报表有重大影响的事项，提前分析重大事项对财务报表的影响，如资产重组、企业合并、重大关联交易、重大诉讼等。

（7）与监管机构、主管部门、治理层等就审计计划、关键审计事项、重要性水平等进行汇报和沟通，了解各方的监管重点和审计提示，听取各方的意见和建议。

（8）对期初数进行审计。首次承接业务时对期初数进行审计，确定上期期末余额是否已正确结转至本期，或在适当的情况下已作出重新表述，获取和评价有关期初余额的审计证据是否充分，通过监盘、期初数截止性测试、函证、分析性复核等方法确认期初数是否准确；非首次承接时，判断本期是否存在需对期初数进行重述的会计政策变更，判断是否存在需对期初数进行调整的前期重大会计差错。

预审运用的审计程序和方法，主要为抽样检查为主，例如，选择控制测试样本开展穿行测试，抽取销售交易样本实施真实性检查等。预审期间较少运用函证、监盘程序，因函证主要针对账户余额，而预审时账户余额尚处于变动中，监盘通常宜在资产负债表日进行。

在审计工作底稿编制方式上，应注意预审与正审之间的有机衔接，不宜反映出"两套"工作底稿。例如，获取的被审计单位账户或交易的明细表，最终只应留存完整年度的明细表，不需要再留存预审时获取的资产负债表日前的明细表。对于注册会计师编制的财务报表项目抽样检查表，也不宜界限分明地反映预审和正审两份抽样检查表，只需要在预审抽样检查表上续增抽样样本检查即可。总之，注册会计师虽然采取了预审，但整套工作底稿不宜体现出预审轨迹。

三、中期审阅

有的客户与会计师事务所在签订业务约定书时，明确了中期审阅（主要是半年度财务报告审阅）的条款。客户在编制披露中期财务报告时，注册会计师应实施审阅，并出具审阅报告。实务中，境外资本市场实施中期审阅较为普遍，财政部、证监会于 2010 年授予中国内地部分会计师事务所 H 股审计资格后，不少 H 股实施了中期审阅。中期审阅本身是一项独立的鉴证业务，注册会计师应按照《中国注册会计师审阅准则第 2101 号——财务报表审阅》规定执行审阅工作，但从同一项目年度财务报表审计业务看，中期审阅又具有"预审"的性质，可以提前识别出一些重大错报风险。

由于中期审阅以询问、分析性程序为主，以消极方式提供有限保证，获取的证据不能支持发表审计意见。因此，不同于预审获取的审计证据质量，年度财务报表审计时，还需要重新以鉴证业务的标准实施审计。

案例 6-7

中国冶金科工股份有限公司为在中国香港和内地同时上市的 A+H 股上市公司，在与审计机构签订的业务约定书中，约定需要进行中期审阅，出具审阅报告。下面为审计机构出具的 2020 年半年度财务报表审阅报告。

审阅报告

×× 阅字【2020】第 1-00017 号

中国冶金科工股份有限公司全体股东：

我们审阅了后附的中国冶金科工股份有限公司（以下简称"贵公司"）的财务报表，包括 2020 年 6 月 30 日的合并及公司资产负债表，2020 年 1~6 月的合并及公司利润表、合并及公司现金流量表和合并及公司股东权益变动表以及财务报表附注。这些财务报表的编制是贵公司管理层的责任，我们的责任是在实施审阅工作的基础上对这些财务报表出具审阅报告。

我们按照《中国注册会计师审阅准则第 2101 号——财务报表审阅》的规定执行了审阅业务。该准则要求我们计划和实施审阅工作，以对财务报表是否不存在重大错报获取有限保证。审阅主要限于询问公司有关人员和对财务数据实施分析程序，提供的保证程度低于审计。我们没有实施审计，因而不发表审计意见。

　　根据我们的审阅，我们没有注意到任何事项使我们相信上述财务报表没有在所有重大方面按照企业会计准则的规定编制，未能在所有重大方面公允反映贵公司 2020 年 6 月 30 日的合并及公司财务状况，2020 年 1～6 月的合并及公司经营成果和合并及公司现金流量。

　　　　××会计师事务所（特殊普通合伙）　　中国注册会计师：王×
　　　　　　中国　北京　　　　　　　　　　中国注册会计师：蔡××

　　　　　　　　　　　　　　　　　　　　　　二〇二〇年八月二十八日

资料来源：巨潮资讯网站。

第七章 审 计 方 法

　　注册会计师除了精通会计之外，还必须拥有收集和解释审计证据的能力，这是注册会计师与会计人员的区别所在，如何选择审计方法是这种能力的具体体现。函证、监盘、分析性程序、检查、询问、重新计算、重新执行、观察、截止测试是注册会计师常用的"九大"审计方法，不同的财务报表项目需要选择相应的方法，以获取审计证据。在运用这些审计方法时，注册会计师还要进一步进行选择，以提高审计程序执行的针对性。

第一节 函   证

一、选择函证事项

　　函证，是指注册会计师直接从第三方（被询证者）获取书面答复以作为审计证据的过程，书面答复可以采用纸质、电子或其他介质等形式。

　　函证是最重要的基础性审计程序，是证明力最强的外部证据之一。注册会计师选择的财务报表项目或事项实施函证程序，有的审计准则强制性规定必须实施函证，有的注册会计师可以"自由选择"。

　　（一）应当实施函证的项目

　　《中国注册会计师审计准则第1312号——函证》规定以下两类财务报表项目必须实施函证程序：

　　1. 银行存款、借款及与金融机构往来的其他重要信息

　　注册会计师应当对银行存款（包括零余额账户和在本期内注销的账户）、借款及与金融机构往来的其他重要信息实施函证程序，除非有充分证据表明某一银行存款、借款及与金融机构往来的其他重要信息对财务报表不重要且与之相关的重大错报风险很低；如果不对这些项目实施函证程序，注册会计师应在审计工作底稿中说明理由。

2. 应收账款

注册会计师应对应收账款实施函证程序，除非有充分证据表明应收账款对财务报表不重要，或函证很可能无效；如果认为函证很可能无效，注册会计师应实施替代审计程序，获取相关、可靠的审计证据；如果不对应收账款函证，注册会计师应在审计工作底稿中说明理由。

实务中，如何认定银行存款、应收账款等项目对财务报表不重要且与之相关的重大错报风险很低，涉及注册会计师的职业判断。不少注册会计师不知道如何对重要性及重大错报风险的高低作出判断，也不重视将不实施函证的原因在审计工作底稿中予以必要的说明，或说明不充分、证据不足。注册会计师不实施函证程序可考虑下列因素：一是可以通过风险评估审计程序，特别是对银行存款及应收账款等项目相关内部控制的了解和评价，对银行存款及应收账款等项目是否存在重大错报风险、重大错报风险的高低及重大错报风险可能存在的领域或环节进行分析、评价并判断；二是可以通过实施的实质性分析程序对银行存款及应收账款等项目进行必要的分析和评价，以获取相关、可靠的审计证据并作出判断；三是结合考虑确定的重要性水平；四是结合日常会计核算中企业相关账户的性质、用途、规范化程度、发生额及余额等情况进行综合分析和判断。

例如，以银行存款为例，下列情形可以不实施函证，但应在审计工作底稿中说明原因：

（1）企业的纳税账户、社保账户等有专门用途、不可能发生融资业务及其他交易的专户，且已核对这些账户的银行对账单原件无异常的，可以考虑不函证。

（2）账户发生额小，余额小（需结合确定的重要性水平考虑），业务发生简单、清晰，且已核对这些账户银行对账单原件无异常的，可以考虑不函证。

（3）企业为了方便工作开展，提高工作效率，常常以相关办事人员名义开立单位银行卡并存入一定资金作为备用金使用，如果银行卡余额不大、借报及时、使用规范，且已核对相关银行对账单原件无异常的，可以考虑不函证。

又如，表明应收账款函证很可能无效的情况包括：以往审计业务经验表明回函率很低；某些特定行业的客户通常不对应收账款询证函回函，如电信行业的个人客户；被询证者系出于制度的规定不能回函的单位等，注册会计师对这些应收账款可以不实施函证程序。

（二）自由选择函证的项目

除了准则规定应实施函证的项目外，注册会计师对其他项目可以选择性地实施函证程序。函证范围非常广泛，大部分资产负债表项目和利润表项目都可以进行函证，自由选择函证主要有以下几种情形：

一是比照应实施函证的项目。对于被审计单位的其他金融类资产或金融负债，注册会计师往往比照银行存款和贷款要求纳入函证的范围，如交易性金融资产、理财产品、股票、债券投资等。对于其他往来性质的账户余额，注册会计师往往比照应收账款纳入函证的范围，包括应收票据、应付票据、预收款项（合同负债）、预付款项、应付账款、其他应收款项、其他应付款等。

二是交易类函证。函证不仅仅局限于账户余额，也可对被审计单位与第三方的协议和交易条款进行函证，即交易询证函。最为常见的是，注册会计师不仅对资产负债表日应收账款、应付账款的余额实施函证，同时对报告期内的销售交易的类别、数量、金额，采购货物的类别、数量、金额进行函证，在 IPO 等风险较高的审计业务中，交易询证函十分普遍。

案例 7-1

某会计师事务所在对一家从事软件研发和销售的 IPO 企业审计时，注册会计师对被审计单位的销售客户，不仅函证应收账款的账户余额，还在同一份询证函上函证与交易相关的信息，如表 7-1 所示。这种交易询证函可以为实现多重审计目标提供证据，既能够确认应收账款余额的存在性和准确性，也为收入确认的真实性和准确性提供了证据。

表 7-1　　　　　　　　　　交易及账户往来余额函证

合同编号	产品名称	完成验收时间	合同金额	当年开票金额	贵公司当期付款	贵公司累计付款	截至 20×1 年 12 月 31 日贵公司欠款	备注

三是特定项目或事项函证。注册会计师可能因为某些特定事项，向股东、税务机关、海关、社保局等部门或个人进行函证，以证实相关特殊交易或事项，如函证长期股权投资、保证及抵押和质押事项、或有事项，以及重大或异常交易或事项。有时候，注册会计师并不函证具体金额，而是函证某些交易条款或事项，以证实交易的真实性。例如，注册会计师可能要求对被审计单位与第三方之间的

协议和交易条款进行函证。注册会计师可能在询证函中询问协议是否作过修改，如果作过修改，要求被询证者提供相关的详细信息。此外，函证程序还可以用于获取不存在某些情况的审计证据，如不存在可能影响被审计单位收入确认的"背后协议"。

四是作为替代程序。例如，《中国注册会计师审计准则第1311号——对存货、诉讼和索赔、分部信息等特定项目获取审计证据的具体考虑》第八条规定，如果由第三方保管或控制的存货对财务报表是重要的，注册会计师应实施下列一项或两项审计程序，以获取有关该存货存在和状况的充分、适当的审计证据：向持有被审计单位存货的第三方函证存货的数量和状况；实施检查或其他适合具体情况的审计程序。又如，如果注册会计师评估识别出的诉讼或索赔事项存在重大错报风险或者实施的审计程序表明可能存在其他重大诉讼或索赔事项时，应通过亲自寄发由管理层编制的询证函，要求外部法律顾问直接与注册会计师进行沟通。

函证是最基础、最重要的审计方法和程序之一，是防范执业风险最重要的审计工作，但也是出问题较多的程序。在监管部门对会计师事务所及注册会计师审计失败的处罚案例中，出现频率最高的是函证程序执行不到位的问题。2012～2019年会计师事务所从事证券审计业务被证监会行政处罚原因汇总如表7-2所示，其中函证被提及次数最多。

表7-2　　　　　　　　　2012～2019年会计师事务所行政处罚原因汇总

事项	2012年	2013年	2014年	2015年	2016年	2017年	2018年	2019年	合计	占比（%）
函证	1	3	3	1	3	6	3		20	24.39
交易测试		2	1	1	4	4	3	1	16	19.51
风险评估	1	1	1	1	1	1	4	1	11	13.41
底稿记录		3	2		2	1	3		11	13.41
了解和测试内控				1		1	3	1	6	7.32
监盘			1			1	1	1	4	4.88
审计意见类型及审计报告模式和要素		1	1			1	1		4	4.88
前后任注册会计师沟通					1	1			2	2.44
其他审计问题			2	1	3	2			8	9.76

资料来源：根据证监会网站公开披露信息整理。

二、函证样本选择决策

（一）评估影响函证效果的因素

注册会计师在设计函证样本时，应考虑函证的效果：

（1）被询证者对函证事项的了解。如果被询证者对所函证的信息具有必要的了解，其提供的回复可靠性更高。

（2）预期被询证者回复询证函的能力或意愿。例如，在某些情况下，被询证者可能不会回复，也可能只随意回复或可能试图限制对其回复的依赖程度。这些情况包括：被询证者可能不愿承担回复询证函的责任；被询证者可能认为回复询证函成本太高或消耗太多时间；被询证者可能对因回复询证函而可能承担的法律责任有所担心；被询证者可能以不同币种核算交易；回复询证函不是被询证者日常经营的重要部分。

（3）预期被询证者的客观性。如果被询证者是被审计单位的关联方，则其回复的可靠性会降低。

（二）函证样本选择

注册会计师在选择函证样本时，需要保证样本足以代表总体，样本中通常应包括金额较大的项目和性质重要（非金额特征）的项目，并在审计工作底稿中记录所选择的样本特征、样本选择过程和结果。如果在样本选择过程中涉及了审计抽样，应在工作底稿中对抽样方法、统计抽样中涉及的参数和相关考虑进行记录和说明。选择样本规模与下列因素相关：

（1）函证项目（如应收账款）在全部资产中的重要性。若函证项目在全部资产中所占比重较大，则函证的范围应相应大一些。

（2）被审计单位内部控制的强弱。若内部控制制度较健全，则可以相应减少函证量；反之，则相应扩大函证范围。

（3）以前期间的函证结果。若以前期间函证中发现过重大差异，或欠款纠纷较多，则函证范围应扩大。

（4）函证方式的选择。若采用积极的函证方式，可以相应减少函证量；若采用消极的函证方式，则要相应增加函证量。

根据对被审计单位的了解、评估的重大错报风险以及所测试总体的特征等，注册会计师从总体中选取的特定函证样本可能包括：

（1）金额较大的项目；

（2）账龄较长的项目；

（3）交易频繁但期末余额较小的项目；

（4）重大关联方交易；

（5）重大或异常交易；

（6）可能存在争议、舞弊或错误的交易。

实务中，注册会计师选择函证样本存在的问题：一是银行存款、应收账款等应当实施函证程序的项目，未实施函证，且没有在工作底稿中说明不函证的理由和依据。例如，在证监会 2018 年开展的函证专项检查中，365 个检查项目，39% 的项目存在未对部分账户实施函证也未记录不予函证理由的情况。二是选择样本方法单一，仅考虑账户余额较大的项目，较少选择交易频繁但余额较小的项目。三是对于被审计单位往来客户数量众多、单个客户交易及账户余额不大的情况下，缺乏样本选择的抽样理论依据，选择样本量要么过大，要么过小。四是忽略一些新兴的经济模式和交易的函证，如第三方支付（支付宝、微信）账户。

需要注意的是，有的注册会计师以等待回函时间过长、影响正常审计进度、函证回函率低、对银行存款函证费用高等理由不实施函证，而直接实施相关替代审计程序，这种做法不符合审计准则规定。注册会计师不实施函证，必须满足审计准则规定的前提条件，即有充分证据表明相关项目对财务报表不重要，或函证很可能无效。

三、选择函证内容

往来账户及交易函证的内容比较单一，银行询证函则较为复杂，涉及的事项较多，完整的银行询证函内容包括（具体参考格式见本章附录）：

（1）银行存款；

（2）银行借款；

（3）注销的银行账户；

（4）作为委托人的委托贷款；

（5）作为借款人的委托贷款；

（6）担保；

（7）作为出票人尚未支付的银行承兑汇票；

（8）已贴现尚未支付的商业汇票；

（9）作为持票人的商业汇票；

（10）信用证；

（11）外汇买卖合约；

（12）证券或其他产权托管文件；

（13）理财产品；

（14）资金池情况；

（15）其他。

根据财政部、银保监会《关于印发〈银行函证及回函工作操作指引〉的通知》（财办会〔2020〕21号）规定，银行业金融机构回函服务收费属于市场调节价的，应依法制定并公示回函服务不同内容或档次的收费标准。因此，有的银行按照前述函证内容的项目数收费，函证内容越多，收费越高，而不是按照份数收费。有的被审计单位和会计师事务所为了降低函证费用，只函证其中部分内容，如银行存款、银行借款，其他的均划掉。

对于注册会计师用斜线划掉的项目或栏位，银行业金融机构无需核实相关信息且不需要反馈。如果被审计单位的文件记录或管理层提供的信息中显示其与银行业金融机构之间没有此等交易或余额，但注册会计师认为需要就此获得银行业金融机构确认时，注册会计师应在每个对应栏目内填写"无"，银行业金融机构应当对填写"无"的信息予以核实并反馈。如银行业金融机构发现被审计单位存在交易或余额，而相关项目被列示为"无"，应明确回复不符并在回函"结论"处，向注册会计师对不符项目涉及的内容、金额等进行说明。

根据中国注册会计师审计准则、财政部《关于印发〈银行函证及回函工作操作指引〉的通知》等相关规定，银行询证回函应当对发函所列项的全部信息作出回应（无需询证内容，即被注册会计师用斜线划掉的项目除外），不得为降低询证费用选择性接受银行询证项目回复。货币资金属于高风险领域，较易发生舞弊，如定期存单被质押、归集到资金池的存款被关联方占用、表外担保等。注册会计师在实施函证时，应评估舞弊风险，审慎确定无需函证的内容，即用斜线划掉的项目，对于上市公司、新三板、债券发行等风险较高的证券业务，不应为降低询证费用而随意划掉可能存在风险的询证项目。2021年11月2日，深圳证监局对某会计师事务所2020年报审计项目·格林美（002340）货币资金专项审计检查出具的警示函指出问题之一为：函证填写存在风险，部分银行询证函大量空白表格未划线或填写"无"。

如果银行以自有格式询证函回复，使得发函信息与回函信息分属不同载体，可能导致询证项目及信息不完整，如有的银行自有格式仅对存贷款进行确认，未对其他项目作出回复，这不符合审计准则要求。此外，注册会计师也难以识别函证控制轨迹。因此，注册会计师原则上不宜接受银行以自有格式作出的部分项目选择性回函，除非银行对询证所列项目全部信息作出回复。若采用银行自有格式回函的，应当留存相应的发函复印件。

案例 7-2

2018 年 9 月，福建证监局对会计师事务所及注册会计师执行富贵鸟（HK01819）2014 年和 2015 年公司债券财务报表审计中，就货币资金函证程序存在的问题出具警示函，主要问题为：

（1）在 2014 年度财务报表审计中就 2014 年末富贵鸟的子公司富贵鸟（香港）有限公司的相关事项向厦门国际银行股份有限公司厦门思明支行实施函证，函证了 2014 年末富贵鸟（香港）有限公司 3 个账户，余额合计 64 938.60 万元的定期存款，但未函证上述定期存款是否被质押、用于担保或存在其他使用限制情况，也未在审计工作底稿中说明未函证的理由。

（2）在 2015 年度财务报表审计中就 2015 年末富贵鸟（香港）有限公司的相关事项向厦门银行股份有限公司总行营业部实施函证，函证了 2015 年末富贵鸟（香港）有限公司 4 个账户，余额合计 25 000 万元的定期存款，但未函证上述定期存款是否被质押、用于担保或存在其他使用限制情况，也未在审计工作底稿中说明未函证的理由。

（3）在 2015 年度财务报表审计过程中就 2015 年末富贵鸟的相关事项向厦门国际银行股份有限公司泉州分行实施函证，函证了 2015 年末富贵鸟 6 个账户，余额合计 30 000 万元的定期存款，但未函证上述定期存款是否被质押、用于担保或存在其他使用限制，也未在审计工作底稿中说明未函证的理由。

（4）在 2015 年度财务报表审计过程中就 2015 年末富贵鸟（香港）有限公司的相关事项向厦门国际银行股份有限公司厦门分行（由其前身厦门国际银行股份有限公司厦门思明支行代章）实施函证，函证了 2015 年末富贵鸟（香港）有限公司 3 个账户，余额合计 65 163.61 万元的定期存款，但未函证上述定期存款是否被质押、用于担保或存在其他使用限制，也未在审计工作底稿中说明未函证的理由。

资料来源：中国证监会网站。

针对 ST 康得新、永煤集团控股股东及实际控制人利用"资金池"变相占用下属公司资金的问题，财办会〔2020〕21 号文在询证函格式中单独列示了"资金归集（资金池或其他资金管理）账户具体信息"项目，注册会计师应予以关注。例如，2021 年证监会对永城煤电控股集团有限公司（以下简称"永煤集团"）行政处罚显示，永煤集团根据控股股东河南能源化工集团的要求进行资金归集，永煤集团资金被自动归集至其在河南能源化工集团财务有限公司开立的账户，被归集的资金事实上已被关联方统筹用于其他项目。2017 年至 2020 年 9 月 30 日，永煤集团财务报表分别虚增货币资金 112.74 亿元、235.64 亿元、241.07 亿元、271.74 亿元，分别占其当期披露货币资金总额的 54.03%、62.56%、57.28%、57.86%，注册会计师实施货币资金函证程序时，未关注资金池事项。

四、选择积极或消极函证方式

（一）积极函证方式

如果选择采用积极函证方式，注册会计师应要求被询证者在所有情况下必须回函，确认询证函所列信息是否正确，或填列询证函要求的信息。积极函证包括两种：一种是在询证函中列明拟函证的账户余额或其他信息，要求被询证者确认所函证的款项是否正确。这种询证函的回复能够提供可靠的审计证据，缺点是被询证者可能对所列示的信息不加以验证就予以回函确认，而注册会计师难以知晓该种情形。另一种是为了规避前述风险，注册会计师可以采用在询证函中不列明账户余额或其他信息，而要求被询证者填写有关信息或提供进一步信息。由于这种询证函要求被询证者作出更多的努力，可能会导致回函率降低，进而导致注册会计师执行更多的替代程序。

实务中，绝大多数注册会计师采用了第一种积极函证方式，以提高回函率。如果出现被询证者不加验证回函确认导致注册会计师未能发现函证信息实际为错报，注册会计师是否可以免责？从会计责任与审计责任看，如果注册会计师执行了所有应当实施的审计程序，仍未能发现被审计单位函证信息错报，应被认为是勤勉尽责，不应因为被询证者的不作为而承担审计责任，因为注册会计师没有义务，也无法判断被询证者是否验证了函证信息，既然对方予以了回函，注册会计师当然合理相信对方是进行了验证的。事实上，不论是哪种积极函证方式，如果被审计单位与函证对象串通舞弊，注册会计师都难以发现。

（二）消极函证方式

如果采取消极函证方式，注册会计师只要求被询证者仅在不同意函证列示信息的情况下才予以回函。对消极函证方式而言，未收到回函并不明确表明预期的被询证者已经收到询证函，或者已经核实询证函中包含的信息的准确性。因此，未收到消极询证函的回函提供的审计证据，远不如积极询证函的回函提供的审计证据有说服力。如果询证函中的信息对被询证者不利，则被询证者更有可能回函表示其不同意，反之，如果询证函中的信息对被询证者有利，回函的可能性会相对较小。

　　审计准则规定，当同时存在下列情形时，注册会计师可以考虑采用消极函证方式：重大错报风险评估为低水平、涉及大量余额较小账户、预期不存在大量的错报、没有理由相信被询证者不认真对待函证。可见，采用消极函证的条件非常严苛，大多数被审计单位难以同时满足上述条件，如公众利益实体审计业务，几乎不可能满足这些条件，注册会计师采用消极函证的情形较少见。

五、选择函证时间

　　注册会计师通常以资产负债表日为截止日，在资产负债表日后适当时间内实施函证程序。为了充分利用审计现场时间并降低审计资源的浪费，注册会计师可以在年末被审计单位结账后及时获取到未审报表及各主要往来科目（或其他需要实施函证的科目）明细，根据重要性和选样方法选择出函证样本，在被审计单位提供了被函证者的联系信息和准备好询证函后及时发出。这样可保证项目组在进入审计现场前的一段时间内即可收到大部分回函，在进入审计现场后可针对尚未收到的函证样本执行替代测试，避免了到审计现场才准备函证，同时需要较多现场时间对全部样本执行替代测试的情况。

　　如果重大错报风险评估为低水平，并且审计工作被要求在资产负债表日之后的很短时间内完成，注册会计师可选择资产负债表日前适当日期为截止日实施函证，并对所函证项目自该截止日起至资产负债表日止发生的变动实施实质性程序，或将实质性程序和控制测试结合使用。如果评估的重大错报风险为高水平，注册会计师可能会决定函证非期末的某一日的账户余额。

　　在某些情况下，注册会计师寄发的函证在出具审计报告后才收到回函。若回函信息与函证信息不一致，注册会计师应按照《中国注册会计师审计准则第1332号——期后事项》的规定，判断是否存在错报且是否会导致管理层修改财务报表。如果管理层修改财务报表，则注册会计师应实施相关程序后重新出具审计报告，新的审计报告日不应早于修改后的财务报表批准的日期。

六、函证过程控制

（一）函证信息核对

　　注册会计师应核对重要的函证信息，主要包括：

　　（1）函证信息与其他信息的一致性。询证函中填列的需要被询证者确认的信息，是否与被审计单位账簿中的有关会计记录、合同协议保持一致，对于银行存款函证，需要银行确认的信息是否与银行对账单等保持一致。

（2）名称和地址信息。注册会计师应获取被审计单位提供的包括函证对象地址在内的"被函证单位信息情况表"，这是客户的会计责任。但是，注册会计师不能直接根据被审计单位提供的函证地址填制和寄发询证函，应当核对名称和地址信息。核对方式包括：通过被询证者的网站或者其他公开网站核对名称和地址，必要时拨打公众查询电话核实是否真实；将被询证者的名称和地址与被审计单位持有的相关合同文件核对印证；对于被审计单位的客户和供应商，可以将被询证者的名称、地址与收到或开具的增值税专用发票中对方单位的名称、地址进行核对。

特别需要注意的是，如果被询证者的地址与注册地址不一致，注册会计师应核实注册地与办公地分离是否属实，必要时可亲自到现场了解落实。虽然企业在实际经营过程中，办公地址与注册地址可能不一致，尤其是在一些大城市并不少见。但是，注册会计师不能将这种情况视为"正常"现象，应追加审计程序，核实函证地址的真实性。实务中，注册会计师因未对注册地与办公地不一致保持合理怀疑，或者轻信被审计单位的解释，未进一步核查函证地址异常，从而导致函证程序失效的案例时有发生。例如，注册会计师在对宜通世纪（300310）2017 年度财务报表审计中，对发函地址与被函证方的工商登记地址或发票地址不一致的 15 家客户未采取核实程序，其中 6 家客户的销售存在虚假记录。

（3）收件人及联系电话。注册会计师应考虑被询证者是否适当，对函证信息是否知情、是否具有客观性和回函授权。尤其应关注的是，被询证者联系人的身份情况，如是否为被询证单位的员工，是否为多个被询证单位的联系人，且不同询证单位为同一个联系电话。注册会计师通常应使用座机电话作为收件人联系方式，如果不可避免使用移动电话作为收件人联系方式的，应采取有效措施验证移动电话的机主是否是真正的被询证方，例如，以快递人员的身份拨打电话，验证机主姓名、地址等信息。

询证函地址及内容一般由注册会计师亲自填写。但在某些特殊情况下，被审计单位的财务人员协助填写了询证函及函证信封（样本选择和邮寄过程被审计单位的所有人员均不能参与），但询证的内容和信息必须由审计人员确定而非被审计单位的人员确定。在此情况下，注册会计师应履行核对和检查程序。

案例 7-3

注册会计师在对粤传媒（002181）收购上海香榭丽传媒股份有限公司（以下简称"香榭丽"）审计过程中，对营业收入和应收账款执行函证程序时，在函证信息核对方面存在缺陷：

第一，未按照审计准则要求核实被询证者的姓名等信息的真实性，函证发出后未采取与客户电话联系等方式对函证进行跟踪确认，针对被询证者是否为被函证单位的员工没有核对，也没有核对收件人及被询证者的姓名及联系方式。

第二，未关注函证过程中出现的发函地址与查询地址不一致、发出询证函未加盖香榭丽公章仍收到回函、有回函快递单但无发函记录等异常现象。审计工作底稿显示，上海集思堂广告有限公司、广州弘易广告有限公司、北京炎黄盛世广告有限公司3家公司的发函地址与审计工作底稿后附的网上查询工商登记地址不一致；重庆翰宗广告传媒有限公司的函证没有加盖香榭丽的公章，仍收到回函；在2013年年报审计中，未见盛世长城国际广告上海分公司、广西金拇指科技有限公司两家公司的询证函及发函记录，但存在这两家公司的回函快递单，上述公司与香榭丽之间的销售业务均存在虚假。

资料来源：中国证监会网站。

案例 7-4

对在浙江九好办公服务集团有限公司（以下简称"九好集团"）借壳上市公司鞍重股份（002667）重组审计中，注册会计师在函证程序实施方面存在多处不到位的情况，未保持对函证的有效控制。注册会计师实施函证程序时，在九好集团总部安排九好集团工作人员与审计项目组成员一起填写询证函快递单并寄出，而九好集团各子公司的询证函则由审计人员制好询证函，由九好集团下属子公司在各地自行寄出。审计人员要求九好集团将发函的快递底联全部寄回杭州并由九好集团转交注册会计师，或由九好集团子公司直接寄回会计师事务所北京总部。此外，还存在九好集团工作人员直接回函的情况，如浙江元茂文化创意有限公司回函快递单明确写明"九好集团"。上述发函工作自始至终均有九好集团人员参与，且在子公司层面失去对函证的控制。从回函情况看，大量回函的快递单存在连号或号码接近、发函与回函快递单号接近的情形。

对于询证函回函的多处疑点，注册会计师未能充分关注。例如，询证函回函供应商确认盖章不符。部分询证函回函供应商确认盖章用印为另一家供应商，如成都兴华侨印刷有限公司回函用印是成都辉煌世纪广告有限责任公司。又如，数家供应商回函均留有同样的邮寄信息，如杭州云昀网络科技有限公司、杭州毅恒汽车代驾服务有限公司、上海焊点投资管理有限公司、杭州普丰信息技术有限公司等回函寄件人电话均为156****0109。广州市海力士电子科技有限公司、广州市松吉电子科技有限公司、广州市金武风音响有限公司的回函寄件人电话均为136****9081。不同供应商回函由同一快递员收件，广州曼舞电子有限公司、广州耀得电子有限公司、广州市海力士电子科技有限公司、广州市松吉电子科技有限公司、广州市狮之威电子科技有限公司、广州丹裕电子科技有限公司、广州华州电子科技有限公司的回函均由编号为41**98的顺丰快递员取件。再如，询证函发函与回函地址不是同一个城市，如北京友好创嘉投资管理有限公司发函地址为北京市，供应商实际回函地址为深圳市；广州市亿盈电器科技有限公司发函地址为深圳市，实际回函地址是广州市；上海麦金地餐饮管理服务有限公司发函地址是上海市，实际回函地址是杭州市。

资料来源：中国证监会网站。

（二）寄发函证控制

1.邮寄方式

为避免询证函被拦截、篡改等舞弊风险，在邮寄询证函时，注册会计师应在核实由被审计单位提供的函证信息后，不使用被审计单位本身的邮寄设施，也不将询证函交由被审计单位相关人员，而是独立寄发询证函。注册会计师亲自发函，这是函证控制的关键，也是最容易出现函证失控的环节。无论何种理由，注册会计师都不应当信赖非项目组成员寄发询证函，审计实务中多起舞弊与此环节相关。为了证明注册会计师亲自发函过程，审计人员应保留发函的快递信息。

案例 7-5

某医疗耗材企业申请IPO创业板上市，企业主要客户为公立和私立医院，产品单位价值较低，客户数量众多，遍布全国。注册会计师在对收入和应收账款函证时，被审计单位与注册会计师沟通，因医院为事业单位，回函比较困难，如果销售人员将函证直接寄发或现场交给医院相关人员，回函率就会提高。注册会计师听信了被审计单位的意见，在制函完成后，将询证函交给被审计单位销售人员寄发或由销售人员跟函。注册会计师收到回函后，出具了标准无保留审计意见。

> 　　IPO 申请文件上报监管部门后，监管部门及被审计单位收到举报信，称被审计单位存在私刻公章用于交易及应收账款询证函。经被审计单位自查和中介机构核查，发现报告期内有 16 名销售人员私刻 19 家客户印章用于销售订单、框架性协议、收入及应收账款询证函，部分询证函回函并非真实客户回函，而是销售人员私刻客户印章回函。2015 年，证监会发审委以发行人的内部控制存在缺陷，否决了企业的上市申请。该案例中，注册会计师在函证控制环节，审计工作存在重大缺陷，轻信被审单位的意见，导致未能发现虚假回函现象。

2. 跟函方式

所谓跟函，是指注册会计师独自或在被审计单位员工的陪同下亲自将询证函送至被询证者，在被询证者核对并确认回函后，亲自将回函带回的方式。如果注册会计师认为跟函方式能够获得可靠信息，可以采取该方式发送并收回询证函。如果被询证者同意注册会计师独自前往被询证者执行函证程序，注册会计师可以独自前往。如果注册会计师跟函时需有被审计单位员工陪同，注册会计师需要在整个过程中保持对询证函的控制，特别是对被审计单位与被询证者之间串通舞弊的风险保持警觉。

实务中，银行函证采取跟函的方式较为普遍，因被审计单位多在经营当地开立银行账户，且往往为多个银行账户，为了提高函证效率，注册会计师与被审计单位人员亲自前往银行函证，这既能现场观察到函证的过程，又能比较快速收到回函。为了证明亲自函证行为，注册会计师通常将函证现场拍照留存于审计工作底稿。

（三）收回函证控制

1. 邮寄回函

通过邮寄方式发出询证函并收到回函后，注册会计师应当验证以下信息：

（1）被询证者确认的询证函是否为原件，是否与注册会计师发出的询证函是同一份函件；

（2）回函是否由被询证者直接寄给注册会计师，不论是寄发，还是收回，询证函均不能经过被审计单位人员之手；

（3）寄给注册会计师的回邮信封或快递信封中记录的发件方名称、地址是否与询证函中记载的被询证者名称、地址一致；

（4）回邮信封上寄出方的邮戳显示发出城市或地区是否与被询证者的地址

一致；

（5）被询证者加盖在询证函上的印章以及签名中显示的被询证者名称是否与询证函中记载的被询证者名称一致。在认为必要的情况下，注册会计师还可以进一步与被审计单位持有的其他文件进行核对或亲自前往被询证者进行核实等。

如果被询证者将回函寄至被审计单位，被审计单位将其转交注册会计师，该回函不能视为可靠的审计证据。在这种情况下，注册会计师可以要求被询证者直接书面回复。

需要注意的是，注册会计师应关注回函印章的真实性。尽管注册会计师不是印章真伪鉴定专家，但可通过比对方式作出适当判断，即将回函印章与被询证者与被审计单位其他文件上的印章核对，如合同或协议、发票等，如果存在明显不一致，需要进一步实施程序验证印章真实性。此外，核对回函上相关人员的签字笔迹也很重要，一方面通过比对签字人员在被审计单位其他单据上的签字，如货物签收单、合同等，另一方面关注是否存在不同被询证者回函，但签字笔迹相同的现象。

案例 7-6

注册会计师在对新绿股份（834632）新三板挂牌审计业务中，因函证程序执行不到位等违法行为于 2019 年受到证监会行政处罚。经查，注册会计师曾两次派人和新绿股份人员到工商银行莒南支行对造假账户 2014 年 12 月 31 日银行存款余额和 2013 年至 2015 年 4 月 30 日银行存款余额实施函证，但两次均不是直接当场从银行获取询证函回函，函证结果均系银行后续邮寄给 ×× 会计师事务所（特殊普通合伙）。注册会计师获取的两次造假账户银行回函印章和经办人签字存在明显差异，第一次 2014 年 12 月 31 日余额询证函加盖工商银行莒南支行公章，与其他银行加盖业务章的做法不一致，且经办人为手写的"吴某"签名；第二次 2015 年 4 月 30 日余额回函加盖的是工商银行莒南支行业务专用章，经办人处是加盖的"鲁某"章，两次签名或盖章存在明显不一致，注册会计师未对上述银行函证保持合理控制，且未对影响回函可靠性的因素予以考虑。

资料来源：中国证监会网站。

2. 跟函回函

对于通过跟函方式获取的回函，注册会计师可以实施以下程序以保持回函控制：

（1）了解被询证者处理函证的通常流程和处理人员；

（2）确认处理询证函人员的身份和处理询证函的权限，如索要名片、观察员工卡或姓名牌等，并记录于审计工作底稿；

（3）观察处理询证函的人员是否按照处理函证的正常流程认真处理询证函，例如，该人员是否在其计算机系统或相关记录中核对相关信息。

（四）函证控制对舞弊迹象的考虑

在函证过程中，注册会计师需要始终保持职业怀疑，对舞弊风险迹象保持警觉，以下是注册会计师应当特别关注的迹象：

（1）管理层不允许寄发询证函；

（2）管理层试图拦截、篡改询证函或回函，如坚持以特定的方式发送询证函；

（3）被询证者将回函寄至被审计单位，被审计单位将其转交注册会计师；

（4）注册会计师跟进访问被询证者，发现回函信息与被询证者记录不一致，例如，对银行的跟进访问表明提供给注册会计师的银行函证结果与银行的账面记录不一致；

（5）从私人电子信箱发送的回函；

（6）收到同一日期发回的、相同笔迹的多份回函；

（7）位于不同地址的多家被询证者的回函邮戳显示的发函地址相同；

（8）收到不同被询证者用快递寄回的回函，但快递的交寄人或发件人是同一个人或是被审计单位的员工；

（9）回函邮戳显示的发函地址与被审计单位记录的被询证者的地址不一致；

（10）不正常的回函率，例如，银行函证未回函；与以前年度相比，回函率异常偏高或回函率重大变动；向被审计单位债权人发送的询证函回函率很低；

（11）被询证者缺乏独立性，例如，被审计单位及其管理层能够对被询证者施加重大影响，以使其向注册会计师提供虚假或误导信息（如被审计单位是被询证者唯一或重要的客户或供应商）；被询证者既是被审计单位资产的保管人又是资产的管理者。

注册会计师发现上述迹象时，应采取相应措施，包括：验证被询证者是否存在、是否与被审计单位之间缺乏独立性，其业务性质和规模是否与被询证者和被审计单位之间的交易记录相匹配；将与从其他来源得到的被询证者的地址（如与被审计单位签订的合同上签署的地址、网络上查询到的地址）相比较，验证寄出方地址的有效性；将被审计单位档案中有关被询证者的签名样本、公司公章与回函核对；要求与被询证者相关人员直接沟通讨论询证事项，考虑是否有必要前往被询证者工作地点以验证其是否存在；分别在中期和期末寄发询证函，并使用被审计单位账面记录和其他相关信息核对相关账户的期间变动；考虑从金融机构获得被审计单位的信用记录，加盖该金融机构公章，并与被审计单位会计记录相核对，以证实是否存在被审计单位没有记录的贷款、担保、开立银行承兑汇票、信用证、保函等事项。

七、回函结果评价与替代测试

注册会计师通常将函证结果分为以下几种情形：

（一）回函结果相符

回函结果提供了与认定相关、可靠的审计证据，询证函由适当的被询证者回复，回函同意询证函中所包含的信息或提供了不存在不符事项的信息。

（二）回函结果可能不可靠

注册会计师应评价其对评估的相关重大错报风险（包括舞弊风险），以及其他审计程序的性质、时间安排和范围的影响。例如，函证收发是电子形式，不能通过其他程序证明其真实性，被询证者在回函中加上了对注册会计师确认相关认定的限制条款，函证过程中有可能失去控制，函证信息与其他信息相互矛盾等。

（三）回函结果不相符

某些不符事项并不表明存在错报。例如，注册会计师可能认为询证函回函的差异是由于函证程序的时间安排、计量、分类标准不同或书写错误造成的。排除此类情况外，注册会计师应将差异情况和被审计单位的财务或其他相关负责人员进行沟通，要求其协助查找差异原因，获取到差异原因的支持依据，并据此评估是否存在错报，还是被询证者的记录和回函存在错误。必要时，注册会计师可以进行二次发函。

注册会计师应确定财务报表是否存在错报或潜在错报：当识别出存在错报或潜在错报时，还应评价此错报是否存在舞弊。不符事项可以为注册会计师判断来自类似被询证者回函的质量及类似账户回函质量提供依据和参考，不符事项还可能显示被审计单位与财务报告相关的内部控制存在缺陷。

案例 7-7

深圳市强瑞精密技术股份有限公司（以下简称"强瑞技术"）申请创业板 IPO 上市，客户销售金额和应收账款回函确认金额存在不符情况。注册会计师对强瑞技术 2017 年至 2020 年 1～9 月销售金额前五名发函比例分别为 99.08%、98.63%、99.79%、99.61%，客户回函确认比例分别为 22.32%、14.11%、16.94%、40.18%，报告期对前五名应收账款客户发函比例分别为 99.98%、99.38%、98.79%、97.90%，客户回函确认比例分别为 54.68%、83.71%、62.75%、91.02%。回函比例较低主要原因为华为技术有限公司等终端客户在回函时未对交易金额进行确认，或者存在入账口径（如按照暂估价金额入账）和时间差异。

针对回函差异事项，注册会计师实施了下列审计程序：对于已收款的产品，全面检查对账单、发票和银行回款单等原始凭证，确认交易主体、交易金额、交易内容等真实、准确；对于尚未收款的产品，重点检查发票、客户验收单据及对账单等原始单据，同时对出货单和客户订单进行抽选检查；核查应收账款的期后收回情况。2021 年 6 月，强瑞技术通过上市委审核。

资料来源：深圳证券交易所网站。

（四）未收到回函

注册会计师需要考虑是否存在未识别的重大错报风险（包括舞弊风险）。如果认为可能存在未识别的重大错报风险，注册会计师应修正认定层次的重大错报风险评估结果（包括舞弊风险）并相应修改计划实施的审计程序；如果认为不大可能存在未识别的重大错报风险，注册会计师未能收到回函（积极式函证）时，应考虑与被询证者联系，考虑对重要的账户余额或其他信息是否再次函证。

如果未能得到被询证者的回函，注册会计师应考虑取得积极式回函是否是获取充分、适当的审计证据的必要程序。如果取得积极式询证函是获取充分、适当的审计证据的必要程序，注册会计师应确定未回函对审计工作和审计意见的影响。如果取得积极式函证回函不是获取充分、适当的审计证据的必要程序，注册会计师应实施替代审计程序获取相关、可靠的审计证据。在替代测试时应注意，对于所有未能通过函证获得适当审计证据的剩余函证样本，均应执行替代测试程序。对于重大错报风险评估结果不同的报表科目，替代测试程序的选择会有所不同。例如，应收账款既可通过检查本期发生额的方式执行替代测试程序，又可以通过检查期后回款的方式执行替代测试程序，在重大错报风险评估为高的情况下，可能需要同时执行两种替代程序。

以应收账款为例，注册会计师可能实施的常用替代审计程序包括检查期后收款、货运单据及临近期末的销售。实务中，注册会计师在实施替代程序时需考虑被审计单位的具体情况：

（1）如果能够确定被审计单位期末应收账款的余额是由哪几笔交易构成的，则可以实施的替代程序为：

① 检查期后收款记录；

② 检查期初余额是否与上期期末余额一致；

③ 检查构成期末应收账款余额的销售合同、销售订单、发票、出库单、货运单据、客户验收单据以及与客户对账的记录等支持性文件。

（2）如果不能够确定被审计单位期末应收账款的余额是由哪几笔交易构成，则可以实施的替代程序为：

① 检查期后收款记录；

② 检查期初余额是否与上期期末余额一致；

③ 测试本期发生额，包括借方发生额和贷方发生额，并检查相关支持性文件，如销售合同或协议、发运凭证、货物验收单据、银行回款单据等。

（3）结合被审计单位的收入确认原则和依据获取相关证据，如外销收入确认以报关出口为收入确认具体原则的，应获取报关单；收入确认以发货验收为原则的，应获取客户验收单；收入确认以最终验收为具体原则的，应获取最终验收报告。

案例 7-8

登云股份（002715）首次公开发行股票并在中小板上市期间财务报表、2013 年及 2014 年财务报表中"三包费用"等存在虚假记载，注册会计师在审计过程中未对三包索赔费用予以充分关注，未充分追查函证回函差异、执行函证替代程序不充分等，导致函证程序失效，受到证监会行政处罚。证监会认为，注册会计师在三包索赔费用客户的回函存在以下问题：对于潍柴动力（潍坊）备品资源有限公司回函盖章不符的情况未作出有效解释；未充分追查广西玉柴机器股份有限公司、东风康明斯发动机有限公司函证回函差异；在未收到东风朝阳朝柴动力有限公司回函的情况下，执行函证替代程序不充分。

关于未收到东风朝阳朝柴动力有限公司回函的替代程序，行政处罚决定书认为，抽查发票等替代程序只能验证已经入账部分财务事项的真实性，并不能发现未入账的财务费用，注册会计师在未收到东风朝柴 2012 年、2013 年半年度回函的情况下，执行的函证替代程序不充分。

资料来源：中国证监会网站。

八、电子函证

（一）电子函证可靠性

电子函证主要是通过邮件寄发和收回询证函，以及通过函证平台传递询证函的方式获取的审计证据，证据介质为非纸质的电子文档。只要函证过程是安全或者回函经过其他程序证实，电子证据可能是可靠的。电子函证的风险体现在两个方面：一是收函件和回函件人的单位及人员的身份确认问题，如通过邮件回函的，如何验证邮件是私人邮箱，还是单位工作邮箱，收发邮件人是否为被询证者员工，以及是否被经过授权。实际操作时，注册会计师可以借助 IT 专家，核查邮件发送的 IP 地址等信息，也可以通过远程视频方式观察邮件收发过程。二是电子函证被篡改的风险。一般来说，从原始媒介（如原件）转换出来的电子信息，其可靠性通常高于从非原始媒介（如复印件或扫描件）转换出来的电子信息，并且其可靠性可能取决于信息转换和维护方面的控制，被审计单位可能在转换或提交电子文件时故意篡改或遗漏某些重要信息。

案例 7-9

注册会计师在执行某科创板企业 IPO 过程中，对监管部门问询函中如何确保电子邮件函证的可靠性，其答复如下：

1. 电子邮件发函过程控制程序

（1）对电子邮件函证的收件人邮箱后缀与被函证客户的单位名称及官网显示的企业邮箱后缀进行核对；

（2）获取电子邮件被函证客户联系人名片、通过 LinkedIn 查询收件人资料，核实联系人、邮件函证邮箱是否相同；获取公司与电子邮件被函证客户日常往来邮件记录等核实邮箱地址、收件人真实性；

（3）通过 WHOIS（https：//who.is）查询被询证客户邮箱地址后缀的所有者，核实是否与被询证客户名称、地址等相匹配；

（4）对被询证客户执行独立函证程序，电子邮件发函均由我们与被询证客户联系人直接对接，确认邮件是否均已成功发送并保留发函邮件截图等留存工作底稿。

2. 电子邮件回函过程控制程序

（1）核实电子邮件发函收件人与回函发件人是否为同一人；

（2）核实邮件是否由对方客户联系人直接回函；

（3）核对回函的发件人邮箱后缀与被函证客户的单位名称及官网显示的公司邮箱后缀是否一致；比对邮件函证的收件人邮箱与被询证客户和公司日常业务往来邮件或文件的邮箱信息是否一致；核对邮件函证的收件人邮箱与收件人提供的个人名片上的公司名称及邮箱是否一致；查询回函发件人邮箱后缀WHOIS信息，与客户名称、地址等信息是否相符；

（4）核对邮件回函询证函内容是否与发函内容一致，回函邮件附件内容是否存在涂改的痕迹等异常情况，相关回函附件内容的签字或盖章情况是否存在异常情况。

如果被审计单位将其在被询证者（如银行、证券公司、其他非银行金融机构及其他机构等）的账户名或用户名、登录密码等信息提供给注册会计师，由注册会计师直接登录查询，该方式不符合函证的定义，属于检查程序。通过该方式获取的信息可作为一种审计证据，但在评估其可靠性时可能需要考虑额外的风险（如所登录的网页并非被询证者真实网页、用户名和登录密码并非被审计单位真实的用户名和登录密码、网页所查询的信息并不及时准确、被询证者不知道审计人员的查询目的等）。通过该程序所获取的审计证据是否充分、适当，应基于审计准则的规定、所涉及项目本身的重要性以及注册会计师针对相关认定评估的重大错报风险进行判断。

（二）电子函证平台

目前，电子询证函平台已在国内开始出现，通过电子询证函平台实施函证程序时，电子签名取代了传统纸质询证函方式中的实体签字和盖章，可靠的电子签名与手写签名或者盖章具有同等的法律效力。现行电子询证函平台主要包括两类：一类是专门提供询证函平台服务的第三方平台，另一类是被询证者（如商业银行等金融机构）自身的电子询证函平台。这两类平台的性质不同，前者是为注册会计师、被审计单位和被询证者提供网上平台服务的专业服务机构，后者是被询证者自主负责的平台，两者相关的系统设计和函证流程也有明显区别。通过电子邮件发送询证函不属于使用电子询证函平台函证方式。

第三方电子询证函平台运营商通常会聘请信息安全认证机构对其系统的安全可靠性进行认证（如由信息安全认证机构颁发信息系统安全测评证书等），或聘请具有胜任能力的专业人员（如信息系统方面的专业人员）对第三方电子询证函平台的内部控制有效性出具鉴证报告。评估第三方电子询证函平台可靠性的工作通常在会计师事务所层面实施，无需由单个审计项目组实施。

对于第三方电子询证函平台，事务所层面需要考虑实施的评估程序包括但不限于：

（1）评估第三方电子询证函平台聘请的信息安全认证机构或专业人员的胜任能力、专业素质和独立性，并记录相关评估过程、取得的证据和得出的结论。

（2）取得第三方电子询证函平台聘请的信息安全认证机构颁发的信息系统安全测评证书或专业人员出具的鉴证报告等由电子询证函平台定期公开发布的信息，了解第三方电子询证函平台及其所有者和运营商的组织架构，是否存在被监管机构处罚，是否存在涉诉信息等与电子询证函平台的独立性、安全可靠性等方面相关的信息，评估通过第三方电子询证函平台收发电子询证函是否可靠。同时，记录其依据信息安全认证机构颁发的信息系统安全测评证书或专业人员出具的鉴证报告来合理评估第三方电子询证函平台可靠性的过程、获取的证据及得出的结论。

（3）了解第三方电子询证函平台聘请的信息安全认证机构或专业人员测试的范围、实施的程序、程序涵盖的期间以及自实施程序以来的时间间隔，评估信息安全认证机构或专业人员的工作是否支持通过第三方电子询证函平台实施函证程序的可靠性。

对商业银行等金融机构自身的电子询证函平台，负责按照相关法律法规建立和完善有关回函的内部控制，并依法对其出具的回函承担相应的法律责任。一般而言，除非出现相反情况，否则事务所无需对商业银行等金融机构自身的电子询证函平台内部处理过程的安全可靠性进行专门评价，但需考虑对接安排是否安全可靠、传输过程中的安全风险等。

案例　7-10

2021年7月30日，国务院办公厅《关于进一步规范财务审计秩序促进注册会计师行业健康发展的意见》（国办发〔2021〕30号）提出："进一步规范银行函证业务。加强银行函证数字化平台建设，加快推进函证集约化、规范化、数字化进程，利用信息技术解决函证不实、效率低下、收费过高等问题，支持提升审计效率和质量。开展银行函证第三方平台试点工作，总结试点经验，形成配套工作指引，完善业务、数据、安全等标准体系，推动银行函证数字化平台规范、有序、安全运行，并在上市公司年报审计中推广应用。规范银行函证业务及收费行为，对提供不实回函等违法违规行为依法依规严肃查处。"

案例 7-11

2020 年 12 月 18 日，"银行函证区块链服务平台"发布会暨签约仪式在北京召开。中国银保监会首席律师刘福寿、中国银保监会法规部一级巡视员蔡江婷、中国银行业协会专职副会长潘光伟、中国注册会计师协会秘书长舒惠好、中国银行业协会秘书长刘峰、财政部会计司处长杨国俊、中国工商银行副行长张文武出席会议并讲话，部分银保监局、地方银行业协会、商业银行和会计师事务所的代表近 200 人参加了发布会。

相关负责人介绍，"银行函证区块链服务平台"具有三方面核心优势：一是在平台目标定位方面。平台改变了线下分散函证回函模式，改为线上集中办理，可实现线上完成银行函证的申请、授权、发送、回函等全流程，加快函证处理效率，有效解决传统纸质函证模式的多种弊端，减少会计师事务所、银行、被审计单位等关联方的人工介入程度，增强风险管控，降低数据错漏和舞弊风险。二是在平台安全保障方面。平台只保留函证传输过程信息，不保留函证数据信息，注重信息的隔离与保密，确保银行及事务所数据安全。平台拥有金融级安全防护环境，可实现 7×24 小时全天候系统安全运行。三是在平台技术支撑方面。平台选择工银玺链作为底层区块链技术，工银玺链不仅技术优势显著，而且拥有完全自主知识产权，已通过工信部可信区块链权威认证，并已有多个成熟应用项目。

九、函证中心

为了解决执行函证程序出现的问题，部分会计师事务所探索建立了函证中心，负责统一处理事务所函证收发过程，以优化函证程序，控制函证收发流程、跟踪函证状态、及时通知审计项目组函证状态等，减少注册会计师对函证执行不到位引发的审计风险。通常而言，函证中心的函证发出和收回步骤为：

第一步，项目组将需要发出函证的电子版及相关收件人信息，上传至会计师事务所开发的函证系统或审计作业系统，函证中心从系统中直接下载函证电子版和相关信息。

第二步，函证中心将纸质函证进行系统编号并做形式检查后，通过独立第三方的快递公司将函证寄发给被审计单位进行授权，并提请被审计单位将已授权盖章的函证原件寄回给函证中心。

第三步，函证中心将取得的已授权盖章的函证原件按照审计项目组提供的被询证方地址寄发，并提示被询证方将函证回到函证中心。

第四步，函证中心在收到被询证方确认后的函证后，将函证原件及快递单进行扫描留存后上传至函证系统或审计作业系统，并将原件寄回给项目组作为审计证据归入工作底稿，也有的会计师事务所不再寄回项目组，而由事务所统一保存。

建立函证中心，一方面，可以将项目组从琐碎的函证准备等事务性工作中解脱出来，使其能够将主要精力用在对回函内容的检查和差异分析；另一方面，可以使整个会计师事务所的函证控制规范化，函证收发环节由会计师事务所控制，最大限度减小项目组函证流程控制不到位带来的风险。但是，函证中心并不能完全消除函证风险，如发函前函证信息的检查核对，收到回函后的对函证结果的评价，仍然需要项目组审计人员作出职业判断，且客户和被函证方串通舞弊造成的回函内容不实、被询证方消极对待函证回复等，均会导致函证程序不能达到预期审计目标。

第二节 监 盘

一、盘点、监盘与抽盘

（1）盘点，是指企业定期或临时对存货①进行清查，核实实存数量与账面数量是否一致，是否有报废损失和积压物资的一项资产管理控制活动。

（2）监盘，是指注册会计师现场观察被审计单位存货的盘点，并对已盘点的存货进行适当检查。

（3）抽盘，是指注册会计师从已盘点的存货中抽取一定样本，检查存货相关记录或文件并实地查看。

---

① 仅针对存货监盘，不涉及现金、有价证券、在建工程、固定资产等其他资产监盘。

上述概念在外延上，盘点、监盘、抽盘的范围依次缩小，为包含与被包含的关系，即被审计单位定期盘点通常是全面盘点，特别是年度终了的盘点，但注册会计师在制订监盘计划时，基于重要性考虑，并不一定要将全部存货纳入监盘范围，往往会小于被审计单位盘点范围。例如，由于连锁商店的分店数目可能很多，注册会计师通常不会对零售连锁商店每一家分店实施监盘，而是选择一定数目的分店进行监盘，并使用分析程序等替代程序，或者利用内部审计人员的工作，以便对其他分店存货余额的准确性作出评价。抽盘通常是从监盘范围（因确定监盘范围考虑了重要性，注册会计师一般不会抽取未监盘的存货）内选取部分样本检查和观察，审计方法为抽样审计，范围进一步缩小。

注册会计师实施的监盘程序，具有下列特征：

第一，存货监盘是一项复合程序。监盘过程中，注册会计师既要实地观察被审计单位的盘点活动和盘点程序，又要检查盘点计划、表单、指令、记录等与存货相关的文件资料及其实物检查，还要对已经盘点的存货进行抽点，即实施重新执行程序，所以，监盘是一项由多个具体审计方法和程序组成的复合程序，是观察、检查和重新执行的结合运用。

第二，存货监盘是一种双重目的的测试。首先，监盘是一项控制测试。从内部控制角度看，被审计单位的存货盘点是一项控制活动。相应地，注册会计师的存货监盘是一项控制测试，即注册会计师通过观察和检查，确定被审计单位的存货盘点控制能否合理确定存货的数量和状况。其次，存货监盘是一项账户余额细节实质性测试。在存货监盘过程中，注册会计师通过检查存货的数量和状况，能够提供存货账面金额是否存在错报的直接审计证据。

在存货监盘过程中，注册会计师的测试目的可能有所侧重。如果注册会计师认为被审计单位的存货盘点能够合理确定存货的数量和状况，则存货监盘的性质更多为控制测试，否则，存货监盘的性质更多为实质性程序。但无论存货监盘服务于何种目的的测试，在监盘过程中，注册会计师都需要运用检查程序。

二、评估与选择监盘重大错报风险领域

存货的种类繁多，形态各异，企业存货管理能力和水平存在差异，存货发生错报的风险也不同。注册会计师应在了解被审计单位存货采购、生产和销售业务模式的基础上，分析存货的性质和特征，识别可能产生重大错报风险的存货。注册会计师需要关注监盘风险的情形主要有以下几种：

（1）财务重大性。判断存货重要性的标准通常包括：存货占流动资产或资产总额的比例，以及与其他资产和利润的相对比率及内在联系，如存货占流动资

的 20% 以上，利润主要来源于存货的加工和销售，存货余额占年销售成本的比例等；各类存货（原材料、在产品和产成品）占存货总额的比重；各存放地点存货占存货总额的比重等。

（2）可清点性。单件、规则、集中的存货便于清点，而集成、不规则、分散则清点错报风险可能性大。

（3）存货性质。是否为易腐烂、易毁损、易过时存货，以及具有危害性、保密性、特殊性（如需要特殊配方和制造工艺加工）的存货。

（4）存货形态特征。例如，有形与无形存货，影视、设计、技术开发、服务等行业存货主要为人力成本，不同于制造业存货具有明显的实物形态；物理性与化学性存货，机械制造产品通常具有物理特征，化学物质的质量特征如纯度、浓度、品级，气态和液态存货盘点时以体积测量；单一性与集成性存货等。

存货的形态特征与企业所处行业关系密切，制造业、农业、批发零售业、建筑业、房地产业、采矿业、交通运输业、信息传输业、软件及信息技术服务业、文化业以及其他行业的存货，具有明显不同形态的特征。

（5）品种多样性。对于商业百货和超市零售企业，存货的范围大，经营的商品种类繁多，数量巨大。

（6）存放地点。存放地点越多，地理上越分散，盘点和监盘工作量越大，如连锁企业的存货分布比较广泛。

（7）高价值存货。黄金珠宝等贵金属、石器、艺术品、收藏品、芯片、终端消费品等具有单位价值高且易于隐藏、移动和变现的存货，对资产安全管理要求极高。

（8）特殊存货。需要借助专门的工具，或采取特殊的测量和计算方法才能实施盘点的存货，以及不容易被观察到的存货，如堆积类存货（煤炭、金属矿产品、粮食）、液体罐装类存货、水下类存货（水产养殖产品）、地下类存货（如种植类产品）等。

（9）季节性。季节性主要影响监盘时点的决策，因为这些企业获取存货通常集中于某个财务报表期中。

（10）环境变化影响。技术的发展、市场的变化、境内外政策调整等企业外部环境变化，可能导致存货计价错报风险较高。

（11）内部控制。企业存货管理内部控制健全有效，则存货发生错报的可能性就小。被审计单位存货盘点的时间和频率对评估错报风险有直接影响，一年一次盘点和按月盘点，因盘点人员熟练程度和监督的及时性不同，年度仅盘点一次的错报概率通常要高于年度内多次盘点的错报概率。

存货是发生舞弊风险较高的项目，如被审计单位通过虚假的盘点表、账面记录、销售截止误报、变换存货地点重复盘点、将破损存货包装成可供销售的正常存货等方式，以此虚增存货数量，注册会计师必须保持职业怀疑，在存货监盘过程中关注可能存在的舞弊迹象。下列情形往往具有较高的舞弊风险：

（1）被审计单位具有较强的编制虚假财务报告舞弊动机和压力，如业绩预期、重组承诺、绩效考核与激励、融资需求、维持股价、保持上市资格等，且存货具有重要性，是利润的主要来源。

（2）存货管理者及雇员侵吞资产，为掩盖贪污或舞弊采取的异常行为，以及采取虚假或误导性文件记录，以隐瞒资产缺失或未经适当授权使用资产的事实。

（3）不易观察、不易清点、不易计量的特殊类型存货，这类存货为管理层舞弊提供了借口和机会。

（4）无理推迟、拖延注册会计师计划的监盘时间安排。

（5）管理层不允许注册会计师在同一时间对所有存放地点的存货实施监盘，这可能存在管理层操纵转移不同地点的存货以虚增或虚减存货的舞弊风险。

（6）以看似合理的理由，建议注册会计师改变监盘方式，采取替代审计程序。

（7）其他存货管理的异常行为。

在制定总体审计计划和存货监盘计划时，注册会计师根据上述情形评估的错报风险将直接影响监盘决策，包括：拟投入的审计资源、监盘范围、抽盘数量、监盘时间等。例如，施工企业、房地产企业的存货虽然占资产总额的比例通常很大，但通过监盘并不容易发现错报，不需要投入大量的审计资源；存货主要由人工薪酬等非物理性或化学性材料的劳务成本构成，几乎可以不实施监盘程序。但对于制造业等行业而言，相比其他资产项目，存货对被审计单位的财务状况、经营成果具有重大影响，存货监盘也是一项耗时较长且风险较大的重要审计工作。

对于存在较高监盘风险的存货，注册会计师应根据《中国注册会计师审计准则第 1141 号——财务报表审计中与舞弊相关的责任》规定，设计和实施恰当的风险应对措施，下面为应对存货监盘风险的一些措施：

（1）委派具有相应行业经验，熟悉存货工艺特征和购销存模式的较高级别审计人员执行监盘。有的注册会计师认为，存货监盘是简单的"点数"工作，只要"眼见为实"就表明其存在性，委派监盘的审计人员级别较低，经验不足，这对于风险较高的被审计单位而言容易导致审计失败。

（2）实施分析性程序，分析重要存货与行业正常水平是否存在显著差异，如存货周转率等。又如，按照存货等级或类别、存放地点或其他标准分类，将存货的当期数量与上期进行比较，或将盘点数量与存货记录进行比较。

（3）要求被审计单位在期末或尽可能接近期末时点安排存货盘点，以降低被审计单位在间隔期内（盘点日与资产负债表日之间的间隔）操纵存货余额的风险。

（4）必要时，利用计算机辅助审计技术进一步测试存货盘点数据的可靠性。例如，按标签号分类排序以测试存货的标签控制，或按照存货的编号顺序检查是否存在漏计或重复编号。

（5）扩大存货监盘和抽盘的实施范围。

（6）在不预先通知被审计单位的情况下，观察某些存放地点的存货盘点。

（7）某些特殊存货监盘利用专家的工作。专家的工作涉及两方面：一方面与存货数量相关，如湖泊、海洋水产养殖类存货、矿石堆的盘点；另一方面与存货计价（品质）相关，如珠宝玉石、艺术品的价值鉴定、矿产品的品位。对于某些需要评估在产品完工进度的存货，也可以根据存货生产过程的复杂程度考虑利用专家的工作。

三、选择确定存货盘点量、监盘量和抽盘量

（一）盘点量

存货盘点是被审计单位的会计责任，盘点的频率、范围、数量和方式等内部控制活动，由企业自行决定。根据《会计法》《企业财务会计报告条例》等法律法规规定，企业在编制年度财务会计报告前，应全面清查资产，包括原材料、在产品、自制半成品、库存商品等各项存货的实存数量与账面数量是否一致，是否存在报废损失和积压物资。因此，企业年终存货盘点覆盖面一般应为100%。若未盘点存货具有重要性，注册会计师应建议被审计单位盘点，其仍拒绝盘点的，注册会计师应评价被审计单位内部控制的合理性和有效性，以及对监盘计划和审计报告意见的影响。

（二）监盘量

监盘是注册会计师的审计责任，《中国注册会计师审计准则第1311号——对存货、诉讼和索赔、分部信息等特定项目获取审计证据的具体考虑》第四条规定："如果存货对财务报表是重要的，注册会计师应当实施下列审计程序，对存货的存在和状况获取充分、适当的审计证据：（一）在存货盘点现场实施监盘（除非不可行）；（二）对期末存货……。"即监盘量的下限是"重要性"标准，数量要求比较高，类似于银行存款和借款、应收账款函证程序，原则上要求全部函证，除非有充分证据表明对财务报表不重要。

因此，重要性是确定监盘量的关键，注册会计师以财务报表整体重要性水平

为基础，结合存货金额大小、错报风险、内控水平确定。确定监盘量需考虑下列情形：

（1）以合并报表口径为基础（指分公司、子公司不需单独出具审计报告）确定监盘量，并非所有主体存货均纳入监盘；

（2）存货构成中，某些类别金额较小，可不纳入监盘；

（3）连锁类企业分店数量多、地域分布广，单店存货金额小且具有同质性，可适当减少监盘数量，若为连续审计，应考虑不同年度轮换循环监盘店面；

（4）虽然存货余额较小（如低于重要性），但报告期内发生额大，是被审计单位利润的主要来源，应纳入监盘范围，以防范"低流高转"情形；

（5）某些无实物形态的存货，实施监盘程序可能是无效的；

（6）未纳入监盘的存货，应当实施替代审计程序，如获取企业盘点表、内审报告、分析性程序、检查记录等。

（三）抽盘量

存货监盘为双重目的测试，若侧重于控制测试，抽盘和检查的数量较少（整合审计除外）；若侧重于余额细节测试，则抽盘和检查的数量应多一些，如果只有少数项目构成了存货的主要部分，注册会计师可能选择将存货监盘直接用作为实质性程序。不论何种目的，抽盘数量均应按照《中国注册会计师审计准则第1314号——审计抽样》中的相关规定确定测试的范围和样本项目。下列为抽盘程序的一般步骤：

（1）定义总体，即确定存货监盘样本量，包括总体数量、测试单位（同类型存货）、总体的恰当性和完整性（核对存货清单总额与期末明细账和总账金额是否一致）。

（2）定义误差和不重要的差异，无法找到账面记录的存货实物，或者实际存在的存货无法从账面找到对应记录将被定义为误差。

（3）确定拟测试的项目数量并选取项目，包括期望的证据水平（高、中、低）、可容忍误差（0、1、2或其他数量级）、计算得出的需要测试项目数量、确定的实际测试项目数量（因需双向测试，实际测试项目数是计算需测试项目数的2倍）、选样方法（随机选样、随意选样、单位抽样等）。

（4）执行测试，包括测试过程及记录、发现的误差数量、是否超过可容忍误差。

（5）评价结果，根据测试情况作出结论，即测试结果是否可接受，若不可接受，需要扩大测试。

此外，存货抽盘还需要注意以下情况。

第一，抽盘样本的确定，应避免任何偏见或可预见性，要保证所有存货都有被抽中检查的机会。

第二，存货抽盘的计量单位是数量（个、吨、米等），而非其他实质性交易测试为货币金额单位，需要考虑数量转化为金额的影响，如虽然存货数量大，但单价低，确定样本时应予以考虑。

第三，在执行测试时，需要实施双向测试：一是逆查法，即以存货盘点记录为起点，追查至存货实物，以对存在性作出判断；二是顺查法，即以存货实物为起点追查至盘点记录，以对完整性作出判断，这也是实际测试的样本数量应为计算出样本数量的二倍的原因。

（四）监盘量和抽盘量与风险评估关系

注册会计师选择确定的监盘数量、抽盘量，应当与风险评估结果挂钩，如表 7-3 所示。

表 7-3 监盘量、抽盘量与风险评估的关系

风险评估情形	控制测试结果为较高程度信赖存货内部控制			控制测试结果为中等程度信赖存货内部控制		
	大	中	小	大	中	小
对财务报表影响有重大性		√		√		
不易清点的存货		√		√		
具有时效性的存货	√			√		
集成性存货		√		√		
品种繁多类存货			√			√
存放于多个地点			√			√
单位价值高且易移动	√			√		
需专门工具和方法盘点的存货	√			√		
季节性存货		√			√	
受环境影响较大的存货	√			√		
管理层具有较强舞弊动机	√			√		
无理由拖延推迟监盘时间	√			√		
建议注册会计师采用替代审计	√			√		

对于上市公司、IPO、新三板、债券发行等涉及公众利益实体的审计业务，以及其他将存货评估为重大风险领域的项目，应适当提高监盘和抽盘比例，如有的注册会计师在执行 IPO 审计业务时，制定审计计划监盘比例及抽盘比例分别不低于 80%、50%。

四、选择监盘地点的考虑

被审计单位存货存放地点不仅影响审计资源的投入，也可能影响监盘决策和存货错报风险，被审计单位存货存放地点可能有如下情况。

（1）位于被审计单位主要生产经营场所。

（2）多地点存放，包括连锁型企业存货、销售区域较大且需要就地储备商品的企业。

（3）暂时存放于客户生产现场，如汽车零部件企业，通常将产品发往整车厂商，整车厂商领用前，即零部件企业确认收入前，属于被审计单位的存货。

（4）委托第三方代销的存货。

（5）存放于第三方物流企业，即公共仓库，若有大量相同产品时，如何区别这些产品归属于被审计单位的部分。

（6）在客户现场进行生产形成的存货，如根据新收入准则，满足"客户能够控制企业履约过程中的在建商品"而按照一段时间确认收入的情形，存货往往位于客户现场，以及部分在客户现场作业的大型设备定制产品。

（7）委托加工发出存货，如珠宝首饰加工、机械产品加工，存货位于加工企业。

（8）过手贸易存货存放地点。

（9）境外存货，从事境外生产和贸易的企业存货。

处于不同空间位置的存货，注册会计师可以采取的监盘方式或替代程序通常有：

第一，现场监盘。如不考虑审计成本，理论上所有的存货都可以实施实地监盘程序。

第二，函证程序。通常适用于第三方保管或控制的存货，如前述第（3）～（7）项。应当关注的是，目前我国的社会诚信意识有待提高，串通舞弊的现象时有发生，如果审计项目及存货非常重要，具有较高的错报风险，应优先考虑实施现场监盘，而非只要存货位于异地，就仅只实施函证程序。

案例 7-12

2020 年 9 月，广州浪奇（000523）突发公告，称公司存货离奇消失，引发投资者一片哗然。公告称公司曾将价值为 4.53 亿元的货物储存在了江苏鸿燊物流有限公司（下称"鸿燊公司"）位于江苏南通的库区（下称"瑞丽仓"），将价值为 1.19 亿元的货物储存在了江苏辉丰石化有限公司（下称"辉丰公司"）位于江苏大丰港的库区（下称"辉丰仓"）。广州浪奇相关人员多次前往瑞丽仓、辉丰仓均无法正常开展货物盘点及抽样检测工作，因此于 2020 年 9 月 7 日分别向鸿燊公司、辉丰公司发函要求配合公司进行货物盘点及抽样检测工作，结果两家公司却否认保管有广州浪奇存储的货物，并且辉丰公司还表示，广州浪奇所出示的《2020 年 6 月辉丰盘点表》上的印章，与辉丰公司的印章不一致。10 月 30 日，广州浪奇就此事回复深交所《关注函》时披露，有问题的仓库除了瑞丽仓、辉丰仓外，还有四川仓库 2、广东仓库 2、四川仓库 1、广东仓库 3，共 6 处仓库的存货存在账实不符的情形，全额计提减值准备合计 8.67 亿元。12 月 25 日，广州浪奇再发公告，存储于会东仓的 2 428 吨黄磷被金川公司在未经公司正式确认的情况下销售，"账实不符"的金额又增加了 0.32 亿元，累计达到 8.98 亿元。

2021 年 1 月，证监会对广州浪奇因涉嫌信息披露违法违规立案调查，2021 年 11 月，公司收到《行政处罚及市场禁入事先告知书》。经查明，2018 年 1 月 1 日至 2019 年 12 月 31 日，为美化财务报表，广州浪奇将部分虚增的预付账款调整为存货。通过上述方式，广州浪奇《2018 年年度报告》虚增存货金额为 956 423 831.44 元，占当期披露存货金额的 75.84%、披露总资产的 13.54%、披露净资产的 50.53%。《2019 年年度报告》虚增存货金额为 1 082 231 342.91 元，占当期披露存货金额的 78.58%、披露总资产的 12.17%、披露净资产的 56.83%。存货消失的真相，实际为虚增利润而并不存在的存货。

注册会计师为何未能发现广州浪奇虚构的存货？由于被审计单位上述仓库为异地，可能是注册会计师对异地存货实施了函证程序且收到了回函无差异的确认，从而认可存货的存在性。但是，如果注册会计师优先考虑现场实地监盘，或选择部分异地仓库实地监盘，还是不难发现问题的。该案例启示，在条件允许的情况下，异地存货宜优先考虑实地监盘。

资料来源：中国证监会网站。

第三，分析性程序。如被审计单位的存货存放在多个地点，注册会计师可以要求被审计单位提供一份完整的存货存放地点清单，包括期末库存量为零的仓库、租赁的仓库，以及第三方代被审计单位保管存货的仓库等，根据存货存放地产品销售情况分析存货保有量的合理性。又如，存货由第三方保管的商业理由合理性分析。

第四，检查相关文件。如在租用仓库的情况下，检查租赁合同、租金支出明细等，以印证存货保管的真实性。

第五，综合程序。对于存放于公共仓库、第三方物流的存货，如果特别重要，除函证外还应执行额外程序，如调查保管者的存货管理程序，取得其他注册会计师对保管者存货保管控制程序的报告，检查与第三方持有的与存货相关的文件记录，如仓储单等，必要时亲自观察由保管者进行的存货实物盘点。

第六，其他程序。注册会计师还应关注存货的权属，特别是非自行保管的存货，是否被作为抵押品，要求其他机构或人员进行确认，并记录于审计工作底稿。对于黄金珠宝等价值大、体积小、便于移动，且本身无明显所有权标识的存货，除采取检查采购合同和发票等外，还应要求被审计单位出具所有权归属的书面声明文件。

五、选择监盘时间的考虑

（一）资产负债表日之前实施监盘

相关会计法规没有禁止被审计单位只能在资产负债表日开展盘点工作，如果在资产负债表前盘点，需要考虑盘点日与资产负债表日之间的间隔、企业内部控制、存货流转量等因素影响。如果被审计单位内部控制较差，注册会计师一般不应接受其只能在期中盘点的做法。即使内部控制有效，若与资产负债表日的间隔时间过长（如超过3个月），应谨慎考虑监盘时间。对于上市公司等风险较高的审计业务，盘点及监盘时间尽量不在资产负债表日之前。对于采取实地盘存制的企业，通常建议被审计单位在资产负债表日进行盘点。

（二）资产负债表日实施监盘

大多数企业关于存货的内部控制中，都明确年度终了应开展盘点工作，即盘点日为资产负债表日。由于不需要"倒轧"（前推或后推测试）盘点日与资产负债表日之间的存货变动情况，减小了存货错报的可能性和审计风险，注册会计师在计划审计工作时，应和被审计单位沟通，优先安排在资产负债表日进行盘点和监盘。对于IPO、上市公司等高风险类证券业务，且存货项目对财务报表具有重大性影响的，注册会计师应建议企业在资产负债表日盘点。

注册会计师在执行盘点和抽盘具体时间安排上，需考虑以下因素：

（1）对存放在不同场所的相同存货项目应在同一时点进行盘点，而不应安排在不同日期盘点，以避免存货转移和相互调度的可能性。

（2）盘点时一般停止存货流转，但由于生产特点如自动流水生产线的原因，无法做到存货完全停止领用的情况下，注册会计师在考虑其合理性的基础上，可以通过询问管理层以及阅读被审计单位的盘点计划等方式，了解其对存货移动所采取的控制程序和对存货收发截止影响。在实施存货监盘程序时，注册会计师需要观察被审计单位有关存货移动的控制程序是否得到执行。同时，可以向管理层索取盘点期间存货移动相关的书面记录以及出库、入库资料作为执行截止测试的资料，以为监盘结束的后续工作提供证据。

（三）资产负债表日之后实施监盘

实务中，受会计师事务所人员数量制约，难以同时进驻被审计单位现场监盘，或由于不可预见因素，如天气原因、航班误点、管制等，注册会计师无法亲临现场，即由于不可抗力导致其无法到达存货存放地实施存货监盘，以及可能存在资产负债表日后接受委托，不少审计业务项目未能在资产负债表日实施监盘。这种现象较为普遍，这时注册会计师需要提请被审计单位另择日起重新盘点或实施替代程序。

审计准则规定，如果存货盘点在财务报表日以外的其他日期进行，注册会计师除实施规定的存货监盘程序外，还应实施其他审计程序，以获取审计证据，确定存货盘点日与财务报表日之间的存货变动是否已得到恰当的记录。由于"倒轧"测试程序较为复杂，特别是存货采购、领用和销售频繁，且离资产负债表日越远的情况下，监盘日获取的审计证据可靠性越低，需要耗费的审计资源越多。"倒轧"测试方法及关注要点为：

（1）评估和识别异常项目，如比较盘点日和资产负债表日之间的存货信息以识别异常项目，并设计和实施有针对性的审计程序。

（2）实施分析性程序，分析期间存货周转率或存货周转天数、月均采购额、月均销售额、存货保有量等指标，是否与其他月份存在重大偏离。

（3）对盘点日至财务报表日之间的存货采购和存货销售分别实施双向检查，例如，对存货采购从入库单查至其相应的永续盘存记录及从永续盘存记录查至其相应的入库单等支持性文件，对存货销售从货运单据查至相应的永续盘存记录及从永续盘存记录查至其相应货运单据等支持性文件。

（4）测试存货销售和采购在盘点日及财务报表日的截止是否正确。

（5）实施其他审计程序，如检查运输费用发生额，印证存货采购和销售的匹配性。

（四）其他特殊监盘时间的考虑

前述盘点和监盘时间，往往是注册会计师与被审计单位沟通协商确定，同步或间隔较近进行。由于被审计单位事先知悉盘点和监盘的范围及时间计划，为其舞弊提供了机会。所以，对于具有较高舞弊风险的客户，注册会计师应增加监盘程序的不可预见性，例如，在不事先通知被审计单位情况下，要求二次抽盘，或者择机再次进入客户现场观察已经盘点的存货。

此外，某些具有季节性的存货，如从事粮食、种子、果蔬生产的企业，采购收割集中于较短时间，且很快实现销售，资产负债表日存货余额往往较少。注册会计师可以在这些企业存货集中入库时监盘，能够获取存货及销售更为可靠的审计证据。

六、监盘过程观察与检查

监盘最重要的工作之一是观察客户管理层制订的盘点程序的执行情况，以评价存货盘点结果的准确性。注册会计师在监盘过程中，主要观察事项包括：

（1）观察盘点表单的使用、控制情况，如对盘点表的收发是否有适当的控制程序；为减少潜在的遗漏或重复盘点，是否使用复制的预先编号的存货标签，或制定了能够提供相同控制效果的类似制度或程序。若被审计单位未使用盘点标签，应了解企业如何确定已盘点的存货。

（2）观察盘点用工具（如某些特殊存货需要专用工具）是否完好、计量方法是否恰当，如检验磅秤的精准度，并留意磅秤的位置移动与重新调校程序，将检查和重新称量程序相结合，检查称量尺度的换算问题。盘点后需要计算的，应复核计算公式及计算结果是否正确。

（3）观察货物的堆放方式及液态物质的质量特征，如是否有中空，液体的纯度、品级等。

（4）观察在盘点时是否有存货在移动（收发），盘点期间盘点人员如何收集存货收发截止信息。

（5）观察是否将受托代销或代管的存货与被审计单位存货分开存放，且出入库记录完整。

（6）观察是否将委托代销、委托加工和存放于第三方的存货纳入盘点范围。

（7）对以包装箱等封存的存货，考虑要求打开箱子或挪开成堆的箱子，观察是否有中空，以及存货的完好状况。

（8）观察产品标识，如名称、规格、型号等，是否为被审计单位生产的产品。

（9）盘点过程中，是否将陈旧、呆滞、过时、过期或临近过期、毁损等存货不良状态准确记录在盘点表，特别是保质期较短存货，应观察其是否在保质期内。

（10）观察已经盘点的存货与尚未盘点的存货是否有明确的标识区分，是否重复盘点。

（11）观察中询问相关事项，如询问是否有存放在其他地点的存货，询问生产和管理人员关于存货陈旧过时情况，询问寄售方或客户代保管情况，以及询问观察到的异常现象。

（12）观察盘点结果汇总表，以及盘盈、盘亏分析，相关表单是否有修改过的痕迹。

（13）被审计单位盘点结束前，再次观察盘点现场，以确定所有应纳入盘点范围的存货是否均已盘点。

案例 7-13

2017年，××会计师事务所（特殊普通合伙）因在辽宁振隆特产股份有限公司（简称"振隆特产"）首次公开发行股票并上市（IPO）审计过程中未勤勉尽责被证监会行政处罚，涉案事项之一为存货监盘程序不到位。

2012~2014年，振隆特产各年末存货余额分别占资产总额的44%、39%及26%。经查，振隆特产分别通过调节出成率、调低原材料采购单价以及未在账面确认已处理霉变存货损失的方式虚增利润和存货。虚增利润金额分别占当年利润总额的25.52%、32.85%及32.43%；虚增存货金额分别占各年末资产总额的3.11%、6.51%及7.26%。

注册会计师对振隆特产2013年及2014年财务报表进行审计时，将存货评估为存在舞弊风险，将存货和营业成本评估为存在重大错报风险，并将存货评估为存在特别风险。在舞弊风险应对措施中提出，在观察存货盘点的过程中实施额外的审计程序，例如，更严格地检查包装箱中的货物、存货堆放方式等。但注册会计师在监盘过程中，在振隆特产的存货密集堆放，各垛物品间没预留可查看空间的情况下，只对顶层、侧面以及外围的存货进行抽样检查，未对垛中心存货进行检查。此外，注册会计师在总体审计策略中提出，核对库房进销存账与财务账是否一致，但实际未执行。

此外，注册会计师抽盘程序实施也不到位。2012～2014 年，振隆特产虚增的以及存放于天津代工厂的存货金额分别占各年末存货金额的比例为 24.84%、30.97% 及 41.49%，该部分存货于各年年末在振隆特产的自有库房中是无法盘点出来的，而注册会计师在审计底稿中记录 2012 年、2013 年及 2014 年的抽盘比例分别是 54.36%、67.85% 及 88.56%。且实际监盘时，注册会计师仅从每一垛存货中抽出部分存货进行称重或查看质量，进而认为整垛存货是经过抽盘的，故实际抽盘的比例远低于审计底稿记载的比例。此外，2013 年及 2014 年，注册会计师在总体审计策略中提出要加大抽盘的范围与数量，但实际也未执行。

资料来源：中国证监会网站。

案例 7-14

皇台酒业（000995）2016 年年度报告披露的期末库存商品账面余额 131 348 696.56 元，其中母公司库存商品账面余额 130 848 257.63 元，母公司库存商品 2016 年末实际结存金额为 44 549 474.33 元，2016 年年报虚假记载库存商品账面余额 86 298 783.30 元。注册会计师在执行存货监盘程序时，对于皇台酒业工作人员拒绝审计人员在酒垛顶部、打开酒垛进行抽盘检查的异常情况，未保持应有的职业怀疑，只是对部分酒垛四周容易取到的箱子进行开箱检查，以至于未发现皇台酒业以码空垛形式虚增在库库存商品的行为。

资料来源：中国证监会网站。

结合观察到的情况，注册会计师还应实施相应的检查、分析程序，以评价管理层用以记录和控制存货盘点结果的指令及程序准确性，主要程序有四个。一是检查所有与盘点相关的表单和盘点计划，设计是否合理，盘点计划是否可行，盘点人员职责是否清楚等。二是为了验证存货账面记录的准确性，应将存货账面记录与有关数据核对，包括：仓库台账数量与存货盘点汇总表的数量进行核对；仓库台账数量与存货明细账（数量金额账）核对；存货明细账（数量金额账）与总账中的金额核对；总账金额与财务报表中的存货原值进行核对。三是如果存货盘点在资产负债表日以外的其他日期进行，审计人员应对存货盘点至资产负债表日的存货收发存记录进行查验。四是由于财务记账时间与仓库台账录入时间不一致造成的差异，应编制差异调节表，调整后仍存在重大差异的，应查明原因。对于被审计单位完成存货盘点后所形成的存货盘点汇总表中列明的存货盘点差异，注册会计师应关注被审计单位对盘盈或盘亏进行的分析、调查以及相应的处理。存货盘点差异分为系统差错、偶然差错，该差错形成的原因有可能是盘点方法的误差，也可能是存货正常收发中的计量溢缺。如表明被审计单位内部控制存在缺陷的，还需评价内部控制缺陷的严重程度以及是否需要实施进一步审计程序。

七、特殊存货的监盘

由于性质、形态特殊，有的存货难以通过常规的方法现场盘点和监盘，需要采取特殊的盘点和监盘方式。这些存货发生错报的风险较大，特殊类型存货可能的潜在错报风险及应对措施如表 7-4 所示。

表 7-4　　　　　　　　　　　　　特殊存货监盘的考虑

存货类型	盘点 / 监盘困难与潜在错报风险	主要应对措施（可供实施的审计程序）
堆积型存货，如煤炭、散堆金属矿、钢废料等	堆放不规则，通常既无标签也不作记号，难以确定存货准确数量	煤炭类存货一般采用专业仪器设备采集煤堆的形状特征数据以计算存煤的体积，同时采集相关数据，如水分比例等，以计算其堆积密度，再利用体积和密度数据计算出盘点煤量。 没有专用仪器下，也可运用工程估测、几何计算、高空勘测体积，并依赖详细的存货记录；如果堆场中的存货堆不高，可进行实地监盘，或通过旋转存货堆加以估计
散装物品，如贮窖存货、使用桶、箱、罐、槽等容器储存的液、气体、谷类粮食、流体存货等	难以识别和确定与盘点表和账面记录名称规格是否一致，数量估计存在困难，判断存货质量时也有难度	使用容器进行监盘，或通过预先编号的清单列表加以确定；使用浸蘸、测量棒、工程报告以及依赖永续存货记录；选择样品进行化验与分析，或必要时利用专家的工作
易发挥或具有危害性的存货	无法实地观察数量和状况	观察存货的位置、包装物的大小；审阅购货、生产和销售记录；了解生产、使用和处置情况
使用磅秤测量的存货	估计存货数量时存在困难	在监盘前和监盘过程中均应检验磅秤的精准度，并留意磅秤的位置移动与重新调校程序；将检查和重新称量程序相结合；检查秤量尺度的换算问题
粮食、饲料类	难以识别存货、数量和密度确定存在困难，判断存货质量时也有难度	采用测量计算法，根据粮堆体积和粮堆密度计算粮食数量的方法，适用于形状规则的散装粮堆和非定量包装粮货位的数量检查。对数量较少且体积不便测量的散装粮食或非定量包装粮可利用直接称重法检查粮食数量。散装粮可利用移动式称重方法或车辆装载通过地中衡进行称重

续表

存货类型	盘点／监盘困难与潜在错报风险	主要应对措施（可供实施的审计程序）
酒类等液体存货	液体体积和密度确定方法专业，涉及要素和计算较多；可能存在将水混淆于不溶于水的液体中虚增体积的情况	原酒以测量体积、密度折算的方式计算盘存数量。灌装酒（勾兑酒）应折算成标准重量
林木、果树、植物（如人参）类生物存货	地理位置复杂，存货辨认与数量确定方面存在困难	林木类植物盘点涉及内容较广泛和复杂，建议聘请专家参与从监盘计划制定到完成监盘和抽盘的整个过程并获取其完成的评估报告，此过程中可利用高空摄影的方式进行盘点。林木存货常采用的局部实测法依调查方法不同可分为标准地法、样地调查法、角规测树法等。对于大面积的粮食作物可采用无人机成像，然后对影像中的粮食作物进行计数的方法进行（抽样）盘点。小面积的粮食作物可以采取多次抽样的方法进行盘点。在监盘时应关注粮食作物的存活率、成熟率等情况，区分外包的种植地和被审计单位所有的种植地
水面（池塘、湖泊、海洋）里的鱼类存货	流动性强，且易死亡	标准化工厂养殖和池塘养殖，可观察饵料托盘中饵料的消耗量，根据水生生物的日龄，推断数量和重量。也可根据账面历史记录进行盘点核实，关键点为对存货账面永续记录以历史成本计量的投入是否真实存在。采用回归分析法找出与账面历史成本最为相关的要素，再采用数理推理方法推导出理论账面成本和实际账面成本对比分析，得出实际账面成本是否真实、完整反映库存存货的结论。标准化工厂养殖方式也可通过观测生物密度方式进行盘点，即通过观测每立方米水体或每平方米水面生物数量，结合养殖指标要求最终计算所有水池面积的水生生物数量。此类养殖方式也可采用逐池按个盘点的方法 网箱、笼养方式养殖的生物可以按照不同规模分别养殖，可逐箱、笼按个盘点。也可由参与盘点人员随机抽查网箱或笼网并抛网，获取一定数量的水产品称重，求出总重量及平均重量，对账面记录水产品进行验证 海参、扇贝类生物移动缓慢并且生活在海底或池塘底部，可划分成网格，采用抽盘方式再推算总体 当水产品存在不同规格时，应抽标测重，结合不同规格的数量折算出全部水产品的总重量 必要时应利用专家的工作
牲畜（如奶牛）类生物资产	可能无法对此类存货的移动实施控制	通过高空摄影以确定其存在性，对不同时点的数量进行比较，并依赖永续存货记录。对于分群分栏饲养的牛等体积较大大型生物资产，可以在栏内实施具体盘点程序，还可以按照每头牲畜的耳标号等物联网微型设备检查牲畜的存活情况及所处位置，结合实际物理盘点程序来完成盘点

续表

存货类型	盘点/监盘困难与潜在错报风险	主要应对措施（可供实施的审计程序）
贵金属、石器、艺术品与收藏品	存货辨认与质量确定方面较为困难	选择样品进行化验与分析，或利用专家的工作。采用专门计量黄金产品的电子秤进行称重，按件计量的镶嵌饰品类存货采用将每个饰品所载条形码编号与盘点表中的饰品编码对应的方法盘点。对饰品类存货进行监盘时核对对应的珠宝鉴定证书。监盘过程中应确保盘点所在地为封闭状态，防止存货被移动
木材、钢筋盘条、管子	通常无标签，但在盘点时会作上标记；难以确定存货的数量或等级	检查标记或标识；利用专家或被审计单位内部有经验人员的工作
成品钢材	规模数量多，涉及体积和密度分别确定的问题	观察存货是否按统一的规则进行包装并（抽样）测量体积。通常成品钢材密度在产品规格或类型里已明确，可在抽盘时选择特定规格或类型的成品钢材密度是否与相关产品资料一致，了解相同规格类型成品钢材的密度与以前年度是否有较大差异。因同规格或类型的产品钢材一般为标准化产品，也可对抽取的样本进行称量，除以体积的方法来复核密度是否与相关产品资料一致
商超存货	存货种类繁多，数量和流动性大，数量和品质确定存在困难	监盘时观察货物是否按照规定整理陈列，关注商品有效期、退货情况、生鲜报废情况、计量器具是否校验准确等。实施抽盘时，可考虑根据商超库存的高余额、高损耗、高单价物品类别分别选择抽盘样本明细去除重复项后形成抽盘表，对存货采用盲盘方式进行抽盘。在销售区抽盘时，可以选择在商超卖场数量及金额较大的商品所在的货架记录抽查的库位、序号及数量，在扫码器记录提交后打印抽盘库位的清单，核对数量
图书等出版物存货	单书价值低、数量大，流转速度不同及退货频繁导致数量确定较难	同一种图书分预备货位、流转货位、退货货位、积压货位等不同货位存放。不同货位之间存放图书的数量和包装程度通常差异较大导致盘点效率差异较大。可考虑不以图书品种而以货位作为样本抽样单元。由于库位数量较多，可提前将盘点表按库位排序后打印出来以减少寻找库位的时间或使用手机及电脑中 Excel、WPS 等软件进行筛选减少翻页查找盘点表中库位的时间。图书出版行业通常根据出版年限和码洋计提存货跌价准备，监盘时应关注出版年限和码洋与账面是否一致
高科技含量或涉及保密问题的存货	在存货辨认和质量确定方面存在困难	了解研究、使用和销售情况；利用专家的工作；调查市场情况
地下管道里的油、气等无法观察存货	不能盘点	检查日输入或输出量；了解地下管道或线缆的安装、使用情况

八、可能影响审计意见的情形

因存货监盘影响审计意见，主要有三种情形：一是监盘发现财务报表因存货数量及金额导致重大错报，且被审计单位拒绝调整；二是监盘发现存货的状况可能存在减值，但难以合理判断金额；三是无法实施存货监盘，也无法实施替代审计程序，使得审计范围受限。前两种情形较为明确，第三种情形需要谨慎处理。

无法实施监盘，除了受客观因素制约外，还可能有被审单位相关人员主观因素，注册会计师应高度关注由此可能导致的舞弊风险，认定存货存在最有效的手段是现场监盘，替代测试获得的证据的可靠性有限，因而不能轻信客户解释无法实施监盘而采取替代审计程序。

实务中，除极少数因存货性质或存放位置特殊，如涉密存货、辐射性化学品或气体等威胁注册会计师安全的存货监盘之外，注册会计师不能以审计中的困难、时间或成本等事项本身为由，据以作出监盘不可行，从而执行替代审计程序。例如，下列不实施监盘的理由并不充分：气候影响、无法亲临现场、位置偏远、在途物资、期后被聘任等。若实施替代审计程序的理由充分，注册会计师应实施下列程序：评估企业的内部控制有效性；检查进货交易凭证或生产记录以及其他相关资料；检查资产负债表日后发生的销货交易凭证；向顾客或供应商函证。

下面为注册会计师自身原因监盘未执行到位的情形：

（1）临时替换先前确定需要检查和抽盘的存货。临近下班时，原计划抽盘的存货存放在路途较远的仓库，被审计单位极力推荐更换另一种存放在本地仓库的较容易抽盘的存货。审计经验不丰富的注册会计师往往会因为时间限制或执行中遇到的客观困难，或单方面听取被审计单位的说辞，就轻易同意变更之前确定的需要抽盘的有代表性的存货，或直接采用替代审计程序。

（2）对已确定使用的特别方法进行抽盘的存货，实际未执行规定的方法和步骤。堆场中堆放的煤炭、糖、钢铁废料等，原计划采用高空勘测，实际执行时被审计单位建议依赖存货出入库记录并加以观察的审计程序替代。

九、监盘证据与工作底稿编制

监盘工作底稿应反映注册会计师关于存货数量和状况获取的充分、适当的审计证据，体现风险导向审计思路，区别会计责任和审计责任，注重审计程序和证据的规范性。

（1）风险评估和审计计划确定存货为重大错报风险（若适用）的依据充分，应对措施恰当。

（2）存货控制测试（若适用）与监盘实质性测试衔接。

（3）获取企业盘点计划并要求其提供一份完整的存货存放地点清单，包括期末库存量为零的仓库、租赁的仓库、第三方代被审计单位保管的仓库等。

（4）获取被审计单位的存货盘点表，完整的盘点记录有助于审计人员实施监盘和其他检查程序，并反映账、表、证、物核对信息。

（5）记录监盘中观察到的企业盘点情况，盘点表有明显的留痕，包括数量核对痕迹，如监盘数量、存货明细账数量、ERP 数量三者核对留痕（盘点、监盘、抽盘数量单位与账面核算计量单位不一致的，应有折算过程），存货状态描述等，并经盘点参与人员（包括项目组监盘人员）签字确认。

（6）监盘情况汇总表应反映仓库所在地址、监盘人、被审计单位参与人、盘点时间、资产负债表日存货账面金额、监盘金额、监盘比例等完整的信息。

（7）区别被审计单位工作与注册会计师的工作，如不应以企业的盘点计划替代注册会计师的存货盘点计划问卷和存货监盘计划，不应以企业的盘点表替代注册会计师的监盘记录。

（8）记录抽盘样本选择及测试过程和结果，监盘量和抽盘量与风险评估结果挂钩，不应以监盘记录替代抽盘记录。

（9）详细记录特殊存货的盘点及监盘方法和过程，若利用专家工作，应评价和复核其工作结果。

（10）替代审计程序执行有效，如异地存货函证程序符合函证准则规定，如实检查"倒轧"期间存货交易，获取相关合同协议、声明等证据。

（11）保存监盘过程中获取的影像、视频、照片等非书面文字性资料。

（12）获取存货所有权证明或声明（如适用）。

（13）其他必要审计证据。

第三节　分析性程序

一、分析性程序价值

分析性程序，是指注册会计师通过分析不同财务数据之间以及财务数据与非财务数据之间的内在关系，对财务信息作出评价。分析程序还包括在必要时对识别出的、与其他相关信息不一致或与预期值差异重大的波动或关系进行调查。分析性程序通常不能提供直接证明某项事实的直接结论性证据，似乎比较虚，分析得出的结论只能停留在质疑阶段，注册会计师最终还需要实施检查、函证等其他证据支持审计结论。因此，不少注册会计师对分析性程序重视不够，就像有的注册会计师轻风险评估，重实质性测试一样，使得分析性程序流于形式。

然而，看似无用的分析性程序，实则有大用，它贯穿于整个审计过程。更为重要的是，分析性程序是风险导向审计的"眼睛"，反映了注册会计师的审计思路和逻辑思维能力，能否用好"风险之眼"，是评价注册会计师专业胜任能力的重要依据。分析性程序运用得好，能够事半功倍，反之，可能事倍功半。审计在于选择，而选择的决策过程往往离不开分析性程序。注册会计师可将分析性程序选择性地用于以下目的：

一是用于风险评估程序。注册会计师实施风险评估的目的，在于了解被审计单位及其环境并评估财务报表层次和认定层次的重大错报风险，发现财务报表中的异常变化，初步识别重大错报风险，确定重点审计领域。

二是用于实质性测试。当使用分析性程序比细节测试能更有效地将认定层次的检查风险降低至可接受水平时，可以用于实质性测试程序。注册会计师可以单独或结合其他细节测试，收集充分、适当的审计证据，此时运用分析性程序可以减少细节测试的工作量，节约审计成本，降低审计风险，使审计工作更有效率和效果。直接将分析性程序用于某些实质性测试的前提是，重大错报风险较低且数据之间具有稳定的预期关系，这时注册会计师可以单独使用分析性程序，不需要再进行细节测试。

三是用于对财务报表进行总体复核。在审计结束或临近结束前，注册会计师应用分析性程序，在已收集证据的基础上，对财务报表整体的合理性作最终把关，评价财务报表仍然存在重大错报风险而未被发现的可能性，考虑是否需要追加审计程序，以便为发表审计意见提供合理基础。该阶段执行的分析性程序，虽然使用的手段和方法与风险评估阶段基本相同，但两者的目的不同。总体复核阶段实施的分析性程序主要在于强调并解释财务报表项目自上个会计期间以来发生的重大变化，以证实财务报表中列报的所有信息与注册会计师对被审计单位及其环境的了解一致，以及与注册会计师取得的审计证据一致。因此，两者的差别主要在于实施分析性程序的时间和重点不同，以及所取得数据的数量和质量不同。

二、分析性程序运用方法与步骤

运用分析性程序，关键是建立严密的逻辑思维框架，按照"发现问题、分析问题、解决问题"的思路，逐步深入，层层递进，最终弄清事实的真相和本质，就好像是证明一道数学题。

（一）识别并选择异常特征项目

注册会计师运用分析性程序，首先要发现异常项目，这是风险导向审计的起点。注册会计师往往会关注关键的账户余额、趋势和财务比率等方面，对其形成一个合理预期，并与被审计单位记录的金额、依据记录金额计算的比率或趋势相比较，如果分析程序显示的比率、比例或趋势与注册会计师对被审计单位了解的信息不一致，且管理层无法做出合理解释，则财务报表可能存在错报风险。该阶段分析性程序的目的是，识别那些可能表明财务报表层面，以及账户余额和交易认定存在重大错报风险的异常变化。识别异常特征项目的方法包括：

1. 比较被审计单位自身数据变化情况

首先，设定异常变化标准。例如，财务报表层次资产、负债及损益项目变动幅度超过30%且绝对金额超过一定数额（根据被审计单位规模大小设定）的，被定义为异常变化。异常值不仅是数据变化，还有可能是发生频率、性质特殊事项等，如临近资产负债表的大额集中交易也可能被设定为异常项目。需要注意的是，有的注册会计师在识别异常项目时，仅根据本期财务报表与前期相比较计算，只要变动较小，就认为是正常的。这种分析性程序过于简单，没有充分考虑对被审计单位及其环境的了解，以及经营环境的变化对财务报表相关项目的影响。例如，某制造行业企业，本期生产成本中占比较大的原材料成本大幅上升，但产品销售价格未有较大变化。这种情况下，由于销售成本的上升，毛利率应当相应下降，但被审计单位本期与上期的毛利率变化不大。如果注册会计师仅将计算得出的比率变动幅度不大就不作为异常项目，可能就错过了识别出重大错报风险的机会。因此，设定异常值需要考虑多方面因素，财务报表项目、相关比率没有变化，并不表明不存在异常。

其次，识别异常项目。分析性程序通常适用在一段时期内存在预期关系的大量交易，且重复发生，数据之间存在一定的关系。识别异常项目主要是通过比较，包括被审计单位不同年度之间、同一年度不同月份之间、不同会计主体之间等多个维度的比较。例如，被审计单位本期收入较上期增长幅度超过50%，注册会计师将收入作为识别出的异常项目。又如，虽然被审计单位收入与上年持平，但注册会计师发现本期销售月份不均衡，在年度末确认的销售金额远远高于上年同期，且相应带来应收账款大幅增长，注册会计师将收入交易识别为异常项目。

以收入确认为例，注册会计师可以实施下列分析程序识别异常项目：

（1）将账面销售收入、销售清单和销售增值税销项清单进行核对。

（2）将本期销售收入金额与以前可比期间的对应数据或预算数进行比较。

（3）分析月度或季度销售量、销售单价、销售收入金额、毛利率变动趋势。

（4）将销售收入变动幅度与销售商品及提供劳务收到的现金、应收账款或合同资产、存货、税金等项目的变动幅度进行比较。

（5）将销售毛利率、应收账款或合同资产周转率、存货周转率等关键财务指标与可比期间数据、预算数或同行业其他企业数据进行比较。

（6）分析销售收入等财务信息与投入产出率、劳动生产率、产能、水电能耗、运输数量等非财务信息之间的关系。

（7）分析销售收入与销售费用之间的关系，包括销售人员的人均业绩指标、销售人员薪酬、广告费、差旅费，以及销售机构的设置、规模、数量、分布等。

案例 7-15

会计师事务所及注册会计师在对广东新大地生物科技股份有限公司（以下简称"新大地"）首次公开发行股票并在创业板上市（IPO）审计中，因未勤勉尽责被证监会行政处罚。注册会计师在审计新大地 2009 年主营业务收入项目时，对主营业务毛利率进行了分析，并将分析结果记录于工作底稿，但未对毛利率巨幅波动（3 月为 −104.24%，11 月为 90.44%）作出审计结论，也未对异常波动的原因进行分析。注册会计师在审计新大地 2011 年主营业务收入项目时，在 12 月毛利率与全年平均毛利率偏离度超过 33% 的情况下，未保持适当的职业审慎，得出全年毛利率无异常波动的结论。

新大地产品的市场价格与原材料的市场价格具有较强的联动性，毛利率可以持续保持一个高水平而不会出现较大的波动，2009 年 3 月、11 月毛利率巨幅波动，2011 年 12 月毛利率明显高于年平均水平且当月销售现金回款过高，注册会计师未对上述异常保持应有的职业审慎。

资料来源：中国证监会网站。

最后，确定重大错报风险项目。数据波动较大并不一定存在错报，在某些领域，数据之间具有稳定的预期关系和内在逻辑合理性，很容易通过这种关系判断是否存在重大错报。例如，根据租金水平、公寓数量和空置率，可以测算出一栋公寓大楼的总租金收入。如果这些基础数据没有问题，尽管本期租金收入较上年发生较大变化，但可能并不存在重大错报风险。注册会计师需要将不符合逻辑，不容易通过分析性程序验证的异常项目，作为重大错报风险领域。

在识别与预期数据的差异时，注册会计师需要采用被审计单位内部和外部的数据。来自被审计单位的内部数据包括：前期数据，必要时根据当期变化进行调整；当前的财务数据；预算或预测；非财务数据等，以及相关数据是否符合国家相关政策规定及其差异可能导致的错报，例如，"五险一金"缴纳标准是否符合规定。外部数据包括：政府有关部门发布的信息，如通货膨胀率、利率、税率；行业监管部门、贸易协会以及行业调查单位发布的信息，如行业平均增长率；证券交易所发布的信息等。

> **案例 7-16**
>
> 　　影石创新科技股份有限公司拟申请科创板IPO上市，该公司位于深圳市，其经审计的财务报告显示，2018～2020年职工薪酬分别为6 062万元、8 292万元、13 767万元，其中离职后福利——设定提存计划（养老保险金）分别为87万元、112万元、12万元，远低于按照规定应当按职工薪酬的22%计提缴纳养老保险金。招股说明书披露，除个别员工外，公司为员工均缴纳了社会保险金。
>
> 　　2021年7月23日，影石创新科技股份有限公司上会被暂缓表决。上市委认为尚有需要进一步落实的事项，事项之一为"请发行人说明规范其员工社保费用缴纳的整改方案，并充分披露相关风险及对财务报表的影响。请保荐人和申报会计师发表明确核查意见"。注册会计师在审计过程中，可能存在对应当计提的社保费用分析不到位的情形。
>
> 　　发行人于2021年7月30日召开总经理办公会，决议修订《影石创新科技股份有限公司社会保险缴纳管理制度》，并自2021年8月起，根据《中华人民共和国社会保险法》、广东省及深圳市等地社会保险缴纳规定调整员工社会保险费缴纳基数，除明确规定按照最低工资标准缴纳的险种外，其他均按照员工工资总额为基数进行缴纳。发行人及子公司已于2021年8月23日完成当月社会保险费用缴纳，合计缴纳金额为146.11万元，并针对社会保险未足额缴纳对公司财务报表的影响及相关风险，发行人在招股说明书"第四节　风险因素"中进行了补充披露，即"员工社会保险费用未足额缴纳的风险"。经过整改，该公司2021年9月16日通过了上市委审核。
>
> 　　资料来源：上海证券交易所网站。

2. 比较被审计单位与同行业数据

　　不同于被审计单位自身数据可能被操纵的纵向比较，同行业是独立的第三方，且可能存在多家可比企业，这种横向比较数据具有较强的客观性，即比较的数据可靠性较高。在信息透明度越来越高，可获取的同行业比较数据越来越多的情况下，同行业分析比较在实务中被广泛运用。分析比较最普遍的数据或比率包括产销率、毛利率、销售增长率、销售费用率、人均工薪水平、产能利用率、研发支出资本化率等。除数量指标外，与同行业公司比较还可能包括会计政策、会计估计的一致性，如收入确认方法、固定资产折旧年限、应收账款坏账计提比例，以及特定交易的会计处理，这些事项的差异，最终会影响财务数据的可比性，有的甚至影响重大，如收入确认是采用时段法，还是时点法，可能使得财务数据相差较大。如果注册会计师发现被审计单位上述财务指标与同行业偏离较大，应作为异常数据，关注是否存在重大错报风险。

不仅是注册会计师审计，监管部门也广泛采用同行业可比的分析方法，在审核企业 IPO、并购重组等财务申报资料时，非常关注主要财务指标与可比公司的差异比较，尤其是收入确认方法、坏账计提比例等对财务报表具有重要影响的会计处理事项，有时需要注册会计师进行专项核查。

案例 7-17

尤安设计（300983）是一家从事建筑设计的公司，在申请创业板上市过程中，在通过上市委会议后的注册环节，证监会要求发行人说明及注册会计师核查下列事项：报告期内主营业务收入、扣非后净利润各季度分布及变化情况是否与同行业可比公司存在重大差异，如有，请说明原因及合理性；新收入准则下与同行业可比公司收入确认方法是否存在重大差异，如有，请说明原因及合理性。

注册会计师经过核查后，尤安设计与同行业可比公司收入季度分布及收入方法如表 7-5、表 7-6 所示。

表 7-5 尤安设计与同行业可比公司收入季度分布情况比较

同行业可比公司	2017 年度				2018 年度			
	第一季度（%）	第二季度（%）	第三季度（%）	第四季度（%）	第一季度（%）	第二季度（%）	第三季度（%）	第四季度（%）
华图山鼎	20.34	23.95	22.57	33.13	15.35	26.66	22.55	35.45
杰恩设计	19.59	25.97	28.90	25.54	18.26	27.37	26.28	28.10
筑博设计								

续表

同行业可比公司	2017 年度				2018 年度			
	第一季度（%）	第二季度（%）	第三季度（%）	第四季度（%）	第一季度（%）	第二季度（%）	第三季度（%）	第四季度（%）
华阳国际					14.62	22.27	26.42	36.69
华建集团	17.35	22.86	25.59	34.20	21.68	25.77	24.11	28.44
汉嘉设计	14.63	22.37	24.29	38.71	19.24	26.22	20.22	34.33
启迪设计	17.72	24.91	20.82	36.55	13.61	20.35	21.87	44.17
中衡设计	13.37	21.91	22.54	42.17	15.75	19.56	21.16	43.53
尤安设计	15.70	23.31	30.30	30.69	15.80	24.91	24.20	35.09
同行业可比公司	2019 年度				2020 年 1~6 月			
	第一季度（%）	第二季度（%）	第三季度（%）	第四季度（%）	第一季度（%）	第二季度（%）	第三季度（%）	第四季度（%）
华图山鼎	22.62	25.35	23.70	28.34	41.07	58.93		
杰恩设计	21.32	21.11	26.49	31.07	44.22	55.78		
筑博设计	23.22	24.86	23.68	28.24	34.07	65.93		
华阳国际	14.70	25.06	26.17	34.08	32.36	67.64		
华建集团	21.72	26.03	20.91	31.34	38.45	61.55		
汉嘉设计	16.14	20.66	22.29	40.90	37.44	62.56		
启迪设计	16.65	20.29	21.40	41.66	36.58	63.42		
中衡设计	16.71	21.94	21.34	40.01	35.48	64.52		
尤安设计	18.03	22.15	22.26	37.56	34.99	65.01		

表 7-6　　　　尤安设计与同行业可比公司新收入准则下收入确认方法比较

序号	公司名称	收入确认方法	履约进度计算方法	是否是某一时段内履行履约义务	数据来源
1	奥雅设计	本公司与客户之间的设计服务合同及 EPC 总承包合同都是在一段时间内履行，履约过程中向客户提供的商品或服务都具有不可替代用途，且公司有权就已完工并经客户验收的部分收取款项，属于某一时段履行的履约义务。公司景观设计业务及 EPC 业务按照产出法确定履约进度，景观设计业务对于已提交并经客户验收的工作成果作为产出	产出法	是	招股说明书

续表

序号	公司名称	收入确认方法	履约进度计算方法	是否是某一时段内履行履约义务	数据来源
2	山水比德	公司所提供的设计劳务为定制化设计产品，对于客户具有不可替代的用途，且在履约过程中，如合同因客户或其他原因终止时，公司具有合格收款权。因此公司提供景观设计劳务所产生的履约义务为在某一时段内履行的履约义务。公司与客户签订的景观设计合同中，明确约定了各设计阶段的任务，以及每一阶段所提交的设计成果对于客户的价值，因此公司以产出法确定履约进度，在公司提交成果并经客户书面认可时，按双方约定的产出值确认收入	产出法	是	招股说明书（上会稿）
3	蕾奥规划	公司根据合同约定的设计范围和工作内容为客户提供定制化设计服务。公司向客户提交合同约定的各阶段性成果实质相同、转让模式相同、服务的承诺可明确区分，公司将各阶段服务内容合并作为在某一时段内履行的单项履约义务，在履约义务的期间按产出法确认收入，即按合同阶段性节点并根据合同约定的结算金额进行收入确认	产出法	是	招股说明书（注册稿）
4	霍普股份	公司建筑设计业务履约过程中所提供的劳务具有不可替代用途，且在整个合同期间内有权就累计至今已完成的履约部分收取款项，并且该权利具有法律约束力，所收取款项能够补偿已经发生的成本和合理利润，符合新收入准则下按照"时段法"确认收入的条件；公司与客户签订的业务合同中，明确约定了各阶段环节的收款金额、比例，该等阶段环节的收款金额、比例，真实反映了各阶段性成果对于客户的价值量以及相应的履约进度，可识别、可计量，并经双方认可；因此，当阶段性工作量完成、向客户交付对应阶段的设计文件并经客户认可后，以应收取的合同结算款项确认收入，即按照合同付款节点约定比例作为履约进度确认收入，符合相关规定	产出法	是	招股说明书（上会稿）
5	交通中心	公司提供规划咨询、工程设计和检测，以及智慧交通及运维服务（其中智慧工程施工与运维服务）等服务，由于公司履约过程中所提供产出的服务或商品具有不可替代用途，且公司在整个合同期间内有权就累计至今已完成的履约部分收取款项，公司将其作为在某一时段内履行的履约义务，按照履约进度确认收入，履约进度不能合理确定的除外。其中规划咨询、工程设计和检测按照产出法确认提供服务的履约进度	产出法	是	招股说明书（上会稿）
6	华蓝集团	公司提供工程设计、国土空间规划、工程咨询、工程总承包管理等服务，由于公司履约过程中所提供产出的服务或商品具有不可替代用途，且公司在整个合同期间内有权就累计至今已完成的履约部分收取款项，公司将其作为在某一时段内履行的履约义务，按照履约进度确认收入，履约进度不能合理确定的除外。公司按照产出法确定提供服务的履约进度	产出法	是	招股说明书（上会稿）

资料来源：深圳证券交易所网站。

需要注意的是，比较被审计单位与同行业可比公司会计处理方法时，注册会计师要进行职业判断，避免陷入虽然是行业惯例，但却是不当的会计处理，即要进行再判断。

案例 7-18

"财务顾问费"是多数融资租赁公司收入来源之一，其内容为租赁公司与承租人签订《财务顾问合同》，按照合同约定为客户提供融资咨询相关劳务，包括对客户进行全面尽职调查，标的资产的评估，同类资产市场价格，设计融资方案等，其财务顾问费收入确认方法为提供的劳务工作全部完成，客户出具《确认函》确认租赁公司已经履行了协议约定的全部义务，且收到客户支付的财务顾问费用后确认收入。首次签订的租赁合同，往往对应一单财务顾问费收入，且金额较大，如某租赁公司放款1亿元，期限5年，放款当年收取财务顾问费3 700万元，一次性确认为收入。

虽然该会计处理为行业惯例，但并不符合会计准则规定。事实上，租赁公司并未提供所谓的财务咨询服务，实际为虚假经济业务，财务顾问服务本身已经包含于提供租赁服务内容之一。财务顾问费实为类似于高利贷的"砍头息"，其交易实质是利息收入的组成部分，应在租赁期内分期摊销确认收入，只有将利息收入与咨询费收入之和，才能反映租赁市场实际的融资成本。若财务顾问费特别大，超过了租赁行业正常的收益率，应将超过部分视为本金的收回，不确认为收入。因此，租赁行业关于将利息收入一分为二的会计处理惯例，对财务报表产生了重大影响，导致收入、利润在不同期间失实。

3. 识别异常项目可能错报考虑的因素

第一，评价预期值的准确程度。准确程度是对预期值与真实值之间接近程度的度量，又称精确度。分析性程序的有效性很大程度上取决于注册会计师形成的预期值的准确性，预期值的准确性越高，通过分析程序获取的保证水平越高。例如，信息可分解的程度越高，预期值的准确性越高。

第二，已记录金额与预期值之间可接受的差异。预期值只是一个估计数据，大多数情况下与已记录金额并不一致，注册会计师应确定已记录金额与预期值之间可接受的差异额，该差异受重要性和计划的保证水平影响。

（二）分析异常项目产生原因及合理性

发现问题之后，就是分析问题，找出异常现象背后的原因。注册会计师在分析时，应注意以下几点：

一要从经济业务着手，深入了解被审计单位的业务逻辑和商业实质，分析经济业务的财务影响。财务报表项目的重大变化，通常是业务层面发生了变化，例如，新技术的成功开发，报告期生产销售新产品使得收入规模较上期扩大。又如，企业采用了新的商业模式，由线下销售调整为线下线上结合销售，也带来了销售量的增长等。经济业务没有发生任何变化下的收入与业绩大幅增长，可能存在重大错报风险。风险导向审计理念，注重由外至内、由业务到财务的思维，运用分析性程序应体现这一理念。

二是产生的原因最终能够得到验证。异常项目的原因必须落地，"落地"可能有三种情形：要么有客观证据能够解释其合理性，如销售收入增长的原因是本期产品单价上涨所致，经查阅同类产品的市场交易价格，确实无误，证实了收入上升的合理性；要么不确定是否具有合理性，如果产品没有公开的市场价格，被审计单位单方面涨价导致的本期收入大幅度增加，则难以判断其合理性；要么分析的结果正好相反，不支持异常项目变化，如同行业可比公司都在降价，被审计单位却因涨价导致收入大幅增长。后面两种情形，异常项目的合理性存疑，可能存在重大错报风险，需要进一步通过细节测试证实和确认，但此时分析性工作已完成。

三是对于存在多个原因影响的，需要进行多因素层层分解，采用因素分析法进行分析。例如，毛利率异常的原因比较复杂，既有可能是单价提高，也可能是单位成本下降，而单位成本受产量、原材料价格等内外部因素影响，如果产品需要多种原材料，原材料有的价格上涨，有的下降，则分析将更为复杂，需要逐项分解核实。毛利率分析框架如图 7-1 所示。

✎ **案例** **7-19**

深圳民爆光电股份有限公司申请创业板上市，深圳证券交易所在首轮问询中要求发行人说明毛利率高于同行业的原因，因发行人反馈回复对毛利率变动分析较为简单，仅从定性角度分析毛利率变动原因，未对毛利率变动的原因进行定量深入分析，2021 年 8 月，深圳证券交易所在第二轮反馈中，要求公司"结合客户结构、产品特性、平均售价、成本结构、人工成本、生产工艺等因

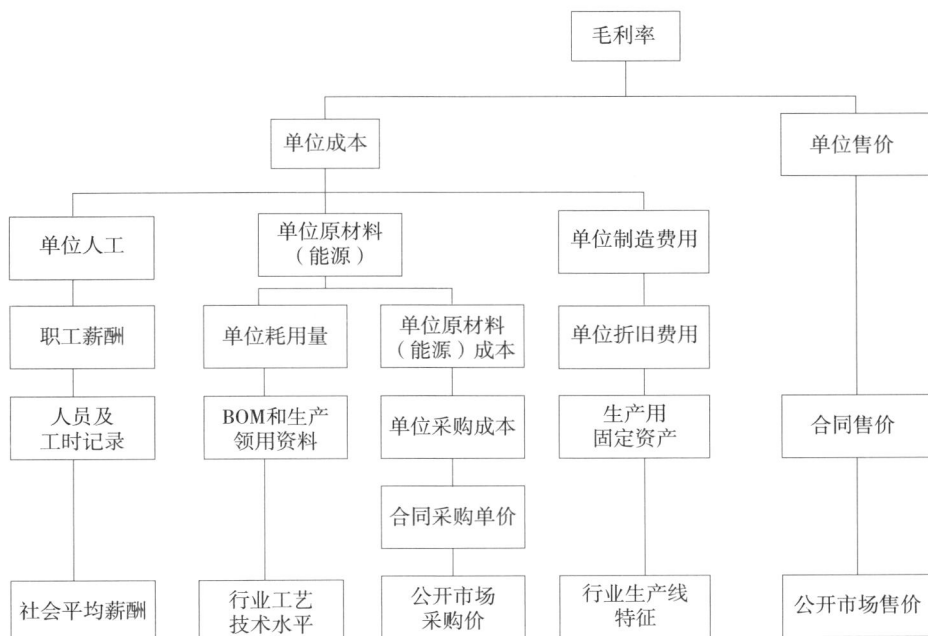

图 7-1　毛利率分析框架

素量化分析并披露报告期毛利率高于同行业可比公司的原因和合理性"，同时要求申报注册会计师进行核查。

发行人及申报注册会计师经核查，进行了反馈回复：

同行业上市公司毛利率对比分析。报告期内，公司与同行业上市公司 LED 照明业务毛利率比较情况如表 7-7 所示。

表 7-7　　　　　　　同行业毛利率比较（2018~2020 年）

单位：%

同行业公司	主营业务	LED 照明业务毛利率		
		2018 年	2019 年	2020 年
光莆股份	LED 照明、封装及其他产品	30.20	34.68	32.87
太龙照明	照明器具制造	35.72	37.79	31.70
阳光照明	LED 光源及灯具	25.05	33.30	35.23
平均值		30.32	35.26	33.27
本公司	LED 照明灯具	32.36	37.51	34.11
	其中：商业照明	29.41	34.28	31.88
	工业照明	35.92	41.77	36.77

可比上市公司 LED 照明产品主要为商业照明产品，公司商业照明产品毛利率与同行业可比公司水平相当。由于公司进入工业照明领域较为深入，报告期内公司工业照明产品收入占比接近 50%，工业照明毛利率较高，从而拉高了公司毛利率水平。

1. 客户结构分析

LED 照明灯具行业中除昕诺飞、欧司朗、GE 等国际品牌客户以及安达屋等全球连锁超市销售量较大外，其余客户呈现高度分散格局。以 2019 年和 2020 年看，2019 年，阳光照明客户中第一、第二大客户收入占比较高，分别为 29.55%、9.28%，其余客户收入占比呈现高度分散局面，第三、第四、第五大客户收入占比分别只有 3.37%、2.38%、1.53%，而 2020 年受新冠肺炎疫情的影响，阳光照明第一大客户的收入占比大幅下降至 14.18%，第二、第三大客户的收入占比分别为 8.86% 和 8.46%，其余客户收入占比均低于 3%，销售进一步分散。光莆股份客户结构也呈现相似特征，2019 年其前三大客户收入占比较高，分别为 19.97%、16.52%、12.03%，其余客户也呈现高度分散格局，2020 年其第一大客户收入占比达到了 27.32%，其余客户均低于 9%。扣除该类国际品牌客户、全球连锁超市客户等寡头外，同行业上市公司客户结构与公司客户结构相似，2019 年，阳光照明第五大客户收入为 8 135.87 万元，光莆股份第五大客户收入为 5 420.99 万元，与公司第一大客户收入 6 362.70 万元，规模相当。2020 年，受新冠肺炎疫情影响，销售更为分散，光莆股份第五大客户收入 5 782.98 万元，略高于公司的第一大客户收入 3 877.16 万元。在高度分散的竞争格局中，下游客户进行着差异化的产品竞争，客户结构差异对产品毛利率影响有限。公司工业照明产品主要通过区域工程商客户对终端用户直接销售，相对于商业照明产品由区域品牌商通过其门店、电工超市等渠道进行销售，销售链条较短，这是工业照明产品毛利率较高的影响因素。此外，由于上述销售渠道差异，工业照明客户单批次向公司采购工业照明产品数量要低于商业照明，从而提升公司议价能力，这也是导致工业照明产品毛利率较高的影响因素。

2. 产品特性分析

公司商业照明产品与同行业上市公司相比，在灯具的性能参数、防护能力等功能特性方面差异不大，更多是在产品外观、产品表面处理方式（颜色、处理工艺）、智能调光等方面根据客户需求进行调整或改进，通过产品的多样化、个性化，协助客户进行差异化的产品竞争。工业照明产品主要应用于广场、公园、体育场馆、港口、仓库等，与商业照明相比，应用场景复杂，其功率、光效更高，注重安全性、使用寿命、配光角度、防护能力等专业照明需求，专业化程度相对较高，产品以服务工程项目为主，下游市场竞争程度要低于商业照明市场，这也是工业照明产品毛利率高于商业照明产品的重要原因。由于同行业上市公司中工业照明业务规模较小，其未披露工业照明产品毛利率水平，因此选取同行业已预披露的可比公司紫光照明和金源照明，情况如表 7-8 所示。

表 7-8　　　　　　　　　　三家公司毛利率对比（2018~2020 年）

单位：%

项目	2018 年	2019 年	2020 年
紫光照明——固定专业照明设备	57.75	55.23	未披露
金源照明——固定照明中自产灯具	40.79	41.85	未披露
平均	49.27	48.54	不适用
本公司	35.92	41.77	36.77

从可比公司工业照明类产品的毛利率看，公司与金源照明相近，低于紫光照明，处于合理水平。

3. 平均售价

同行业上市公司中，太龙照明业务模式和销售区域与公司差异较大，可比性不强；阳光照明一方面上市较早，通过其年报可获取的细节对比信息有限，另一方面光源类产品（LED 灯管、灯泡）收入占比高，其单价低，不具备可比性。因此选取上市较晚的光莆股份与公司进行对比。报告期内，公司 LED 照明产品的平均销售价格与光莆股份 LED 照明产品的平均销售价格对比如表 7-9 所示。

表 7-9　　　　　　　　　　平均销售价格对比（2018~2020 年）

单位：元/套

公司名称	业务	2018 年	2019 年	2020 年
光莆股份	LED 照明	72.52	88.48	78.33
本公司	商业照明	69.23	80.36	69.48
	工业照明	659.95	598.16	535.38

由表7-9可见，从平均销售价格来看，公司商业照明产品单价与光莆股份差异不大。

4. 成本结构

报告期内，公司商业照明的成本结构与光莆股份LED照明及其他产品的对比分析如表7-10所示。

表7-10　　　　　　　　　　　　　对比分析（2018～2020年）

单位：%

项目	2018年		2019年		2020年	
	光莆股份	本公司	光莆股份	本公司	光莆股份	本公司
直接材料	82.91	76.83	82.13	74.92	82.62	73.33
人工费用	7.52	9.63	9.00	9.79	5.88	10.25
制造费用	9.58	13.54	8.87	15.29	11.50	16.42
合计	100	100	100	100	100	100

由表7-10可见，公司的成本结构与光莆股份存在一定差异，是由于光莆股份的照明灯具及其他业务中除了灯具产品，还包括LED封装、背光模组及配套件等产品，导致其成本结构中直接材料占比整体上较高而制造费用占比偏低。

从照明灯具产品的成本结构对比看，由于光莆股份年度报告中并未披露其照明灯具产品的成本结构，因此选用其招股说明书中2016年照明灯具的成本结构与本公司2017年商业照明灯具结构进行比较，情况如表7-11所示。

表7-11　　　　　　　　　　　　商业照明灯具结构对比

单位：%

项目	光莆股份	本公司
直接材料	80.78	79.02
人工费用	7.55	9.46
制造费用	11.66	11.52
合计	100	100

从照明灯具成本结构对比来看，公司与光莆股份差异不大。

5. 人工成本

（1）生产人员人均创收能力对比分析报告期内，公司与光莆股份、阳光照明的生产人员人均创收对比情况如表 7-12 所示。

表 7-12　　　　　　　　　人员人均创收对比（2018~2020 年）

单位：万元/人

公司名称	2018 年	2019 年	2020 年
光莆股份	101.77	137.26	110.20
阳光照明	73.47	78.00	88.59
本公司	82.48	96.83	83.88

2018 年，光莆股份的人均创收高于本公司，一是由于光莆股份收购了军美医院，导致主营业务收入的增长高于生产人员的增长，其人均创收金额大幅增加；二是本公司由于惠州民爆投产，新增大量生产人员，导致人均创收金额下降所致。2019 年，随着光莆股份医美收入的大幅增长，其人均创收高于本公司。2020 年，受新冠肺炎疫情的影响，光莆股份及本公司的营业收入均有所下降，同时随着第四季度以来订单逐步向国内转移，年底生产人员大量增加，导致光莆股份及本公司的人均创收均有所下降，光莆股份由于有医美收入的影响，其人均创收仍高于本公司。

2018 年和 2019 年公司的生产人员人均创收高于阳光照明，主要是由于其除生产灯具外，还生产光源产品，光源产品的单价较灯具低，导致其人均产值低于公司。2020 年，阳光照明的人均创收高于本公司，是由于受新冠肺炎疫情的影响，阳光照明主要客户的收入规模下降，因此其进行了管理架构调整，促进管理效率和生产效率的提升，减少了生产人员数量，提高了人均创收金额。

总体来看，本公司的生产人员人均创收低于光莆股份，与阳光照明相当，处于合理区间内。

（2）单位生产人员人工成本对比分析。报告期内，本公司的单位生产人员人工成本情况如表 7-13 所示。

表 7-13　　　　　　　　　　人工成本情况（2018~2020 年）

单位：万元、人、万元/人

项目	2018 年	2019 年	2020 年
应付职工薪酬本期增加 A	11 253.01	14 585.99	16 721.81
管理费用中的职工薪酬 B	1 165.39	1 517.38	1 641.54
销售费用中的职工薪酬 C	2 000.03	2 931.97	3 588.97
研发费用中的职工薪酬 D	1 740.94	2 529.59	2 992.29
生产成本、制造费用中的职工薪酬 E=A-B-C-D	6 346.65	7 607.22	8 499.01
生产人员平均数量 F	1 059	1 117	1 262
单位人工成本 G=E/F	5.99	6.81	6.73

公司与光莆股份及阳光照明的单位生产人员人工成本对比情况如表 7-14 所示。

表 7-14　　　　　　　　　　人工成本对比（2018~2020 年）

单位：万元/人

公司名称	2018 年	2019 年	2020 年
光莆股份	9.85	13.00	10.12
阳光照明	5.40	4.40	5.86
本公司	5.99	6.81	6.73

报告期内，公司的单位生产人员人工成本低于光莆股份，主要是光莆股份除了 LED 照明业务以外，还经营医疗美容等业务，提高了其单位生产人员的人工成本。公司与阳光照明均主要经营照明产品，单位生产人员的人工成本差异较小，具备合理性。

6. 生产工艺

从生产工艺的复杂度看，LED 照明产品的生产技术较为成熟，照明灯具的工艺和工序复杂程度相对不高，工艺技术对产品成本的影响不大。从生产工序的链条看，公司以结构件、电源、散热器、灯珠等灯具组件进行组装式生产为主，与光莆股份和阳光照明等可比公司相比，公司的生产工序链条仅缺少 LED 封装环节。从该环节对产品成本的影响看，以 2020 年为例，商业照明灯具使用的灯珠平均约为 104 个 / 套，灯珠的平均采购单价约为 0.033 元 / 个，涉及灯珠成本为 3.43 元 / 套，如果按照从事 LED 封装业务的上市公司约 30% 的毛利率计算，自制灯珠的成本为 2.64 元 / 套，自制灯珠和外购灯珠对成本的差异约为 0.79 元 / 套，对商业照明毛利率的影响约为 1.14%。因此，灯具生产工艺的差别对产品毛利率的影响较小。

7. 毛利率对比综述

综上所述，通过从客户结构、产品特性、平均售价、成本结构、人工成本、生产工艺等方面与同行业上市公司对比分析，公司商业照明产品与同行业上市公司差异不大，毛利率处于同一水平区间，具备合理性。

公司产品毛利率高是由于收入占比约 50% 的工业照明产品毛利率较高所致。工业照明产品毛利率高于商业照明产品，主要是其销售链条较短、供货批量规模小、行业竞争程度较低所致。通过与已预披露的金源照明、紫光照明工业照明产品毛利率对比，公司工业产品毛利率处于合理水平。

资料来源：深圳证券交易所网站。

实务中，监管部门一直以来关注 IPO 毛利率的重大波动，它受综合性因素影响，可能涉及收入或成本的错报，甚至是财务造假问题。因此，如果不能合理分析解释清楚毛利率变化的原因，往往难以通过 IPO 上市审核。以 2019 年未通过 IPO 审核原因为例，毛利率问题占比 57.89%，远高于其他被否原因，如图 7-2 所示。

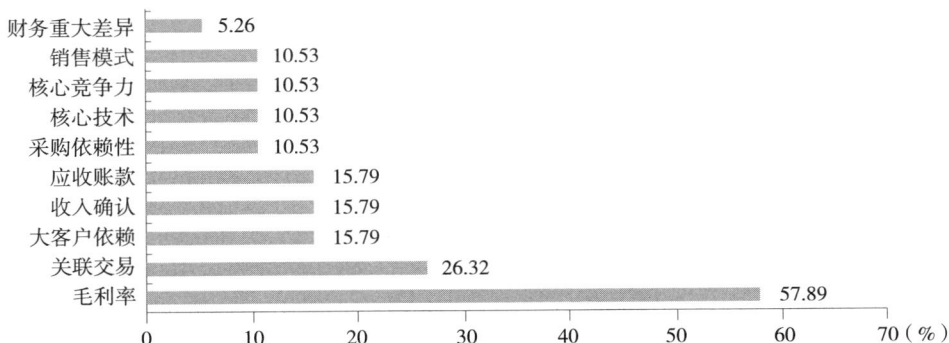

图 7-2　2019 年 IPO 企业被否案例原因

资料来源：根据 Wind 资讯整理。

四是数据的可靠性。数据的可靠性直接影响分析有效性和预期值，数据的可靠性越高，预期的准确性也越高，分析程序越有效。数据的可靠性受其来源和性质影响，并取决于获取数据的环境。例如，从可获得信息的来源看，从被审计单位以外独立来源获取的信息可能更加可靠；从可获得信息的可比性看，对于生产和销售特殊产品的被审计单位，可能需要对宽泛的行业数据进行补充，使其更具可比性；从可获得信息的性质和相关性看，预算是作为预期的结果，而不是作为将要达到的目标；从与信息编制相关的控制看，控制有效时的数据更可靠。

在分析阶段，如果异常项目的原因合理，则该阶段的分析性程序可能直接作为实质性测试程序，而不需要再实施细节测试。在某些情况下，不复杂的预测模型可以用于实施有效的分析程序。例如，如果被审计单位在某一会计期间对既定数量的员工支付固定工资，注册会计师可利用这一数据非常准确地估计出该期间员工工资总额，从而获得有关该重要财务报表项目的审计证据，并降低对工资成本实施细节测试的必要性。一些广泛认同的行业比率（如不同类型的零售企业的毛利率）通常可以有效地运用实质性分析程序，为已记录金额的合理性提供支持性证据。需要注意的是，对特定实质性分析程序的适用，受到认定的性质和注册会计师对重大错报风险评估的影响，如针对销售订单处理的内部控制存在缺陷，对与应收账款相关的认定，注册会计师可能更多地依赖细节测试，而非实质性分析程序。

（三）结合细节测试程序，获取证据得出审计结论

针对识别出的异常项目，在进一步分析原因之后，有的已经初步排除了错报风险，有的无法确定是否存在错报，需要实施其他程序予以判断。在该阶段，异常项目的范围已经有所缩小，注册会计师应实施包括细节测试在内的审计程序，获取充分、适当的审计证据。由于这些项目具有较高的错报风险，注册会计师需要设计和实施审计程序的性质、时间和范围，必要时可能还要实施延伸穿透审计。

需要注意的是，虽然在某些审计领域分析性程序可以直接作为实质性测试，但相对于细节测试而言，实质性分析程序能够达到的精确度可能受到种种限制，所获取的证据很大程度上是间接证据，证明力相对较弱。对于风险较高的审计业务，注册会计师不能仅依赖分析性程序而忽略对于细节测试的运用。

三、大数据审计与分析性程序

如果说一般企业审计分析性程序可有可无，注册会计师即使不运用分析性程序，

也能完成审计工作，无非是增加一些审计工作量而已。但对于涉及大数据行业的被审计单位，抽样审计方法受到一定限制，在总体中选择样本测试不足以推断总体结论，仅采用抽样检查等实质性测试程序难以实现审计目标。大数据下的全样本审计，分析性程序的重要性凸显，不运用分析性程序，甚至不可能完成审计工作。

大数据分析主要包括三个方面的内容：一是通过海量数据分析，实现对大量甚至全部数据样本的审计工作，而不仅仅是传统审计工作要求的部分抽样样本。二是通过海量数据分析，结合人工智能等信息技术，搜索和洞悉数据中有价值的信息，找出风险信号和挖掘数据真相，识别和过滤出审计工作所需要的关键信息。同时，结合外部数据的横向对比与分析，扩大数据审查范围，通过核查被审计单位数据与行业内其他相关企业数据，识别异常特征数据。这与传统审计的分析性程序类似，不同的是，分析性程序的对象和范围扩大至生成大数据的所有领域，而不仅仅是针对特定财务报表项目。三是针对识别出的异常数据等关键信息，进一步实施细节测试程序予以核实是否存在错报。

数据分析给注册会计师行业带来深刻影响，有利于实现审计质量和效率的提高。注册会计师不必采用以往的审计抽样，而采取全面审计，可以避免抽样误差，审计证据将更精准和全面。在大数据审计下，注册会计师没必要按部就班实施每一个审计程序，如果评估被审计单位的内部控制有效，未来甚至可能运用大数据交易所提供的数据直接作为实质性审计程序。数据分析在防范财务舞弊方面，具有十分重要的地位，通过对被审计单位关键数据的分析，结合实时舆情，可有效识别舞弊风险。

当前，有的会计师事务所重新梳理审计流程，更加重视数据分析方法对于审计工作的价值。实务中，为了使得数据分析更加有效，一些大型会计师事务所开始使用数据分析工具，如 Power BI 与 Tableau 是目前两款主流 BI（Business Intelligence）分析工具，可以直接接入各种主流数据库的数据源进行分析，并进行可视化展现。除了 BI 工具之外，有的会计师事务所还自主搭建了多种数据分析平台或工具，应对多个审计工作所要求的基础分析场景，包括会计分录测试、风险分析、固定资产分析、投资收益分析、应收应付账款分析等，并逐步添加更多的财务与业务分析模块，如财务反舞弊风险预警平台、银行数据分析平台、保险行业数据分析、信用损失预估平台、银行信贷业务分析系统、信息披露分析平台等。

第四节　其他审计方法

一、检查

检查是所有审计方法中运用范围最广的一种方法，几乎所有的财务报表项目都可能用到这一方法，从注册会计师投入的审计资源看，用于检查的时间投入通常最多。从对账户余额、交易或披露认定的看，检查主要是对发生、存在性、所有权等进行核实，能够实现多种审计认定目标。检查运用范围广的一个原因是，其他审计方法，包括函证、监盘、分析性程序等均需要检查程序配合，如：执行函证程序，注册会计师需要检查函证信息是否正确，回函信息是否与发函信息一致等；监盘过程中，需要抽盘部分实物资产并检查相关文件记录。

注册会计师检查程序针对的对象主要有两类：

（一）记录或文件

检查记录或文件是注册会计师对被审计单位内部或外部生成的，以纸质、电子或其他介质形式存在的记录和文件进行审查。检查记录或文件的目的是对财务报表所包含的或应包含的信息进行验证。例如，被审计单位通常会保留销售交易的顾客订单、发货单和销售发票副本，这些凭证对于注册会计师验证被审计单位记录销售交易的正确性是有用的证据。

检查记录或文件可提供可靠程度不同的证据，审计证据的可靠性取决于记录或文件的来源和性质。外部记录或文件通常被认为比内部文件或记录更可靠，因为外部文件经被审计单位的客户或供应商等出具，又经被审计单位认可，表明交易双方对凭证上记录的信息和条款达成一致意见。此外，某些外部凭证的编制和生成过程需要经过复杂的谈判或审批，如土地使用权证、保险单、契约和合同等文件，因而具有较高的可靠性。

（二）有形资产

检查有形资产是指注册会计师对实物资产进行检查，主要包括现金、存货、固定资产、在建工程等，也适用于有价证券、应收票据权利性凭证。某些文件是表明一项资产存在的证据，如金融工具中的股票、债券资产，但检查此类文件并不一定能够提供有关所有权或计价的证据；检查有形资产可为其存在提供可靠的审计证据，但不一定能够为权利和义务或计价等认定提供可靠的审计证据。

注册会计师实施检查程序，需要重点关注下列问题：

一是记录或文件的真实性。不论是被审计单位提供的内部记录和文件，还是获取的外部文件资料，只有是真实的记录或文件，才能为审计结论提供可靠的证据支持。注册会计师审计活动，任何时候都应将真实性放在第一位！因此，检查程序的首要任务是发现记录或文件是否存在虚假的不实证据，注册会计师将可能存在虚假记录或文件选择挑选出来，如果未能发现被审计单位虚假记录或文件，注册会计师将面临重大审计风险。

二是文件或记录的一致性。注册会计师审计过程中，需要对大量的审计资料进行检查、甄别和取舍，证实账户余额或交易往往并不是单一证据，而是多项审计的组合共同判断记录或交易的真实性、准确性等认定。例如，一笔销售业务，仅凭销售合同与收款并不足以判断是否应当确认，可能还需要货物的实物流转证据，如发货单、运输单、签收单等。检查一致性的目的是，印证记录或文件之间是否相互矛盾，如果相互矛盾，则可能存在错报。因此，检查一致性的最终目的，实际上也是判断审计证据的可靠性，是否支持审计结论。

三是复印件与原件是否相符。被审计单位提供给注册会计师的资料，不少为复印件，或电子文件，注册会计师应有针对性地核对原件，尤其是可能存在重大错报风险的账户余额或交易。例如，货币资金审计过程中，如果有定期存单，注册会计师应查看原件，因为仅检查复印件，并不能证实定期存单是否被用于质押，从而导致未发现货币资金受限的情况。

四是权属问题。不论是检查文件，还是实物资产，都应特别关注权属，即审计目标中的所有权认定。权利与义务，是会计核算记录最基本的原则，直接影响资产与负债的确认，因此必须要看清楚相关文件的权利人。有的文件记载权利人不是被审计单位，但各方签署了协议明确权利义务，这需要进一步检查和判断其他文件的真实性及法律效力。检查中对于权属问题的关注，需要注册会计师具备相应的法律知识，必要时应向法律专业人士咨询。

案例 7-20

2020 年 5 月，××会计师事务所（特殊普通合伙）及两名签字注册会计师因执行山东新绿食品股份有限公司（以下简称"新绿股份"）审计业务未勤勉尽责被行政处罚。审计问题涉及检查不到位的程序包括：①未发现被审计单位提供的虚假文件。2015 年，新绿股份使用莒南县工商银行支行 1610××××0978 账户伪造银行收款 1 054 笔，虚构银行收款 54 664.38 万元，大量的银行单据为虚假。②未发现被审计单位提供的文件复印件与原件不一致。在其他应收款审计中，注册会计师在核查 2015 年对莒南鸿润其他应收款时，未对相关协议和由新绿股份财务总监通过邮件所发送莒南鸿润支付养牛户的划款凭证扫描件保持应有关注，未将扫描件与原件核对，导致未发现新绿股份与莒南鸿润签订的委托养牛协议系虚假合同、莒南鸿润提供的养牛协议系其与新绿股份员工签订的虚假合同、划款凭证系新绿股份粘贴复制伪造。

资料来源：中国证监会网站。

实务中，由于检查的审计工作量较大，如抽样审计检查会计记录及原始凭证，需要逐项翻阅被审计单位的记账凭证，并将检查结论记录于审计工作底稿，注册会计师出于审计风险较低，或者时间紧张等原因，某些时候可能并未实际检查记录或文件，但工作底稿中记录为已经实施了检查程序且未发现异常，或者检查中发现异常甚至是错报，注册会计师为了不扩大抽样，替换有问题的项目，视同未发现检查样本存在问题，即"放飞机"现象。"放飞机"是因为样本选择量过大，导致注册会计师没有时间和精力对被选中样本进行检查，还是根据风险评估结果与抽样规则，样本量存在超量过度的情况，或者两种情况均有之，值得进一步调研探讨。但应避免的是，"放飞机"不能放掉了风险，审计选择是为了防控风险，不能使"放飞机"成为增加审计风险的"逆向选择"。

案例 7-21

2021年2月，一名德勤员工YW以自己的亲身经历和其他员工的举报内容，列举了2016～2018年，德勤在审计过程中"放飞机"、未执行抽凭程序等违规行为，涉事公司包括中国外运（601598.SH/00598.HK）、博奇环保（02377.HK）、红黄蓝（RYB.NYSE）三家上市公司，以及知名电子厂商北京乐金系统集成有限公司（LG）。

YW称，在中国外运山东有限公司2016年度审计预审现场上，德勤的一名审计员表示，"审计工作中'放飞机'的情况很普遍，抽凭一般查不出问题，不需要认真抽凭，可以适当'放飞机'"，直接将抽凭样本发给中国外运方面填写。

在针对博奇环保的举报中，举报人称，在对公司2016年度审计中，博奇环保位于山西阳城的项目在审计监盘中被发现普遍性的存货减值迹象，很多库存实际已经达到减值标准。然而，德勤有关负责人不相信该同事所发现的这一事实，拒绝计提减值准备，并派人重新监盘，得出被审计单位存货不存在异常的报告。

举报人称,在 2017 年 6 月进行的红黄蓝教育 2016 年度审计现场,一位审计员曾表示,底稿中的抽凭工作中的日期和金额都是随便填写胡乱编造的。另外,举报人称,一位离职同事发现,红黄蓝下属北京培训学校的管理费用基本为高管和董事长孩子在海外消费的报销,德勤经理及合伙人在前一年的审计中发现了这一问题,但在接下来的上市审计中却将管理费用列为不需要进行细节测试的会计科目,而只是进行简单的复核。

资料来源:《财经》杂志。

二、询问与访谈

询问是指注册会计师以书面或口头方式,向被审计单位内部或外部的知情人员获取财务信息和非财务信息,并对答复进行评价的过程。作为其他审计程序的补充,询问广泛应用于整个审计过程中。知情人员对询问的答复可能为注册会计师提供了尚未获悉的信息或佐证证据。另外,对询问的答复也可能提供与注册会计师已获取的其他信息存在重大差异的信息,例如,关于被审计单位管理层凌驾于控制之上的可能性信息。在某些情况下,对询问的答复为注册会计师修改审计程序或实施追加的审计程序提供了基础。

询问与访谈程序看似简单,取得的审计证据证明也比较弱,但有时却能够起到"画龙点睛"作用,是发现错报尤其是舞弊行为的突破口。当然,该程序也充满艺术和技巧,需要选择恰当访谈对象、针对的访谈内容和合适的访谈时机,其中最重要的是选择访谈内容。

(一)前期准备

有效的访谈应在厘清访谈目的、了解被访谈人的相关背景、拟定访谈提纲、设定访谈场景等多方面进行准备。例如,了解被访谈对象的教育经历、工作经历、岗位职责及与访谈事项的关系等,以更好地切入主题;又如,拟定明确的访谈提纲,将访谈内容聚焦,同时表明此次访谈是经过充分准备的,在设定访谈场景时,根据需要安排座次,隔桌对面而坐时访谈气氛较为严肃,并排而坐访谈气氛相对缓和。

(二)把握询问技巧

这是访谈效果的关键,注册会计师应把握好访谈的技巧,一方面要善于询问,另一方面要关注询问过程中体现的潜在信息。询问分为信息型询问、评估型询问、质问型询问,注册会计师可以根据具体审计目的选择使用一种或多种。信息型询问是指获取与注册会计师未曾知悉的事实和细节有关信息，这些信息通常是关于过去或当期事项或过程的信息。当注册会计师运用信息型询问时，可使用开放式问题，进而获得有关事项、过程及其背景的有关信息。评估型询问是指进一步验证以前获取的信息，当注册会计师运用评估型询问时，可选择被审计单位的其他员工、内部审计人员、治理层或者外部供应商和客户等验证之前对管理层询问的结果。质问型询问经常被用来确定个体是否有意欺骗或故意忽略关键信息。通常情况下，被询问者都会不自觉地掩盖自己对具体事实、事件或情形的认识及了解，注册会计师可询问一些"是"与"否"答案的具体问题。询问方式的一些示例如表 7-15 所示。

表 7-15 询问方式示例

询问方式	示例
信息型询问	关于这个，你还有什么可以告诉我的吗？你觉得什么是最大的问题？那表示有什么更重要的事情吗
信息型询问	事件是如何发生的？什么时候发生的呢？最后的结果是什么
评估型询问	我可以理解你的做法；我可以理解这些事是你十分担心的
评估型询问	你可否告诉我这件事的来龙去脉；这是不是关于……；这一点是我错了，我没弄清楚。谢谢你的指正，让我立即了解
质问型询问	这些数据正确吗？这些都是最新的资料吗

注册会计师在询问过程中要注意语言表达，如尽量使用"基本上""通常""经常"等修饰语，可能传达了"相关事项或情形存在偏差"的信息，被询问对象在回答问题时频繁更改陈述，可能传达了被询问者对自己的回答也不确定或想推延时间的潜在信息。被询问者频繁使用"嗯""好""事实是"等停顿性用语，可能传达了"无法准确回答这个问题"的信息。

（三）及时记录访谈信息

访谈结束后，注册会计师应及时整理询问记录，对于重要的询问事项，应让被询问对象签名确认。注册会计师针对被询问者的回答，必要时通过核查原始单据、与被审计单位内部人员访谈结果对比、与函证和细节测试等获取的相关信息进行核实，对相关线索进行跟进。

为了提高询问与访谈的效果，会计师还应注意：一是尽量选择非财务人员进行访谈，如销售人员、采购人员、技术人员、仓库保管人员等经营管理人员，这些人员经手的业务对财务数据直接产生影响，且其对财务不太了解，更有可能回答出真实的情况。二是多选择一些非正式场合和时间询问，如与被审计单位相关人员共同就餐时间、审计工作中途休息时等，以使得交谈对象放松警惕，无意中可能得到一些重要信息。三是对被审计单位高层关键管理人员的访谈，应由项目合伙人等级别较高的人员参与，且要做好充分的准备。四是提高访谈程序的不可预见性，对于质问型信息，注册会计师不宜提前让被询问人员知悉访谈内容，减少访谈对象准备的机会。

注册会计师应充分考虑被审计单位与被访谈对象串通舞弊的可能性，根据实际情况仔细设计访谈计划和访谈提纲，并对在访谈过程中注意到的可疑迹象保持警觉。在访谈前应注意对访谈提纲保密，必要时，选择两名或不同层级的被访谈人员访谈相同或类似问题，进行相互印证。

询问与访谈的对象通常是被审计单位人员，较少涉及外部人员。在 IPO 审计业务中，监管部门要求注册会计师对被审计单位某些项目进行实地走访，主要为被审计单位的客户和供应商。证监会《关于进一步提高首次公开发行股票公司财务信息披露质量有关问题的意见》(〔2012〕14 号) 明确，相关中介机构应对发行人主要客户和供应商进行核查，并根据重要性原则进行实地走访或核查，核查情况应记录在工作底稿。《首发业务若干问题解答》关于"首发企业经销商模式下的收入确认，发行人及中介机构应关注哪些方面"要求：发行人采取经销商销售模式的，中介机构应重点关注其收入实现的真实性，详细核查经销商具体业务模式及采取经销商模式的必要性，经销商模式下收入确认是否符合企业会计准则的规定，经销商选取标准、日常管理、定价机制、物流、退换货机制、销售存货信息系统等方面的内控是否健全并有效执行，经销商是否与发行人存在关联关系，对经销商的信用政策是否合理等。保荐机构、律师及申报会计师应当合理利用电话访谈、合同调查、实地走访、发询证函等多种核查方法进行综合判断。

案例 7-22

表 7-16 为注册会计师对 A 公司审计采购及往来实施的访谈。

表 7-16　　　　　　　　　　　　访谈记录

项目名称	A 公司 2020 年度财务报表审计		
访谈对象	所在单位		B 股份有限公司
	姓名	张三	职务	B 公司销售部主管
访谈主题	就 2020 年度 A 公司向 B 公司的采购交易及往来款项余额实地访谈		
访谈人员	某会计师事务所审计人员甲、乙		

续表

时间	2021 年 3 月 5 日	地点	B 公司三楼会议室

一、受访者基本情况

请介绍您的姓名、职务、主要工作职责，您所在部门基本情况，包括但不限于部门职责、人员构成及2020 年以来的变动情况等。

答：张三，公司销售物流总经理，主管销售部营销中心、物流中心等。2020 年营销中心共 12 人。2020 年以来人员变动不大，个别人员有变动。

二、贵公司的基本情况

1. 贵公司的主要产品或服务内容是什么？贵公司的行业地位及行业竞争程度如何？

答：B 公司主要产品为生产建材物资，目前在行业中的地位在全国排名大约在前 20 名。目前行业竞争较为激烈，但本公司产品质优价廉，且品种丰富，供应能力强，在市场上比较受欢迎。

2. 请问贵公司的实际控制人是？主要办公地址在哪里？

答：本公司的实际控制人为胡某董事长，主要办公地址在四川省成都市。

三、贵公司与 A 公司业务合作情况

1. 贵公司自何时开始与 A 公司开始的业务合作？初始接洽途径（网络交易、他人介绍、朋友介绍、各种会议论坛、其他）是什么？

答：本公司与 A 公司自 2018 年开始合作，初始接洽途径是在 2018 年的一次建筑材料展销会上。

2. 贵公司向 A 公司销售何种产品或服务。除 A 公司外，贵公司是否还向其他客户供应同类产品或服务，是否有签订排他性约定？贵公司向 A 公司的销售额占贵公司总营业比重有多大？

答：本公司向 A 公司销售本公司生产的建筑材料 C 系列产品。除向 A 公司销售外，也向国内其他公司销售，目前没有排他性条款。本公司向 A 公司销售额占本公司的总营业额的比重大约 10%。

3. 贵公司最近两年向 A 公司销售产品 / 服务的规模及金额？具体销售结算方式是什么？目前尚未结算完毕的原因是什么？（请注明是否是含税金额）：

答：本公司 2019 年向 A 公司销售 C 系列产品约 3 000 万吨，总金额含税约 1.2 亿元；2020 年向 A 公司销售约 3 500 万吨，总金额含税约 1.5 亿元。销售方式为合同签订后，A 公司预付 30% 货款，其余货款在材料运到 A 公司后，A 公司在 60 天内付清全款。2019 年及 2020 年本公司与 A 公司的款项均已结清。目前本公司预收 A 公司的款项 5 000 万元系根据 2021 年新签署的销售合同，A 公司支付的预付款项。

4. A 公司与贵公司有无牵涉诉讼和仲裁事项？若有，请说明其具体情况？

答：目前与 A 公司合作比较顺利，没有诉讼事项。

5. 贵公司对于下游客户的选择流程和标准有哪些？

答：本公司对于下游客户有具体的选择流程与标准。一般选择资质好、信誉度高的上市公司、国有企业及大型民营企业等。每年会对客户的资信及履约情况进行考评，考评合格的继续合作，不合格的会被淘汰掉。

6. 贵公司对与 A 公司的合作关系整体评价如何？合同到期后是否有续约的打算？

答：目前 A 公司在我们客户当中属于优质客户，合同到期后考虑续约。

四、贵公司与 A 公司业务模式

1. 贵公司与 A 公司之间的合同签订模式是怎样的？有无长期合作协议？

答：本公司与 A 公司之间的合同签订目前采取一年一签的办法，一般是每年年初 1 月份签署。就目前情况看，应当会与 A 公司长期合作。

2. 贵公司与 A 公司之间的交易如何定价？与贵公司向其他客户销售同类产品 / 服务的价格相比，贵公司向 A 公司的销售价格水平如何？

答：本公司与 A 公司的交易定价采用市场定价，与其他客户相比，因为 A 公司采购量比较多，根据本公司的销售政策，会给一定比例的销售返利。

3. A 公司向贵公司所采购产品 / 服务近两年的价格波动情况如何？未来变化趋势如何？

答：A 公司向本公司采购的 C 系列产品价格处于上涨趋势，近两年来价格略有上涨。

续表

4.贵公司与 A 公司之间的具体付款方式（如现金、银行转账或其他方式）？付款政策是什么（信用期是否延长，延长原因）？报告期内是否发生过变化？如是，变化的原因、对贵公司的影响是什么？

答：本公司与 A 公司之间的具体付款方式均采用银行转账方式。付款政策是合同签署支付 30% 预付款，物资送达后 60 天内结清全部款项。近两年没有发生过变化。

5.A 公司向贵公司支付采购款是否为其直接支付？报告期内是否存在实际采购方为 A 公司，但付款方为其他主体的情形？如有，具体情况如何？

答：A 公司与本公司结算是直接支付方式，不存在第三方结算的情况。

6.在交易过程中，贵公司是否根据产品／服务发出的实际情况及时向 A 公司开具增值税发票？

答：是的，及时开具增值税专用发票。

7.A 公司从贵公司采购产品／服务的过程是否由 A 公司独立完成？是否有第三方参与或影响？如有，第三方如何参与或影响采购过程？

答：运输服务根据本公司物流车队情况，有时本公司自行完成，有时请第三方物流车队完成。

五、关联关系

1.贵公司与 A 公司及其股东、实际控制人、法定代表人、董事、监事、高管及其关系密切的家庭成员以及其控制的企业、PE 机构及其投资企业是否有关联关系？

答：没有。

2.是否存在 A 公司向贵公司通过其他方式补偿利益的方式（如通过其股东、其他关联单位或个人向贵公司、贵公司股东、贵公司董事、监事、高级管理人员补偿利益），从而要求调低贵公司向 A 公司提供产品／服务的价格的情况？若存在，请说明其具体情况。

答：没有。

3.贵公司与 A 公司所进行的交易，是否均系根据贵公司自身生产经营的实际需要真实发生，是否存在虚假交易或其他违背诚实信用原则的情形？

答：没有。

4.请您审阅笔录内容，是否与您表述的意思一致。如果一致请您签字确认，并请您提供贵公司营业执照及您身份证的复印件，谢谢。

答：本人确认前述访谈记录意思与本人陈述意思一致。营业执照及身份证复印件附后。

访谈对象签字确认：张三

访谈人员签字确认：甲、乙

三、重新计算与重新执行

重新计算是指注册会计师对记录或文件中的数据计算的准确性进行核对，重新计算可通过手工方式或电子方式进行。在财务报表审计中，注册会计师往往需要大量运用加总技术以获取必要的审计证据，如计算销售发票和存货的总金额，加总日记账或明细账，检查折旧费用和预付费用，检查应纳税额等。在执行重新计算时，注册会计师的计算并不一定按照被审计单位原先的计算形式和顺序进行。在计算过程中，注册会计师不仅要注意计算结果是否正确，还要对其他可能的差错（如计算结果的过账和转账有误等）予以关注。

在信息技术快速发展过程中，不少企业提高了信息化程度，包括业务、财务在内的涉及数据计算方面的事项，计算机代替了人工计算模式，从而使得计算错误的概率大大降低。因此，重新计算程序的作用也相应降低，注册会计师更多的是检查、复核被审计单位关于计算公式的设置是否存在错误或有意篡改，评价相关信息系统内部控制是否有效，而该方面的审计工作主要由 IT 审计人员执行。

重新执行是指注册会计师独立执行原本作为被审计单位内部控制组成部分的程序或控制。例如，注册会计师利用被审计单位的银行存款日记账和银行对账单，重新编制银行存款余额调节表，并与被审计单位编制的银行存款余额调节表进行比较。

四、观察

观察在存货、固定资产及建筑工程监盘中广泛运用，除此之外，观察还可以用于其他方面，如对被审计单位生产经营场所进行观察。如同询问一样，观察获取的证据受限于观察发生的时点，且被观察人员的行为和场所可能因被观察而受到影响。但是，观察能够为发现和印证被审计单位经济业务交易与财务报表账面记录是否一致提供线索。例如，通过实地连续数日观察被审计单位产成品仓库的车辆进出情况，测算产品的出库数量与账面确认营业收入之间差异，评估差异合理性及是否存在重大错报风险。又如，为分析高速公路公司车辆通行费收入的合理性，注册会计师可以选择多个时间段，实地观察某条高速公路实际车流量情况，推测月度、年度总车流量，进而测算通行费收入是否与账面记录存在重大差异。在延伸审计中，观察是主要运用的审计方法之一。

五、截止日测试

截止日测试的目的，是核查被审计单位会计处理是否存在跨期，包括应在资产负债表日前确认而计入了下一个会计期间，或者应在下一个会计期间确认而计入当期的风险。截止日测试是注册会计师常用审计方法之一，但实际执行中容易被忽略或流于形式，注册会计师为了完成审计工作底稿随意抽取几笔凭证检查，甚至不实施截止日测试，导致未能发现被审计单位跨期事项。监管部门在对会计师事务所执业质量检查中，截止日测试程序不到位是问题较多的领域之一，表 7-17 为监管部门指出注册会计师截止日测试存在的一些问题。

表 7–17　　　　　　　　　　　　　截止日测试常见问题示例

审计项目	会计师事务所处罚类型	涉及截止日测试存在的问题
A 公司	行政处罚	注册会计师在审计计划中将"进行期末截止性测试,结合公司的期后发生额,检查公司收入确认的完整性"作为收入应履行的重点审计程序。但会计师未有效执行截止性测试,没有对收入确认的关键依据吊装单进行有效验证,其对截止性样本选择的解释缺乏专业判断和应有的职业谨慎
B 公司	行政处罚	在对 ×× 股份有限公司 2014 年度财务报表审计中,审计工作底稿中未记录执行销售费用的截止性测试审计程序
C 公司	警示函	2019 年 ×× 药业有限公司索引号 SD40 销售费用截止测试表中对合计金额为 153 025 043.30 元的市场推广费、会议费、咨询费和服务费未执行截止测试,上述几项费用占销售费用比例达 80.23%,会计师获取的审计证据充分性,不能支持审计意见所依据的结论
D 公司	警示函	在执行收入截止性测试时,未明确区分公司商品销售、提供技术服务和系统集中方案三类不同的收入确认标准,有针对性地设计和实施收入截止性测试
E 公司	警示函	在 2016 年年报审计的收入截止性测试中,未抽取 2017 年 1 月凭证进行截止日后抽凭审计程序
F 公司	警示函	在实施 ×× 科技存货截止日测试审计程序时,仅从入 / 出库单中抽取样本与明细账进行核对,未从明细账中抽取样本与入 / 出库记录进行核对
……	……	……

资料来源:证监会及派出机构网站。

注册会计师在执行截止日测试程序时,应注意下列事项:

一是关于截止日测试的项目。截止日测试通常适用于发生频率较高的财务报表项目,如营业收入、存货采购、工薪支出、期间费用、货币资金等,这些项目通常应执行截止日测试。

二是关于截止日测试的期间。不少注册会计师选择"前五后五"或者"前十后十"发生的经济业务和会计记录进行截止日测试。对于风险较高、存在舞弊迹象的被审计单位,过短的测试期间效果可能并不理想,其跨期事项涉及的时间可能较长,甚至在出具审计报告后,目的是不让注册会计师轻易发现。因此,注册会计师应根据被审计单位的具体情况,合理确定截止日测试涵盖期间,必要时可延长至审计报告日。

三是关于测试样本的选择。注册会计师应采用适当的抽样方法选取截止日测试样本,以收入截止日测试为例,如果测试期间销售数量较少且单笔金额较大,可以选取该期间所有样本测试;如果销售数量较多且存在舞弊风险,可设定特定抽样标准,并选取符合条件的样本进行测试,然后对剩余总体执行抽样测试;如果测试期间内样本量很大、总体风险较低,可以采取随机抽样方式选取测试样本。

四是关于截止日测试的方法。注册会计师应针对被审计单位的业务模式，设计截止日测试。例如，对于收入截止日测试，如果被审计单位存在商品销售、提供技术服务和系统集成方案三类业务，各类业务中商品运抵指定地点的时点、合同约定付款时点、收到阶段性付款的时点、整体完工时点、验收合格后确认收入时点等均存在差异，这种情况下，需要针对不同类型业务收入确认标准，设计相应的截止日测试。此外，为核查是否存在未入账的交易，注册会计师对有的项目需要采取两个方向的测试，如对存货是否存在跨期测试，既要从出入库单追查至明细账，又要从明细账追查至出入库单。

五是关于截止日测试与期后事项审计的关系。实施截止日测试与期后事项审计，主要目的均是测试被审计单位会计处理是否存在跨期。两者的区别是覆盖期间和审计方法不同，但某些情况下，注册会计师截止日测试需要与期后事项审计相结合，延长期后时间，扩大测试范围，并可以通过查阅被审计单位用印记录，核查是否存在交易未予恰当记录或披露的情形。

附录：　　　　　　　　　　银行询证函

编号：

××（银行）××（分支机构，如适用）（以下简称"贵行"，即"函证收件人"）：

本公司聘请的［××会计师事务所］正在对本公司［＿＿＿年度（或期间）］的财务报表进行审计，按照［中国注册会计师审计准则］［列明其他相关审计准则名称］的要求，应当询证本公司与贵行相关的信息。下列第1～14项及附表（如适用）信息出自本公司的记录：

（1）如与贵行记录相符，请在本函"结论"部分［签字和签章］或［签发电子签名］[①]；

（2）如有不符，请在本函"结论"部分列明不符项目及具体内容，并［签字和签章］或［签发电子签名］。

本公司谨授权贵行将回函直接寄至××会计师事务所［或直接转交××会计师事务所函证经办人[②]］，地址及联系方式[③]如下：

回函地址：

联　系　人：　　　　　电话：　　　　　　传真：

邮　　　编：　　　　　电子邮箱：

本公司谨授权贵行可从本公司××账户支取办理本询证函回函服务的费用（如适用）。

截至［＿＿＿年＿月＿日］（即"函证基准日"），本公司与贵行相关的信息[④]列示如下：

---

① 根据《中华人民共和国电子签名法》（以下简称《电子签名法》），可靠的电子询证函属于《电子签名法》规定的一种数据电文。可靠的电子签名与手写签名或者盖章具有同等法律效力。函证各相关方在数字函证平台中使用符合《电子签名法》相关规定的数据电文和电子签名具有法律效力。

② 会计师事务所应按照相关银行公示的函证具体要求提供相关人员的证明文件等。

③ "回函地址、联系人、电话、传真、邮编、电子邮箱"等要素应完整、准确填写。

④ 本询证函所列示的1～14项及附表（如适用）信息，以银行印章所代表的总分支机构主体范围进行回函。

1. *银行存款*

账户名称	银行账号	币种	利率	账户类型	账户余额	是否属于资金归集（资金池或其他资金管理）账户	起始日期	终止日期	是否存在冻结、担保或其他使用限制（如是，请注明）	备注

除上述列示的银行存款（包括余额为零的存款账户）外，本公司并无在贵行的其他存款。

2. *银行借款*

借款人名称	借款账号	币种	余额	借款日期	到期日期	利率	抵（质）押品 / 担保人	备注

除上述列示的银行借款外，本公司并无自贵行的其他借款。

3. 自____年__月_日起至____年__月__日期间内注销的银行存款账户

账户名称	银行账号	币　种	注销账户日

除上述列示的注销账户外，本公司在此期间并未在贵行注销其他账户。

4. 本公司作为委托人的委托贷款

账户名称	银行结算账号	资金借入方	币种	利率	余额	贷款起止日期	备注

除上述列示的委托贷款外，本公司并无通过贵行办理的其他以本公司作为委托人的委托贷款。

5. 本公司作为借款人的委托贷款

账户名称	银行结算账号	资金借出方	币种	利率	余额	贷款起止日期	备注

除上述列示的委托贷款外，本公司并无通过贵行办理的其他以本公司作为借款人的委托贷款。

6. 担保

（1）本公司为其他单位提供的、以贵行为担保受益人的担保

被担保人	担保方式	币种	担保余额	担保到期日	担保合同编号	备注

除上述列示的担保外，本公司并无其他以贵行为担保受益人的担保。

（2）贵行向本公司提供的担保（如保函业务、备用信用证业务等）

被担保人	担保方式	币种	担保金额	担保到期日	担保合同编号	备注

除上述列示的担保外，本公司并无贵行提供的其他担保。

7. 本公司为出票人且由贵行承兑而尚未支付的银行承兑汇票

银行承兑汇票号码	结算账户账号	币种	票面金额	出票日	到期日	抵（质）押品

除上述列示的银行承兑汇票外，本公司并无由贵行承兑而尚未支付的其他银行承兑汇票。

8. 本公司向贵行已贴现而尚未到期的商业汇票

商业汇票号码	承兑人名称	币种	票面金额	出票日	到期日	贴现日	贴现率	贴现净额

除上述列示的商业汇票外，本公司并无向贵行已贴现而尚未到期的其他商业汇票。

9. 本公司为持票人且由贵行托收的商业汇票

商业汇票号码	承兑人名称	币种	票面金额	出票日	到期日

除上述列示的商业汇票外，本公司并无由贵行托收的其他商业汇票。

10. 本公司为申请人，由贵行开具的、未履行完毕的不可撤销信用证

信用证号码	受益人	币种	信用证金额	到期日	未使用金额

除上述列示的不可撤销信用证外，本公司并无由贵行开具的、未履行完毕的其他不可撤销信用证。

11. 本公司与贵行之间未履行完毕的外汇买卖合约

类别	合约号码	贵行卖出币种	贵行买入币种	未履行的合约买卖金额	汇率	交收日期

除上述列示的外汇买卖合约外，本公司并无与贵行之间未履行完毕的其他外汇买卖合约。

12. 本公司存放于贵行托管的证券或其他产权文件

证券或其他产权文件名称	证券代码或产权文件编号	数量	币种	金额

除上述列示的证券或其他产权文件外，本公司并无存放于贵行托管的其他证券或其他产权文件。

13. 本公司购买的由贵行发行的未到期银行理财产品

产品名称	产品类型（封闭式 / 开放式）	币种	持有份额	产品净值	购买日	到期日	是否被用于担保或存在其他使用限制

除上述列示的银行理财产品外，本公司并未购买其他由贵行发行的理财产品。

14. 其他

附表　　　　　　　　　　资金归集（资金池或其他资金管理）账户具体信息

序号	资金提供机构名称（即拨入资金的具体机构）	资金提供机构账号	资金使用机构名称（即向该具体机构拨出资金）	资金使用机构账号	币种	截至函证基准日拨入或拨出资金余额（拨出填列正数，拨入填列负数）	备注
1	举例：A 公司					××××	
2			举例：B 公司			××××	
……	……		……			……	

（预留签章）

年　月　日

经办人：

职　务：

电　话：

以下由被询证银行填列

结论：

经本行核对，所函证项目与本行记载信息相符。特此函复。

年　月　日　　经办人：　　职务：　　电话：

复核人：　　职务：　　电话：

（银行盖章）

经本行核对，存在以下不符之处。

年　月　日　　经办人：　　职务：　　电话：

复核人：　　职务：　　电话：

（银行盖章）

第八章　审计程序选择

审计程序是注册会计师在审计工作中可能采用的，用以获取充分、适当的审计证据以发表审计意见执行的相关工作。对审计主体来说，注册会计师需要选择总体审计程序的详略程度，对财务报表项目来说，需要选择实现相关认定目标的具体程序或程序组合。审计程序的选择，同时也是职业判断的过程，注册会计师应以风险评估结果为指导，设计和执行审计程序。对于重大错报风险领域，选择实施更多针对性的程序，必要时还可以选择延伸审计和利用专家工作。

第一节　选择审计程序的考虑

一、审计程序选择的重要性

执行审计程序的目的是获取审计证据，获取审计证据的目的是支持审计结论和审计意见。审计程序与审计证据之间的关系，是同一事项的两个方面，或者说是过程与结果，审计程序体现为注册会计师的一系列动作，如在针对财务报表某项目审计时，决定选择哪些审计程序，选定程序后采取检查、函证、监盘、分析等哪些具体方法去执行这些程序，而审计证据是执行审计程序的结果。由于实现某一账户余额或交易认定往往需要多个程序，不同程序获取的审计证据及其证明力不同，且被审计单位内部控制水平存在差异，需要注册会计师结合风险评估结果做出选择。选择得当，可以最小的成本获取充分、适当的审计证据，反之，要么因审计过度浪费审计资源，要么遗漏某些关键审计程序导致审计风险。因此，选择审计程序，就是要平衡审计程序、审计证据与审计目标之间的关系，实现效率、成本与风险的最优组合。例如，错报风险极低的项目，且数据之间具有稳定的预期关系，这种情况下分析性程序可以直接作为实质性测试，如果注册会计师再执行大量的抽样细节测试，显然没有必要，牺牲了效率，却与降低风险无关。但是，如果注册会计师发现被审计单位存在舞弊迹象，需要执行包括延伸审计在内的审计程序，却因考虑审计成本、沟通难度等因素而不予执行，关键审计程序缺失，最终导致审计失败，这是为了降低成本而放弃风险。

从执行审计的过程看，影响审计证据质量的因素，首先是选择何种审计程序，其次是选择谁去执行，最后是以什么方式（如审计程序实施的时间选择）执行审计程序。其中，选择审计程序具有方向性的作用，是路线图，如果方向错了，即使是安排经验丰富的注册会计师，也难以达到审计目标。因此，选择审计程序是否恰当，直接影响获取高质量的审计证据，两者存在较强的因果关系。审计程序的选择，是注册会计师审计选择的核心之一，也是体现注册会计师职业判断最重要的方面。审计程序的选择分为三个步骤：

（1）根据不同审计主体（母公司、分公司和子公司）在被审单位合并财务报表中的重要性、风险程度等因素，选择设计总体审计程序方案，即财务报表主体层面的选择。

（2）根据不同财务报表项目或事项在相应审计主体中的重要性及风险状况，选择确定各主体财务报表项目拟实施程序的性质、时间和范围，即账户余额和交易认定层次审计程序的选择，注册会计师拟选择哪些财务报表项目进行重点审计，选择哪些项目进行一般审计，选择哪些项目进行审阅或分析性程序。

（3）针对账户余额和交易认定，根据注册会计师评估的重大错报风险情况，选择具体的审计程序。

二、审计主体和财务报表项目与审计程序设计

规模较大的企业，往往由不同的板块、分部组成，即有多个组成部分，从会计信息生成看，这些组成部分个别报表共同构成集团合并财务报表。注册会计师审计由多个主体（母公司、分公司、分部、子公司等）构成的合并财务报表，首先要确定不同审计主体的审计策略，需要针对每个主体选择总体审计程序，在此基础上选择财务报表项目的审计程序。

（一）审计主体总体审计程序

根据不同主体相对于合并财务报表的重要程度，如资产总额、收入总额、利润占比，结合其他错报风险因素，如内部控制有效性、业务的复杂程度、地域分布等，分别采取重点审计、一般审计、审阅、分析性程序。重点审计，是对合并财务报表最为重要，具有财务重大性，或者错报风险很高的组成部分，选择最充分的审计程序；一般审计，是对合并财务表比较重要，具有财务重大性，或者错报风险为中等水平的组成部分，选择实施常规的审计程序；审阅，是对合并财务

报表不重要，不具有财务重大性，且错报风险较小的组成部分，选择实施简化审计程序；分析性程序，是对合并财务报表影响很小且错报风险很低，或者即使错报风险较高但不具有重要性的组成部分，选择执行分析性程序。审计主体总体审计程序选择矩阵如表 8-1 所示。

表 8-1 审计主体总体审计程序选择矩阵

重大性	高错报风险	中等错报风险	低错报风险
财务重大性：很重大（30% 以上）	重点审计	重点审计	一般审计
财务重大性：重大（15%～30%）	重点审计	一般审计	一般审计
财务重大性：不重大（5%～15%）	一般审计	一般审计	审阅
财务重大性：极小（小于 5%）	审阅	审阅	分析性程序

案例 8-1

　　W 公司主营业务为导电膜、浮法玻璃的生产和销售，兼营酒店餐饮服务，拥有 8 家全资及控股子公司，经营酒店餐饮的子公司为 K 假日酒店有限责任公司，主要用于内部及接待客户之用，经营一直比较稳定。20×1 年度，W 公司合并财务报表资产总额 10.89 亿元，实现收入 6.11 亿元，其中，K 公司资产总额 5 200 万元，实现客房及餐饮收入 608 万元，分别占合并报表相应项目的 4.78%、1%，酒店资产主要为经营用房屋及建筑物。

　　在审计过程中，项目负责人委派了 3 名审计人员对组成部分 K 公司进行审计，所有财务报表项目均按照会计师事务所标准审计工作底稿模版开展审计，对所有财务报表项目，不论金额大小，均实施了完整、详细的审计程序，获取的证据全面，未发现重大错报，工作底稿有近 10 册，审计耗时近一周。

　　该审计案例中，针对组成部分审计主体 K 的审计方案不合理，审计程序执行过度。根据被审计单位酒店子公司定位及财务数据占合并报表的比重，显然既不具有财务重大性，错报风险也极低，对这样的组成部分主体，实施分析性程序即可，只需 1 名审计人员在 1 天内就可完成，且审计效果与前者无异，可节省 90% 以上审计资源和成本。因此，注册会计师应把握审计方向，恰当选择审计主体的适用程序。

　　注册会计师应结合被审计单位的特点，灵活选择主体的总体审计程序，需要注意以下两点：

第一，如果集团内多个组成部分组织结构、经营业务、内部控制、管理模式等具有同质性，单个主体可能不具有财务重大性，这种情况下，需要将这些同质主体的组合进行考虑审计程序，或者说按照业务板块选择主体适用的审计程序。例如，集团公司在全国各地设立了多个生产基地，生产相同的产品，虽然各个生产工厂规模都不大，但合计产量具有重大性，注册会计师可以将这些生产工厂合并为一个审计主体考虑，重点关注存货与生产循环。又如，集团公司营销策略是多点推广，在多个城市设立销售公司，负责销售集团生产的产品，如医药类、食品饮料类企业，注册会计师可以将销售公司合并为一个审计主体，重点关注销售与收款循环。

第二，在确定主体的总体审计程序时，某个组成部分被确定为重点审计，并不意味着该主体所有财务报表项目都需要实施重点审计，其中部分项目可能只需要实施一般审计、审阅或分析性程序；某个组成部分被确定为一般审计，可能该组成部分的某一个或几个财务报表项目需要实施重点审计；某个组成部分被确定为审阅程序，可能该组成部分的一个或几个财务报表项目需要实施一般审计。

（二）财务报表项目审计程序

具体到每一个组成部分财务报表，即账户余额和交易测试，要考虑执行审计程序的繁简，是简易程序、常规程序，还是需要实施追加程序、综合程序，甚至是延伸审计程序。注册会计师应根据风险评估程序及控制测试，进一步选择实施审计程序的性质，如收入、应收账款、存货、应付账款实施常规、追加或综合审计程序，营业外收入与营业外支出实施审阅等简易程序即可。

三、控制测试审计程序

（一）选择是否进行控制测试

控制测试是为了获取关于控制防止或发现并纠正认定层次的重大错报有效性而实施的测试，注册会计师需要对被审计单位内部控制有效性的下列情形作出判断：控制在所审计期间的相关时点如何运行；控制是否得到一贯执行；控制由谁或以何种方式执行。与实质性测试不同，控制测试并非在任何情况下都需要实施。当存在下列情形时，注册会计师应实施控制测试，反之不需要实施控制测试：

（1）在评估认定层次重大错报风险时，预期被审计单位的控制运行是有效的。规模较大的企业一般建立了相应的内部控制制度，但对于某些中小型企业，基于成本效益原则考虑，可能缺乏相应的内部控制，注册会计师对此类被审计单位无需实施控制测试，而直接开展实质性测试。

（2）仅实施实质性程序并不能够提供认定层次充分、适当的审计证据。对有些重大错报风险，注册会计师仅通过实质性程序无法予以应对。例如，在被审计单位对日常交易或与财务报表相关的其他数据，包括信息的生成、记录、处理、报告等，采用高度自动化处理的情况，审计证据可能仅以电子形式存在，此时审计证据是否充分、适当通常取决于自动化信息系统相关控制的有效性。如果信息的生成、记录、处理和报告均通过电子格式进行而没有适当有效的控制，则生成不正确的信息或信息被不恰当修改的可能性会大大增加。在认为仅通过实质性程序不能获取充分、适当的审计证据情况下，注册会计师必须实施控制测试，这种测试已经不再单纯出于成本效益原则考虑，而是必须获取的一类审计证据。

有时注册会计师在对某些风险较高，同时规模不大的客户审计时，如IPO审计业务、新三板挂牌审计等，几乎接近实施了详细审计，该种情形下虽然应实施控制测试，但事实上并未达到控制测试的目的，这种做法值得探讨。

（二）选择哪些主体及控制实施控制测试

不同企业组织形式、管理架构、主营业务有所差异，注册会计师需要选择实施控制测试的范围，一方面是确定主体范围。注册会计师应从两个层面，即负责被审计单位整个集团管理的主体和业务主体确定范围，前者通常为母公司，后者为从事具体经营业务的分公司、子公司。集团层面，即被审计单位整体层面内部控制，必须纳入控制测试范围，因控制环境、风险评估、监控等控制要素主要是由集团层面负责。业务层面的主体，注册会计师可选择重要的组成部分，能够反映控制活动设计和运行有效性的主体作为控制测试对象。另一方面是确定测试范围。选择哪些控制进行测试，应结合被审计单位管理权限、业务分布、财务重大性、风险程度确定，如集团整体层面，可将投资与融资循环、货币资金循环、信息系统控制纳入测试，而某个子公司主要从事生产活动，则可将其关于采购与付款方面的控制纳入测试；某个子公司主要从事销售活动，则可将其关于销售与收款方面的控制纳入测试等。当然，如果母公司也从事具体业务，需要根据重要性同时纳入业务层面的控制测试。实务中，注册会计师往往结合被审计单位组成部分的重要程度，选择经营活动中的重要业务与事项进行控制测试。

案例 8-2

监管部门在对注册会计师执行文投控股（600715）2018年财务报表审计检查中，指出注册会计师在内部控制测试存在以下方面的问题：

（1）重要账户及相关认定不恰当。具体表现在：营业收入是关键审计事项，影视投资业务风险较大，本年货币资金越权审批支付，与上述业务相关的账户对公司财务报表影响重大，未将营业收入的完整性认定、营业成本的完整性认定、其他应收款的计价与分摊认定作为重要账户及相关认定不恰当。

（2）了解潜在错报的来源并识别相应的控制程序执行不到位。具体表现在：对业务活动的了解缺少部分重要业务板块，对业务活动流程的了解缺少部分会计记录环节，对部分控制的了解不具体。

（3）控制测试程序执行不到位。具体表现在：在销售与收款循环控制测试底稿中，未见对截止测试、收入确认政策的恰当性等其他控制点进行控制测试，存在样本取证不完整的情况，存在关键控制点测试存在偏差的情况。

上述行为不符合《企业内部控制审计指引实施意见》"三　关于实施审计工作（三）识别重要账户、列表及其相关认定注册会计师应当基于财务报表层次识别重要账户、列报及其相关认定"的规定，以及不符合《企业内部控制审计指引》"第十二条　注册会计师测试业务控制，应把握重要性原则，结合企业实际、企业内部控制应用指引的要求和企业层面控制的测试情况，重点对企业生产经营活动中的重要业务与事项的控制进行测试"的规定。

资料来源：中国证监会网站。

（三）选择控制测试程序

控制测试主要为"核对"性质，将被审计单位的内部控制制度与有关标准比对，判断制度设计是否存在缺陷，以及将运行情况与制度比对，判断控制运行是否存在缺陷。控制测试审计程序较实质性测试的方法和程序不同，主要采用下列方法和程序：

（1）询问。注册会计师可以在被审计单位向适当员工询问，获取与内部控制运行相关的信息。例如，询问信息系统管理人员有无未经授权接触计算机硬件和软件，向负责复核银行存款余额调节表的人员询问如何进行复核等。但是，仅通过问询不能为控制运行的有效性提供充分的证据，为印证被询问者的答复，还需要获取相关的使用报告、手册或其他文件。询问本身不足以测试控制运行的有效性，需要与其他审计程序结合使用。

（2）观察。观察是测试不留下书面记录的控制（如职责分离）的运行情况的有效方法，例如，观察存货盘点控制的执行情况。观察也可用于实物控制，如查看仓库门是否锁好，或空白支票是否妥善保管。通常情况下，注册会计师通过观察直接获取的证据较为可靠，但观察也存在局限性，主要是观察提供的证据仅限于观察发生的时点，若将检查、重新执行等结合，可能比仅实施观察能获取更高水平的保证。

（3）检查。对运行情况留有书面证据的控制，比较适合于检查的方法和程序。书面说明、复核时留下的记号，或其他记录在偏差报告中的标志，都可以被当作控制运行情况的证据。例如，检查销售发票是否有复核人员签字，是否附有客户订单和出库单等。

（4）重新执行。例如，为了合理保证计价认定的准确性，被审计单位的一项控制是由复核人员核对销售发票上的价格与统一价格单上价格是否一致。但是，要检查复核人员有没有认真核对，仅仅检查复核人员是否在相关文件上签字还不够，注册会计师还需要自己选取一部分销售发票进行核对，即重新执行程序。

（四）选择实施控制测试的样本

如何选择某项控制活动的测试次数，注册会计师需要考虑的主要因素包括：

（1）在拟信赖的期间，被审计单位执行控制的频率。控制执行的频率越高，控制测试的样本范围越大，人工控制下控制发生频率与最低样本选择数量参考如表 8-2 所示。

表 8-2　　　　　　　　　　　　　　　人工控制最低样本规模

序号	控制执行的频率	全年控制发生的次数（次）	样本量（个）
1	1 次 / 年	1	1
2	1 次 / 季度	4	2
3	1 次 / 月	12	3
4	1 次 / 周	52	5
5	1 次 / 日	250	20
6	每日数次	> 250	25

（2）在审计期间，注册会计师拟信赖控制运行有效性的时间长度。拟信赖控制运行有效性的时间长度不同，在该期间内发生的控制活动次数也不同，时间越长，注册会计师控制测试的范围越大。

（3）控制的预期差异。控制未得到执行的预期次数占控制应得到执行次数的比例越高，即偏差率越高，需要实施的控制测试范围越大。

（4）通过测试与认定相关的其他控制获取的证据情况，当针对其他控制获取的证据充分性和适当性较高时，该控制测试范围可以适当缩小。

（5）拟获取的有关认定层次控制运行有效性的证据的相关性和可靠性。

四、实质性测试选择具体审计程序

选择账户余额或交易实质性测试具体审计程序，主要考虑两个因素：

一是该账户余额或交易要实现的审计目标，即相关的认定。要实现的认定越多，需要执行的程序就越多，如某账户或交易需要实现存在性、完整性、准确性、分类、截止、计价、权利等多个认定，比某账户余额或交易只需要实现其中一个或两个认定所需要的审计程序较多。不仅如此，认定目标之间所需要审计程序还存在差异，有的认定只需要一个程序即可实现，如权利的认定，只需要检查相关权属证明即可达到该认定审计目标，有的认定较为复杂，可能需要多个审计程序组合实施才能达到审计目标，如销售收入完整性认定，至少要运用顺查法和逆查法等不同的审计程序。

二是该账户余额或交易的错报风险程度。账户余额或交易错报风险往往受到多个因素影响，如被审计单位固有风险的影响，控制风险的影响，其他实质性程序获取的保证程度，以及注册会计师确定的可接受风险水平和可容忍错报金额。进一步分解，不同认定错报风险程度，影响该认定审计程序的选择，如果某认定被确定为高风险，则需要执行充分的审计程序，反之，可能只需要执行审阅与分析性程序。以应收账款细节测试审计程序为例，注册会计师选择审计程序的决策依据及执行过程，如表8-3、表8-4所示。

表8-3　　　　　　　　　　　选择应收账款细节测试审计程序决策

项目	细节相符性	存在性	完整性	准确性	分类	截止	计价	权利
可接受审计风险	高	高	高	高	高	高	高	高
固有风险	低	中	低	低	低	中	中	低
控制风险—销售	低	中	低	高	低	中	高	不适用
控制风险—现金收入	低	中	低	低	低	低	不适用	不适用
控制风险—额外控制	无	无	无	无	无	无	无	低
交易性实质性测试—销售	良好结果	良好结果	良好结果	公允结果	良好结果	结果不可接受	不适用	不适用
交易性实质性测试—现金	良好结果	良好结果	良好结果	良好结果	良好结果	良好结果	不适用	不适用

项目	细节相符性	存在性	完整性	准确性	分类	截止	计价	权利
分析性程序	良好结果	良好结果	良好结果	良好结果	良好结果	良好结果	结果不可接受	不适用
余额细节测试的计划检查风险	高	中	高	中	高	低	低	高
余额细节测试的计划审计证据	低	中	低	中	低	高	高	低

可容忍错报：
×× 万元

表8–4　　　　　　　　　　　　应收账款细节测试选择审计程序及执行情况

与余额相关的审计目标	审计程序
账龄试算表的各项应收账款余额与相应源文件余额一致，合计数的加总正确并与总账一致（细节相符性）	从试算表追查 10 个账户至源文件，加总两张试算表，并计算其合计数，追查余额至总账
账龄试算表中的应收账款确实存在（存在性）	运用积极式函证方式函证应收账款。账户余额在 10 万元以上的全部函证，在其余账户中选取非统计样本进行函证。对所有经过一次或两次函证未得到回函的执行替代程序。复核应收账龄试算表中大额或异常的应收账款
发生的应收账款均已列入试算表（完整性）	从应收账款源文件中追查 5 个账户至账龄试算表
账龄试算表中的应收账款入账金额是准确的（准确性）	运用积极式函证方式函证应收账款。账户余额在 10 万元以上的全部函证，在其余账户中选取非统计样本进行函证。对所有经过一次或两次函证未得到回函的执行替代程序。复核应收账龄试算表中大额或异常的应收账款
账龄试算表中的应收账款分类是恰当的（分类）	复核账龄试算表所列的应收账款中有无应收票据和应收关联方的款项，询问管理层账龄试算表中是否有应收关联方款项、应收票据或长期应收款
销售与收款循环中的交易均已计入适当的期间（截止）	从当年的销售日记账中选取最后 20 笔交易，从下年度的销售日记账中选取最初的 20 笔交易，追查每笔交易的发货单，检查其实际发货日期和记录的正确性。复核报表日前后的大额销售退回与折让，确定是否列入正确的期间
应收账款可收回性（计价）	从试算表中追查 10 个账户至应收账款源文件以测试试算表中账龄。与信用经理讨论过期账款收回的可能性，审查期后现金收入和账龄超过 90 天的所有账户的信用调查档案，评价该笔款项是否能够收回。在执行有关应收账款可收回性的其他审计程序后，评价坏账准备计提的充分性
试算表的应收账款为被审计单位所拥有（权利）	询问、复核董事会会议记录是否记载了应收账款抵押、出售等事项

选择审计程序是一个不断决策的过程，最终需要根据评估的风险大小选择审计程序，风险越高的项目，选择实施程序越多，并扩大样本范围。举例来说，关于收入发生认定的审计目标，在选择交易性实质测试程序时，如果该认定为中低风险错报程度，注册会计师只需要选择检查合同协议、发票、发货单、签收单、物流凭证等常规审计程序；如果该认定为中高风险错报程度，注册会计师除了实施常规的检查程序外，可能还需要了解交易对手背景信息，实施交易询证函等审计程序；如果发现舞弊迹象，认定为很高风险，除了实施前述审计程序外，注册会计师可能还需要选择延伸和穿透审计程序，实地访谈交易对手，必要时获取对方资金流水、追踪货物的实际用途和最终流向等。

实务中，会计师事务所往往根据审计准则、实务经验制定一些"标准"的审计程序，以"××审计程序表"的形式展现，供注册会计师在选择审计程序时参考。注册会计师在审计工作中，需要根据审计项目的具体情况选择，有的可能需要删减，有的可能需要增加，不宜机械性地照搬照抄"标准"程序。即使是选用"标准"程序，每一项程序执行的范围也可能不同。例如，应收账款细节测试程序中，在执行函证程序时，函证样本选择量可能因审计业务类型不同有所差异，对IPO、上市公司等审计，注册会计师通常会选择较高比例的样本进行函证。

表8-5~表8-10为销售与收款循环、采购与付款循环、生产与存货循环、筹资与投资循环的一些重要账户或交易实质性程序的示例。

表 8-5 营业收入实质性程序

计划实施的实质性程序	索引号	财务报表的认定					
		发生	完整性	准确性	截止	分类	列报
一、主营业务收入							
1 获取或编制主营业务收入明细表 ①复核加计是否正确，并与总账数和明细账合计数核对相符，结合其他业务收入科目与报表数核对是否相符 ②检查以非记账本位币结算的收入的折算汇率及折算金额是否正确。				√			
2 了解和评价公司收入类型，充分了解公司经营模式，应结合公司业务实质与"五步法"，检查、分析不同业务模式下的合同签订方式及内容，分析合同签订方的权利义务关系，检查各项履约义务的识别、一段时间履行履约义务和在某一时点履行履约义务的判断是否符合企业会计准则规定；关注周期性、偶然性的收入是否符合既定的收入确认原则、方法		√					

计划实施的实质性程序	索引号	财务报表的认定					
		发生	完整性	准确性	截止	分类	列报
3 实质性分析程序 针对已识别需要运用分析程序的有关项目，并基于对被审计单位及其环境的了解，通过进行以下比较，同时考虑有关数据间关系的影响，以建立有关数据的期望值 ①将本期的主营业务收入与上期的主营业务收入进行比较，分析产品销售的结构和价格变动是否异常，并分析异常变动的原因 ②计算本期重要产品的毛利率，与上期比较，检查是否异常，各期之间是否存在重大波动，查明原因 ③比较本期各月各类主营业务收入的波动情况，分析其变动趋势是否正常，是否符合被审计单位季节性、周期性的经营规律，查明异常现象和重大波动的原因 ④将本期重要产品的毛利率与同行业企业进行对比分析，检查是否存在异常 ⑤根据增值税发票申报表或普通发票，估算全年收入，与实际收入金额比较		√	√	√			
4 结合对应收账款的审计，选择主要客户函证本期或申报期内各期销售额		√	√	√	√		
5 根据抽样测试引导表，抽取记账凭证，审查入账日期、品名、数量、单价、金额等是否与发票、发货单、销售合同等一致		√		√	√		
6 根据抽样测试引导表，抽取发货单，审查出库日期、品名、数量等是否与发票、销售合同、记账凭证等一致			√	√	√		
7 检查一段时间履行履约义务业务的履约进度确认方法是否恰当，前后期是否一致；检查履约进度确认收入依据是否充分，计算是否正确		√	√	√	√		
8 检查在某一时点履行履约义务业务控制权转移时点的依据是否充分		√	√	√	√		
9 检查确定合同交易价格时，是否考虑可变对价、合同中存在的重大融资成分、非现金对价、应付客户对价等因素的影响。如果存在可变对价，是否按照期望值或最可能发生金额确定可变对价的最佳估计数，并以不超过在相关不确定性消除时累计已确认收入极可能不会发生重大转回的金额计入交易价格				√			

计划实施的实质性程序	索引号	财务报表的认定					
		发生	完整性	准确性	截止	分类	列报
10 选取样本，检查计算各单项履约义务的交易价格分摊是否正确				√			
11 销售的截止性测试：当货物销售控制权转移为物权转移时 ①通过测试资产负债表日前后的发货单据，将应收账款和收入明细账进行核对；同时，从应收账款和收入明细账选取在资产负债表日前后的凭证，与发货单据核对，以确定销售是否存在跨期现象 ②检查资产负债表日至外勤审计结束日大额的销售退回记录，看是否存在提前确认收入情况 ③复核资产负债表日前后销售和发货水平，确定业务活动水平是否异常（如与正常水平相比），并考虑是否有必要追加截止程序 ④结合对资产负债表日应收账款的函证程序，检查有无未取得对方认可的大额销售 ⑤调整重大跨期销售 当收入控制权转让为其他情形时，检查资产负债表前后相关关键信息和资料判断收入截止是否恰当处理					√		
12 存在销货退回的，检查手续是否符合规定，结合原始销售凭证检查其会计处理是否正确；结合存货项目审计关注其真实性		√					
13 合同折扣与价格折让 ①获取或编制合同折扣与价格折让明细表，复核加计正确，并与明细账合计数核对相符 ②取得被审计单位有关折扣与折让的具体规定和其他文件资料，并抽查较大的折扣发生额的授权批准情况，与实际执行情况进行核对 ③合同折扣与价格折让是否及时足额提交对方，有无虚设中介、转移收入、私设账外"小金库"等情况 ④检查合同折扣与价格折让的会计处理是否正确				√			
14 检查有无其他特殊的销售行为，如附有退回条件的销售、对附有质量保证条款的销售、主要责任人和代理人、分期收款销售、商品需要安装和检验的销售、售后回购、以旧换新、出口销售、寄售等，选择恰当的审计程序进行审核		√	√	√	√	√	

计划实施的实质性程序		索引号	财务报表的认定					
			发生	完整性	准确性	截止	分类	列报
15	如发生关联方交易 ①了解交易的商业理由 ②检查证实交易的支持性文件（如发票、合同、协议及入库和运输单据等相关文件） ③如果可获取与关联方交易相关的审计证据有限，考虑实施下列审计程序：向关联方函证交易的条件和金额，包括担保和其他重要信息；检查关联方拥有的信息；向与交易相关的人员和机构（如银行、律师）函证或与其讨论有关信息；完成"关联方"审计工作底稿		√		√			
16	调查集团内部销售情况，记录其交易价格、数量和金额，并追查在编制合并财务报表时是否已予以抵销		√		√			
17	根据评估的舞弊风险等因素增加的审计程序							
18	了解主营业务收入的业务内容，判断其分类为主营业务收入是否恰当						√	
二、其他业务收入								
19	获取或编制其他业务收入明细表，复核加计是否正确，与总账数和明细账合计数核对是否相符，结合主营业务收入科目与营业收入报表数核对是否相符				√			
20	计算本期其他业务收入与其他业务成本的比率，并与上期该比率比较，检查是否有重大波动，如有，应查明原因		√	√	√			
21	检查原始凭证等相关资料，分析交易的实质，确定其是否符合收入确认的条件，并检查其会计处理是否正确。对异常项目，应追查入账依据及有关法律文件是否充分		√	√	√	√	√	
22	用材料进行非货币性资产交换的，应确定其是否具有商业实质且公允价值能够可靠计量		√		√			
23	根据评估的舞弊风险等因素增加的审计程序					√		
24	了解其他业务收入的业务内容，判断其分类为其他业务收入是否恰当						√	
三、列报								
25	检查营业收入是否已按照企业会计准则或其他适用的财务报告编制基础的规定在财务报表中作出恰当列报							√

表 8-6   应收账款实质性程序

计划实施的实质性程序	索引号	财务报表的认定					
		存在	权利和义务	完整性	准确性、计价和分摊	分类	列报
1	获取或编制应收账款明细表 ①复核加计是否正确，并与总账数和明细账合计数核对是否相符；结合坏账准备科目与报表数核对相符 ②检查非记账本位币应收账款的折算汇率及折算是否正确 ③分析有贷方余额的项目，查明原因，必要时，作重分类调整 ④结合其他应收款、预收账款等往来项目的明细余额，调查有无同一客户多处挂账、异常余额或与销售无关的其他款项（如代销账户、关联方账户或雇员账户）。如有，应做出记录，必要时作调整 ⑤标识重要的欠款单位，计算其欠款合计数占应收账款余额的比例					√		
2	检查涉及应收账款的相关财务指标 ①复核应收账款借方累计发生额与主营业务收入是否配比，并将当期应收账款借方发生额占销售收入净额的百分比与管理层考核指标比较，如存在差异，应查明原因 ②计算应收账款周转率及应收账款周转天数等指标，并与被审计单位以前年度指标、同行业同期相关指标对比分析，检查是否存在重大异常		√		√	√		
3	获取或编制应收账款账龄分析表 ①测试计算的准确性 ②检查原始凭证，如销售发票、运输记录等，测试账龄划分的准确性 ③请被审计单位协助，在应收账款明细表上标出至审计时已收回的应收账款金额，对已收回金额较大的款项进行检查至支持性文件					√		
4	实施函证程序，除非有充分证据表明应收账款对财务报表不重要或函证很可能无效。如果不对应收账款进行函证，在工作底稿中说明理由 ①编制应收账款函证结果汇总表，检查回函 ②调查不符事项，确定是否表明存在错报，记录不符事项的原因 ③如果未回函，实施替代程序 ④如果认为回函不可靠，评价对评估的重大错报风险以及其他审计程序的性质、时间安排和范围的影响		√	√		√		

续表

计划实施的实质性程序	索引号	财务报表的认定					
		存在	权利和义务	完整性	准确性、计价和分摊	分类	列报
4	⑤如果管理层不允许寄发询证函：询问管理层不允许寄发询证函的原因，并就其原因的正当性及合理性收集审计证据。评价管理层不允许寄发询证函对评估的相关重大错报风险（包括舞弊风险），以及其他审计程序的性质、时间安排和范围的影响。实施替代审计程序，以获取相关、可靠的审计证据。如果认为管理层不允许寄发询证函的原因不合理，或实施替代程序无法获取相关、可靠的审计证据，与治理层进行沟通，并确定其对审计工作和审计意见的影响	√	√		√		
5	对未函证应收账款实施替代审计程序，检查相关支持性文件（如销售合同、销售订单、销售发票副本、发运凭证及回款单据等），以验证与其相关的应收账款的真实性	√					
6	浏览应收账款发生额，关注有无不属于结算业务的债权。如有，应建议被审计单位作适当调整	√					
7	通过检查减免应收账款的支持性文件，以及资产负债表日前后销售退回和赊销水平，确定应收账款是否真实存在	√					
8	评价坏账准备计提的适当性 ①取得或编制坏账准备计算表，复核加计正确，与坏账准备总账数、明细账合计数核对相符。将应收账款坏账准备本期计提数与资产减值损失相应明细项目的发生额核对，是否相符 ②检查应收账款坏账准备计提和核销的批准程序，取得书面报告等证明文件。第一，评价计提坏账准备的会计政策、所依据的资料、假设及方法，关注是否采用预期信用损失法计提坏账准备，关注应收账款中是否包含重大融资成分。第二，复核应收账款坏账准备是否按权力机构批准的既定方法提取，其计算和会计处理是否正确 ③根据账龄分析表中，选取认为必要的其他账户（如有收款问题记录的账户，收款问题行业集中的账户）。复核并测试所选取账户期后收款情况。针对所选取的账户，与授信部门经理或其他负责人员讨论其可收回性，并复核往来函件或其他相关信息，以支持被审计单位就此作出的声明。针对坏账准备计提不足情况进行调整				√		

计划实施的实质性程序	索引号	财务报表的认定					
		存在	权利和义务	完整性	准确性、计价和分摊	分类	列报
8	④实际发生坏账损失的，检查转销依据是否符合有关规定，会计处理是否正确 ⑤已经确认并转销的坏账重新收回的，检查其会计处理是否正确 ⑥通过比较前期坏账准备计提数和实际发生数，以及检查期后事项，评价应收账款坏账准备计提的合理性 ⑦选取同行业公司（上市公司），分析比较计提坏账准备的比例与行业内其他企业相比，有无显著差异。若存在，分析原因					√		
9	检查应收账款中是否存在债务人破产或者死亡，以其破产财产或者遗产清偿后仍无法收回，或者债务人长期未履行偿债义务的情况，如果是，应提请被审计单位处理					√		
10	如存在应收关联方的款项 ①了解交易的商业理由 ②检查证实交易的支持性文件（如发票、合同、协议及入库和运输单据等相关文件） ③如果可获取与关联方交易相关的审计证据有限，考虑实施下列审计程序：第一，向关联方函证交易的条件和金额，包括担保和其他重要信息。第二，检查关联相关的信息。第三，向与交易相关的人员和机构（如银行、律师）函证或与其讨论有关信息 ④完成"关联方"审计工作底稿		√	√	√	√		
11	检查银行存款和债务询证函回函、会议纪要、借款协议和其他文件，确定应收账款是否已被质押或出售			√				
12	根据评估的舞弊风险等因素增加的审计程序							
13	了解应收账款的业务内容，判断其分类为应收账款是否恰当						√	
14	检查应收账款是否已按照企业会计准则或其他适用的财务报告编制基础的规定在财务报表中作出恰当列报							√

表 8-7　　　　　　　　　　　　　　　　应付账款实质性程序

计划实施的实质性程序	索引号	财务报表的认定					
		存在	权利和义务	完整性	准确性、计价和分摊	分类	列报
1　获取或编制应付账款明细表 ①复核加计正确，并与报表数、总账数和明细账合计数核对是否相符 ②检查非记账本位币应付账款的折算汇率及折算金额是否正确 ③分析出现借方余额的项目，必要时，作重分类调整					√		
2　对应付账款执行分析性程序				√	√		
3　实施函证程序 ①编制应付账款函证汇总表，检查回函 ②调查不符事项，确定是否存在错报 ③如果未回函，实施替代程序（执行期后付款检查或检查原始凭单，如合同、发票、验收单，核实票据的真实性）		√	√		√		
4　检查资产负债表日后应付账款明细账贷方发生额的相应凭证，关注其购货发票的日期，确认其入账时间是否合理		√		√			
5　复核截止审计现场工作日未处理的供应商发票，并询问是否存在其他未处理的供应商发票，确认负债记录在正确的会计期间内				√			
6　结合存货监盘程序，检查被审计单位在资产负债表日前后的存货入库资料（检验报告或入库单），检查相关负债是否计入了正确的会计期间				√			
7　结合预付款项明细表，检查是否存在同时挂账的项目，如有，应做记录，必要时作调整					√		
8　检查应付账款长期挂账的原因并作出记录，并披露		√			√		
9　检查与应付账款有关的会计记录，以确定被审计单位是否按照规定进行相应的会计处理和披露		√		√	√		
10　实施关联方及其交易的审计程序，检查对关联方的应付账款的真实性、完整性，检查其会计处理是否正确		√	√	√			
11　根据评估的舞弊风险等因素增加的审计程序							
12　根据应付账款的业务内容，判断其分类为应付账款是否恰当						√	
13　检查应付账款是否已按照企业会计准则或其他适用的财务报告编制基础的规定在财务报表中作出恰当列报							√

表 8-8　　　　　　　　　　　　　原材料（及材料成本差异）实质性程序

计划实施的实质性程序	索引号	存在	权利和义务	完整性	准确性、计价和分摊	分类	列报
		财务报表的认定					
一、材料采购（在途物资）							
1　获取或编制材料采购（在途物资）明细表，复核加计是否正确，并与总账数、明细账合计数核对是否相符					√		
2　结合应付账款审计程序对大额材料采购或在途物资进行检查，并复核采购成本的正确性。同时检查材料采购是否存在长期挂账事项，如有，应查明原因，必要时提出建议调整		√	√		√		
二、原材料							
3　获取或编制原材料明细表，复核加计是否正确，并与总账数、明细账合计数核对是否相符					√		
4　①对原材料入库执行截止性测试，判断是否存在跨期调整事项　②对原材料出库执行截止性测试，判断是否存在跨期调整事项		√		√			
5　选取样本，对原材料的发出进行计价测试					√		
6　审核有无长期挂账的原材料，如有，应查明原因，必要时作调整		√					
7　结合银行借款等科目，了解是否有用于债务担保的原材料，如有，则应取证并作相应的记录，同时提请被审计单位作恰当披露				√			√
三、材料成本差异							
8　获取或编制材料成本差异的明细表，复核加计是否正确，并与总账数、明细账合计数核对是否相符					√		
9　对材料成本差异率进行分析，检查是否有异常波动，注意是否存在调节成本现象					√		
10　结合以计划成本计价的原材料、包装物等的入账基础测试，比较计划成本与供货商发票或其他实际成本资料，检查材料成本差异的发生额是否正确					√		
11　检查和复核材料成本差异分配：抽查月发出材料汇总表，检查材料成本差异的分配是否正确，分配方法前后期是否一致					√		
四、周转材料（低值易耗品/包装物）							
12　获取或编制周转材料（低值易耗品、包装物）明细表，复核加计是否正确，并与总账数、明细账合计数核对是否相符					√		
13　检查周转材料（低值易耗品、包装物）与固定资产的划分是否符合规定；转销或摊销方法是否符合企业会计准则的规定，前后期是否一致；入库和领用手续是否齐全，会计处理是否正确；出租、出借周转材料的会计处理是否正确		√	√	√	√		

表 8-9 生产成本（在产品）实质性程序

计划实施的实质性程序	索引号	财务报表的认定					
		存在	权利和义务	完整性	准确性、计价和分摊	分类	列报
一、生产成本							
1　获取或编制生产成本明细表，复核加计是否正确，并与总账数、明细账合计数核对是否相符					✓		
2　了解被审计单位的生产工艺流程和成本核算方法，检查成本核算方法与生产工艺流程是否匹配，前后期是否一致，并作出记录					✓		
3　分析主要产品本期与上期的单位产品销售成本，以及本期各月份的单位产品销售成本，有无异常情况和重大波动，并结合销售成本的分析，据以确定生产成本的重点审计区域		✓	✓		✓		
4　获取重要产品单位成本计算表，对被审计单位重要产品的单位成本计算表进行复核。抽查成本计算单，检查直接材料、直接人工及制造费用的计算和分配是否正确，并与有关佐证文件（如领料记录、生产工时记录、材料费用分配汇总表、人工费用分配汇总表等）相核对					✓		
5　根据确定的重点审计区域，审核直接材料成本 ①抽取产品成本计算单，检查直接材料成本的计算是否正确，材料成本的分配标准和计算方法是否合理和适当，是否遵循一贯性原则。是否与材料成本分配汇总表中该产品分摊的直接材料费用相符。检查材料发出及领用的原始凭证，检查领料单的签发是否经过授权批准，手续是否齐全，计算是否正确 ②分析比较同一产品前后期及本期各月份的单位产品直接材料成本，如有重大波动应查明原因		✓	✓		✓		
6　根据确定的重点审计区域，审核直接人工成本 ①抽取产品成本计算单，检查直接人工成本的计算是否正确，人工费用的分配标准和计算方法是否合理和适当，是否遵循一贯性原则；是否与人工费用分配汇总表中该产品分摊的直接人工费用相符 ②分析比较同一产品前后期及本期各月份的单位产品直接人工成本，如有重大波动应查明原因		✓	✓		✓		
7　获取完工产品与在产品的生产成本分配标准和计算方法，检查生产成本在完工产品与在产品之间以及完工产品之间的分配是否正确，分配标准和方法是否适当，与前期比较是否存在重大变化，该变化是否合理					✓		
8　对采用标准成本或定额成本核算的，检查标准成本或定额成本在本期有无重大变动，分析其是否合理；检查本期材料成本差异的计算、分配和会计处理是否正确，库存商品期末余额是否已按实际成本进行调整					✓		

	计划实施的实质性程序	索引号	财务报表的认定					
			存在	权利和义务	完整性	准确性、计价和分摊	分类	列报
9	获取关于现有设备生产能力的资料，检查产量是否与现有生产能力相匹配；若产量超过设计生产能力，应提请被审计单位说明原因，并提供足够的依据及技术资料		√					
	二、制造费用							
10	获取或编制生产成本明细表，复核加计是否正确，并与总账数、明细账合计数核对是否相符							
11	对制造费用进行分析比较 ①比较当年度和以前年度制造费用的增减变动，询问并分析异常波动的原因 ②分别比较前后各期制造费用项目，以确定制造费用是否有异常变动，以及是否存在调节成本的现象		√		√	√		
12	选择重要或异常的制造费用项目，检查其原始凭证是否齐全，会计处理是否正确。对由辅助生产部门转入的费用，应同时审核辅助生产的成本核算内容。检查季节性停工损失的核算是否符合有关规定。结合生产成本的审计，抽查产品成本计算单，检查费用的计算是否正确，费用的分配标准和计算方法是否合理和适当，是否遵循一贯性原则。是否与费用分配汇总表中该产品分摊的费用核对相符		√		√	√		
13	实施截止性测试，抽查报表截止日前后 × 天的费用明细账及其凭证，确定有无跨期入账的情况		√		√	√		

表 8–10　　　　　　　　　　　　**交易性金融资产实质性程序**

	计划实施的实质性程序	索引号	财务报表的认定					
			存在	权利和义务	完整性	准确性、计价和分摊	分类	列报
1	获取或编制交易性金融资产明细表 ①复核加计正确，并与报表数、总账数和明细账合计数核对是否相符 ②检查非记账本位币交易性金融资产汇率折算是否正确 ③与被审计单位讨论以确定划分为交易性金融资产是否符合企业会计准则或其他适用的财务报告编制基础的规定					√	√	

计划实施的实质性程序		索引号	财务报表的认定					
			存在	权利和义务	完整性	准确性、计价和分摊	分类	列报
2	就管理层管理金融资产的业务目标、业务模式以及对合同现金流量特征的评估获取书面声明。向管理层询问，并通过下列方式对管理层的答复予以印证 ①考虑管理层以前所述的管理金融资产的业务目标、业务模式的实际情况 ②复核包括预算、会议纪要等在内的书面计划和其他文件记录 ③考虑管理层划分为交易性金融资产的理由 ④考虑管理层对合同现金流量特征的评估是否恰当							√	√
3	获取股票、债券、基金等账户对账单，与明细账余额核对，如有差异，应调查原因并考虑作出适当调整		√			√		√
4	确定交易性金融资产的会计记录是否完整，并确定所购入交易性金融资产归被审计单位所拥有 ①取得有关账户流水单，对照检查账面记录是否完整。检查交易性金融资产是否为被审计单位拥有 ②向相关机构发函，并确定是否存在变现限制，同时记录函证过程		√	√	√	√		
5	确定交易性金融资产的计价是否正确 ①复核交易性金融资产计价方法，检查其是否按公允价值计量，前后期是否一致 ②复核公允价值取得依据是否充分，公允价值与账面价值的差额是否计入公允价值变动损益科目 ③当交易性金融资产无活跃市场报价时，应评估被审计单位所使用的估值技术是否恰当、输入值是否合理、计算是否正确，必要时考虑利用专家工作 ④如果识别出与交易性金融资产公允价值相关的重大错报风险，执行"审计会计估计（包括公允价值会计估计）和相关披露"中"应对评估的重大错报风险"所述的程序，并在本账页工作底稿中记录测试过程						√		
6	对本期发生的增减变动，检查至支持性文件，确定会计处理是否正确		√		√	√		
7	交易性金融资产重分类为以摊余成本计量的金融资产或以公允价值计量且其变动计入其他综合收益的金融资产，应检查重分类的依据是否充分，会计处理是否正确							√	
8	检查有无变现存在重大限制的交易性金融资产，如有，则查明情况，并作出适当调整			√				
9	根据评估的舞弊风险等因素增加的审计程序							
10	检查交易性金融资产是否已按照企业会计准则或其他适用的财务报告编制基础的规定在财务报表中作出恰当的列报							√

五、特殊行业审计程序选择

不同行业业务特征存在差异，内部管理、业务流程及会计核算差别较大，注册会计师在选择审计程序时，应根据行业的特点，选择设计恰当的审计程序。以营业收入审计为例，房地产行业、工程施工行业收入审计显著不同于其他行业。实务中，有的会计师事务所根据不同行业的特征，制定了分行业的"标准"审计工作底稿，如银行审计工作底稿、证券公司审计工作底稿、保险审计工作底稿、互联网企业审计工作底稿、房地产企业审计工作底稿、施工行业审计工作底稿等，为注册会计师选择审计程序提供参考。

例如，房地产行业收入确认，除常规审计程序外，注册会计师选择的审计程序可能还包括：

（1）获取房地产企业收入确认的会计政策，与前期采用的会计政策、同行业收入确认政策进行比较，结合房地产企业实际情况及相关合同条款约定，判断收入确认会计政策是否符合会计准则规定。检查其预售许可、竣工验收、房屋交付等相关文件，判断收入确认是否符合会计准则规定。

（2）获取被审计单位房地产开发项目的《建设用地规划许可证》《建设工程规划许可证》《建筑工程施工许可证》《国有土地使用证》《商品房预售许可证》（《商品房销售许可证》），以及竣工备案表、测绘报告等，以判断商品房是否达到可交付状态。

（3）对于已签的《商品房买卖合同》，查询预售项目是否已办理入网手续，买卖合同是否已到房地产相关部门进行备案并在网上公布。

（4）结合商品房监盘程序，实地查看业主入住情况，同时结合对售楼处销售进度表的检查，判断已开发商品房的实际销售情况。

（5）获取业主签字确认的入住流转单、物业公司的物业费收费登记表等，检查商品房是否已经移交给业主。

（6）结合合同负债（预收账款、应收账款、合同资产）的账龄，判断企业是否存在少计收入或虚计收入的情况，尤其是长期未办妥按揭贷款的客户。如果存在预收款挂账时间超过交房时间的，应根据重要性水平及形成差异的原因，结合存货项目审计关注其真实性，判断是否存在多计收入的情况。

（7）检查有无特殊的销售行为，如买房送车位、委托代销、分期收款销售、商品需要安装和检验的销售、附有退回条件的销售、售后租回、售后回购、以旧换新、寄售等，选择恰当的审计程序进行审核。

（8）如果存在商品房出租，测算租金收入，与账面记录进行核对。

（9）实施截止性测试。

第一，通过测试资产负债表日前后的入住通知、房屋交接书、物业费收费登记表，将与收入明细账进行核对；同时，从应收账款和收入明细账选取在资产负债表日前后的凭证，与房屋交接书、物业费收费登记表核对，以确定销售是否存在跨期现象。

第二，取得资产负债表日后所有的退房记录，检查是否存在提前确认收入的情况。

第三，结合对资产负债表日应收账款的函证程序，检查有无未取得对方认可的大额销售。

第四，结合预收款长期挂账原因及合理性检查，判断是否存在应计未计收入的情况。

又如，施工行业的收入确认，需要以"工程项目"为对象进行审计，注册会计师可能选择实施的审计程序包括：

（1）检查被审计单位收入确认方法是否符合会计准则规定，前后期是否一致，方法是否合理，是否符合企业实际情况；对施工中未安装、不计算履约进度的控制权转移满足收入确认条件的收入进行检查，检查会计处理是否正确。

（2）执行实质性分析程序：

第一，将本期的主营业务收入与上期的主营业务收入进行比较，对异常项目或占收入比重较高的工程项目进行分析，分析异常变动的原因。

第二，分析同一项目各期之间收入是否存在重大波动，变动是否合理，并予以记录。

第三，比较本期各季（月）各类主营业务收入的波动情况，分析其变动趋势是否正常，部分项目是否符合季节性、周期性的经营规律，查明异常现象和重大波动的原因。

第四，将本期重要项目的毛利率与同行业企业、上期进行对比分析，检查是否存在异常。

（3）检查收入明细表合同金额是否与实际签订合同金额相符，投标价所基于的成本是否与预计总成本金额相符，预计总成本相关资料金额是否与收入明细表中预计总成本金额相符。

（4）按投入法确认履约进度，应结合工程施工等成本的检查，检查确认的履约进度计算是否正确。

（5）按产出法确认完工进度，实际测定完工进度及已完成的合同工作量是否取得相关资料，是否经过业主、监理及被审计单位共同签字确认；特殊情况下需要利用专家的，是否对相关专家的业务能力、资质、专家与企业的关系等进行调查。

（6）结合成本情况，复核年初履约进度，并检查以前会计期间累计已确认的收入是否正确，并根据履约进度测算当年确认收入金额是否正确。

（7）检查按产出法的账面完工进度是否经过业主、监理确认，按投入法的账面完工进度是否与业主、监理确认的完工进度存在重大差异；必要时对履约进度进行函证，并结合函证、现场观察等程序，检查账面完工进度是否与工程实际观察的履约进度存在较大差异，如存在上述差异，查明原因并作出记录。

六、集团财务报表审计组成部分单独出具审计报告

在选择审计主体总体审计程序时，通常是基于只出具集团合并财务报表审计报告，组成部分不单独出具审计报告。如果组成部分需要单独出具审计报告，则需要重新考虑审计程序选择问题。注册会计师承担法律责任是以审计报告为载体，只要出具了审计报告，理由当然应当按照《中国注册会计师审计准则》执行审计工作，并承担相应的审计责任。从审计报告使用者角度，集团审计报告使用者关注整个集团财务报表是否按照会计准则在所有重大方面公允反映，某个不重要的组成部分即使是存在错报，也不影响集团财务报表整体的公允反映，不影响审计报告使用者作出决策，因而注册会计师基于成本效益原则可以对某些组成部分实施简化的审计程序。如果对组成部分单独出具审计报告，某些错报对集团而言不重要，但对组成部分可能是重要的，就会影响审计报告使用者作出决策。重要性具有层次性，从绝对金额看，组成部分财务重大性越低，其重要性金额越低，单独出具审计报告时注册会计师需要实施的审计程序就越多。

在某些集团性（如国有大中型企业）财务报表审计业务中，被审计单位与会计师事务所约定集团内所有子公司均需要单独出具审计报告，该种情形下注册会计师不能根据组成部分的重要程度，分别采取重点审计、一般审计、审阅和分析性程序。因为审计工作量较大，有的会计师事务所与被审计单位约定，只出具集团合并审计报告，组成部分则由其他会计师事务所出具审计报告，在主体审计程序的选择上就能够重点突出，降低审计成本。

第二节　重大错报风险项目程序选择

对于存在重大错报风险的领域，或者监管部门对某些审计业务要求执行额外的审计程序，注册会计师仅选择执行常规的审计程序可能还不够，特别是对重大

的异常交易，或存在舞弊迹象时，需要考虑设计更多具有针对性的审计程序。本节以部分财务报表项目或事项为例，分析可能存在的重大风险错报，以及如何选择恰当的审计程序。

一、货币资金的审计

货币资金是企业日常经营活动的起点和终点，其增减变动与被审计单位的日常经营活动密切相关。不少舞弊案件都涉及被审计单位的货币资金，或能从货币资金检查中发现线索，故货币资金是风险较高的审计领域，存在风险的情形可能包括：

（1）被审计单位的现金交易比例较高，并且与其所在行业的常用结算模式不同。

（2）库存现金规模明显超过业务周转所需资金。

（3）银行账户开立数量与企业实际业务规模不匹配，或存在多个零余额账户且长期不注销。

（4）在没有经营业务的地区开立银行账户，或将大额资金存放于其经营和注册地之外的异地。

（5）被审计单位资金存放于管理层或员工个人账户，或通过个人账户进行被审计单位交易的资金结算。

（6）货币资金收支金额与现金流量表中的经营活动、筹资活动、投资活动的现金流量不匹配，或经营活动现金流量净额与净利润不匹配。

（7）不能提供银行对账单或银行存款余额调节表，或提供的银行对账单没有银行印章、交易对方名称或摘要。

（8）存在长期或大量银行未达账项。

（9）银行存款明细账存在非正常转账。例如，短期内相同金额的一收一付或相同金额的分次转入转出等大额异常交易。

（10）存在期末余额为负数的银行账户。

（11）受限货币资金占比较高。

（12）存款收益金额与存款的规模明显不匹配。

（13）针对同一交易对方，在报告期内存在现金和其他结算方式并存的情形。

（14）违反货币资金存放和使用规定，如上市公司将募集资金违规用于质押、未经批准开立账户转移募集资金、未经许可将募集资金转作其他用途等。

（15）存在大额外币收付记录，而被审计单位并不涉足进出口业务。

（16）被审计单位以各种理由不配合注册会计师实施银行函证、不配合注册会计师到人民银行或基本户开户行打印《已开立银行结算账户清单》。

（17）与实际控制人（或控股股东）、银行（或财务公司）签订集团现金管理账户协议或类似协议。

此外，注册会计师在审计其他财务报表项目时，还可能关注到其他也需保持警觉的事项或情形。例如，存在没有真实业务支持或与交易不相匹配的大额资金或汇票往来；存在长期挂账的大额预付款项等；存在大量货币资金的情况下仍高额或高息举债；付款方全称与销售客户名称不一致、收款方全称与供应商名称不一致；开具的银行承兑汇票没有银行承兑协议支持；银行承兑票据保证金余额与应付票据相应余额比例不合理；存在频繁的票据贴现；实际控制人（或控股股东）频繁进行股权质押（冻结）且累计被质押（冻结）的股权占其持有被审计单位总股本的比例较高；存在大量货币资金的情况下，频繁发生债务违约，或者无法按期支付股利或偿付债务本息；工程付款进度或结算周期异常等。

针对货币资金存在异常的不同情形，注册会计师可以选择实施相应的程序：

（1）当被审计单位可能存在账外账或资金体外循环，注册会计师对其银行账户完整性存在疑虑时，可考虑选择实施下列程序：

第一，了解报告期内被审计单位开立账户的数量及分布，与被审计单位实际经营的需要进行比较，判断其合理性，关注是否存在越权开立账户等异常情形。

第二，询问负责货币资金业务的相关人员（如出纳），了解账户的开立、使用、注销等情况。必要时，获取被审计单位已将全部银行账户信息提供给注册会计师的书面声明。如发现银行存款账户户名为个人，但记录在被审计单位账户清单或账簿中，考虑该个人与被审计单位的关系，并获取书面声明。

第三，注册会计师在企业人员陪同下到人民银行或基本存款账户开户行查询并打印《已开立银行结算账户清单》，观察银行办事人员的查询、打印过程，并检查被审计单位账面记录的银行人民币结算账户是否完整。

第四，结合其他相关细节测试，关注交易相关单据中被审计单位的收（付）款银行账户是否均包含在注册会计师已获取的开立银行账户清单内。

第五，如果对被审计单位外币银行账户的完整性存有疑虑，可以查阅被审计单位的公章使用登记，检查其中是否有使用公章申请开户的情况，如有，检查该账户是否已列入被审计单位提供的银行账户清单中；或者向负责保管网银密钥（U Key）的人员获取被审计单位开通网银的账户清单，实地观察该人员登录被审计单位网银系统，打印相关银行开立的所有银行账户清单，并与被审计单位管理层提供的信息进行比较，以检查其完整性。如可行，注册会计师可以考虑与被审计单位人员一同前往被审计单位所在地人民银行外汇管理局，现场查询被审计单位的外币银行账户情况。

（2）对于定期存款，容易被用于质押、担保，导致货币资金受限，被审计单位可能隐瞒受限情况，注册会计师可选择实施下列程序核实：

第一，如果定期存款占银行存款的比例偏高，或同时负债比例偏高，注册会计师需要向管理层询问定期存款存在的商业理由并评估其合理性。

第二，获取定期存款明细表，检查是否与账面记录金额一致，存款人是否为被审计单位，定期存款是否被质押或限制使用。

第三，监盘定期存款凭据，或实地观察被审计单位登录网银系统查询定期存款信息，并将查询信息截屏保存。如果被审计单位在资产负债表日有大额定期存款，基于对风险的判断，考虑选择在资产负债表日实施监盘。

第四，对存款期限跨越资产负债表日的未质押定期存款，检查开户证实书原件而非复印件，以防止被审计单位提供的复印件是未质押或未提现前原件的复印件，特别关注被审计单位在定期存单到期之前，是否存在先办理质押贷款或提前套现，再用质押贷款所得货币资金或套取的货币资金虚增收入、挪作他用或从事其他违规业务的情形。在检查时，还要认真核对相关信息，包括存款人、金额、期限等，如有异常，需实施进一步审计程序。

第五，对已质押的定期存款，检查定期存单复印件，并与相应的质押合同核对，核对存款人、金额、期限等相关信息；对于用于质押借款的定期存单，关注定期存单对应的质押借款有无入账；对于超过借款期限但仍处于质押状态的定期存款，还需要关注相关借款的偿还情况，了解相关质权是否已被行使；对于为他人担保的定期存单，关注担保是否逾期及相关质权是否已被行使。

第六，函证定期存款相关信息，关注银行回函是否对包括"是否用于担保或存在其他使用限制"在内的项目给予了完整回复。

第七，结合财务费用和投资收益审计，分析利息收入的合理性，判断定期存款是否真实存在，或是否存在体外资金循环的情形。如果账面利息收入远大于根据定期存款计算的应得利息，很可能表明被审计单位存在账外定期存款。如果账面利息收入远小于根据定期存款计算的应得利息，很可能表明被审计单位存在转移利息收入或挪用、虚构定期存款的情况。

第八，对于在报告期内到期结转的定期存款、资产负债表日后已提取的定期存款，检查、核对相应的兑付凭证、银行对账单或网银记录等。

（3）当被审计单位存在资金池业务时，可执行下列程序核实资金是否与控股股东及其关联方存在混用及占用的情形：

第一，获取资金池协议、股东大会或有权机构同意加入资金池协议的决议等批准文件，关注相关协议签订的授权审批情况。

第二，阅读资金池协议，了解资金集中方式、相关账户的余额显示模式，关注账户支付控制及其变更的设定等重要内容。

第三，在理解银行对账单上关于资金池资金使用的各种银行术语释义的基础上，函证实际余额（即截至函证基准日被审计单位参与资金池业务的银行账户中实际存在的余额，不包括诸如已上存集团归集账户而不实际存放在被审计单位账户的金额）。在必要且可行的情况下，可以进一步函证截至函证基准日，被审计单位已被归集的上存资金余额或向上级借款余额（如为子账户）或者被审计单位从各级子账户归集的资金余额或向下级账户提供的借款余额（如为主账户）；必要时，关注函证基准日前后资金池账户之间的资金划拨，以识别是否存在被审计单位为应付注册会计师的函证程序而突击划转资金的情况。

第四，在必要的情况下，了解被审计单位的控股股东、实际控制人或其他相关关联方的财务状况，关注上述各方是否存在资金紧张或长期占用被审计单位资金的情况，是否存在被审计单位资金可能被占用无法按期归还的情形，是否需要计提坏账准备。

第五，如果注册会计师识别出被审计单位的收入真实性存在重大异常，同时存在被审计单位大额资金通过资金池业务被归集的情形，需要考虑是否存在控股股东或实际控制人通过资金池业务套取资金，配合被审计单位虚构销售交易的可能性。

（4）当被审计单位可能存在虚假交易、关联方过程占用资金或员工非法侵占货币资金时，注册会计师可执行下列程序：

第一，关注银行对账单的真实性。检查银行对账单的编号是否重复或不连续，同一对账单或不同月份的对账单字体是否一致，结息日及结息金额是否合理，存款余额是否连贯，对公账户是否包含"积分"等异常信息，同一银行账户对账单所列的户名、账号、开户行名称、银行业务章等在审计期内不同阶段是否一致。

第二，如果对被审计单位提供的银行对账单的真实性存有疑虑，可以采取的审计程序有：注册会计师可以在被审计单位协助下亲自到银行获取银行对账单，在获取银行对账单时，注册会计师要全程关注银行对账单的打印过程；核对网银中显示和下载的信息与提供给注册会计师的信息在内容、格式及金额上的一致性。

第三，利用数据分析等技术，对比银行对账单上的收付款流水与被审计单位银行存款日记账的收付款信息是否一致，对银行对账单及被审计单位银行存款日记账记录进行双向核对。注册会计师通常可以考虑选择以下银行账户进行核对：基本户、余额较大的银行账户、发生额较大且收付频繁的银行账户、发生额较大但余额较小或零余额账户、当期注销的银行账户、募集资金账户等。

针对同一银行账户，注册会计师可以根据具体情况实施下列审计程序：选定同一期间（月度、年度）的银行存款日记账、银行对账单的发生额合计数（借方及贷方）进行总体核对；对银行对账单及被审计单位银行存款日记账记录进行双向核对，即在选定的账户和期间，从被审计单位银行存款日记账上选取样本，核对至银行对账单，以及自银行对账单中进一步选取样本，与被审计单位银行存款日记账记录进行核对。在运用数据分析技术时，可选择全部项目进行核对。核对内容包括日期、金额、借贷方向、收付款单位、摘要等。

对相同金额的一收一付、相同金额的多次转入转出等大额异常货币资金发生额，检查银行存款日记账和相应交易及资金划转的文件资料，关注相关交易及相应资金流转安排是否具有合理的商业理由。收付款对方为个人、关联公司的，可以详查，核对银行存款日记账记录、银行对账单记录及原始收付单据，保持职业怀疑，关注是否存在虚构交易、关联方非经营性资金占用的情形。在注意到存在关联方配合被审计单位虚构收入的迹象的情况下，获取并检查相关关联方的银行账户资金流水，关注是否存在与被审计单位相关供应商或客户的异常资金往来。

第四，浏览资产负债表日前后的银行对账单和被审计单位银行存款账簿记录，关注是否存在大额、异常资金变动以及大量大额红字冲销或调整记录，如存在，需要实施进一步的审计程序。

第五，现场观察被审计单位财务人员登录和操作网银系统的过程，观察制单和审核等不相容职责是否分离，突击检查网银密钥（U Key）是否分别持有，而不是集中在同一人手里。

第六，突击检查被审计单位支票等重要凭证存根联，并与银行对账单进行核对。对于长期未使用且不销户的银行账户，注册会计师可以在被审计单位协助下亲自到银行获取银行对账单，检查是否存在发生额。

第七，在细节测试中对银行回单等凭证存在的异常情况保持警惕。如存在疑虑，注册会计师可以通过银行官网中的电子回单验证网页（如有）查询电子回单的内容并比对；此外，也可经授权通过被审计单位的"回单卡"或单位结算卡在适用银行营业网点的自助服务机直接打印一定期间的银行对账单。

货币资金审计，最为关键的是注册会计师要亲眼所见，亲自所为，因为货币资金相关单据，如对账单、网银流水、询证函等被篡改的风险较高，如果不是直接从银行取得这些单据原始文件，不容易发现被审计单位的舞弊行为。

案例 8-3

　　大东南集团有限公司系上市公司大东南股份（002263）控股股东，诸暨万能包装有限公司为大东南集团有限公司全资子公司。2016 年，控股股东及其关联方与上市公司及子公司发生非经营性资金占用 52 笔，累计占用资金 9.31 亿元，期末余额 2.63 亿元；2017 年，发生非经营性资金占用 120 笔，累计占用金额 11.04 亿元，期末占用余额 2.27 亿元。

　　注册会计师在对大东南股份 2016 年、2017 年财务报表审计过程中，对大东南股份货币资金科目进行审计时，按照货币资金审计程序，对本期银行存款发生额较大的银行账户进行了银行对账单或网上银行流水记录与银行日记账双向核对。但注册会计师对大东南股份农行诸暨金山支行 1953×××××××××2107 账户（以下简称"2107 账户"）进行双向核对，依据的是大东南股份主办会计王×× 和融资部经理何×× 提供并修改后的网上银行流水，而非真实的银行对账单或网上银行流水记录。注册会计师未在全程有效监督下获取 2107 账户网上银行流水记录，也未执行跟企业网银再次核对是否一致的程序，未能获取真实的网上银行流水，未发现执行有效审计程序应当发现的大东南股份资金被占用问题，导致审计失败。

　　资料来源：中国证监会网站。

二、可能存在重大错报风险收入确认的审计

　　如果被审计单位收入存在重大错报风险，包括可能存在舞弊迹象时，注册会计师可以选择实施下列审计程序：

　　（1）向被审计单位的客户函证相关的特定合同条款以及是否存在背后协议。相关的会计处理是否适当，往往会受到这些合同条款或协议的影响。例如，商品接受标准、交货与付款条件、不承担期后或持续性的卖方义务、退货权、保证转售金额以及撤销或退款等条款在此种情形下通常是相关的。

　　（2）向被审计单位负责销售和市场开发的人员询问临近期末的销售或发货情况，向被审计单位内部法律顾问询问临近期末签订的销售合同是否存在异常的合同条款或条件。

　　（3）期末在被审计单位的一处或多处发货现场实地观察发货情况或准备发出的商品情况（或待处理的退货），并结合所了解的情况实施适当的销售及存货截止测试。

（4）对于通过电子方式自动生成、处理、记录的销售交易，实施控制测试以确定相关控制是否能够为所记录的销售交易真实发生并得到适当记录提供保证。必要时，考虑利用信息系统审计专家的工作。

（5）对比历年主要客户名单，查明与原有主要客户交易额大幅减少或合作关系取消，以及新增主要客户的原因。

（6）调查重要交易对方的背景信息，就交易对方是否与被审计单位存在关联方关系询问直接参与交易的人员。

（7）如果被审计单位在某一时段内确认收入，检查相关合同或其他文件，以评价在某一时段内确认收入，以及确定履约进度的方法是否合理，与获取的相关资料中的信息是否一致，以及完成的工作能否取得被审计单位客户的确认，能否得到监理报告、被审计单位与客户的结算单据等外部证据的验证，必要时可以利用专家的工作。

（8）如果被审计单位采用代理商的销售模式，检查被审计单位与代理商之间的协议或合同，确定是否确实存在委托与代理关系，并检查被审计单位收入确认是否有代理商的销售清单、货物最终销售证明等支持性凭证。

（9）如果被审计单位存在特殊交易模式或创新交易模式，分析其对交易经济实质和收入确认的影响。

（10）结合货币资金项目审计，关注是否存在异常的资金流动，包括不具有真实商业背景的大额现金收入、"一收一付金额相同""收款人和付款人为同一方"等异常资金流水。

（11）结合存货、预付款项等项目的审计，检查存货采购是否真实、价格是否公允，预付款项是否具有合理的商业理由。

（12）检查临近期末执行的重要销售合同，以发现是否存在异常的定价、结算、发货、退货、换货或验收条款。对期后实施特定的检查，以发现是否存在改变或撤销合同条款的情况，以及是否存在退款的情况。

（13）浏览期后一定时间的总账和明细账，以发现是否存在销售收入冲回或大额销售退回的情况。

（14）如果识别出被审计单位收入真实性存在重大异常情况，且通过常规审计程序无法获取充分、适当的审计证据，注册会计师需要考虑实施"延伸检查"程序。

三、现金交易较高行业的审计

零售、农业、餐饮等企业主要面对个人交易，由于其行业特点或经营模式等原因，其销售或采购环节存在一定比例的现金交易，注册会计师应评估现金交易相关内部控制及错报风险，包括但不限于：现金交易情形是否符合行业经营特点或经营模式，例如，线下商业零售、向农户采购、日常零散产品销售或采购支出等；现金交易的客户或供应商是否为关联方；现金交易是否具有可验证性；现金交易比例及其变动情况整体是否处于合理范围内，是否超过同行业平均水平或与类似公司存在重大差异；现金管理制度与业务模式是否匹配且执行有效，如企业与个人消费者发生的商业零售、门票服务等现金收入通常能够在当日或次日缴存公司开户银行，企业与单位机构发生的现金交易是否仅限于必要的零星小额收支。

对于该类企业，注册会计师可选择执行下列程序核查现金交易的真实性：

（1）检查被审计单位与现金交易相关的内部控制完备性、合理性与执行有效性。

（2）通过访谈等程序，核实现金交易的客户或供应商的情况，关注是否为被审计单位的关联方。

（3）检查相关收入确认及成本核算的原则与依据，必要时通过延伸审计，核查是否存在体外循环或虚构业务情形。

（4）实施分析性程序，关注现金交易是否存在异常分布；检查资金流水，核查现金交易流水的发生与相关业务发生是否真实一致。

（5）检查相关人员资金账户，核查实际控制人及被审计单位董监高等关联方是否与客户或供应商存在资金往来。

案例 8-4

企业上市过程中，监管审核部门高度关注现金交易，因为现金交易不留痕，难以核实真实性，注册会计师审计风险较大，会计师事务所承接该类企业较为审慎，甚至有的会计师事务所内部规定不承接这类企业上市审计业务，这也是农业、餐饮等现金交易量较大的企业上市困难的主要原因。

2017年11月7日，证监会否决了云南神农农业产业集团股份有限公司IPO首发申请，原因之一为现金交易问题。发审委问及："报告期内，发行人现金销售占营业收入的比重逐年上升，2016年占当年销售金额的25.43%，2017年1～6月占比28.16%，发行人交易过程中免税环节较多。请发行人代表说明：①现金交易的真实性、必要性以及逐年上升的原因，现金交易的流程及相关内部控制措施，未来拟降低现金交易的相关措施；②发行人实际控制人及其关联方，与发行人董监高及其控制的企业或其他利益相关方、主要客户、供应商之间是否存在资金往来，是否存在资金体外循环以及第三方向发行人输送利益的情形。"

资料来源：中国证监会网站。

四、第三方回款的审计

企业收到的销售回款通常来自签订经济合同的往来客户，实务中，被审计单位可能存在部分销售回款由第三方代客户支付的情形，该情形是否影响销售确认的真实性，注册会计师应关注可能存在的错报并实施相应审计程序。

如果被审计单位通过第三方回款属于下列情形，可能表明第三方回款具有一定的合理性：

（1）与自身经营模式相关，符合行业经营特点，具有必要性和合理性，例如，客户为个体工商户或自然人，其通过家庭约定由直系亲属代为支付货款；客户为自然人控制的企业，该企业的法定代表人、实际控制人代为支付货款；客户所属集团通过集团财务公司或指定相关公司代客户统一对外付款；政府采购项目指定财政部门或专门部门统一付款；通过应收账款保理、供应链物流等合规方式或渠道完成付款；境外客户指定付款。

（2）第三方回款的付款方不是被审计单位的关联方。

（3）第三方回款与相关销售收入勾稽一致，具有可验证性，不影响销售循环内部控制有效性的认定。

（4）能够合理区分不同类别的第三方回款，相关金额及比例处于合理可控范围。

第三方回款无论是否具有合理性，注册会计师都应进行核查，选择实施的审计程序可能包括：

（1）检查第三方回款的真实性，是否存在虚构交易或调节账龄情形。

（2）分析计算第三方回款形成收入占营业收入的比例，第三方回款的原因、必要性及商业合理性。

（3）通过访谈、延伸审计等程序，核实被审计单位及其实际控制人、董监高或其他关联方与第三方回款的支付方是否存在关联方关系或其他利益安排。

（4）境外销售涉及境外第三方的，其代付行为的商业合理性或合法合规性。如签订合同时已明确约定由其他第三方代购买方付款，该交易安排是否具有合理原因。

（5）是否存在因第三方回款导致的货款归属纠纷。

（6）资金流、实物流与合同约定及商业实质是否一致。

（7）在实施细节测试时，关注实际付款人和合同签订方不一致情形，包括但不限于：抽样选取不一致业务的明细样本和银行对账单回款记录，追查至相关业务合同、业务执行记录及资金流水凭证，获取相关客户代付款确认依据，以核实和确认委托付款的真实性、代付金额的准确性及付款方和委托方之间的关系，说明合同签约方和付款方存在不一致情形的合理原因及第三方回款统计明细记录的完整性。

五、经销商模式收入确认的审计

被审计单位采取经销商销售模式的，注册会计师重点关注其收入实现的真实性，核查经销商具体业务模式及采取经销商模式的必要性，经销商模式下收入确认是否符合企业会计准则的规定，经销商选取标准、日常管理、定价机制（包括营销、运输费用承担和补贴等）、物流（是否直接发货给终端客户）、退换货机制、销售存货信息系统等方面的内控是否健全并有效执行，经销商是否与被审计单位存在关联关系，对经销商的信用政策是否合理等。经销商和被审计单位是否存在实质和潜在关联关系，同行业可比公司采用经销商模式的情况，通过经销商模式实现的销售比例和毛利是否显著大于同行业可比公司，经销商的终端销售及期末存货情况，经销商是否存在较多新增与退出情况。

注册会计师可以利用电话访谈、合同调查、实地走访、发询证函等多种核查方法进行综合判断，检查被审计单位经销商模式下的收入确认原则、费用承担方式及给经销商的补贴或返利情况、经销商的主体资格及资信能力，核查关联关系，结合经销商模式检查与被审计单位的交易记录及银行流水记录、经销商存货进销存情况、经销商退换货情况。

案例 8-5

北京市九州风神科技股份有限公司（以下简称"发行人"）申请创业板IPO上市，其外销收入占比较高，前五大客户均为境外客户且销售方式均为经销模式。监管部门在反馈意见中，要求注册会计师"详细说明对海外业务收入的核查方法、主要海外客户走访方式及走访比例（对于视频访谈，说明如何核实对方身份，如何核实客户是否实现了最终销售、真实销售，如何核实客户的存货情况，访谈的效力是否充分）"。

注册会计师的反馈回复为：

1. 海外业务收入的核查方法

（1）访谈发行人销售人员，了解境外销售的模式、流程和贸易方式等；获取并核查发行人主要境外客户的合同或订单，识别与商品所有权上的风险和报酬转移相关的合同条款；评价发行人境外收入确认会计政策是否符合企业会计准则的规定；比较同行业可比公司的收入确认政策，关注其销售收入确认政策与发行人规定；比较同行业可比公司的收入确认政策，关注其销售收入确认政策与发行人是否存在重大差异。

（2）查阅发行人内部控制制度，对发行人外销收入确认的相关内部控制设计和运行进行了解、评价，测试关键内部控制流程运行的有效性；取得发行人报告期内的境外销售明细，核查境外销售的出口地、产品种类、销量、单价和金额；取得并核查主要客户的合同／订单、出库单、报关单、提单、银行流水等资料，执行穿行测试、细节测试、截止性测试等核查程序。

（3）获取发行人海关电子口岸数据，与发行人境外销售数据进行核对。

（4）获取发行人报告期出口退税汇总申报表及出口退税明细账，测试并核查发行人销售收入与出口退税的匹配性。

（5）获取发行人与中国出口信用保险公司的保险合同、发行人境外主要客户的海外资信报告和信用限额审批单；共获取了 59 家境外客户的资信报告，其销售额占发行人报告期各期间境外销售收入（不含亚马逊）的比例分别为89.42%、89.73% 和 86.43%。查阅发行人境外客户的工商信息资料及网站信息，了解发行人境外客户的基本信息情况及主营业务是否与发行人销售的产品相匹配。

（6）获取并查阅发行人的收入及应收账款明细账，对报告期各期的境外客户应收账款及销售收入执行了函证程序。

（7）对发行人主要境外客户进行访谈，受到新冠肺炎疫情在全球范围内爆发的影响，通勤受到限制，部分客户拒绝实地走访，我们在无法顺利实施实地走访的情况下，对境外客户的访谈核查以视频访谈结合实地走访的形式进行核查。截至本问询回复出具之日，我们在 2019 年 10 月完成了对韩国 BIGS 的实地走访。

2. 主要海外客户走访方式及走访比例（对于视频访谈，说明如何核实对方身份，如何核实客户是否实现了最终销售、真实销售，如何核实客户的存货情况，访谈的效力是否充分）

（1）已实施的实地走访及视频访谈情况。

我们选取了发行人报告期境外销售主要客户实施了实地走访或视频访谈核查程序，访谈客户主要负责人或采购业务负责人，了解境外客户的基本情况和经营规模、与发行人的合作历史、合作模式、交易流程、交易金额、退换货情况、实现最终销售情况、存货情况、是否存在关联关系等信息。

2019 年末，我们选取了发行人报告期各期营业收入占比较高的客户作为访谈样本并与客户进行了走访沟通，相关人员办理了部分国家的签证及出行文件，原定于 2019 年末至 2020 年初对发行人境外主要客户实施实地走访程序，受新冠肺炎疫情影响，未能完全实现前述实地走访计划。我们于 2019 年 10 月完成了对韩国 BIGS 的实地走访。

2020 年初，受新冠肺炎疫情影响，在无法顺利实施境外实地走访的情况下，我们对发行人境外主要客户采用视频访谈作为实地走访的替代程序，并于 2020 年 4～6 月完成了对发行人 31 家境外客户的视频访谈。截至本问询函回复出具之日，我们对发行人 32 家境外客户（包括 28 家经销商和 4 家 OEM/ODM 客户）实施了访谈程序，其中 1 家客户实施了实地走访程序，31 家客户因受疫情限制采用了视频访谈形式。

（2）计划进行的实地走访。

俄罗斯 DNS、俄罗斯 INLINE、俄罗斯 MER 的走访计划：我们正在积极办理俄罗斯签证，计划获得签证后实施对俄罗斯 DNS、俄罗斯 INLINE、俄罗斯 MER 的实地走访程序。

日本 TW 和日本 ACL 走访计划：截至本问询函回复出具之日，本所项目组人员已经获得日本签证。日本 2021 年 1 月 13 日宣布即日起全面禁止外国人入境，包括此前允许入境的中国籍商务人员，截至本问询回复出具之日，上述禁止令尚未解除。本所项目组人员计划在日本本次封国解除后，前往日本对日本 TW 和日本 ACL 进行实地走访。

目前境外新冠肺炎疫情仍然处于严重状态，我们能否进入相关国家实施实地走访和核查存在一定的不确定性，我们将积极推进境外实地走访核查程序。

3. 如何核实客户是否实现了最终销售、真实销售，如何核实客户的存货情况

（1）通过访谈询问发行人境外客户的收入规模、销售途径、向发行人采购产品实现最终销售的数量及金额、向发行人采购产品的期末库存数据信息，与发行人数据进行核对。

获取部分视频访谈客户的库存照片，对部分实地走访客户查看其仓库库存情况、获取库存明细、查看其库存商品中发行人产品的生产日期和走访客户下游零售商。

（2）通过邮件向发行人主要客户确认其在 2020 年末的库存信息及 2020 年度向发行人采购的数据，与发行人 2020 年度的销售数据进行分析比对。

（3）对比公司境外销售订单、发货记录、报关单、提单、回款记录、销售退回情况核实客户实现最终销售及存货情况。

4. 视频访谈效力的充分性说明

受到新冠疫情影响，我们对境外客户的访谈核查以视频访谈结合实地走访的形式进行。总体而言，采用视频访谈的核查效力充分，主要原因如下：

（1）选定的访谈对象为对应客户的执行董事、采购经理或产品经理等，熟悉客户业务、充分了解与发行人的业务往来情况，访谈对象在正式访谈之前出示了身份证明。

（2）访谈过程由本所项目组人员独立进行询问和记录。通过视频访谈对访谈客户的基本情况、与发行人的合作历史、合作模式、交易流程、交易金额、退换货情况、实现最终销售及库存情况、是否存在关联关系等信息进行了确认，访谈过程以录音录屏的形式予以保留，并取得了访谈对象确认的访谈记录。

（3）除视频访谈外，通过中信保资信调查、函证、穿行测试、凭证抽查、资金流水核查、公开信息检索、财务数据分析性复核等多种方式对境外主要客户真实性、与发行人业务往来的真实性等进行了核查。

资料来源：深圳证券交易所网站。

六、互联网企业信息系统的审计

电商、互联网信息服务、互联网营销企业等，其业务主要通过互联网开展。注册会计师应会同信息技术专家，实施相应的 IT 审计。

（1）对于直接向用户收取费用的此类企业，如互联网线上销售、互联网信息

服务、互联网游戏等，IT审计包括但不限于以下方面：

第一，经营数据的完整性和准确性，是否存在被篡改的风险，与财务数据是否一致。

第二，用户真实性与变动合理性，包括新增用户的地域分布与数量、留存用户的数量、活跃用户数量、月活用户数量、单次访问时长与访问时间段等，系统数据与第三方统计平台数据是否一致。

第三，用户行为核查，包括但不限于登录IP或MAC地址信息、充值与消费的情况、重点产品消费或销售情况、僵尸用户情况等，用户充值、消耗或消费的时间分布是否合理，重点用户充值或消费是否合理。

第四，系统收款或交易金额与第三方支付渠道交易金额是否一致，是否存在自充值或刷单情况。

第五，平均用户收入、平均付费用户收入等数值的变动趋势是否合理；业务系统记录与计算虚拟钱包（如有）的充值、消费数据是否准确。

第六，互联网数据中心（IDC）或带宽费用的核查情况，与访问量是否匹配。

第七，获客成本、获客渠道是否合理，变动是否存在异常。

（2）对用户消费占整体收入比较低，主要通过展示或用户点击转化收入的此类企业，如用户点击广告后向广告主或广告代理商收取费用的企业，IT审计包括但不限于以下方面：

第一，经营数据的完整性和准确性，是否存在被篡改的风险，与财务数据是否一致。

第二，不同平台用户占比是否符合商业逻辑与产品定位。

第三，推广投入效果情况，获客成本是否合理。

第四，用户行为真实性核查，应用软件的下载或激活的用户数量、新增和活跃的用户是否真实，是否存在购买虚假用户流量或虚构流量情况。

第五，广告投放的真实性，是否存在与广告商串通进行虚假交易。

第六，用户的广告浏览行为是否存在明显异常。

第三节 延 伸 审 计

一、选择延伸审计的必要性

延伸审计，又称穿透审计，是指在常规审计的基础上，为达成审计目标需要而扩大审计程序实施的范围。延伸审计的主要特征是审计主体范围的扩大，常规审计仅针对具有委托与被委托关系的客户进行审计，延伸审计将扩大至客户之外的主体审计，如被审计单位的客户、供应商。

延伸审计的目的是应对注册会计师审计风险的新变化。以往的错报与舞弊，主要是在被审计单位体系内实施，而当前出现的财务造假案例，不少是被审计单位与利益相关者的串通舞弊，提供虚假的交易合同、询证函回函、虚假银行单据等文件资料，这使得注册会计师获取的证据，包括外部证据的可靠性下降，或者对于质疑事项，难以取得充分、适当的证据，导致风险审计最终不能落地。审计目标关于真实性的认定，是延伸审计要解决的首要问题，也是注册会计师发表审计意见的基础。

黄世忠[①]认为，上市公司财务造假屡禁不止的原因之一，是上市公司与供应商、客户、银行等外部主体相互勾结，里应外合，物流、资金流和凭证流环环相扣，交互印证，以逃避监管部门的稽查和注册会计师的审计。相关法律法规并没有赋予注册会计师"外调权"，对上市公司的审计范围经常受到限制。监管部门之所以能够发现一些大案要案，并不是其审计水平高于注册会计师，关键在于他们拥有了注册会计师所没有的"外调权"，具有几乎不受限制的审计范围延伸权。就交易造假型的收入操纵而言，上市公司往往与其客户、供应商、隐性关联方和银行串通舞弊，由于注册会计师缺乏"外调权"，没有办法将审计范围延伸到这些协助造假的外部主体，往往导致审计失败。审计范围受限，使内外勾结的交易造假型性舞弊案得以逍遥法外，助长了里应外合的财务造假。黄世忠建议，针对上市公司财务造假日益呈现内外勾结和舞弊链条闭环的趋势，立法和监管部门应尽量扩大注册会计师的审计权限，赋予其延伸审计的"外调权"。赋予注册会计师"外调权"，不仅可以更加有效地遏制交易造假型等收入操纵，也有利于抑制日益增多的金融机构协助上市公司虚构银行存款的恶劣行径。

审计准则并未明确提及延伸审计的概念与要求，但证监会关于IPO审计业务、中国注册会计师协会出台的审计问题解答提及了延伸审计。

（1）《关于进一步提高首次公开发行股票公司财务信息披露质量有关问题的意见》（证监会公告〔2012〕14号）要求，申报会计师对首发企业关联方认定上，"在核查发行人与其客户、供应商之间是否存在关联方关系时，不应仅限于查阅书面资料，应实地走访，核对工商、税务、银行等部门提供的资料，甄别客户和供应商的实际控制人及关键经办人员与发行人是否存在关联方关系；发行人应积极配

---

① 黄世忠，厦门国家会计学院院长、博士生导师。

合会计师事务所对关联方关系的核查工作，为其提供便利条件。"这是较早要求注册会计师实施延伸审计的规定。随后的《会计监管风险提示第 4 号——首次公开发行股票公司审计》《首发业务若干问题解答》等也有类似的延伸审计要求。

（2）《中国注册会计师审计准则问题解答第 4 号——收入（2020 年修订）》指出，如果识别出被审计单位收入真实性存在重大异常情况，且通过常规审计程序无法获取充分、适当的审计证据，注册会计师需要考虑实施"延伸检查"程序，即对检查范围进行合理延伸，以应对识别出的舞弊风险。例如，对所销售产品或服务及其所涉及资金的来源和去向进行追踪，对交易参与方（含代为收付款方）的最终控制人或其真实身份进行查询。注册会计师在判断是否需要实施"延伸检查"程序及如何实施时，应根据审计准则的规定，并考虑有经验的专业人士在该场景下，通常会作出的合理职业判断。实施"延伸检查"程序的可行性和效果受诸多因素影响，注册会计师设计的具体"延伸检查"程序的性质、时间安排和范围，应针对被审计单位的具体情况，与评估的舞弊风险相称，并体现重要性原则。

证监会《监管规则适用指引——关于申请首发上市企业股东信息披露》要求穿透核查股东情况：对于发行人的自然人股东入股交易价格明显异常的，中介机构应当核查该股东基本情况、入股背景等信息；发行人股东的股权架构为两层以上且为无实际经营业务的公司或有限合伙企业的，如该股东入股交易价格明显异常，中介机构应对该股东层层穿透核查到最终持有人，最终持有人为自然人的，发行人应说明自然人基本情况；私募投资基金等金融产品持有发行人股份的，发行人应披露金融产品纳入监管情况。该规定虽然不是财务审计内容，但可以作为注册会计师延伸审计的借鉴思路。

在审计实务中，为了应对舞弊带来的重大错报风险，注册会计师积极主动地在某些领域开展延伸审计。尤其是在证券审计业务领域，由于审计风险较高，同时有监管部门的要求和相关方的配合，也为延伸审计提供了条件。例如，在 IPO 审计业务中，注册会计师对重要客户和供应商的实地走访、对实际控制人及其关联方资金流水核查项目审计超出常规审计，延伸审计被广泛运用，逐步实现常态化。

二、延伸审计主要领域与方法

根据风险导向审计理念，是否实施延伸审计，以及如何设计延伸审计程序的性质、时间和范围，基于注册会计师对重大错报风险和舞弊风险的评估结果。如果存在下列情形，注册会计师可能需要延伸审计：被审计单位财务报告用于资本运作或融资目的、首次承接的公众利益实体、行业固有风险较高、审计过程中已发现舞弊迹象、关联方资金占用及对外担保、重大非常规交易等。从注册会计师承担法律责任角度，如可能面临潜在的诉讼、纠纷、索赔的审计业务及具体审计领域，也可以考虑延伸审计。例如，经审计的财务报表拟用于向金融机构借款、引入风险投资机构或私募股权基金等战略投资者目的，虽然不属于传统意义上的资本市场或涉及公众利益实体的审计业务，但这些审计业务涉及融资或资本运作，审计失败后注册会计师可能承担较大的责任。

注册会计师延伸审计的主要领域包括：

1. 疑似关联方认定

关联关系非关联化是舞弊的常用手段，延伸审计目的是识别可能存在关联方关系。通过股权投资、管理人员安排、亲属关系等比较容易识别出关联方关系，但如果工商登记信息显示与被审计单位无关联关系，实际由被审计单位及其实际控制人等相关人员控制，则识别难度较大，延伸审计的链条可能会更长。

2. 客户、供应商

首先，注册会计师需了解被审计单位交易对手背景情况，包括成立时间、业务领域、产品或服务类别、股权关系、人员情况、管理团队及其投资的单位、信用状况等，以判断是否具有相应的资信条件与被审计单位进行交易。

其次，追踪销售的产品或提供的服务、采购的货物或服务的轨迹，注册会计师可通过到交易对手生产经营场所现场观察，证实交易标的流转情况。

最后，必要时核查交易对手资金流，是否存在同进同出情况，如果交易对手收到资金的同时，立即将该笔自己支付给被审计单位作为货款或其他交易的对价，则可能还需要进一步延伸核查交易对手的资金来源。

案例 8-6

P公司主营业务为光伏装备的研发、生产及销售，主要产品为单晶硅生长炉系列产品、多晶硅铸锭炉，单台价值较高。公司采取直销模式，产品需要经过生产、发货、设备安装、设备调试以及最终验收等阶段。公司收入确认的时点为在完成设备安装调试，并获取设备验收资料后确认销售收入。

注册会计师在审计P公司时，发现应收账款余额较上期大幅增加，增加原因为确认当年年末新增对客户A和B的销售收入。双方合同约定产品发货后收款20%，安装调试完成收款30%，最终验收后收款50%，但截至注册会计师外勤审计结束前，客户未支付任何款项。注册会计师获取了销售合同、发货单、物流运输单、终验证明等证据，实施函证程序后，收回客户的回函确认。但注册会计师仍然存在疑虑，质疑客户为什么没有按照合同约定支付货款，是否存在提前确认收入现象。注册会计师决定实施延伸检查，前往被审计单位客户现场了解产品的安装、调试以及是否投入生产等情况，注册会计师发现，销售给客户的产品尚未开箱，只是从被审计单位移到了客户现场，尚未开始安装，验收证明显然为虚假证据。实际上，被审计单位为了提前确认收入，将产品运输到潜在客户，此时客户并不需要该产品，当然不会支付货款，但客户配合被审计单位提供注册会计师需要的证据。如果不通过延伸审计，是难以发现提前确认收入的问题。

案例 8-7

某影视文化公司 2020 年 12 月确认向 M 公司销售电视剧版权收入 8 000 万元，收到款项 6 000 万元，该笔收入实现毛利 5 000 万元，并使得影视公司当年实现了盈利。

注册会计师审计时发现，M 公司系当年 10 月新成立的公司，注册资本 1 000 万元，实缴资本为 0，对该笔交易的真实性产生怀疑。在获取了常规审计下的证据后，注册会计师与被审计单位沟通，提出延伸核查 M 公司资金流水的要求。在 M 公司提供银行资金流水后，注册会计师发现 M 公司本身并没有任何资金，其资金来源于 F 公司，在收到 F 公司 6 000 万元后，当天即支付给被审计单位。注册会计师提出进一步了解 F 公司与 M 公司的关系时，被审计单位及 M 公司予以拒绝。因审计证据不充分，注册会计师提出出具保留意见审计报告，被审计单位不同意，但同意将该笔收入冲回，重新编制财务报表。

在延伸审计中，有时可能涉及多层延伸。例如，经销模式下，往往需要延伸至销售给终端客户的情况。又如，广告代理、影视文化版权转让、融资性空转贸易等业务模式，被审计单位两头在外，即下游客户不是终端用户，仍然是代理商，上游供应商也不是最终的生产商，同样是代理商，如果注册会计师评估交易存在重大错报风险，有必要实施延伸审计，且可能延伸至被审计单位直接客户和供应商之外，即客户的客户、供应商的供应商。

3. 被投资单位及其他交易对手

不少企业存在对外投资，反映在财务报表上为"长期股权投资""交易性进行资产""其他权益工具投资"等资产项目，由于这些投资不为投资方控制，注册会计师了解被投资企业的范围可能受到限制。例如，被审计单位采用权益法核算的长期股权投资，投资企业由其他注册会计师审计，注册会计师往往只能获取被投资单位经过审计的财务报告，以此作为投资方会计处理的依据。如果要进一步了解被投资单位的具体情况，则需要实施延伸审计，这种延伸审计有时很有必要。

实务中，有的企业发起设立或参与设立结构化主体①，对于持有较大份额，能够实质控制结构性主体的，因种种原因未纳入合并范围时，如果注册会计师不延伸审计结构化主体对外实际投资的具体项目，难以核实对外投资的真实收益或损失情况，可能面临很大的审计风险。例如，某上市公司 2016 年出资 5 亿元设立深圳 ×× 产业投资基金管理中心（有限合伙），持有份额 95%，列报为"可供出售金融资产"，注册会计师未能延伸审计该基金的具体投向。2017 年，上市公司发现基金投向的主体相关人员失联，全额计提减值准备，造成重大损失。事后得知，该投资被用于风险很高的期货投资。如果注册会计师实施延伸审计，发现高风险投资后，建议被审计单位立即收回资金，有可能避免不必要的损失。类似的结构化主体，如银行、保险、证券等金融机构，以及一些投资性主体较为普遍，比较容易形成体外循环，不论是否应纳入合并，对于重大的投资，注册会计师应考虑延伸审计。

4. 第三方机构

第三方机构可能包括工商、海关、税务、银行等政府相关部门或金融机构，这些部门的权威性高，获取的信息真实可靠。

案例 8-8

　　注册会计师在审计奥精医疗科技股份有限公司科创板上市（IPO）财务报表时，在延伸核查经销商销售收入时，进行了"金税三期"销售核验。"金税三期"数据主要字段即为销售发票信息，注册会计师抽查了专票数据在国家税务总局全国增值税发票查验平台进行查验，验证了发票内容、发行人产品型号、数量、单价、金额等。注册会计师取得了经销商的"金税三期"平台数据，并据此对经销商提供的终端流向数据予以核对确认，其"金税三期"平台数据与终端流向数据不存在异常差异情况。

　　资料来源：上海证券交易所网站。

---

　　① 结构化主体是指在确定其控制方时没有将表决权或类似权力作为决定因素而设计的主体，主导该主体活动相关活动的依据通常是合同或者相应安排。结构化主体包括证券化工具、资产支持融资、部分投资基金等，以有限合伙企业形式的结构化主体较多。

实务中，注册会计师实施延伸审计时，可采取下列审计程序：

（1）在获取被审计单位配合的前提下，对相关供应商、客户进行实地走访，针对相关采购、销售交易的真实性获取进一步的审计证据。在实施实地走访程序时，注册会计师通常需要关注以下事项：

第一，被访谈对象的身份真实性和适当性；

第二，相关供应商、客户是否与被审计单位存在关联方关系或"隐性"关联方关系；

第三，观察相关供应商、客户的生产经营场地，判断其与被审计单位之间的交易规模是否和其生产经营规模匹配；

第四，相关客户向被审计单位进行采购的商业理由；

第五，相关客户采购被审计单位商品的用途和去向，是否存在销售给被审计单位指定单位的情况；

第六，相关客户从被审计单位采购的商品的库存情况，必要时进行实地察看；

第七，是否存在"抽屉协议"，如退货条款、价格保护机制等；

第八，相关供应商向被审计单位销售的产品是否来自于被审计单位的指定单位；

第九，相关供应商、客户与被审计单位是否存在除购销交易以外的资金往来，如有，了解资金往来的性质。

（2）利用企业信息查询工具，查询主要供应商和客户的股东至其最终控制人，以识别相关供应商和客户与被审计单位是否存在关联方关系。

（3）在采用经销模式的情况下，检查经销商的最终销售实现情况。

（4）当关注到存在关联方（如被审计单位控股股东、实际控制人、关键管理人员）配合被审计单位虚构收入的迹象时，获取并检查相关关联方的银行账户资金流水，关注是否存在与被审计单位相关供应商或客户的异常资金往来。如果识别出收入舞弊或获取的信息表明可能存在舞弊，注册会计师可与被审计单位治理层沟通，要求治理层就舞弊事项进行调查。

如果注册会计师认为延伸检查程序是必要的，但受条件限制无法实施，或实施延伸检查程序后仍不足以获取充分、适当的审计证据，注册会计师应考虑审计范围是否受限，并考虑对审计报告意见类型的影响或解除业务约定。

三、延伸审计面临的问题与挑战

虽然延伸审计具有必要性，能够解决审计的"最后一公里"，但如何实现延伸审计的常态化，还存在一些问题值得探讨。

（一）注册会计师延伸审计选择权缺乏依据

现行法律法规并没有规定注册会计师具有延伸审计的法定权利，《中华人民共和国注册会计师法》关于注册会计师的业务范围规定："注册会计师承办下列审计业务：（一）审查企业会计报表，出具审计报告；（二）验证企业资本，出具验资报告；（三）办理企业合并、分立、清算事宜中的审计业务，出具有关的报告；（四）法律、行政法规规定的其他审计业务。""注册会计师执行业务，可以根据需要查阅委托人的有关会计资料和文件，查看委托人的业务现场和设施，要求委托人提供其他必要的协助。"上述规定的主体为被审计单位，不包括被审计单位之外的主体。《中华人民共和国会计法》规定了会计监督包括企业内部监督、注册会计师审计监督、财政部门监督及其他国家部门或机构监督。对于注册会计师监督，要求"有关法律、行政法规规定，须经注册会计师进行审计的单位，应当向受委托的会计师事务所如实提供会计凭证、会计账簿、财务会计报告和其他会计资料以及有关情况"。而对于财政部门及其他国家部门或机构监督，规定了"发现重大违法嫌疑时，国务院财政部门及其派出机构可以向与被监督单位有经济业务往来的单位和被监督单位开立账户的金融机构查询有关情况，有关单位和金融机构应当给予支持"。因此，注册会计师的审计对象仅限于与其有业务约定的委托方，即被审计单位，没有赋予国家政府部门类似的"外调权"。

证监会关于企业上市中要求注册会计师延伸审计，仅限于拟上市主体关联方予以配合，对客户与供应商的延伸审计，仅限于访谈等取得的外部证据较弱的延伸审计，行业协会制定的审计准则问题解答，不属于具有法律法规或准则规定范围，仅是指导性建议。因此，注册会计师选择延伸审计，受制于法律法规层面的制约，相关第三方没有法定义务配合注册会计师提供资料，这在客观上导致延伸审计存在困难。

2021年10月，财政部公布了《中华人民共和国注册会计师法修订草案（征求意见稿）》，其中第四十条规定："会计师事务所、注册会计师识别出相关单位配合被审计单位舞弊的迹象，且通过常规审计程序无法获取充分、适当的审计证据时，有权查阅相关单位的资金账户、证券账户、银行账户以及其他具有支付、托管、结算等功能的账户信息，获取并核实相关单位的银行账户资金往来等资料，以应对识别出的舞弊风险。"该规定赋予了注册会计师"外调权"，如果最终能够得到通过，将会对注册会计师行业产生深远影响。

（二）选择延伸审计的职业判断标准可能存在差异

即使是相关方配合延伸审计，但如何判断是否需要执行延伸审计程序，以及延伸审计程序实施的范围、时间、样本选取方法、对具体交易追查到何种程度等，需要注册会计师的专业判断，不同的执业人员作出的判断结论可能存在区别。站在被审计单位及延伸审计对象角度，不可能避免延伸审计，因为延伸审计需获取被审计单位上下游交易对手乃至终端客户的信息，这些信息可能涉及商业秘密，但有时迫于注册会计师的压力，如不提供延伸审计条件，注册会计师就出具非无保留审计意见报告。延伸审计范围上，各方可能存在分歧，注册会计师为了"万无一失"，尽可能要求扩大审计范围，而被审计单位及其他各方却认为没有必要，这时甚至可能产生激烈的冲突。由于审计业务的复杂性，相关规则难以明确规定实施延伸审计的标准，这在实务中会增大沟通难度。

事实上，如果法律法规规定注册会计师的"外调权"，由于存在是否选择延伸审计的职业判断，在是否需要延伸审计，在什么范围实施延伸审计等方面，可能会出现千差万别，甚至不排除有的注册会计师滥用"外调权"的情况，从整个社会生态链条看，实际操作难度较大。

（三）延伸审计增加成本

实施延伸审计将导致工时和审计成本上升，在审计收费无实质性增加的情况下，注册会计师和会计师事务所的压力有所增加，尤其是在年报审计的忙季，会加剧审计预算、日常安排的紧张程度。

（四）增加法律责任界定的难度

注册会计师执行审计业务，必须按照执业准则、规则确定的工作程序出具报告，这是注册会计师承担法律责任的依据。如果相关规定赋予注册会计师"外调权"，而注册会计师是否执行"外调权"又存在职业判断，这不仅增加了执法机构关于注册会计师勤勉尽责的判断难度，也客观上扩大了注册会计师的责任范围，因为权利和责任是对等的，既然赋予你权利，如果应行使而未行使，或者错误地行使，则理所当然承担责任。

第四节 利用专家工作

一、选择利用专家工作的领域

注册会计师的专家，是指在会计或审计以外的某一领域具有专长的个人或组织，并且其工作被注册会计师利用，以协助注册会计师获取充分、适当的审计证据。随着经济业务的日益复杂，影响财务报表的情形越来越多，财务数据的生成环境和方式越来越复杂，不受会计人员掌控的经济业务越来越多。

（一）资产的价值估价

决策相关性的会计信息质量特征，使得越来越多的资产负债项目采用公允价值计量，而公允价值计量依赖对未来现金流量的预计，尤其是不具有活跃公开市场报价的资产计量。例如，复杂金融工具、土地及建筑物、厂房和机器设备、珠宝、艺术品、专利技术等。涉及资产估值的具体领域可能包括：

（1）出资估价。以实物资产出资的，按照《公司法》规定应当进行估价。

（2）合并对价分摊，即企业合并中确定可辨认净资产的公允价值，会计人员据以编制合并日的财务报表。

（3）资产负债表日资产的公允价值。《企业会计准则第22号——金融工具确认与计量》等准则规定，交易性金融资产、投资性房地产、其他权益工具投资应当按照公允价值计量，对于没有活跃市场报价的该等资产，需要采用估值技术确定公允价值。

（4）长期资产减值测试。长期股权投资、固定资产、无形资产、生物资产、商誉等长期资产的减值，持续经营下取决于未来现金流量现值，往往需要利用评估专家以财务报告为目的的评估报告。此外，涉及特殊资产，如珠宝艺术品等，缺乏公开的市场报价，也可能需要专家参与减值测试。

（5）股权激励计划。对于员工实施股权激励计划，需要对标的企业进行估值，以确定入股价格和相应的股权激励费用金额。

（二）准备金精算

与员工福利计划相关的精算，包括重组改制人员费用预提精算、以资产供款为目的的精算、以会计披露为目的的精算，以及保险公司关于保险责任准备金计提，主要依赖精算师的工作。

（三）信息技术系统

只要是被审计单位财务核算或业务执行对信息系统依赖程度较高，如有复杂的自动化计算系统、处理大量交易的系统等，都可能需要实施信息技术审计。在业财融合情况下，财务数据高度依赖业务数据，数据是否可靠，更多地取决于生成数据的相关信息系统，这些都超出了会计和审计人员能力范围，需要信息技术专家参与。

（四）法律事项

企业在经济活动中可能签署复杂的合同条款，这些条款规定的权利义务对于财务报表相关的确认、计量可能产生影响，注册会计师需要向法律专家进行咨询，了解执行合同产生的财务影响。此外，涉及诉讼、担保等可能承担的赔偿责任，在尚未判决前如何预计损失，也可能需要法律专家协助判断。

（五）其他

如对工程进度的测量、特殊存货的盘点、复杂或异常纳税问题、对石油和天然气储量进行估算、对环境负债和场地清理费用进行估价等。

需要注意的是，会计、审计领域的专长与其他领域的专长通常较容易区分，如金融工具会计处理方法的专长，与用复杂模型对金融工具进行估价的专长有所区别，但在某些领域界限可能较为模糊，特别是那些涉及会计或审计的新兴领域。还有的情况，某些注册会计师不仅是会计审计专家，还是其他领域的专家，如评估专家，对其个体而言，其具有估值方面的专长，不需要利用其他专家工作。

二、选择专家

选择合适的专家，注册会计师应考虑三个方面的因素：

（一）关于选择机构专家还是个人专家

审计准则没有规定选择专家的主体要求，需要注册会计师作出职业判断。通常而言，选择机构专家更能保证专家工作质量，这是因为：一方面，机构的声誉、专长和实力等组织特征，可以通过公开信息查阅，便于择优选择合适的专家。另一方面，机构专家的独立性、内部质量控制制度等高于个人专家。实务中，涉及较大行业的专家多以机构为主，例如，估值方面的专家，多以资产评估机构而非独立的评估师出现。评估机构内部有较为严格的质量措施，包括根据估值对象委派合格评估师、实施独立质量复核等，且受到有关部门的监管，工作结果相对个人专家而言更为可靠。对于一些小众行业的专家，如保险与员工福利计划精算师，具有该方面专长的人士并不多，注册会计师熟悉精算领域的某个专家，或者在以往的审计中有过合作，了解其专业胜任能力，则可能选择个人专家。注册会计师宜优先选择机构专家，尤其是专家工作领域可能存在重大错报风险，审慎选择个人专家。

大型会计师事务所人才呈多元化，使得某些领域可以利用内部专家，例如，有的会计师事务所设置了IT审计部，信息系统方面的测试，由会计师事务所信息技术专家协助财务审计团队。《2020年度会计师事务所综合评价百家排名信息》显示，截至2020年末，排名前30位的会计师事务所拥有的信息技术人员[①]情况如表8-11所示。

表8-11　　　　　　　　　　排名前30位会计师事务所信息技术人员数量情况

排名	会计师事务所	信息技术人员数量	排名	会计师事务所	信息技术人员数量
1	普华永道中天	155	16	中汇	5
2	安永华明	未披露	17	亚太（集团）	2
3	德勤华永	51	18	中天运	4
4	毕马威华振	未披露	19	中审华	0
5	天健	49	20	上会	13
6	立信	29	21	天衡	2
7	信永中和	114	22	北京兴华	6
8	大华	12	23	中审亚太	0
9	天职国际	25	24	北京大地	3
10	容诚	26	25	西格玛	2
11	大信	12	26	众华	5
12	致同	59	27	永拓	32
13	中审众环	3	28	利安达	1
14	中兴华	21	29	苏亚金诚	9
15	中兴财光华	25	30	立信中联	0

资料来源：2020年度会计师事务所综合评价百家排名信息。

（二）专家的胜任能力

首先，评价该机构的声誉与能力（若利用机构专家的情形）。例如，该机构的

---

① 指会计师事务所中具有信息系统审计师（CISA）、IT审计师（ITA）、中国信息安全专业认证（CISP）、信息系统安全专业认证（CISSP）、思科网络专家（CCIE）、软件工程造价师等执业资格的人员。

从业人员数量、收入规模、执业资质、在行业中的地位与排名，以及执业质量和信誉情况，是否受到过监管部门的处罚。

其次，评价机构委派的具体专家人员胜任能力。机构能力与个人能力往往不相一致，在关注机构的同时，注册会计师还必须评价承担任务的个人能力，包括专家个人的执业资格、过往类似项目的业绩、发表的论文或出版的著作等。需要注意的是，某些行业存在细分领域，评价专家能力时应予以考虑。例如，某一精算师可能精通财产和意外伤害保险，但对养老保险金方面的计算专长有限；某一评估师擅长于矿业权评估，但较少承办其他领域的资产评估。

最后，适当关注专家在会计和审计相关领域的知识和能力，以便专家能够理解注册会计师的意图。

（三）独立性

聘请专家有不同方式，对独立性产生的影响可能不同。例如，注册会计师聘请的是被审计单位管理层专家，可能会对专家工作的客观性产生较不利影响，注册会计师应评价不利影响的严重程度，以及采取的防范措施。又如，由被审计单位聘请公司之外的专家，费用由被审计单位支付。该种情形专家的独立性有所提高，但仍然存在独立性风险，因为专家的服务报酬来源于聘请方。再如，注册会计师自行聘请专家，费用由会计师事务所支付。由于该种方式注册会计师与被审计单位保持独立，专家服务于注册会计师的工作，独立性最高。

实务中，有的集团性中介机构组织，下属专业服务机构既包括审计机构，还有评估、税务、法律等从事估值及其他专业服务的机构，注册会计师聘请集团内专家是否影响独立性，需要根据具体情况评价。

三、评价专家工作结果

专家工作结果服务于注册会计师审计目的，类似于集团财务报表审计，注册会计师应参与组成部分的注册会计师工作。同样地，利用专家工作不能仅仅只是"利用"，还应参与复核、评价专家的工作，因为注册会计师承担审计责任包括了专家工作的结果。注册会计师应选择性地参与和评价专家工作结果，可能的工作包括：

（1）复核专家工作底稿和报告；

（2）实施证实性程序，如观察专家的工作、检查已公布的数据、向第三方询证相关事项、执行分析性程序、重新计算等；

（3）向具有相关专长的其他专家讨论印证专家工作结果；

（4）与管理层讨论专家报告；

（5）当专家的工作涉及使用重要的假设和方法时，注册会计师评价这些假设和方法需要考虑的因素包括：①这些假设和方法在专家的专长领域是否得到普遍认可；②这些假设和方法是否与适用的财务报告编制基础的要求相一致；③这些假设和方法是否依赖某些专用模型的应用；④这些假设和方法是否与管理层的假设、方法相一致，如果不一致，差异的原因及影响。

（6）当专家的工作涉及使用对专家工作具有重要影响的原始数据时，注册会计师可以核实数据的来源，复核数据的完整性和内在一致性。但是，在某些情况下，如果专家使用的是其领域中高度专业化的原始数据，该专家可能需要测试这些原始数据。如果专家已经测试，注册会计师可以通过询问专家、监督或复核专家测试来评价数据的相关性、完整性和准确性。

有效的双向沟通、融合有利于将专家工作的性质、时间和范围与审计的其他工作整合。以注册会计师利用内部信息技术专家工作为例，沟通与融合包括：

（1）信息技术专家参与财务审计项目组计划编制、讨论和审计总结会议，以及与客户治理层和管理层、审计委员会的沟通；

（2）注册会计师与信息技术专家沟通财务报表审计拟依赖的信息技术程度，以及获取的信息技术相关审计证据，根据评估的工作量安排适当数量和技能的信息技术人员，确保审计工作如期保质完成；

（3）根据财务报表审计拟依赖的内部控制关键领域，双方讨论、确定信息技术审计与复核的具体范围，包括信息技术专家参与一般控制和应用控制评价的范围，注册会计师与信息技术专家各自的责任划分，以及评价结果交付的时间等事项，并达成一致意见；

（4）针对客户一般控制和应用控制及其他信息系统的评价结果，注册会计师应当与信息技术专家沟通，以确定是否依赖内部控制，以及可能对财务报表审计的影响；

（5）信息系统缺陷对客户至关重要，注册会计师会同信息技术专家与客户沟通审计中发现的缺陷，讨论对财务报表的影响与改进措施。

实务中，注册会计师利用专家工作存在的问题，主要是缺少前述应实施程序及记录过程，较多地采取了"拿来主义"，直接将专家的工作结果放入审计工作底稿而不作任何记录。究其原因，可能是多数注册会计师认为，既然是利用专家的工作，自己本就对该领域不具专长，所以依赖其他专家工作，且自己也不具备复核专家的胜任能力，外行去复核内行，也难以找出其中的问题。这种认识有一定道理，也符合逻辑。但是，审计准则的本意，也许并非是要求"外行复核内行"

的实质性复核，更多的是形式复核，即复核专家的资质、工作规程、重要参数等程序性的工作是否满足其执业规则的要求。

案例 8-9

2020 年 1 月，吉林证监局在对 ×× 会计师事务所（特殊普通合伙）执行的 ST 金鸿（000669）审计业务存在问题的警示函中，指出注册会计师利用专家工作不到位："你们将公司固定资产、在建工程及商誉的减值列为关键审计事项，利用了公司聘请评估机构的评估结果，但未见充分复核评估机构职业判断的合理性与恰当性，包括资产组的划分、减值测试方法和模型的确定、关键参数（如预测期增长率、稳定期增长率、利润率）的选取、减值损失的分摊等内容，仅对收益法折现率进行了复核；亦未见复核评估机构采用的关键假设与历史数据的相关性、完整性和准确性。"

资料来源：中国证监会网站。

如果注册会计师经过评价专家工作，认为其工作结果不适当的，应与专家沟通调整。若专家不调整，注册会计师应建议更换专家，重新出具报告，若被审计单位不同意更换专家，注册会计师应考虑其对审计意见的影响。

四、利用以财务报告为目的的评估专家工作

注册会计师利用专家工作最多的领域是以公允价值计量相关的估值，该领域的专家为资产评估师，专家工作结果为评估报告，但也是注册会计师在利用专业工作中存在较多问题的领域。典型的问题是，未考虑评估报告的目的和用途，不加区分评估报告的价值类型，导致错误采用评估报告。评估专家的评估报告目的和用途不同，采用的评估方法、估值假设、参数可能不同。

例如，在资产并购重组中，用于双方交易作价参考的评估价值，价值类型是标的资产的股东权益价值，即净资产的公允价值，但有的注册会计师却将其用于合并对价分摊，前者评估报告时用于交易目的，而后者是用于以财务报告为目的，完全是两种不同类型的报告。

又如，注册会计师对持续经营下的生产性固定资产进行减值测试，应以固定资产未来产生现金流量的现值与出售价款孰高，与固定资产账面价值比较确定是否存在减值，评估价值应为使用价值（可收回价值）或市场价值，即评估报告应采用收益法或市场法进行评估，如果评估专家提供的是资产基础法（重置成本）

评估报告，显然不适用会计准则关于固定资产减值测试的要求。因此，注册会计师在利用评估专家工作时，要注意专家工作结果是否是以财务报告为目的的报告。

再如，混淆长期股权投资减值、业绩承诺补偿与商誉减值。企业合并形成的投资方长期股权投资，判断是否减值不同于商誉减值测试方法，其针对的是股东权益价值，只要是享有的股东权益价值大于投资的账面价值，则通常情况下不会减值。因此，商誉减值并不必然导致投资方长期股权投资减值。但是，若商誉存在大额减值，通常表明长期股权投资减值迹象明显，除非有较大金额的非经营性资产、溢余资金等不涉及资产组的资产及负债，应关注投资方长期股权投资减值。与商誉减值相关的另一个问题是业绩承诺补偿。并购重组交易中，重组双方一般会签订"对赌协议"条款，主要约束标的资产原股东，在置入收购方后若未能达到预期业绩，原股东应予以股份或现金补偿。补偿时间点有两个：一是在承诺期内，按年或累计计算补偿款；二是在补偿期结束后，由注册会计师对标的资产进行减值测试，若存在减值，原股东还需要另行补偿。商誉减值通常会导致业绩补偿，但并不必然导致业绩补偿，应与长期股权投资减值与商誉减值口径保持一致，即补偿针对的是股东权益价值，只要权益价值大于收购时的作价，原则上原股东不需要业绩补偿。商誉减值影响财务报表账面利润，而业绩补偿将影响原股东实际经济利益。

所谓以财务报告为目的的评估，是指资产评估机构及其资产评估专业人员遵守法律、行政法规、资产评估准则和企业会计准则及会计核算、披露的有关要求，根据委托对评估基准日以财务报告为目的所涉及的各类资产和负债公允价值或者特定价值进行评定及估算，并出具资产评估报告的专业服务行为。以财务为目的的评估价值类型，会计准则规定的计量属性可理解为相对应的评估价值类型。

需要注意的是，评估报告与估值报告的区别。有时评估机构提供给注册会计师的是估值报告，注册会计师需要审慎采用。从报告出具流程和监管看，估值报告属于咨询类报告，估值程序少于评估报告实施的程序，类似于注册会计师的咨询业务，证明力较低，这可能是评估机构为了规避执业风险，以估值报告代替评估报告。如果审计业务风险较大，注册会计师应了解评估机构不能出具评估报告的原因，不宜轻易采用估值报告。

审计是一个选择的过程，基于未来现金流量的专家估值则存在更多的选择，如资产范围、收入增长率、折现率、评估期间等，注册会计师重点关注专家对这些选择是否合理。商誉减值测试审计是注册会计师利用评估专家较多的领域，也是问题较多的领域。证监会《2020年度证券资产评估市场分析报告》显示，证监会对25家资产评估机构及其资产评估师采取32家次、65人次的行政监管措施，其中一半以上的处理处罚案件涉及以商誉减值测试为目的的资产评估业务。如果注册会计师直接采用这些评估报告结果，可能存在审计结论不恰当的问题。下面以商誉减值测试为例，说明注册会计师如何参与、评价评估专家的工作及其适当性。

（一）商誉减值测试的价值类型选择

商誉减值测试，目的是评估商誉所在资产组或资产组组合未来现金流量现值，即资产组的使用价值。实务中，不少资产评估机构以商誉减值测试为目的的评估，针对的是标的全部资产负债进行的股东权益评估，即企业价值评估。两者在评估目的、资产范围、评估方法、参数选择、评估结果等方法上存在较大差异，企业价值评估主要用于产权交易定价，资产组的使用价值评估是企业合并产生商誉后续计量的会计行为，服务于企业商誉减值测试，其不包括银行借款筹资活动现金流入或流出，也不需要考虑缴纳所得税支付的现金，更不应考虑与资产组无关的溢余资金、非经营性资产等，这显著区别于股东权益评估价值。上市公司或注册会计师直接利用企业价值评估结果严重违反了准则规定，将导致商誉减值测试出现原则性、方向性和系统性错误，可能使得应当计提减值而未计提，或不应当计提减值却计提，从而导致财务报表产生错报。资产评估机构以商誉减值测试为目的的评估，不应当采用企业整体价值评估的方法。

案例 8-10

宝馨科技（002514）披露的 2016 年度财务报告显示，对收购南京友智科技有限公司形成的商誉 3.64 亿元进行减值测试后，认为不减值并经会计师事务所审计认可，未计提减值损失。2017 年，该公司更换会计师事务所，后任注册会计师认为应将南京友智科技有限公司整体股东权益，即企业价值作为资产组进行减值测试，测试后商誉减值 9 766 万元，并作为会计差错更正调整了 2016 年度财务报表，导致上市公司 2016 年由亏损 0.81 亿元，增至亏损 1.79 亿元。

2019 年 3 月，证券监管部门对后任会计师事务所及签字注册会计师出具了警示函的行政监管措施，原因为注册会计师在商誉减值审计中，未充分辨识与商誉相关的资产组，即商誉减值测试的价值类型认定不当，使得错误地更正了上市公司前期财务报表。该案例说明，商誉减值测试价值类型选择不当，将对减值测试的结果产生极其重大的影响。

资料来源：巨潮资讯网站。

（二）资产组或资产组组合的划分

1. 确定资产组的数量

资产组是独立于其他资产或资产组组合所产生现金流入的最小可辨认资产组合，即资产组应当符合"业务"的定义，具备完整的投入、加工处理过程和产出能力。确定资产组时，可以参照《企业会计准则第 35 号——分部报告》关于业务分部和地区分部的划分方法，但资产组不应当大于分部报告，资产组数量需要持续评估。

（1）企业合并日，应将被收购资产划分为一个或一个以上的资产组。若被收购单位本身有商誉，需要考虑是否至少划分为一个以上资产组。

（2）企业后续经营中，新增的业务是否应与原资产组划分为同一个资产组？通常而言，除原有业务产能扩大、升级改造，或者具有上下游关系及协同效应外，与原有业务无关的再并购、再投资形成的资产，不应纳入原有资产组测试范围，以防范不相关的资产组弥补抵减原资产组已发生减值的情形。同一管理层并不是无关的不同资产组合并的充分理由。

（3）因吸收合并等重组原因，原有资产组发生变化，应将商誉重新分摊至受影响的资产组。

事实上，商誉减值测试强调资产组前后口径一致，主要原因是企业在后续经营过程中，因新增业务等可能会产生内生商誉，但账面上并不会体现，而账面商誉反映的是最初的外购商誉，不应包括后续经营产生的内生商誉，否则将扩大减值测试的范围，从而使得商誉账面价值对投资者的决策有用性降低，理解难度增大，这是必须准确划分资产组的根本原因。

2. 确定资产组的"资产"范围构成

实务中，关于不包含商誉的资产组具体范围有三种做法：一是以整体资产负债，即全部净资产作为资产组。二是以固定资产、无形资产等长期资产与相关的流动资产和流动负债作为资产组，即长期资产＋初始营运资金。这种做法之所以将运营资金作为资产组的组成部分，可理解为仅有长期资产是不能产生现金流量的，必须要有运营资金的推动，长期资产才能发挥作用。三是只包括相关的长期资产。这种做法将运营资金视为企业经营必须要垫付的资金，即资产组产生的现金流量有部分不能收到现金，如确认收入后形成部分应收账款等，类似于现金流量表中经营活动产生的现金净流量，因此，在计算现金流现值时必须扣除该部分垫付的资金。

前述三种做法，其资产组的范围逐步缩小。第一种方法实际为股东权益评估，显然不符合准则规定，后两种方法使用较多。从准则规定看，第三种方法更符合准则要求，也与资产组是"最小现金产出单元"的内涵相符，这是因为：一方面，资产组的经济属性是生产资料，运营资金并非直接的生产资料。资产组的可收回金额是基于测试日，计算资产组未来净现金流入，而货币资金、应收账款在测试日已经是货币性资产，是资产组过去产生的已经或尚未流入的现金，存货则通过未来变现，体现在未来预测的现金流入之中，因此，将货币资金、应收账款、存货等营运资金作为资产组构成要素值得商榷。另外，若将运营资金包含于资产组，则资产组将不断变化，导致不符合准则"对于同一资产或资产类别所认定的现金产出单元在各期间应保持一致"的规定。

国际会计准则规定，现金产出单元（即资产组）的账面金额，仅包括下列资产的账面金额，即直接归属于、或能在合理和一致的基础上分摊到该现金产出单元，能产生估计该现金产出单元使用价值时所使用的未来现金流量流入，并且不包括已确认负债的账面金额，除非不考虑该负债就无法计量现金产出单元的可收回金额。

第三种方法确定的资产组账面金额，通常小于包含运营资金的资产组金额，是否会影响商誉减值金额？第三种方法下，虽然资产组账面金额小，但同时需要在未来现金净流入中扣除初始运营资产，即可收回金额和资产组账面金额同时减小，两种方法的结果一致。虽然结果一致，但资产组是否包含运营资金，理论上存在根本性差别。就会计准则而言，这不应属于可以选择的会计估计或会计政策，即不能说资产组包含运营资金是正确的，不包含运营资金也是正确的，这在逻辑关系上不成立。

3. 特殊行业资产组的考虑

某些特殊行业的资产组构成，可能不同于一般企业，需要具体分析。例如，金融行业，贷款资产为生息资产，具有生产资料的属性，显然属于资产组的资产构成范围。又如，涉及较多房产、土地使用权的情况下，应考虑该等资产对可收回金额的影响。

（三）商誉分摊至资产组

若有一个以上的资产组，则需要将商誉分摊至不同的资产组。证监会《会计监管风险提示第 8 号——商誉减值》要求，企业应在充分考虑能够受益于企业合并的协同效应的资产组或资产组组合基础上，将商誉账面价值按各资产组或资产组组合的公允价值所占比例进行分摊。

该"公允价值"不一定是静态的财务报表账面公允价值，因为有的资产组虽然账面金额大，但盈利能力小，而有的轻资产型资产组，账面价值小，估值却很高，因而应当考虑资产组未来可收回金额（估值）与资产组账面金额的配比关系进行分配。例如，收购某企业产生商誉 1 亿元，收购业务划分为两个资产组 A、B，账面可辨认公允价值分别为 2 000 万元、3 000 万元，两个资产组的估值均为 1 亿元。因两个资产组盈利能力不同，不应直接按照公允价值占比进行分配商誉。此外，总部资产的分摊也可参照该原则。

（四）资产组可收回金额预测期间

资产组包含的主要固定资产、无形资产的持续经营期间有三种情形：一是具有明确的经营期间，包括约定了期限的特许经营权，如 BOT，以及矿产资源的开采经营权；二是没有明确的经营期限，如多数轻资产行业；三是资产组主要资产有一定的物理使用年限，如制造业固定资产为有限使用年限，但可以通过更新、重置资产组维持继续经营。

对于第一、第二两种情形，确定资产组未来现金净流量的预测期间比较明确，即分别应在剩余经营期限和永续期进行预测。对于第三种情形，存在不同的观点：有的观点认为，应在主要资产剩余可使用年限内预测，理由为准则规定，应以资产的当前状况为基础估计资产未来现金流量。未来现金流量估计数不包括预期从下述事项中产生的估计未来现金流入或流出，即尚未承诺的未来重组，或对资产绩效的改进或提高。有的观点认为，应采用永续期进行预测，理由为虽然资产有剩余年限，但只要技术、市场、管理等仍然能够带来绩效回报，且不存在诸如情形一法律规定的经营期限，企业完全可以通过更新或重置资产继续经营，这也与收购企业时测算的期间保持一致。有的观点认为，对于非因企业合并形成的固定资产、无形资产等长期资产减值测试，只能考虑该等资产剩余使用年限，而对于包含商誉的长期资产，一般应考虑永续期。若不考虑永续期，商誉通常会减值，形成事实上的商誉"摊销"模式，企业管理层往往不接受。

针对商誉使用寿命的确定问题，理论界讨论了几种观点：一是建议以商誉被分配的资产组中主要资产的使用寿命为基础估计商誉使用寿命；二是建议以商誉初始确认时采用的预期受益年限为基础估计商誉的使用寿命；三是考虑到企业内外部各种因素的影响，建议设置商誉的使用寿命上限。实务中，上市公司披露商誉减值测试，绝大多数预测期间为永续期。需要注意的是，若采用永续期，需要预测资本性投入金额，且应考虑投入时点。

（五）折现率选用

折现率，又称期望投资回报率，是基于收益法确定评估价值的关键参数，对计算可收回金额具有放大或缩小的效应。折现率通常采用加权平均资本成本定价模型（WACC），即：

$$R=Re \times We+Rd \times （1-T） \times Wd$$

式中，Re 表示权益资本成本；Rd 表示付息负债资本成本；We 表示权益资本价值在投资性资产中所占的比例；Wd 表示付息负债价值在投资性资产中所占的比例；T 表示适用所得税税率。

而权益资本成本采用资本资产定价模型（CAPM）计算，计算公式如下：

$$Re = Rf + βe \times ERP + Rs+Rc$$

式中，Re 表示股权回报率；Rf 表示无风险回报率；βe 表示风险系数。

$$βe=βt \times [1+（1-T） \times D \div E]$$

式中，ERP 表示市场风险超额回报率；Rs 表示公司特有风险；Rc 表示公司个别风险。

折现率的确定涉及较多的行业数据和专业判断及分析，主要参数分为两类：一类是客观性较强或确定性参数。例如，付息负债资本成本，以测算对象实际融资成本确定；适用所得税税率，以企业实际税率为依据；无风险回报率，通常以国债收益率为依据，如选取证券交易所上市交易的剩余期限为 10 年以上的长期国债到期收益率平均值（目前为 4% 左右）确定为无风险收益率。另一类是存在一定主观性的参数，包括市场风险超额回报率、贝塔系数、公司特有及个别风险等。不同行业的市场风险溢价，差异较大；选取不同的可比公司，得出的贝塔系数可能会有差异；公司特有风险主要与资产规模相关，资产规模大，投资风险就会相对减小；公司个别风险系数取值一般是 0～3%。

确定折现率是否合理，需要关注每一个参数取值依据是否充分，计算是否正确，应有大量行业数据支持。以当前我国的资本回报率，多数企业的折现率在 12%～18% 较为合理。特别需要关注的是，现金流现值不应考虑所得税支出，折现率为税前折现率。由于前述计算均是以税后为基础确定的折现率，最后必须还原为税前折现率。例如，假设确定加权平均资本成本 WACC 为 11.38%，则还原为税前口径的折现率为 11.38 ÷（1-25%）=13.39%。若不还原，将虚增资产组净现金流入现值。

WACC 模型出发点为权益价值评估，内在逻辑上与资产组商誉减值测试存在一定的不一致性，因而实务中有的也运用累加法确定折现率。

（六）主要业务与财务数据预测依据

相对于资产组划分、折现率等商誉减值测试参数，资产组未来收入、毛利率、成本费用水平等的变动预测存在较高的主观性，弹性大，也是最容易进行操纵的关键参数。在确定未来现金净流量的预测期时，企业应建立在经管理层批准的最近财务预算或预测数据基础上，原则上最多涵盖5年（评估机构预测未来现金流量时，往往在第5年后，预测数据保持不变），分析判断销量、价格、成本、费用、预测期增长率、稳定期增长率等是否合理。《会计监管风险提示第8号——商誉减值》提及了七个方面的特定减值迹象，包括现金流或经营利润持续恶化、所处行业产能过剩、相关业务技术壁垒较低或技术快速进步、核心团队发生明显不利变化、特定行政许可与资格调整、市场投资报酬率在当期已经明显提高、经营所处国家或地区的风险突出等。除此之外，还应关注：

一是预测趋势是否与行业发展相一致。充分了解分析行业及可比公司情况，据以判断收入增长、毛利率水平等关键指标预测的合理性。预测增长率时，需要考虑企业当前的产能利用率，若企业产能已经饱和，除非产品价格等发生变化，则即使所处行业呈增长趋势，预测资产组未来现金流入也不应增长。

二是预测趋势是否与公司历史数据相一致。经济学的竞争理论表明，一个行业总是由超额利润向社会平均利润方向发展，企业不可能一直处于高增长趋势，预测数据处于单边增长是否合理。若多次预测均未能实现，应慎重采信企业的预测数据。

三是业绩不达标是否存在减值。未完成业绩承诺但商誉不减值的依据是否充分，特别是大比例未完成业绩承诺，除下列两种情形外，商誉通常应减值：未完成业绩承诺系偶发性因素，如某种原因导致停产，该因素已经消除；已经有足够的在手订单，或即将投产的新项目等可预期的现金流入。

四是期后验证。时间是检验商誉是否减值的最好武器。基于会计分期假设及年度财务报告制度，未来最近可观察的时间点为财务报告披露日。对于业务较为稳定的行业，观察首个预测期在年报披露日前的数据情况，若与预测数差异较大，应考虑预测数据的合理性。

附录： 评价以财务报告为目的的商誉减值测试
专家工作参考审计工作底稿

背景介绍

被审计单位：　　　　　　　　编制人：　　　　　　　　时间：

截止日：　　　　　　　　　　复核人员：　　　　　　　时间：

一、并购情况介绍

　　××软件（目标公司）为一家从事电力行业软件设计、研发、销售的软件公司，××科技公司是一家上市公司。

　　2016年10月××科技公司与××软件公司（目标公司）股东××集团有限公司、江西××有限公司、××地产控股有限公司、江西××有限责任公司、涂××、黄××、刘××等7个法人或自然人签署了《发行股份购买资产协议》。根据协议，××科技公司拟通过非公开发行股份的方式购买××集团有限公司、江西××股份有限公司、××地产控股有限公司、江西××有限责任公司、涂××、黄××、刘××等7个法人或自然人股东合计持有的××软件100%股权。交易完成后，××软件公司将成为××科技公司的全资子公司。根据收购协议的约定，××软件公司原股东承诺，目标公司2016至2020年每年需实现净利润分别为3 500万元、3 800万元、4 300万元、4 800万元、5 500万元，如未实现承诺原股东将用现金向并购公司补足差价部分。

二、商誉形成过程

　　××科技以××资产评估有限公司2016年6月30日为评估基准日出具资产评估报告的评估价值为参考，以399 150 000元收购××集团有限公司、江西××股份有限公司、××地产控股有限公司、江西××有限责任公司、涂××、黄××、刘××等7个法人或自然人持有××软件股份有限公司100%的股权。合并日为2016年12月31日，交易对价与合并日可辨认净资产公允价值差额158 457 437.48元形成商誉。

商誉减值测试检查表

被审计单位：　　　　　　　　　　　　　　编制人：　　　　时间：
截止日：2018/12/31　　　　　　　　　　复核人员：　　　时间：
商誉项目：　　　　　　　　　　　　　　　　　　　　　　索引号：TZ9-2

序号	项目	是否已执行	检查情况说明	索引号
1	商誉减值测试结果是否经过审批	是		TZ9-2-1
2	对专业评估结果及报告的评估	是	评估机构和人员具备相应的资质和专业胜任能力，不存在影响独立性的情况。采用的价值类型和估值模型和估算正确	TZ9-2-1
3	商誉减值迹象	是	对赌期业绩达到收购时的预测，完成业绩承诺。国内整体经济环境较好，公司经营状况良好，未发现减值迹象	TZ9-2-2
4	资产组认定	是	资产组认定按照相同保持了一致性，但与购买日有变化，原因为购买日在续经营的子公司的认定与评估审计认定一致。或新设子公司，或经营分析资产组划分合理	TZ9-2-3
5	资产组是否与购买日相同，保持了一致性	是		TZ9-2-4
6	资产组减值迹象	是	近年业绩对稳定对预测。公司目前生产经营正常，资金流正常，未发现资产组减值迹象	
7	账面价值构成	是	将经营性资产认定为价值构成因素	TZ9-2-5
8	采用剩余/永续年限合理性	是	采用永续年限具备合理性，且无异常，不违反准则规定	TZ9-2-6
9	主要假设	是	主要假设基础合理，预测未发现异常，且计算过程验证无误	TZ9-2-7
10	关键参数恰当性	是	关键参数数据情况基本相符，具备恰当性	TZ9-2-8
11	预测期营业收入增长率（%）	是	收入增长合理	TZ9-2-8
12	稳定期营业收入增长率（%）	是	稳定期营业收入保持一致，不增长	TZ9-2-2-8
13	折现率（%）	是	使用税前折现率	TZ9-2-8
14	税前现流净额计算	是	计算准确	TZ9-2-9
15	可收回金额计算	是	计算准确	TZ9-2-10
16	商誉减值额计算及分摊	是	计算准确	TZ9-2-11
17	业绩承诺完成情况	是	业绩承诺均已完成	TZ9-2-12
18	收购日评估预测实现情况	是	收购日评估预测情况均已实现	TZ9-2-12
19	上期评估报告预测本期实现情况	是	上期预测情况与本期实现情况基本相符	TZ9-2-12
20	与经批准的财务预算的比较情况	是	本期预测财务预算无重大差异	TZ9-2-12

审计说明：

经复核评估报告及公司商誉减值测试参数、假设、现金流预测过程，估值方法等，我们认为商誉减值测试方法符合会计准则的规定，测试及计算过程合理合规，测试结果可以采纳。会计处理符合会计准则规定。

对评估机构及评估报告的评价

被审计单位：　　　　　　编制人：　　　　　　时间：
截止日：　　　　　　　　复核人员：　　　　　　时间：
商誉项目：　　　　　　　　　　　　　　　　　　索引号：TZ9-2-1

序号	项目	情况	分析
1	评估机构名称	××资产评估（北京）有限责任公司	
2	评估报告文号	××评报字【2019】第2019号	
3	是否有证券资质	是	
4	是否有军工评估资质	不适用	
5	是否与评估师进行了沟通	是	
6	评估目的	本次评估以财务报告为目的，为××科技判断其并购××科技系统集成业务所形成的商誉是否减值提供参考依据	为××科技测算商誉减值提供技术参考，评估目的恰当
7	评估对象范围	本次评估对象为××科技并购××软件股份有限公司软件技术服务及系统集成业务所形成的与商誉相关的资产组，测试范围为与商誉相关的资产所涉及的资产性资产及经营性流动负债	减值测试资产组范围为经营性资产和经营性流动负债，即长期资产加初始营运资金，范围恰当
8	采取的价值类型	可收回金额	根据《以财务报告为目的的评估指南》第十八条，"执行以财务报告为目的的评估业务，应当根据会计准则或者相关会计准则的具体要求，评估对象等相关事件明确确应对应的计量属性可以理解为相对应的评估价值类型。"未来现金流量现值符合会计准则中资产组可收回金额的定义
9	估值方法	现金流折现法 $P=\sum\limits_{t=1}^{n}\dfrac{R_t}{(1+r)^t}+\dfrac{R_n}{r}\times\dfrac{1}{(1+r)^t}$ 资产组可收回金额＝税前现金现值现值	选用现金流折现法现金符合企业实际情况和准则的规定
10	估值模型	资产组可收回现金的现值＝	模型正确，采用税前现金流量符合准则的规定
11	评估机构专业胜任能力	具备专业胜任能力	××××资产评估公司2018年全国资产评估行业中排名第×名，是国内具有证券、期货相关资产评估资质的大型综合性评估机构
12	评估机构和人员的独立性	评估机构及资产评估师与评估报告中的评估对象没有现存或者预期的利益关系；与相关当事人没有现存或者预期的利益关系，保持第三方独立性	未发现有损害独立性的情况

被审计单位：
截 止 日 期：
商誉 项 目：

编制人：
复核人员：

时间：
时间：
索引号：TZ9-2-2

商誉减值迹象评估

序号	存在商誉减值的迹象	是否存在	分析说明
1	现金流或经营利润持续恶化或明显低于形成商誉时的预期，特别是被收购方未实现承诺业绩	否	现金和经营利润正常，不低于商誉形成时预期，收购方已完成承诺业绩
2	所处行业产能过剩，相关产业政策、产品与服务的市场状况或市场竞争程度发生明显不利变化	否	公司主要提供软件技术服务及系统集成业务，相关政策未发生重大变化
3	相关业务技术壁垒较低或技术快速进步，产品与服务易被模仿或已升级换代，盈利现状难以维持	否	公司盈利稳定，虽然相关业务技术有所进步，但公司近年研发投入较多，产品仍然具有较高的竞争力
4	核心团队发生明显不利变化，且短期内难以恢复	否	核发团队稳定，主要管理人员、销售人员和研发人员未发生重大变化
5	与特定行政许可、特许经营资格、特定合同项目等资质存在密切关联的商誉，相关资质的市场惯例已发生变化	否	未发生重大变化
6	客观环境的变化导致市场投资报酬率在当期已经明显提高，且短期内会下降	否	市场投资报酬率在近两年未明显提高，且没有证据表明短期内会下降
7	经营所处国家或地区的风险突出，如面临外汇管制、恶性通货膨胀、宏观经济恶化等	否	国内宏观经济环境稳定，无重大风险

253

与商誉有关资产组的认定

被审计单位：
截 止 日：
商 誉 项 目：

编 制 人：
复核人员：

时间：
时间：
索引号：TZ9-2-3

序号	事项	说明及分析意见
1	商誉形成原因	非同一控制下合并形成
2	标的公司及其合并后变化情况	标的公司合并后新增五家子公司杭州×× 伟业电器成套有限公司、北京×× 电力科技有限公司、××科技（深圳）有限公司、黑龙江××电力设计有限公司、清大××能源科技有限公司、股本未发生变化
3	合并产生协同效应分析	无
4	合并时点与商誉有关的资产组认定	合并时点划分为一个资产组合
5	报表日与商誉有关的资产组的认定	与合并时点一致，将公司划分为一个资产组合
6	评估对资产组的认定	公司有多个子公司，业务性质与母公司相同，且为公司同一管理层管理，主业保持稳定，除杭州××伟业电器成套有限公司外，评估将其他公司与母公司划分为一个资产组合
7	审计对资产组的认定意见	审计认为评估对资产组的认定符合合并收购时点的划分，符合会计准则的规定

被审计单位：
截 止 日：
商誉项目：

编 制 人：
复核人员：
时间：
时间：
索引号：TZ9-2-4

与商誉有关资产组认定的一致性

序号	被投资单位名称	说明及分析性意见	投资日期	并购日是否纳入资产组	上期是否纳入资产组	报表日是否纳入资产组	是否与购买日一致	是否与上期一致	资产组认定是否合理
1	江西××建设数据服务有限公司	2017年××软件将其持有的55%股权转让给江西××信息技术有限公司。公司虽然转让，但业务系统和人员完全保留在母公司，转让公司只是出于避税的目的将其拥有的房产转让，故截止日与购买日资产组测试范围一致	并购前	是	是	是	是	是	是
2	北京××鼎欣数据服务有限公司	2017年××软件将其持有的80%的股权转让给母公司。公司虽然转让，但业务系统和人员完全保留在母公司，转让公司只是出于避税的目的将其拥有的房产转让，故减值测试截止日与购买日资产组范围一致	并购前	是	是	是	是	是	是
3	北京××电力科技有限公司	并购前已有子公司，业务体系，人员，管理均与母公司一致，纳入商誉减值测试资产组，详见资产组范围分析，索引号：TZ9-2-4-1	并购前	是	是	是	是	是	是
4	北京××电力技术有限公司	收购后新设立的子公司，业务体系，人员，管理均与母公司一致，应纳入商誉减值测试资产组，索引号：TZ9-2-4-1	并购后	否	是	是	否	是	是
5	××科技（深圳）电力技术有限公司	收购后新设立的子公司，业务体系，人员，管理均与母公司一致，不应纳入商誉减值测试资产组，2018年末已对外转让	并购后	否	否	否	否	是	是
6	杭州××伟业电器成套有限公司	收购后新设立的子公司，业务体系，人员，管理均与母公司不同，不应纳入商誉减值测试资产组	并购后	否	否	否	否	是	是
7	黑龙江××电力设计有限公司	收购后新设立的子公司，业务体系，人员，管理均与母公司不同，不应纳入商誉减值测试资产组，2018年末已对外转让	并购后	否	否	否	否	是	是
8	清大××能源科技有限公司	2018年末新设立子公司，目前尚未开展业务，其定义为母公司进行研究和开发，应纳入商誉减值测试资产组	并购后	否	否	是	否	否	是

资产组范围分析

被审计单位：	编 制 人：	时间：
截 止 日：	复核人员：	时间：
商誉项目：		索引号：TZ9-2-4-1

北京××电力技术有限公司（以下简称"电力技术"）与北京××电力科技有限公司（以下简称"电力科技"）两家单位，均为××软件股份有限公司（以下简称××软件）全资子公司，均归属××科技智能电力产业群下属电网事业部统一管理，具体情况如下：

电力技术、电力科技主体下共有93名员工，分别负责电网事业部相关区域项目的生产经营、职能管理和服务、市场营销、研发技术、项目运维保障等工作（详见附件1和附件2，略）。其中电力技术责任人为匡斌，同时任××软件的总经理，主持电网事业部的全面工作。电力科技的单位责任人为廖宇，同时任××科技智能电力产业群的负责人

电力技术、电力科技近年和××软件的研发活动围绕××产品战略定位展开，按照公司的研发项目的审批制度要求立项审批，研发成果用于××的产品，两个主体项下的人员均参与审批流程（详见附件3，略）

电力技术的销售人员隶属电网事业部营销部门，主要负责北方地区××软件产品的营销及推广，相关政策及销售计划依照××审批流程进行；电力科技的销售人员亦隶属电网事业部营销部门，主要负责电力能源互联网的营销及推广，相关政策及销售计划依照××审批流程进行（详见附件4，略）

电力科技的研发项目：地市级工业能耗在线监测信息系统，是为××软件2017年签订的江西省工业能耗在线监测信息平台建设项目合同定向研制。××软件此合同的建设主要基于电力科技的研发，营销与研发均由电力科技的人员主导完成（详见附件5，略）

在公司对核算单位及员工的考核方面，是将××软件、电力技术、电力科技合计的成本费用来进行销售与研发考核

综上，电力技术、电力科技和××软件在管理上形成"一体化"管理模式，特别在考核上，不是以单个法人主体财务指标为依据，而是以事业部整体财务指标的实现情况为依据进行考核。应将两公司与母公司划分为一个资产组组合

与商誉有关资产组账面价值构成

被审计单位：　　　　　　　　　　编制人：　　　　　　　　时间：
截　止　日：　　　　　　　　　　复核人员：　　　　　　　时间：
商　誉　项　目：　　　　　　　　　　　　　　　　　　　　索引号：TZ9-2-5-1
　　　　　　　　　　　　　　　　　　　　　　　　　　　　单位：万元

序号	合并资产负债表		构成与商誉有关资产组价值认定					
	项目	报表日金额	项目	杭州××伟业	剔除后金额	资产组账面金额	并购日公允价调整	账面价值
1	货币资金	40 909 599.54	必要的货币资金	424 052.43	40 485 547.11	40 485 547.11		40 485 547.11
2	交易性金融资产				—	—		—
3	应收票据	3 173 364.20	应收票据		3 173 364.20	3 173 364.20		3 173 364.20
4	应收账款	332 646 520.56	应收账款	90 236.80	332 556 283.76	332 556 283.76		332 556 283.76
5	预付款项	7 801 112.30	预付款项	392 708.04	7 408 404.26	7 408 404.26		7 408 404.26
6	应收利息							—
7	应收股利	22 019 143.22			22 019 143.22			—
8	其他应收款	333 701 130.58		1 370 007.13	332 331 123.45			
9	存货	54 537 876.44	存货	6 057 216.35	48 480 660.09	48 480 660.09		48 480 660.09
10	一年内到期的非流动资产							
11	其他流动资产	648 055.39	其他流动资产	250 798.21	397 257.18	397 257.18		397 257.18
12	流动资产合计	795 436 802.23		8 585 018.96	786 851 783.27	432 501 516.60	—	432 501 516.60
13	可供出售金融资产				—			
14	持有至到期投资				—			

续表

	合并资产负债表		构成与商誉有关资产组价值认定					
序号	项目	报表日金额	项目	杭州××伟业	剔除后金额	资产组账面金额	并购日公允价调整	账面价值
15	长期应收款				—	—		—
16	长期股权投资				—	—		—
17	投资性房地产	64 755 953.80	投资性房地产		64 755 953.80	—		—
18	固定资产	34 221 406.81	固定资产	578 574.61	33 642 832.20	33 642 832.20		33 642 832.20
19	在建工程		在建工程		—	—		—
20	工程物资		工程物资					
21	固定资产清理							
22	生产性生物资产							
23	油气资产							
24	无形资产	103 143 925.09	无形资产	9 450 000.00	93 693 925.09	93 693 925.09		93 693 925.09
25	开发支出	6 986 800.68	开发支出		6 986 800.68	6 986 800.68		6 986 800.68
26	商誉				—	—		—
27	长期待摊费用	2 293 159.84	长期待摊费用					
28	递延所得税资产				2 293 159.84			
29	其他非流动资产							
30	非流动资产合计	211 401 246.22	—	10 028 574.61	201 372 671.61	134 323 557.97	—	134 323 557.97
31	资产总计	1 006 838 048.45	资产总计	18 613 593.57	988 224 454.88	566 825 074.57	—	566 825 074.57

续表

序号	合并资产负债表		构成与商誉有关资产组价值认定				
	项目	报表日金额	项目 杭州××伟业	剔除后金额	资产组账面金额认定	并购日公允价调整	账面价值
32	短期借款	60 000 000.00		60 000 000.00			—
33	交易性金融负债						—
34	应付票据	42 193 178.16		42 193 178.16	42 193 178.16		42 193 178.16
35	应付账款	189 376 789.64	1 197 478.36	188 179 311.28	188 179 311.28		188 179 311.28
36	预收款项	5 397 315.35		5 397 315.35	5 397 315.35		5 397 315.35
37	应付职工薪酬	1 029 781.95	135 885.60	893 896.35	893 896.35		893 896.35
38	应交税费	7 537 166.83	29 277.66	7 507 889.17	7 507 889.17		7 507 889.17
39	应付利息			—	—		—
40	应付股利						—
41	其他应付款	93 957 643.82	6 789 875.96	87 167 767.86	37 780 734.69		37 780 734.69
42	一年内到期的非流动负债				—		—
43	预计负债				—		—
44	其他流动负债				—		—
45	**流动负债合计**	399 491 875.75	流动负债合计 8 152 517.58	391 339 358.17	281 952 325.00	—	281 952 325.00
46	长期借款				—		—
47	应付债券				—		—
48	长期应付款				—		—

259

续表

序号	合并资产负债表		构成与商誉有关资产组价值认定					
	项目	报表日金额	项目	杭州××伟业	剔除后金额	资产组账面金额	并购日公允价调整	账面价值
49	专项应付款				—	—	—	—
50	递延所得税负债	3 244 062.35			3 244 062.35	—	—	—
51	其他非流动负债				—			—
52	递延收益	3 849 826.85			3 849 826.85			—
53	非流动负债合计	7 093 889.20	非流动负债合计	—	7 093 889.20	—	—	—
54	负债合计	406 585 764.95	负债合计	8 152 517.58	398 433 247.37	281 952 325.00	—	281 952 325.00
55	净资产（所有者权益）	600 252 283.50	净资产（所有者权益）	10 461 075.99	589 791 207.51	284 872 749.57	—	284 872 749.57

审计说明：

1. 出租房屋减值测试时未预测租金收入，收购时亦认定为非经营性资产。

2. 留下的其他应付款 37 780 734.69 元系企业大付的委托外部开发费用，与经营活动有关，详见附表（略）。

稳定期年限（永续／剩余年限）采用的合理性分析

被审计单位：	编 制 人：	时间：
截 止 日：	复核人员：	时间：
商 誉 项 目：		索引号：TZ9-2-6

1	评估报告（企业）采用的年限及理由	评估预测未来五年现金流，自第六年开始按永续计算。理由为企业资产组的收益期为永续
2	审计分析	对于含商誉的资产组或者资产组组合来说，除部分特殊行业存在许可经营期限限制等情况，收益期一般情况下指永续年限。商誉减值测试的对象是包含商誉的资产组或资产组组合，因商誉没有特定期限的使用寿命，因此将分摊了商誉的资产组或资产组组合中相关资产的更新改造支出都视为是商誉的维持性支出，同时会假设存在永续阶段，即不再需要考虑相关资产的处置价值，这并不违反会计准则的上述规定。本次减值测试的评估中并未考虑资产处置价值
3	审计意见	我们认为在不考虑资产处置价值情况下，同时预测了资产更新支出，预测五年现金流后面按永续计算，符合公司发展预期

被审计单位：
截　止　日：
商誉项目：

编　制　人：
复核人员：

时间：
时间：
索引号：TZ9-2-7

主要假设合理性分析

序号	假设情况	分析及说明	假设是否合理
1	交易假设是假定所有待评估资产组已经处在交易的过程中，评估专业人员根据待评估资产组的交易条件等模拟市场进行估价。交易假设是评估得以进行的一个最基本的前提假设	本次减值测试可收回价值采用的是资产预计未来现金流量	不适用
2	公开市场假设是假定在市场上交易的资产或资产组，或拟在市场交易的资产组，资产交易双方彼此地位平等，彼此都有获取足够市场信息的机会和时间，以便于对资产组的功能、用途及其交易价格等作出理智的判断。公开市场假设以资产组在市场上可以公开买卖为基础	本次减值测试可收回价值采用的是资产预计未来现金流量	不适用
3	持续经营假设是假定在评估基准日资产的实际状况下，待估资产组的经营业务合法，并且会出现不可预见的因素致其无法持续经营	目前公司经营情况稳定，财务状况良好，未发现有影响持续经营的情况	是
4	国家现行的有关法律法规及政策，国家宏观经济形势无重大变化，本次交易各方所处地区的政治、经济和社会环境无重大变化	目前国家现行的法律、法规对公司无重大不利变化，整体宏观经济保持平稳	是
5	假设×公司的经营者是负责的，并且公司管理层有能力担当其职务	公司管理层保持稳定，未发生重大变化，从历史任职情况来看管理层均能做到勤勉尽责	是
6	除非另有说明，假设×软件完全遵守所有有关的法律法规	未发现公司有重大违法违规行为	是
7	假设××软件未来将采取的会计政策和编写此份报告时所采用的会计政策在重要方面基本一致	公司会计政策符合会计准则的要求，且保持了一致性	是
8	假设××软件在现有的管理方式和管理水平的基础上，经营范围、方式与目前方向保持一致	公司未来没有计划改变经营范围和方式	是
9	有关利率、汇率、赋税基准及税率，政策性征收费用等不发生重大变化	目前国家相关政策保持稳定，未发生重大不利变化	是

续表

序号	假设情况	分析及说明	假设是否合理
10	无其他人力不可抗拒因素及不可预见因素对 × × 软件造成重大不利影响	未发现有重大不利影响	是
11	资料真实假设：假设 × × 软件提供的业务合同以及公司的营业执照、章程、签署的协议、财务资料等所有证据资料是真实的、完整的、有效的	未发现公司提供资料有不真实的情况	是
12	有效执行假设：假设 × × 软件以前年度及当年签订的合同、协议有效，并能得到执行	未发现公司签订的重大合同未能得到执行的情况	是
13	现金流稳定假设：假设现金流在每个预测期间内的期末产生，并能获得稳定收益，且 2024 年后的各年收益与第 2023 年相同	现金流假设符合评估准则的要求，符合行业惯例	是
14	发票合规假设：假设 × × 软件为增值税一般纳税人，发生的各项支出可取得合法的增值税发票，且所在地税务机构允许其进项税可抵扣	未发现公司有重大违反税法的行为	是
15	假设被评估资产无权属瑕疵事项，或存在的权属瑕疵假设事项已全部揭示	未发现公司有重要资产权属瑕疵	是
16	本次评估中资产未来现值是假设值是假设未来经营预测按照企业未来经营管理水平，并且持续按此状态使用该资产产生的收益	折现值假设符合评估准则的要求，符合企业实际情况	是
17	假设企业在未来年度能持续获得高新技术企业资格，并享有基准日执行的企业所得税优惠政策	公司已连续多年获得高新技术企业资格，预计未来仍然可获得	是

263

资产组现金流预测主要参数分析

被审计单位：　　　　编　制　人：　　　　时间：
截 止 日 期：　　　　复核人员：　　　　时间：
商誉项目：　　　　　　　　　　　　　　索引号：TZ9-2-8-1

项目	历史 2018年	2019年	预测期 2020年	2021年	2022年	2023年	永续
一、主营业务收入（万元）	518 974 690.84	549 785 542.13	583 756 289.43	616 934 971.97	646 214 668.09	664 825 417.16	664 825 417.16
		5.94%	6.18%	5.68%	4.75%	2.88%	0
分析说明	企业目前正处于业务稳定期，收购时的业绩承诺均完成，目前已过承诺期。2019年根据在手订单情况和市场行情，再根据企业以往增长情况，我们认为增长率预测合理						
二、主营业务成本（万元）	339 085 991.86	373 413 880.41	397 553 286.33	420 904 615.34	441 534 608.68	454 507 231.46	454 507 231.46
分析说明							
毛利	179 888 698.98	176 371 661.72	186 203 003.10	196 030 356.63	204 680 059.41	210 318 185.70	210 318 185.70
毛利率（%）	34.66	32.08	31.90	31.77	31.67	31.64	31.64
分析说明	毛利率预测数与历史实际实现数基本相符，自2021年开始略有下降，毛利率下降的主要原因为毛利较高的软件产品收入，由于市场竞争激烈，预测未来毛利将有所下滑						
三、税金及附加	4 476 754.42	4 838 979.46	5 188 591.99	5 483 493.56	5 743 739.83	5 909 157.47	5 909 157.47
税金及附加占收入的比率（%）	0.86	0.88	0.89	0.89	0.89	0.89	0.89
分析说明	税金附加占收入比重保持稳定，预测合理						
四、销售费用	38 974 351.79	41 579 797.03	43 759 190.94	45 950 207.78	48 031 397.68	49 748 935.50	49 751 061.46
销售费用率（%）	7.51	7.56	7.50	7.45	7.43	7.48	7.48
分析说明	销售费用率预测数与历史实际实现数相当，预测期保持稳定，预测合理						
五、管理费用	88 507 308.17	93 451 931.53	96 128 064.18	96 784 924.89	96 833 971.90	96 744 408.68	90 669 909.32
管理费用率（%）	17.05	17.00	16.47	15.69	14.98	14.55	13.64

续表

项目	历史	预测期					永续
	2018 年	2019 年	2020 年	2021 年	2022 年	2023 年	永续
分析:	管理费用率预测期与历史实际数基本相符，预测合理						
六、其他收益	8 034 927.46	3 230 369.97	3 165 762.57	3 134 104.94	3 102 763.89	3 102 763.89	3 102 763.89
分析说明	其他收益为收到的销售软件即征即退增值税，2 018 年其他收益较大为收到的其他政府补助，预测期未进行预测						
七、利润总额	50 512 223.20	39 731 323.67	44 292 918.56	50 945 835.33	57 173 713.89	61 018 447.96	67 090 821.35
增长率（%）		−27.13	10.30	13.06	10.89	6.30	9.05
分析说明	利润下滑原因为 2 019 年毛利率较 2 018 年有所下滑						
八、折旧及摊销	20 994 634.22	21 251 575.08	21 158 533.39	18 962 109.57	16 077 431.84	13 224 162.28	7 335 000.64
分析说明	折旧额、摊销额保持相对平稳，预测合理						
九、营运资金	149 550 510.46	152 837 431.23	161 516 097.13	170 133 820.61	177 776 101.15	182 824 219.85	
分析说明	营运资金为经营性流动资产减经营性流动负债，预测数字准确，复核计算过程见附表						
十、资本性支出		12 484 149.64	1 577 006.96	492 488.07	506 718.41	2 065 570.69	4 084 448.73
分析	资本性支出全部为更新固定资产支出，依据目前固定资产净额为更新固定资产支出，依据目前固定资产净额为基础加以调整所得出的。在折旧完当年重新购置，预测合理						
十一、税前折现率（%）		13.05					
分析说明	折现率是反映当前市场货币时间价值和资产特定风险的税前折现率。该折现率是企业在购置或投资资产时所要求的必要报酬率。许多情况下，唯一可以观察得到的市场报酬率是税后折现率，如加权平均资本成本（WACC）就是一种税后利率。在理论上，采用税后折现率对现金流量的结果与采用税前折现率对税前现金流量的结果应当是相同的；其前提条件是税前现金是以税后折现率对现金流量加以调整为基础的，以反映未来纳税调整后现金流量，或者说，这里的税前折现率是将未来所得税前现金是按税后利率计算的税后现金流量的时间和税率所得出的。因此本次评估采用的税前折现率是将未来所得税前现金按税后利率计算的税后现金流量所得出的。税前折现率和税后现金流量的复核过程见附表						

营运资金预测表

被审计单位：　　　　　　　　　　　　　　　　　　　　　时间：
截　止　日：　　　　　　　　　　　　　　　　　　　　　时间：
商誉项目：　　　　　编　制　人：　　　　　　索引号：TZ9-2-8-2
　　　　　　　　　　复核人员：

科目	2016年	2017年	2018年	2019年	2020年	2021年	2022年	2023年
收入合计（万元）	395 851 717.60	394 541 579.85	518 974 690.84	549 785 542.13	583 756 289.43	616 934 971.97	646 214 668.09	664 825 417.16
成本合计（万元）	264 014 500.45	266 243 064.47	339 085 991.86	373 413 880.41	397 553 286.33	420 904 615.34	441 534 608.68	454 507 231.46
完全成本（万元）	342 394 763.49	349 238 354.57	468 687 419.53	508 445 608.97	537 440 541.45	563 639 748.01	586 399 978.26	601 000 575.63
期间费用（万元）	78 380 263.04	82 995 290.10	129 601 427.67	135 031 728.56	139 887 255.12	142 735 132.67	144 865 369.58	146 493 344.17
营业费用（万元）	29 177 701.13	32 698 806.07	38 974 351.79	41 579 797.03	43 759 190.94	45 950 207.78	48 031 397.68	49 748 935.50
管理费用（万元）	48 105 141.37	48 819 733.63	88 507 308.17	93 451 931.53	96 128 064.18	96 784 924.89	96 833 971.90	96 744 408.68
财务费用（万元）	1 097 420.54	1 476 750.40	2 119 767.71	0.00	0.00	0.00	0.00	0.00
折旧摊销（万元）	16 751 862.78	18 507 365.64	20 994 634.22	21 251 575.08	21 158 533.39	18 962 109.57	16 077 431.84	13 224 162.28
折旧（万元）	16 751 862.78	18 507 365.64	20 994 634.22	21 251 575.08	21 158 533.39	18 962 109.57	16 077 431.84	13 224 162.28
摊销（万元）								
付现成本（万元）	325 642 900.71	330 730 988.93	447 692 785.31	487 194 033.88	516 282 008.06	544 677 638.44	570 322 546.42	587 776 413.36
最低现金保有量（万元）	70 990 092.64	50 215 277.08	39 486 865.97	42 970 908.06	45 536 490.92	48 041 008.50	50 302 910.14	51 842 355.33
存货（万元）	13 254 957.70	12 395 282.23	48 480 660.09	33 519 405.68	35 686 273.55	37 782 399.89	39 634 246.20	40 798 730.51
应收款项（评估口径）（万元）	261 770 957.10	310 378 866.73	343 535 309.40	346 368 104.43	367 769 873.76	388 672 637.65	407 119 017.31	418 843 897.99
应付款项（评估口径）（万元）	154 590 906.04	208 443 661.80	281 952 325.00	270 020 986.95	287 476 541.11	304 362 225.43	319 280 072.50	328 660 763.98

续表

科目	2016 年	2017 年	2018 年	2019 年	2020 年	2021 年	2022 年	2023 年
营运资本（万元）	191 425 101.40	164 545 764.24	149 550 510.46	152 837 431.23	161 516 097.13	170 133 820.61	177 776 101.15	182 824 219.85
营运资本增加额（万元）	191 425 101.40	（26 879 337.16）	-14 995 253.78	3 286 920.77	8 678 665.90	8 617 723.49	7 642 280.54	5 048 118.70
营运资本占收入比重（%）	48.36	41.71	28.82	27.80	27.67	27.58	27.51	27.50
现金周转率	4.59	6.59	11.34	11.34				
现金周转天数（天）	78.48	54.66	31.75					
存货周转率	13.82	20.76	11.14	11.14				
存货周转天数（天）	26.06	17.34	32.32					
应收账款周转率	3.05	1.38	1.59	1.59				
应收账款周转天数（天）	117.89	261.03	226.80					
应付账款周转率	1.45	1.47	1.38	1.38				
应付账款周转天数（天）	248.71	245.44	260.32					

被审计单位：
截 止 日 期：
商誉 项目：

时间：
时间：
索引号：TZ9-2-8-3
单位：万元

WACC复核表

编 制 人：
复核人员：

序号	股票代码	股票名称	d 带息债务	e 股权价值	D/E	无财务杠杆 Beta	企业的 Beta 税率0%	税率15%	税率25%
1	600845.SH	宝信软件	26 139 407.11	16 190 899 695.10	0.0016	0.8850			
2	000555.SZ	神州信息	1 348 181 869.74	8 998 448 089.82	0.1498	0.5918			
3	002065.SZ	东华软件	1 321 996 327.61	21 652 602 506.25	0.0611	0.8252			
4	002331.SZ	皖通科技	16 000 000.00	3 692 733 802.24	0.0043	1.0056			
5	002368.SZ	太极股份	1 145 200 000.00	9 633 318 507.20	0.1189	0.8120			
6	002373.SZ	千方科技	576 871 776.49	16 531 278 618.00	0.0349	0.7213			
7	002474.SZ	榕基软件	410 000 000.00	3 857 640 000.00	0.1063	0.8561			
		平均值	—	—	0.0681	0.8139	0.8693	0.8610	0.8554
							0.0%	15.0%	25.0%
							0.8693	0.8610	0.8554

企业资本结构

		税率0%	税率15%	税率25%
CAPM	Rf	4.0172%	4.0172%	4.0172%
	Ru	9.82%	9.82%	9.82%
	Ru-Rf	5.80%	5.80%	5.80%
	β	0.8693	0.8610	0.8554
	a1	3.80%	3.80%	3.80%
	a2			
	Ke	12.86%	12.81%	12.78%
WACC	E/(E+D)	0.9362	0.9362	0.9362
	Kd	4.35%	4.35%	4.35%
	D/(E+D)	0.0638	0.0638	0.0638
	WACC	12.32%	12.23%	12.17%

被审计单位：
截 止 日：
商誉项目：

编 制 人：
复核人员：

时间：
时间：
索引号：TZ9-2-8-4
单位：万元

资产组可收回价值计算表（税前口径）

项目名称	预测期					终值
	2019 年	2020 年	2021 年	2022 年	2023 年	永续
一、息税前利润	3 973.13	4 429.29	5 094.58	5 717.37	6 101.84	6 709.08
加：折旧/摊销	2 125.16	2 115.85	1 896.21	1 607.74	1 322.42	733.50
二、毛现金流	6 098.29	6 545.15	6 990.79	7 325.11	7 424.26	7 442.58
加：税后利息						
减：资本性支出	1 248.41	157.70	49.25	50.67	206.56	408.44
减：营运资金增加（减少）	328.69	867.87	861.77	764.23	504.81	
三、自由现金流量	4 521.18	5 519.58	6 079.77	6 510.21	6 712.89	7 034.14
折现年限	0.50	1.50	2.50	3.50	4.50	永续
折现率	13.05%	13.05%	13.05%	13.05%	13.05%	13.05%
折现系数	0.9405	0.8319	0.7359	0.6509	0.5758	4.4115
四、现金流量现值	4 252.17	4 591.74	4 474.11	4 237.50	3 865.28	31 031.22
五、现金流量现值和				52 452.02		
六、资产组可收回价值				52 452.02		

被审计单位：
截 止 日 期：
商誉项目：

编 制 人：
复核人员：

时间：
时间：
索引号：TZ29–2–8–4
单位：万元

资产组可收回价值计算表（税后口径）

项目名称	2019 年	2020 年	预测期 2021 年	2022 年	2023 年	终值 永续
一、税后净利润	3 821.35	4 217.99	4 793.13	5 333.66	5 674.87	6 191.03
加：折旧／摊销	2 125.16	2 115.85	1 896.21	1 607.74	1 322.42	733.50
二、毛现金流	5 946.51	6 333.85	6 689.34	6 941.40	6 997.29	6 924.53
加：税后利息	—	—	—	—	—	—
减：资本性支出	1 248.41	157.70	49.25	50.67	206.56	408.44
减：营运资金增加（减少）	328.69	867.87	861.77	764.23	504.81	
三、自由现金流量	4 369.40	5 308.28	5 778.32	6 126.50	6 285.92	6 516.08
折现年限	0.50	1.50	2.50	3.50	4.50	永续
折现率	12.23%	12.23%	12.23%	12.23%	12.23%	12.23%
折现系数	0.9439	0.8411	0.7494	0.6678	0.5950	4.8651
四、现金流量现值	4 124.27	4 464.79	4 330.27	4 091.28	3 740.12	31 701.29
五、现金流现值总和				52 452.02		
六、资产组可收回价值				52 452.02		

迭代计算

资产组经营性现金流折现值合计（税前口径）　　　52 452.02

资产组经营性现金流折现值合计（税后口径）　　　52 452.02

差异　　　—

税前现金净流量测算表

被审计单位：
截 止 日：
商 誉 项 目：

编 制 人：
复核人员：

时间：
时间：
索引号：TZ9-2-9
单位：万元

项目	2019年	2020年	2021年	2022年	2023年	永续期
营业收入	549 785 542.13	583 756 289.43	616 934 971.97	646 214 668.09	664 825 417.16	664 825 417.16
营业成本	373 413 880.41	397 553 286.33	420 904 615.34	441 534 608.68	454 507 231.46	454 507 231.46
税金及附加	4 838 979.46	5 188 591.99	5 483 493.56	5 743 739.83	5 909 157.47	5 909 157.47
营业费用	41 579 797.03	43 759 190.94	45 950 207.78	48 031 397.68	49 748 935.50	49 751 061.46
管理费用	93 451 931.53	96 128 064.18	96 784 924.89	96 833 971.90	96 744 408.68	90 669 909.32
财务费用						
资产减值损失						
公允价值变动收益						
投资收益						
其他收益	3 230 369.97	3 165 762.57	3 134 104.94	3 102 763.89	3 102 763.89	3 102 763.89
营业利润	39 731 323.67	44 292 918.56	50 945 835.33	57 173 713.89	61 018 447.96	67 090 821.35
利润总额	39 731 323.67	44 292 918.56	50 945 835.33	57 173 713.89	61 018 447.96	67 090 821.35
折旧摊销	21 251 575.08	21 158 533.39	18 962 109.57	16 077 431.84	13 224 162.28	7 335 000.64
追加资本	15 771 070.41	10 255 672.86	9 110 211.55	8 148 998.94	7 113 689.38	4 084 448.73
其中：营运资金增加额	3 286 920.77	8 678 665.90	8 617 723.49	7 642 280.54	5 048 118.70	
资本性支出						
资产更新	12 484 149.64	1 577 006.96	492 488.07	506 718.41	2 065 570.69	4 084 448.73
息税前净现金流量	45 211 828.35	55 195 779.10	60 797 733.36	65 102 146.79	67 128 920.85	70 341 373.25

271

资产组可收回价值计算表（税前口径）

被审计单位：　　　　　　　　　　　　　　　　　时间：
截　止　日　期：　　　　　　　　　　　　　　　时间：
商誉项目：　　　　　　　　　　　　　　　　索引号：TZ9-2-10
编　制　人：　　　　　　　　　　　　　　　　单位：万元
复核人员：

项目名称	预测期					终值
	2019 年	2020 年	2021 年	2022 年	2023 年	永续
三、自由现金流量	4 521.18	5 519.58	6 079.77	6 510.21	6 712.89	7 034.14
折现年限	0.50	1.50	2.50	3.50	4.50	永续
折现率	13.05%	13.05%	13.05%	13.05%	13.05%	13.05%
折现系数	0.9405	0.8319	0.7359	0.6509	0.5758	4.4115
四、现金流量现值	4 252.17	4 591.74	4 474.11	4 237.50	3 865.28	31 031.22
五、现金流量现值现和			52 452.02			
六、资产组可收回价值			52 452.02			
加：清大 × × 能源科技有限公司可收回价值			491.87			
可收回价值合计			52 943.89			

审计说明：

评估将 × × 软件公司及北京两家子公司作为一个资产组单独预测可收回价值。子公司清大 × × 能源科技有限公司为 2018 年刚成立，目前尚未开展业务。其定位为与母公司合作进行研究开发，开发方向为母公司所用，按账面资产确定可收回价值然后加总得出清大 × × 能源科技有限公司总可收回价值。

被审计单位：　　　　　　　　　　　　　　编制人：　　　　　编制时间：　　　　　索引号：TZ9-11
被审计会计报表截止日期：2018-12-31　　　复核人：　　　　　复核时间：　　　　　页　次：

商誉减值准备测试表

资产组或资产组合名称	账面价值：(1)					可收回金额(2)	减值损失[(3)=(1)-(2)]	减值损失[(3)>0]	商誉减值损失	合并报表应确认的商誉减值损失	未确认的归属于少数股东权益的减值损失	应分摊至资产组减值损失	备注
	对应资产组的账面价值(A)	应分配的商誉账面价值(B1)	持股比例	未确认的归属于少数股东权益的商誉价值(B2)	合计(A+B1+B2)								
××软件公司	284 872 749.57	158 457 437.48	100%	0	443 330 187.05	529 438 900.00	-86 108 712.95	未减值	—	—	0	—	
合计	284 872 749.57	158 457 437.48		—	443 330 187.05	529 438 900.00	-86 108 712.95	—	—	—	—	—	

其中：(A)资产组的账面价值应是其在合并报表层面的账面价值，即资产组在合并报表基础上持续计算的在购买日公允价值基础上持续计算的在本期资产负债表日的金额

	资产账面价值	减值损失分摊比例	预计未来现金流量的现值	公允价值减处置费用	分摊后的账面价值	分摊的减值损失	尚未分摊的减值损失	减值损失分摊比例	二次分摊后的减值损失	二次分摊后的账面价值
固定资产	33 642 832.20	0.26	38 652 159.57		33 642 832.20					
无形资产	93 693 925.09	0.74	189 754 863.57		93 693 925.09					
合计	127 336 757.29	1	228 407 023.14		127 336 757.29					

审计说明：经测试，商誉未发生减值。

被审计单位：　　　　　　　　　　　　编　制　人：　　　　　　时间：
截　止　日：　　　　　　　　　　　　复核人员：　　　　　　　时间：
商誉　项目：　　　　　　　　　　　　　　　　　　　　　　　索引号：TZ9-2-12

商誉减值结果合理性分析

单位：万元

年度	2016	2017	2018	2019	2020
承诺净利润	3 500.00	3 800.00	4 300.00	4 800.00	5 500.00
收购时预测净利润	3 300.00	3 600.00	4 200.00	4 766.00	5 300.00
实际实现净利润	3 609.88	4 233.56	4 588.06		
评估价值			40 000.00		
交易对价			39 915.00		
2017年商誉减值预测2018年息税前后利润	5 253.48				
2018年实际实现的息税前税后利润	4 763.20				
差异及原因分析	−490.28	差异原因主要为评估为评估时未预测时未预测资产减值损失，2018年实际按账龄计提坏账准备减值损失，评估实务中对于正常经营的企业，一般不预测资产减值损失，经与评估师及所内评审专家讨论，在预测未来收入时以及WACC时，针对每个企业信用风险，财务结构已经综合考虑，不再单独预测减值损失。虽然2018年实际未达到2017年时的预测，但整体经营利润已基本达到			
经批准2019年财务预算息税前利润	4 978.00				
本次商誉减值预测2019年息税前利润	3 973.00				
差异及原因分析	−1 005.00	差异主要为预算中预估了出租房产的其他业务收入、成本，增加利润约1 100万元，资产减值损失减少利润402万元，而减值测试中未预测。如剔除该因素减值准备，剔除应收款项提坏账准备，剔除应收账款的租金收入和计提坏账准备，剔除两因素后，预测数超过预测数，预测数较算基本相符			

审计说明：
①评估价值与交易对价基本相符，承诺净利润与预测净利润基本相当，2016~2018年实际实现净利润和预测净利润基本相符，商誉未减值结果合理
②上期减值测试时提坏账准备，差异原因主要为计提应收款项减值准备，说明评估机构预测较为合理
③经批准的财务预算数与商誉减值预测数有差异，差异及原因主要为商誉减值预测数与财务预测数有差异，剔除两因素后，预测数超过预测数，预测数较为合理

第九章 审 计 抽 样

抽样是注册会计师对具有审计相关性的总体中低于百分之百的项目实施审计程序，使所有抽样单元都有被选取的机会，为注册会计师针对整个总体得出结论提供合理基础。抽样审计是最能体现选择行为的审计活动，不论是抽样方法的确定，还是具体抽样方法下的样本特征、样本规模的确定，都需要在考虑风险情况下进行选择，并针对选取的样本实施审计程序，以获取审计证据。

第一节 抽样方法与样本选择

一、抽样与审计选择

审计抽样与审计模式的发展密切相关，是为了适应新的审计理论而产生的。审计模式先后经历了账项基础审计、制度基础审计和风险导向审计。账项基础审计以凭单核对为中心，以审查账目有无舞弊为目标，以数据的可信性为着眼点，以会计科目为入手点，注重凭证、账簿、报表的详细审查，比较费时费力。这种审计模式下，由于采取了详细审计方式，不需要抽样，也不存在样本选择问题。当企业规模越来越大，特别是随着股份制企业的不断出现，社会公众更多关注的是财务报表的公允性、真实性，即使是未揭露的差错和舞弊，只要不会对财务报表构成重大的影响，则并不是审计的主要目标。这种模式有两个主要特点：一是重视被审计单位的内部控制有效性，在此基础上决定实质性测试的时间、范围和程度；二是因企业规模较大，经济业务复杂，使得注册会计师对每一笔交易进行检查既不可行，也没有必要，抽样审计技术开始广泛运用。风险导向审计，则是基于审计风险模型，采取自上而下，由外到内的思路，通过对财务报表固有风险和控制风险的评估来确定实质性测试的性质、时间和范围。风险导向下的审计抽样，更多地与风险评估结果相结合，据以确定样本选择的范围，针对性更强。

抽样与审计选择可以视为同一行为，抽样就是审计选择的过程，抽样也是最能体现审计选择的审计技术，是注册会计师审计选择最普遍的领域之一。既然是选择，就存在可供选择的对象，被选中的对象往往是其中一部分。抽样原理即是从总体中按照一定的方法，选择部分样本进行检查，根据样本结果推断总体的方法。因此，抽样的关键是选择合适的样本，包括样本的数量、性质等与得出总体结论具有较高相关性特征。

抽样选择相较于其他事项的审计选择，是以数理统计知识作为理论依据，具有逻辑关系，审计结论是通过数学推理、论证得出，样本、总体、结论之间具有严密的内在逻辑和因果关系。抽样审计是现代审计最重要的理论基础之一，是审计学科或职业最具理论性的领域。不采用抽样技术，要有效开展对规模较大的企业审计工作，这是难以想象的！对于其他事项的审计选择，更多的是依赖注册会计师的经验，通常没有完备的方法论体系，"技术"含量相较于抽样技术低。

二、审计抽样方法

（一）统计抽样

统计抽样，是指同时具备下列两个特征的抽样方法：一是随机选取样本项目；二是运用概率论评价样本结果，包括计量抽样风险。统计抽样有助于注册会计师高效设计样本，计量所获取证据的充分性，以及定量评价样本结果。但统计抽样可能发生额外成本，因统计抽样需要特殊的专业技能，且要求单个样本项目符合统计要求。

统计抽样分为两种：

（1）属性抽样。属性抽样是一种用来对总体中某一事件发生率得出结论的统计抽样方法。实务中，属性抽样最常见的用途是测试某一设定控制的偏差率，以支持注册会计师评估的控制风险水平。无论交易的规模如何，针对某类交易的设定控制预期将以同样的方式运行。因此，在属性抽样中，设定控制的每一次发生或偏离都被赋予同样的权重，而不管交易的金额大小。因此，属性抽样得出的结论与总体发生率相关。

（2）变量抽样。与属性抽样不同的是，变量抽样着重金额方面的考量，是一种用来对总体中金额得出结论的统计抽样方法。变量抽样通常要回答的问题是金额是多少，账户是否存在重大错报等，实务中主要用于细节测试，以确定金额记录是否合理。可见，变量抽样得出的结论与总体的金额有关。

（二）非统计抽样

不同时具备统计抽样特征的抽样方法均为非统计抽样。不允许计量抽样风险的抽样方法都是非统计抽样，即使是注册会计师按照随机原则选取样本项目，或使用统计抽样的表格确定样本规模，如果没有对样本结果进行统计评估，仍然是非统计抽样。

非统计抽样与统计抽样的最主要区别，是统计抽样能够客观地计量抽样风险，并通过调整样本规模精确地控制风险。注册会计师究竟是选择统计抽样，还是非统计抽样方法，主要基于审计成本考虑，但不论选择哪种抽样方法，都应在设计、选取和评价样本时运用职业判断。

三、样本选择方法

样本选择通常有两种方法：概率选样与非概率选样。概率选样是每个总体项目都有一个已知的概率被选取，且具体选择是随机的；非概率选样是注册会计师运用职业判断，而不是用概率的方法选取样本。统计抽样必须使用概率选样，非统计抽样则不必遵循概率选择，也可以使用概率选样。

（一）概率选样具体方法

（1）简单随机选样。该选样方法是总体中每个构成要素都有相等的机会构成样本，适合不需要强调一类或多种类总体项目的情形。例如，注册会计师对现金支出进行抽样，即可采取简单选样，从现金日记账中选出相应的样本。具体选样时，可以运用随机数表，随机数是一组从长期看有同等出现频率的数字，其不会产生可辨认的模式。为了提高效率，注册会计师可通过计算机产生随机数表。

（2）系统选样。注册会计师首先计算确定区间，然后根据区间规模系统地选取样本项目。区间则根据总体规模除以预期样本数量确定。系统选样的主要问题是可能出现偏见，因系统选样的方式是，一旦样本中第一个项目选定，所有其他项目就自动生成了，注册会计师可能有意确定第一个项目。

（3）概率规模比率选样。基于重要性原则，注册会计师选择样本时往往侧重于含有较大金额的记录项目。为实现该目的，注册会计师可以采用概率规模比率选样，这种方法使用非统计抽样评价。

（4）分层选样。分层选样是将总体按规模分成亚总体，再从较大的亚总体中选择较大样本，仍然采用非统计抽样来评价。

（二）非概率选样具体方法

（1）定向选样。定向选样是指样本中每个项目的选取是根据注册会计师自己的判断标准，而不是利用随机选样进行的选样。定向选样的常用方法包括：一是最有可能包含错报的项目，如逾期的应收账款、与关联方产生的交易、异常大额或复杂的交易等。在对这些样本评价时，如果所选取的样本没有错报，一般认为总体不大可能存在重大错报。二是具有被选总体特征的项目，通过选取一个或多个总体不同特征的项目，注册会计师可以设法使所选样本具有代表性。三是大金额覆盖，注册会计师可选取能够覆盖大部分总体金额的样本，以减少因未审计小金额项目而得出不适当结论的风险。不少中小企业审计业务采用该方法较为有效，因为这类企业很少的项目构成了总体金额的大部分。

（2）整群选样。注册会计师在一个分块中选取项目，然后依次在剩下的分块中选取项目。如从销售日记账中按顺序选取100笔交易构成样本，既可以从5个分块中各选取20个项目，也可从10个分块中各选取10个项目，还可从20个分块中各选取5个项目。需注意的是，使用该方法只有在块群数量合理多时才有效。

（3）任意选样。这种方法是注册会计师不带任何偏见地选取样本，不考虑样本项目的大小、来源或其他区别性特征。任意选样的缺陷在于，在选样中难以完全保持不带偏见。虽然任意选样缺乏逻辑性，但有时也不失为有效的方法。例如，注册会计师要从应收账款源文件中的贷方项目追查至现金收入日记账和其他经批准的原始凭证，以测试应收账款源文件是否存在虚构赊销，采用任意选样比其他方法不仅简便，且审计成本也较低。

（三）偏差发生率抽样

偏差发生率抽样是注册会计师用于估计总体中关注的属性或特征项目所占的比例，即偏差率，包括偏离被审计单位预定控制的偏差，交易数据总体中的金额错报，以及账户余额细节总体中的金额错报。注册会计师了解该偏差非常有用，其可以用来判断内部控制的有效性及错报率。

四、抽样风险与非抽样风险

（一）抽样风险

抽样风险是注册会计师根据样本得出的结论，可能不同于如果对整个总体实施与样本相同的审计程序得出结论的风险，主要包括控制测试中的抽样风险和细节测试中的抽样风险。

关于控制测试抽样风险，一种是信赖过度风险，即推断的控制有效性高于实际有效性的风险，这时尽管样本结果支持计划信赖的内部控制程度，但实际偏差率并不支持该信赖程度的风险；另一种是信赖不足风险，即推断的控制有效性低于其实际有效性的风险，这时尽管样本结果不支持计划信赖内部控制的程度，但实际偏差率支持该信赖的风险。后一种情况可能会增加注册会计师不必要的实质性审计程序，降低审计效率，前一种情况更容易导致注册会计师发表不恰当的审计意见，更应予以关注。

关于细节测试抽样风险，一种是误受风险，即推断某一重大错报不存在而实际上存在的风险，如果账面金额实际上存在重大错报而注册会计师认为不存在重大错报，此时注册会计师通常会停止对该金额的继续测试，并根据样本结果得出账面金额无重大错报的结论；另一种是误拒风险，即推断某一重大错报存在而实际上不存在的风险，如果账面金额不存在重大错报而注册会计师认为存在重大错报，此时注册会计师会扩大细节测试范围。与控制测试抽样风险类似，后一种情况审计效率可能降低，但前一种情况更容易导致注册会计师发表不恰当的审计意见。

抽样风险通常难以避免，其与样本规模呈反向变动，样本规模越小，抽样风险越大；样本规模越大，抽样风险越小，注册会计师可以通过扩大样本规模降低抽样风险。

（二）非抽样风险

非抽样风险是指注册会计师由于任何与抽样风险无关的原因而得出错误结论的风险，注册会计师即使是对某类交易或账户余额的所有项目实施审计，也可能仍未能发现重大错报或控制失效。可能导致非抽样风险的情形包括：

（1）选择了不适合于特定目标的审计程序，如注册会计师依赖应收账款函证来揭露未入账的应收账款。

（2）选择的总体不适合于测试目标，如在测试销售收入完整性认定时将主营业务收入日记账界定为总体。

（3）未能适当定义误差，如在测试现金收支控制的有效性时，未将签字人未得到适当的授权界定为控制偏差。

（4）未能适当地评价审计发现的情况，如对于审计证据的错误评价。

非抽样风险是由人为因素造成，虽然难以量化，但通过采取适当的措施，强化对审计工作的指导、监督和复核，注册会计师可以将非抽样风险降至可接受的水平。

第二节 控制测试抽样

一、控制测试抽样一般步骤

控制测试抽样阶段、具体步骤及相互间的关系如图 9-1 所示。

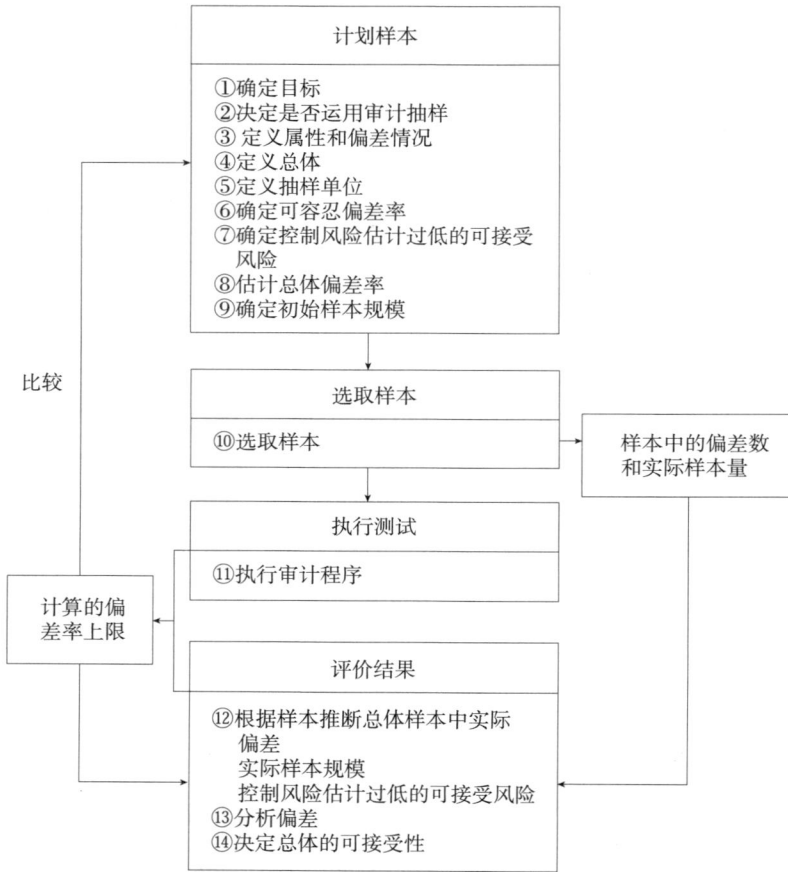

图 9-1 控制测试审计抽样流程

二、控制测试抽样的重要选择

（一）选择合理的总体

总体是整体数据的集合，注册会计师期望得出结论的并不是测试的样本，而是总体，总体选择是否合理，是方向性问题。选择总体应考虑以下两个因素：

一是适当性。拟选各种的总体应适合于审计目标及测试方向，例如，测试用以保证所有发运商品都已开单的控制是否有效运行，注册会计师从已开单的项目中抽取样本是不能发现误差的，因为该总体不包含那些已经发运但未开单的项目，只有将所有已经发运的项目作为总体才比较合适。

二是完整性。拟选取的总体应确保在项目内容和时间上完整。总体内容一般应具备同质性，即总体中所有样本具有同样的特征，例如，被审计单位销售业务既有内销、又有出口外销，这两种控制活动有所区别，因而是两个独立的总体。

（二）选择恰当的测试期间

控制测试通常在期中实施，由于期中测试获取的证据只与控制截至期中测试时点的运行有关，注册会计师需要确定如何获取关于剩余期间的证据。一种方法是将测试扩展至在剩余期间发生的交易，以获取额外证据；另一种方法是不将测试扩展至在剩余期间发生的交易。在前一种情况下，总体的范围包括由整个剩余期间的所有交易组成；在后一种情况下，如果被审计单位重大错报风险较低，控制环境较好，期中测试得出的偏差率较小，剩余期间较短等，注册会计师可以不再对剩余期间进行控制测试，而使用替代方法测试剩余期间控制的有效性，如了解剩余期间控制是否发生重大变化，或者通过对剩余期间实施实质性分析程序或细节测试。

（三）选择抽样方法

根据总体、样本的不同特征，合理选择抽样方法。应注意的是，不论选择哪种抽样方法，注册会计师应使每个抽样单元都有被选取的机会，且选出的项目具有代表性。例如，某建筑公司的员工工资清单按照项目组分类，每个项目组的工资均按照 1 个项目负责人和 9 个项目组成员的顺序排列。如果将员工工资单作为总体，选样间隔为 10，随着随机起点的不同，选择的样本要么包括所有项目负责人，要么一个项目负责人都不包括，样本无法同时包括项目负责人和项目组成员，不具有代表性。这个案例说明，抽样方法必须结合总体特征，尽管使用系统选样多数情况下每一个单位被选取的机会相等，但如果抽样单元在总体内的分布具有某种规律性，则样本的代表性就可能较差，容易发生较大的偏差。

（四）选择设定样本属性与偏差

注册会计师若使用抽样审计，需要明确样本的属性与偏差，即要现行设定控制测试的有关偏差标准，偏差是偏离对设定控制的预期执行。例如，销售业务相关属性与偏差标准情况如表 9-1 所示。

表 9-1 销售业务属性与偏差标准

属性	偏差情况
销售日记账中销售发票序号的存在性	销售日记账中没有销售发票号码的记录
销售源文件中的金额与其他资料和销售日记账分录一致	销售源文件中记录的数量与销售日记账中记录的数量不一致
销售发票副本中金额与其他资料及销售日记账分录一致	发票上的客户名称和科目号码与销售日记账中记录的资料不符
计价、小计、合计的证据得到检查（签字与更正）	缺少表明计价、小计与合计得到验证的签字
提货单上的数量和其他信息与销售发票副本和销售日记账一致	发运货物的数量与销售发票副本上的数量不符
销售单上的数量和其他信息与销售发票副本一致	销售订单上的数量与销售发票副本上的数量不符
客户订单上的数量和其他信息与销售发票副本一致	客户订单上的产品号码与规格和销售发票副本上的信息不符
赊销已经获得批准	缺少表明赊销得到批准的签字
对销售日记账中所记录销售交易而言，归档的原始凭证包括销售发票副本、提货单、销售单和客户订单	销售发票副本和客户订单没有附提货单

（五）选择样本规模

确定样本规模是审计抽样最重要的选择。如果样本规模过小，就不能反映出审计对象总体的特征，注册会计师就无法获取充分的审计证据，审计结论的可靠性就会打折扣，甚至可能得出错误的结论。因此，注册会计师需要选择足够的样本量，以将抽样风险降低至可接受水平。但是，如果样本规模过大，则会增加审计工作量，造成不必要的审计资源浪费，降低审计效率，使得审计抽样失去意义。

影响样本规模的因素，主要包括可接受的信赖过度风险、可容忍偏差率、预计总体偏差率、总体规模，以及其他因素。控制测试中影响样本规模的主要因素及表现形式如表 9-2 所示。使用统计抽样方法时，注册会计师必须对影响样本规模的因素进行量化，并利用专门程序或专门的样本量表来确定样本规模。

表 9-2 控制测试中影响样本规模的主要因素

影响因素	与样本规模的关系
可接受的信赖过度风险	反向变动
可容忍偏差率	反向变动
预计总体偏差率	同向变动
总体规模	影响很小

影响因素	与样本规模的关系
控制复杂程度	同向变动
控制类型（人工控制／自动控制） 控制运行期间长度	小／大 同向变动

（六）选择对控制偏差的处理

如何处理控制测试发现的偏差，首先要分析偏差的性质和产生的原因，是有意还是无意，是经常发生还是偶然发生，是系统的还是随机的等。注册会计师对发现偏差的处理：一是扩大样本规模，进一步收集证据；二是认为控制没有有效运行，样本结果不支持计划的控制运行有效性和重大错报风险的评估水平，因而提高重大错报风险评估水平，增加对相关账户的实质性程序。例如，初始样本为45个，如果发现了1个偏差，可以扩大样本量，再测试45个样本项目，如果在追加测试后没有发现偏差，可以得出结论，样本结果支持计划评估的控制有效性，从而支持计划的重大错报风险水平。如果对偏差的分析表明是故意违背了既定的内部控制政策或程序，注册会计师应关注是否存在重大舞弊的可能性。

案例 9-1

注册会计师使用统计抽样方法，测试现金支付授权控制运行的有效性。注册会计师考虑如下选择：①为发现未得到授权的现金支付，将所有已支付现金的项目作为总体；②抽样单元为现金支付单据上的每一行；③控制偏差被设定为没有授权人签字的发票和验收报告等证明文件的现金支付；④可接受信赖过度风险为10%；⑤可容忍偏差率为7%；⑥预计总体偏差率为1.75%。

选择样本规模时，根据"控制测试统计抽样样本规模——信赖过度风险10%"表，信赖过度风险为10%时，7%可容忍偏差率与1.75%预计总体偏差率的交叉处为55，即所需样本规模为55个，注册会计师采用简单随机选样法选择了55个样本，并实施了审计程序。注册会计师作出如下评价：

第一，假设55个样本中未发现偏差，查询"控制测试中常用的风险系数"为2.3，计算得出总体最大偏差率为4.18%。由于注册会计师确定的可容忍偏差率为7%，因此可以得出结论，总体的实际偏差率超过可容忍偏差率的风险很小，总体可以接受。

第二，假设55个样本中发现2个偏差，查询"控制测试中常用的风险系数"为 5.3，计算得出总体最大偏差率为 9.64%。由于注册会计师确定的可容忍偏差率为 7%，因此可以得出结论，总体实际偏差率超过 9.64% 的风险为 10%，总体的实际偏差率超过可容忍偏差率的风险很大，总体不能接受。

三、控制测试抽样存在的主要问题

总体而言，注册会计师在审计过程中，存在"重交易实质性测试和账户余额细节测试，轻控制测试"的现象，这也是风险导向审计执行不到位的重要原因之一。控制测试存在的主要问题包括：

（1）控制测试选择的领域不尽合理。多数注册会计师选择销售与收款循环、采购与付款循环、工薪与人事循环等进行控制测试，对于发生频率不高，但金额重大的筹资与投资循环相关业务活动则未纳入控制测试范围。对于业务分布于分子公司的，未对重要子公司、重要业务纳入控制测试范围。此外，对于与关联方资金往来相关的内部控制，可能导致关联方占用被审计单位资金的特别风险，注册会计师很少进行控制测试，而直接实施实质性检查程序。例如，近年来，不少上市公司存在关联方及实际控制人占用资金的现象，形式更加隐蔽，有的已经给上市公司造成重大损失。究其原因，是这些公司的内部控制存在重大缺陷，管理层凌驾于内部控制之上，但注册会计师进行控制测试时很少涉及该领域。又如，对于采用信息系统处理业务的被审计单位，注册会计师未对拟信赖的信息系统执行 IT 控制测试。

（2）审计抽样方法较为单一。虽然审计准则规定了统计抽样与非统计抽样两种抽样方法，但实务中，注册会计师以非统计抽样为主，较少采用统计抽样方法。这并不一定是抽样对象不符合采用统计抽样方法，可能是注册会计师专业胜任能力、习惯偏好等因素影响。事实上，发生频率较高、单笔金额较为均衡，基本符合正态分布的交易，都可考虑采用统计抽样。例如，某医药企业生产销售某种疫苗，销售客户为全国各地防疫控制中心，客户数量达到千家，但具有同质性，每家客户销售金额相差不大，比较适合于采用统计抽样，但注册会计师使用了非统计抽样，抽样方法值得探讨。

（3）控制测试流程不规范。控制测试是一项典型的流程化审计工作，涉及的环节多，流程长，且这些环节环环相扣，具有内在严密的逻辑关系，注册会计师应按照规范的流程进行控制测试。实务中，不同流程环节脱节现象较为严重，样本量、测试过程、结果评价缺乏因果关系，控制测试得出的结论可靠性存疑。

（4）测试对象、标准、模型等选择不够合理。控制测试需要进行大量的选择，包括总体、样本、偏差、期间等，每一项选择有若干要求和标准，任何一项选择不恰当，都可能导致控制测试结论不可靠。实务中，存在未按抽样标准选取样本、样本量与控制频率相矛盾、未根据预期偏差率扩大样本规模、测试样本的涵盖期间较短、控制活动与测试样本不相关等问题。例如，注册会计师对部分业务流程的控制频率判断不准确，未按总体数量和对应的控制频率选择合适的样本量；对生产与仓储循环执行控制测试时，存货的计价及分摊发生偏差的频率较高，仍按最低样本量 25 个选取，未考虑运行偏差的概率影响。

（5）关键控制点有效性识别不足。总体而言，我国企业的规范性还有待提高，严格按照准则要求进行控制测试，偏差率可能较高，但不一定导致控制无效，这种现状下，注册会计师要重点关注关键控制点的识别和测试。例如，注册会计师在对某公司资金业务控制测试时，该公司规定非经营性资金须经公司董事长终审。控制的实际运行则是支付申请单无论金额大小，均无董事长签批，个别支付申请单仅财务部副部长一人审批，注册会计师对此控制偏差未予以关注及识别相关风险或缺陷。又如，职责分离是企业关键的控制点，注册会计师在对公司进行控制测试时，对存货发出过程中发货人和复核人为同一人的情况，未予以关注。

（6）控制测试结论未与实质性程序有机衔接。控制测试的目的是确定交易实质性测试和账户余额细节测试的规模，提高审计效率，但注册会计师审计过程中存在"两张皮"现象，实质性测试与控制测试结论脱节。

案例 9-2

　　监管部门对会计师事务所及注册会计师执行正源股份（600321）2018 年度财务报表审计出具警示函，指出其在控制测试程序方面存在诸多问题，包括：

　　一是相关内控测试结论缺乏依据，对公司重大财务错报相关的内部控制缺陷未能有效测试及识别。注册会计师对正源股份"资金运营循环—银行存款及票据管理"控制点测试结论为"收支及时准确入账"。经查，正源股份 2018 年注销了 4 个银行账户，但正源股份未将上述银行账户的大额资金收支流水入账。

　　二是未对已识别关键控制点实施控制测试。根据正源股份"销售与收款循环—了解销售与收款流程矩阵"，注册会计师识别出"客户开发""确定销售价格"等 5 个关键控制点，但仅对其中"订立框架协议、合同或者订单"及"交付和收款"2 个控制点实施控制测试，对其余 3 个控制点未实施控制测试。

三是未获取有效样本证据进行控制测试。注册会计师对聚丰源"采购与付款循环——预付应付"控制点测试底稿，所抽选的样本资料为正源股份的相关会计凭证而非聚丰源的相关样本。

四是未按照相关审计程序及抽样标准选取样本进行控制点测试。注册会计师对正源股份"销售与收款循环控制测试——销售订单、合同管理"控制测试底稿中列示拟实施"询问相关责任部门及业务流程经办人""检查销售合同条款是否合理，是否经管理层的有效审核"及"检查销售合同信息是否和销售订单信息一致"等 11 项内控审计程序，但经查实际实施审计程序仅为 6 项；对关联交易内部控制测试底稿中记录拟实施"询问关联交易内部控制管理的流程，了解公司相关会计政策"等 11 项审计程序，但经查未实施任何审计程序。

五是未对已识别偏差执行进一步审计程序。注册会计师对"销售与收款循环——销售订单、合同管理，开票与收入确认，应收账款管理"以及"资金运营循环——费用报销"等控制点测试发现偏差时，均未见扩大样本量进行测试。

资料来源：中国证监会网站。

四、内部控制审计与财务报表审计的区别与联系

根据财政部、证监会《关于 2012 年主板上市公司分类分批实施企业内部控制规范体系的通知》要求，自 2012 年 1 月 1 日起，上市公司分步实施《内部控制基本规范》，注册会计师需要对实施内部控制基本规范的上市公司出具内部控制审计报告。基于财务报表审计的控制测试与独立的内部控制审计业务，主要区别在于：

一是对内部控制了解和测试的目的不同。注册会计师在财务报表审计中评价内部控制的目的，是为了判断是否可以相应减少实质性程序的工作量，以及支持财务报表的审计意见类型；而在内部控制审计中评价内部控制的目的，是为了对内部控制本身的有效性发表审计意见。

二是内部控制测试范围存在区别。注册会计师在财务报表审计中，根据成本效益原则可能采取不同的审计策略，对于某些审计领域，可以绕过内部控制测试程序进行审计。而在内部控制审计中，注册会计师则不能绕过内部控制测试程序进行审计，注册会计师应针对每一审计领域获取控制有效性的证据，以便对内部控制整体的有效性发表意见。

三是内部控制测试结果所要达到的可靠程度不完全相同。在财务报表审计中，对控制测试的可靠性要求相对较低，注册会计师测试的样本量也有一定的弹性。

在内部控制审计中，注册会计师需要获取内部控制有效性的高度保证，因此对控制测试的可靠性要求较严，样本量选择相对弹性较小。

四是对控制缺陷的评价要求不同。在财务报表审计中，注册会计师仅需将审计过程中识别出的内部控制缺陷区分为值得关注的内部控制缺陷和一般缺陷。在内部控制审计中，注册会计师需要对内部控制缺陷进行严格的评估，将值得关注的内部控制缺陷进一步区分为重大缺陷和重要缺陷。重大缺陷将影响到审计意见的类型。

五是审计报告的内容不同。在财务报表审计中，注册会计师一般不对外报告内部控制的情况，除非内部控制影响到对财务报表发表的审计意见。在内部控制审计中，注册会计师应报告内部控制的有效性。

但是，二者也存在很多联系，主要体现在以下方面：

一是两者的最终目的一致，虽然二者各有侧重，但最终目的均为提高财务信息质量，提高财务报表的可靠性，为利益相关者提供高质量的信息。

二是两者都采取风险导向审计模式，注册会计师首先实施风险评估程序，识别和评估重大缺陷（或错报）存在的风险。在此基础上，有针对性地采取应对措施，实施相应的审计程序。

三是两者都要了解和测试内部控制，并且对内部控制有效性的定义和评价方法相同，都可能用到询问、检查、观察、穿行测试、重新执行等方法和程序。

四是两者均要识别重点账户、重要交易类别等重点审计领域。注册会计师在财务报告审计中，需要评价这些重点账户和重要交易类别是否存在重大错报；在内部控制审计中，需要评价这些账户和交易是否被内部控制所覆盖。

五是两者确定的重要性水平相同。注册会计师在财务报表审计中确定重要性水平，旨在检查财务报告中是否存在重大错报；在财务报表内部控制审计中确定重要性水平，旨在检查财务报表内部控制是否存在重大缺陷。由于审计对象、判断标准相同，因此二者在审计中确定的重要性水平亦相同。

正是因为存在较多的共同点，有很多的基础工作可以共享，在一项审计中发现的问题还可以为另一项审计提供线索和思路。因此，这两项审计工作完全可以整合进行，而由同一家会计师事务所进行整合审计，不仅有利于提高审计效果和效率，降低审计成本，减少重复劳动，而且可以避免审计判断出现不一致的情形，降低企业聘请不同会计师事务所实施审计的负担。因此，《企业内部控制审计指引》提倡实行整合审计。

第三节　细节测试抽样

一、选择样本考虑因素

审计抽样，最重要的是选好样本，相较于控制测试，细节测试在抽样方法、测试流程等方面并无太大差异，但样本选择更加重要，它是实质性程序的审计对象，获取的证据直接影响审计结论。因样本选择导致的抽样风险，控制测试可能影响审计效率，而细节测试直接影响注册会计师发表恰当的审计意见。细节测试中，确定样本规模是抽样测试中最重要的环节。影响样本规模的因素包括可接受的误受风险、可容忍错报（实际执行的重要性）、预计总体错报、总体规模、总体的变异性等。细节测试样本规模的影响因素如表 9-3 所示。

表 9-3　　　　　　　　　　　　细节测试样本规模影响因素

因素	样本规模较小的条件	样本规模较大的条件
控制风险（影响误受风险）	低控制风险	高控制风险
与同一认定有关的其他实质性测试结果，包括分析程序和其他相关实质性测试——影响可接受的误受风险	其他相关实质性测试结果令人满意	其他相关的实质性测试结果令人不满意
可接受的审计风险——影响误受风险	可接受审计风险高	可接受审计风险低
具体账户的可容忍错报	可容忍错报较大	可容忍错报较小
固有风险——影响总体估计错报	固有风险低	固有风险高
预期错报额和频率——影响总体估计错报	错报较小或频率较低	错报较大或频率较高
总体涉及的金额	较小的账户余额	较大的账户余额
总体的项目数	除非总体容量非常小，则对样本规模几乎没有影响	除非总体容量非常小，否则样本规模几乎没有影响

具体而言，注册会计师还应关注细节测试中样本选择的下列方面：

1. 抽样方法

控制测试抽样方法通常也适用于细节测试，但细节测试更多的是使用货币单位抽样，因为控制测试评价的是样本与总体控制运行中的偏差，而细节测试评价的是错报，前者是"行为"特征，后者是"金额"特征，能够用金额表述统计结果。

货币单位抽样的关键特征是将账户余额中的单位金额作为抽样单位，直接结果是，它能自动关注那些账面记录余额较大的实物单位。由于样本是以具体金额为基础选取的，故余额较大的账户比余额较小的账户入选样本的机会更大些。例如，应收账款函证中，余额为 100 万元的账户入选样本的机会是余额为 10 万元的账户的 10 倍，因为前者所包含的金额单位是后者的 10 倍。该方法下，总体规模是账面记录的货币金额总体，而不是诸如应收账款户数之类的实物单位总体，且重要性初步判断金额，直接确定各个账户审计时的可容忍错报额。采用货币单位抽样，还可以降低执行审计测试的成本，因为它可以一次测试几个样本项目。

2. 选样方式

注册会计师确定样本规模的具体方法，可采用"货币单位抽样样本规模"对照表等方法，还可以采用公式"样本规模 = 总体账面金额 ÷ 可容忍错报 × 保证系数"确定样本规模。

"保证系数"是选择样本数量时体现风险导向的参数，通常由估计的固有风险和控制风险、其他实质性测试未能发现重大错报的风险两个因素构成的矩阵表确定。其他实质性测试未能发现重大错报的风险，是因为会计核算为复式记账，任何一笔经济业务会计处理都涉及借贷两个方向（科目），例如，应收账款测试，因应收账款初始金额是收入确认的结果，如果收入测试未发现错报，那么应收账款的初始确认发生错报的可能性较小，从而由收入实质性测试获取的保证程度较高。细节测试非统计抽样选取样本保证系数矩阵如表 9-4 所示。

表 9-4　　　　　　　　　细节测试非统计抽样选取样本保证系数

估计固有风险及控制风险	其他实质性测试未能发现重大错报的风险			
	最高	较高	中	低
最高	3.0	2.7	2.3	2.0
较高	2.7	2.4	2.0	1.6
中	2.3	2.1	1.6	1.2
低	2.0	1.6	1.2	1.0

3. 分层

如果总体项目存在重大的变异性，可以将总体进行分层，即将总体划分为多个子总体，每个子总体由一组具有相同特征的抽样单元组成。注册会计师通常根据金额进行分层，每层分别独立选取样本，分别推断该层总体错报金额，使注册会计师能够将更多的审计资源投向金额较大的项目。例如，为了函证应收账款，注册会计师可以将应收账款账户按照金额大小分为三层，即账户金额在 100 万元以上的、账户金额在 10 万～100 万元的、账户金额在 10 万元以下的，然后根据各层的重要性分别采取不同处理方法，对于金额在 100 万元以上的应收账款账户，全部函证；对于金额在 10 万～100 万元及 10 万元以下的应收账款账户，采用适当的选样方法选取函证样本。

4. 单个重大项目

注册会计师在选择审计项目进行测试时，通常有三种方法：一是对某总体包含的全部项目进行测试；二是对选出的特定项目进行测试，但不推断总体；三是审计抽样，以样本结果推断总体结论。注册会计师在选取样本之前，应先识别单个重大项目，然后从剩余项目中选取样本，或者对剩余项目分层，并将样本规模相应分配给各层。

需要注意的是，注册会计师在选取样本时，要结合被审计单位的业务特点，灵活运用不同方法。例如，如果测试期间内的销售数量较少且单笔金额重大，注册会计师可选取该期间所有样本进行测试；如果销售数量较多且存在舞弊风险，注册会计师可以设定特定抽样标准，如新增客户销售等，并选取符合条件的样本进行测试，再对剩余总体执行货币金额单位抽样；如果测试期间样本量很大、总体风险较低且样本风险具有同一性，注册会计师可以对总体采用随机抽样方式选取样本。

二、选择样本的步骤

以主营业务收入测试为例，注册会计师可参照下列步骤确定样本规模：

（1）确定抽样项目：主营业务收入。

（2）定义错报：对主营业务收入合同及交易进行审核，并评估被审计单位收入确认方法及计量金额是否正确，如不正确，视为误差。

（3）定义特定样本：金额在实际执行的重要性水平以上的交易，定义为特定样本，即单个重要项目，需要全部进行测试。本次审计实际执行的重要性水平金额为 ×× 万元。

（4）定义极不重要样本：金额在临界值（实际执行的重要性水平的 5%）的交易，为极不重要样本。本次审计极不重要临界值为 ×× 万元。

（5）确定抽样总体：抽样总体 = 项目总体 − 特定样本 − 极不重要样本。

（6）设定保证系数：由于营业收入是关键业绩指标，且被审计单位为上市公司，审计风险较高，保证系数设定为 ××。

（7）计算抽样规模：抽样规模 = 抽样总体账面金额 ÷ 重要性水平金额 × 保证系数。

（8）确定测试样本总量：测试样本总量＝特定样本数量＋抽样规模数量。

（9）选取样本的方法：非统计抽样（货币单位抽样）。

注册会计师经过上述步骤后，得出样本规模计算，如表9-5所示。

表 9-5　　　　　　　　　　　　　　　　　测试样本规模计算

序号	销售客户	交易金额①		特性样本②		极不重要样本③		抽样总体④＝①－②－③		实际执行重要性⑤	保证系数⑥	抽样规模/金额		测试样本总量/金额	
												计算的抽样规模⑦＝④/⑤×⑥	抽样金额⑧	测试样本总量⑨＝②＋⑦	样本总金额⑩＝②＋⑧
		数量	金额	数量	金额	数量	金额	数量	金额						
1															
2															
3															
……															
合计															

案例 9-3

Y公司从事物流快递业务，主营业务收入为特快快递收入（含增值服务收入），20×1年净利润30 000万元，注册会计师确定的重要性水平为1 500万元，实际执行的重要性水平为1 050万元。为测试收入的真实性、准确性和完整性，注册会计师根据样本特征，将收入总体分为两层，第一层为较大金额收入，金额120 000万元，第二层（亚层）为其他金额，金额220 000万元，分别开展测试。下面流程为较大金额收入的抽样测试。

（1）测试项目：特快专递营业收入

（2）定义错报。若特快专递收入与相关的支持性文件不一致，则视为错报。

（3）定义特定样本。因为特快专递收入没有金额较大的情况，单个客户收入没有超过实际执行的重要性水平，因此不存在特定样本。

（4）极不重要样本。注册会计师对总体进行了分层，本层为较大金额的第一层抽样，所以无需确定极不重要样本。

（5）确定总体。样本总体金额为120 000万元，测试单元为特快专递收入，为确保收入的完整性，注册会计师取得了管理层 1~12 月的收入明细，并与被审计单位业务系统核对一致。

（6）保证系数。注册会计师根据风险评估结果，确定保证系数为中等水平。

（7）选取抽样样本规模。采取非统计抽样，抽样规模 =120 000÷1 050×1.6=114.28，取整数后样本规模为 115 个客户，样本金额 9 200 万元，样本金额覆盖率为 7.67%。

（8）执行审计测试。注册会计师执行了如下审计程序：对于邮政代理业务收入，核对至双方签字的对账表，全部实施检查原始单据，并执行函证程序；对进口终端及代收货款业务收入，核对至总部的清分数据一致；对于速递增值服务收入，对礼仪增值服务收入进行 100% 抽凭检查，核对至相关支持性文件。

（9）评价测试结果。经过测试，未发现收入存在错报。

在对抽样执行审计程序时，注册会计师主要采取检查程序，检查内容通常为核对账面记录与相关文件的一致性，如与合同协议、发票、发货单、签收单等是否一致，收入抽样检查如表 9-6 所示。对资产负债表项目还可能采取函证程序。

表 9-6 收入（发生额）检查

日期	凭证编号	客户名称	明细账内容				核对发货单			核对合同			核对发票			对应科目	索引号
			品名	数量	单价	金额	发货单编号	②	③	合同编号		⑥	发票号码	⑦	⑧		

注：①核对发货单品名一致；②核对发货单规格一致；③核对发货数量一致；④核对合同品名一致；⑤核对合同规格一致；⑥核对合同单价一致；⑦核对发票品名、数量一致；⑧核对发票单价、金额一致。

三、细节测试审计抽样存在的主要问题

细节测试占注册会计师整个工作量的比例较大，该部分审计涉及财务报表项目广泛，是审计工作的重要部分，但审计抽样测试也常常执行不到位，主要存在三个方面的问题：

第一，样本选择不合理。实务中，"抄账式""引账式"审计抽样时有发生，注册会计师将被审计单位的会计账务系统导出至工作底稿模版中的相应科目检查表，适当编辑后完成审计抽样。这种方式的抽样审计，随意选取样本，不考虑实际执行的重要性水平、风险系数等因素，没有关于样本选择的理论路径。"抄账式"审计抽样以被审计单位记账凭证为抽样单位，使得总体、抽样单元等定义不当。例如，收入、应收账款等审计抽样，注册会计师可以客户为抽样单位，而记账凭证则难以反映客户属性，因为一个记账凭证可能确认多个客户的收入，尤其是某些经济业务以月末汇总确认收入，无法识别抽样单元及总体。在缺乏正确方法抽样下，可能出现两个极端：有时抽样比例很高，甚至达到100%，这显然失去了抽样审计的意义，导致审计过度；有时抽样比例极低，抽样测试结果无法推断总体结论。

案例 9-4

注册会计师在执行千山药机（300216）2015年及2016年财务报表审计中，未能发现千山药机通过虚增收入、虚减应收账款、坏账准备等方式虚增利润，审计报告存在虚假记载。证监会指出注册会计师审计存在多项问题，其中包括货币资金审计样本选择不恰当，审计程序不充分，具体为：

注册会计师对公司银行存款收付记录与银行对账单进行了抽样核对。其中，2015年审计，在公司49个银行结算账户中共抽取30笔收款记录与银行对账单核对，共抽取30笔付款记录与银行对账单核对；2016年审计，在公司58个银行结算账户中共抽取26笔收款记录与银行对账单核对，共抽取25笔付款记录与银行对账单核对。注册会计师在选取银行账户核对检查时，抽取的样本量较少，且不具备代表性，对大额异常的资金进出未予以重点关注并选取检查。工商银行1901×××1166账户、华夏银行1345×××3894账户，是2015年、2016年公司资金借贷发生额最大的2个银行账户，注册会计师在审计中对上述重要银行账户仅选取2~4笔发生额进行核对检查。经查明，对工

商银行 1901×××1166 账户的发生额，2015 年仅检查了 2 笔收款记录，合计为 1 093 万元，占该账户公司账面借方发生额的比例为 3.48%；2016 年，仅检查了 1 笔往来款 145 万元，2 笔与公司内部其他银行账户转账共 4 200 万元，合计为 4 345 万元，占该账户账面借方发生额的比例为 2.24%；付款记录检查了 2 笔，合计为 2 700 万元，占该账户账面贷方发生额的比例为 1.52%。对华夏银行 1345×××3894 账户的发生额，2015 年，仅检查 2 笔收款记录，合计为 5 141.43 万元，占该账户账面借方发生额的比例为 4.40%；2016 年检查了 4 笔收款记录，均为与子公司或公司内部其他银行账户之间交易记录，合计为 1.64 亿元，占该账户账面借方发生额的比例为 22.00%；付款记录检查了 2 笔，均为与公司内部其他银行账户转账，合计为 371 万元，占该账户账面贷方发生额的比例为 0.54%。

注册会计师在审计中对公司银行存款发生额的关注度明显不足，抽样检查数量及金额比例较少，审计检查样本主要为公司内部银行账户之间的资金往来，对大额异常的资金进出关注较少，样本选取明显存在缺陷。

资料来源：中国证监会网站。

第二，样本测试不到位。不同于控制测试样本量较少，细节测试为实质性测试程序，选取的样本量通常比控制测试大得多，对选取的样本执行检查等审计程序，需要大量的时间和精力。在这种情况下，可能出现"放飞机"现象，注册会计师对于选取的样本测试，虽然在检查表标明已经进行了检查核对，但实际上并未实地查阅审核被审计单位相关文件记录，存在较大的审计风险。

第三，抽样发现异常未进一步实施程序。有时，注册会计师测试抽取的样本，发现了异常现象，此时应扩大样本量，获取更多的证据支持审计结论。

案例 9-5

2013 年 12 月，大智慧（601519）电话营销人员对客户称可以参与打新股、理财、投资等以弥补前期亏损。部分客户应邀向大智慧汇款，其中有客户在汇款时注明"打新股"等。大智慧收到款项后计入 2013 年产品销售收入，虚增 12 名客户 2013 年收入 2 872 486.68 元，后续已应客户的要求全部退款。

注册会计师审计工作底稿中复印留存了部分软件产品销售收款的电子银行回单，其中摘要栏中的"打新股资金""理财投资资金"等备注存在明显异常。

但是，注册会计师以发现的错报金额低于重要性水平为由，未进一步扩大审计样本量，以确认抽样总体不存在重大错报。如果注册会计师扩大银行回单的抽样范围，2013 年 12 月存在异常摘要的银行进账单笔数将为 48 笔，合计金额 873 万元，明显高于抽样所涉及回单数量及对应金额。

资料来源：中国证监会网站。

第十章　财务舞弊与应对措施

财务舞弊导致资产被侵占或会计信息失真，而由于舞弊源自精心组织和策划的系统性财务造假，发生审计失败的风险很高。注册会计师应了解舞弊理论及风险因素，选择识别被审计单位舞弊行为的一些迹象和信号，如包括商业模式不清晰、财务数据偏离行业水平等十大财务造假预警信号，进而选择采取有针对性的审计程序。

第一节　舞　弊　理　论

一、舞弊三角理论

美国注册舞弊审核师协会（ACFE）创始人、美国会计学会会长史蒂文·阿伯雷齐特（W. Steve Albrecht）提出，企业舞弊的产生是由压力（pressure）、机会（opportunity）和自我合理化或借口（rationalization）三要素组成，就像必须同时具备一定的热度、燃料、氧气这三要素才能燃烧一样，缺少了上述任何一项要素都不可能真正形成企业舞弊。舞弊三角理论如图 10-1 所示。

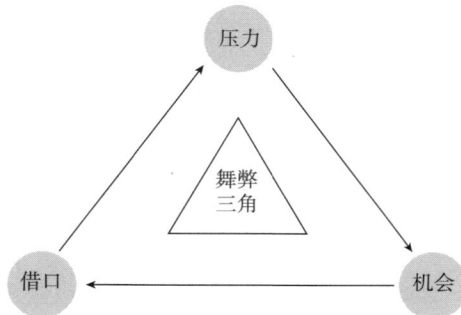

图 10-1　舞弊三角

（一）压力／动机

压力要素是舞弊者的行为动机，管理层或其他员工有动机或压力进行舞弊，这种动机或压力包括经济压力、工作压力及其他压力。压力或动机是舞弊的诱因，这种诱因可能很多。

（二）机会

机会要素是指可进行企业舞弊而又能掩盖起来，不被发现或能逃避惩罚的环境和时机，包括缺乏发现企业舞弊行为的内部控制、无法判断工作的质量、缺乏惩罚措施、信息不对称、能力不足、审计制度不健全以及特定条件。例如，2020年爆发的全球新冠肺炎疫情，影响了人们的出行，如果被审计单位处于疫情严重地区且进行严格的隔离管制，注册会计师无法实施现场审计，这种情况下，可能给财务造假舞弊行为提供了机会。

（三）借口

借口，或称态度与合理化，舞弊者必须找到某个理由，使企业舞弊行为与其本人的道德观念、行为准则相吻合，无论这一解释本身是否真正合理。

二、舞弊的类型

（一）财务造假舞弊

这种舞弊是一种欺骗财务报表使用者的有意错报，即故意行为。多数财务造假，要么通过高估资产和收益，要么隐藏负债或费用，以达到提高收益的目的。但是，也有的是故意低估收益，如非上市公司不少低估收益，目的是少缴纳税金。还有的企业在盈利很高时，为了提高未来盈利水平，当期多计提准备金，进而有意低估收益，即所谓的"盈余管理"。从会计准则遵循度看，只要不符合准则的会计处理且是有意的，都应视为舞弊。上述情形虽然多为在不同期间调节收益以粉饰财务报表，因违背会计标准，区别于一般的错报，属于财务造假舞弊。最为严重的财务造假，是虚构经济业务，无中生有，伪造相关原始单据，并将虚构交易产生的会计核算结果记录于财务报表。

案例 10-1

管理层用以错报财务报表信息的两个最常用方法是不恰当地确认收入和高

估资产。根据 COSO 委员会委托的一个研究结果 ①，在 1987～1997 年美国从事过舞弊的公司中，有 50% 的公司提前记录或虚构收入交易。

除了这些收入和应收账款高估以外，有一半已确认涉嫌舞弊的公司也通过高估现有资产、记录虚构资产或不拥有所有权资产，或资本化本应费用化的项目而高估资产。这些公司一般都是高估存货、不动产、厂房和设备以及低估坏账准备进而高估应收账款净额，只有 18% 的舞弊公司低估费用或债务。大多数财务报表舞弊的个案都涉及有意的财务信息错报，只有 12% 的舞弊个案涉及公司资产的盗用。

舞弊金额平均为 410 万美元，就平均总资产为 1 570 万美元的公司来说，这一舞弊金额是相当大的。83% 的舞弊个案涉嫌 CEO 和 CFO，这些人实施舞弊的目的是避免报告税前亏损、维持公司股价或抬高股价。由于公司管理人员与董事会成员平均拥有 32% 的公司股票，因此，他们进行舞弊的动机很强。

舞弊的影响后果巨大。超过 50% 的公司在舞弊期之后破产或更改所有权形式，许多涉案人员被迫辞职或被辞退，还有一些案例中涉案人员被判刑。另外，公司与涉案人员都要面对股东与 SEC 提起的诉讼。

（二）侵占资产舞弊

侵占资产是一种涉及盗窃公司资产的行为，侵占资产者就是"小偷"。在很多情况下，侵占资产涉及的数额可能对财务报表来说影响并不重大，但管理层非常关注，如果很多员工都侵占公司资产，导致内部控制失效，那么这家公司很难正常运行。通常而言，侵占或挪用资产发生于中低层员工，比较容易发生侵占资产舞弊的岗位包括：出纳或会计挪用侵占资金，他们直接接触现金资产，如果未能合理设置不相容职务，如公司财务印章与公章及法定代表人印鉴由一人保管，极易发生财务人员挪用资金；销售人员截留销售货款，与客户串通，将公司货款部分或全部据为己有；采购人员高价采购物资，从中收受回扣或佣金；负责工程项目建设的主管人员，高于市场价格发包工程，收取工程承包商的回扣；等等。但在我国社会环境下，职务比较高的人员发生侵占公司资产的舞弊行为并不少见，因为高管人员拥有较大的权利，侵占资产的机会更多，金额更大，对于财务报表可能构成重大影响。美国注册舞弊师审核协会进行的一项调查显示，涉及公司高

---

① Committee of Sponsoring Organizations of the Treadway Commission. Adapted from Fraudulent Financial Reporting：1987–1997，An Analysis of U.S. Public Companues [R]. New York, 1999.

管舞弊的平均损失，是其他员工舞弊平均损失的3倍多。

关于控股股东、实际控制人及关联方占用上市公司资金的行为，一直以来是资本市场的顽疾，且近年来似乎有愈演愈烈、金额越来越大的趋势。为什么出现关联方资金占用屡禁不止现象？也许是没有界定清楚关联方资金占用行为的性质。由于关联方将上市公司的资金挪用据为己有，显然是一种侵占、盗用公司资产的舞弊行为，这与出纳等员工侵占公司资产没有区别，唯一可能的区别是关联方占用资金一段时间后，又归还给上市公司，即过程占用。实际上，这并未改变侵占、盗用上市公司资金行为的性质。无论是从盗窃行为来看，还是挪用资金行为来看，关联方占用资金都是刑事犯罪行为，但现行这种违法行为至多被采取行政处罚，甚至仅是行政监管措施，或没有给予任何处罚，且主要处罚对象为上市公司，较少追究控股股东、实际控制人及关联方的刑事责任。资金占用严重损害了上市公司、全体股东特别是中小股东利益，危及资本市场的健康运行。此外，上市公司违规向关联方提供担保，如果因被担保方无力偿还债务而承担担保责任，这与向关联方提供资金性质完全相同，均是一种侵占上市公司资金的舞弊行为。

2006年，创维集团董事局主席黄宏生因涉嫌挪用盗取公司资金超过5 000万港元，被香港区域法院判处有期徒刑6年。而我国上市公司关联方动则占用公司资金上亿元，甚至数十亿元至百亿元，但鲜有被判处犯罪。因此，归根到底，是法律制度缺陷导致违法成本低，使得关联方侵占资产的舞弊行为屡禁不止，这也使得整个市场付出高昂的制度成本。

三、舞弊风险因素

导致舞弊风险的因素很多，尽管财务造假舞弊与侵占资产舞弊三角理论中的三大条件相同，但具体风险因素却有所区别。两类舞弊相关的风险因素如表10-1、表10-2所示。

表10-1　　　　　　　　　　　财务造假舞弊风险因素示例

压力/动机	机会	借口
①财务稳定性或盈利能力受到经济环境、行业状况或被审计单位经营情况的威胁，如客户需求大幅下降；所在行业或总体经济环境中经营失败的情况增多	①所在行业或其业务的性质为编制虚假财务报告提供了机会，如资产、负债、收入或费用建立在重大估计的基础上，这些估计涉及主观判断或不确定性，难以印证，或者从事重大、异常或高度复杂的交易	①管理层未能有效地传递、执行、支持或贯彻被审计单位的价值观或道德标准，或传递了不适当的价值观或道德标准

续表

压力/动机	机会	借口
②管理层为满足第三方要求或预期而承受过度的压力，如投资分析师、机构投资者、重要债权人或其他外部人士对盈利能力或增长趋势存在预期；满足交易所的上市要求、偿债要求或其他债务合同要求的能力较弱 ③管理层的个人财务状况受到被审计单位财务业绩的影响，如在被审计单位中拥有重大经济利益；管理层的报酬中有相当一部分（如奖金、股票期权、基于盈利能力的支付计划）取决于被审计单位能否实现激进的目标（如在股价、经营成果、财务状况或现金流量方面）；存在业绩对赌协议	②对管理层的监督失效，管理层由一人或少数人控制且缺乏补偿性控制，治理层对财务报告过程和内部控制实施的监督无效 ③组织结构复杂或不稳定，如组织结构过于复杂，存在异常的法律实体或管理层级 ④内部控制要素存在缺陷，如会计系统和信息系统无效，包括内部控制存在值得关注的缺陷的情况	②管理层向分析师、债权人或其他第三方承诺实现激进的或不切实际的预期 ③管理层总是试图基于重要性原则解释处于临界水平的或不适当的会计处理 ④管理层与现任或前任注册会计师之间的关系紧张，如在会计、审计或报告事项上经常与现任或前任注册会计师产生争议；对注册会计师提出不合理的要求，如对完成审计工作或出具审计报告提出不合理的时间限制

表 10-2　　　　　　　　　　　　　　侵占资产舞弊风险因素示例

压力/动机	机会	借口
①如果接触现金或其他易被侵占（通过盗窃）资产的管理层或员工负有个人债务，可能会产生侵占这些资产的压力 ②接触现金或其他易被盗窃资产的员工与被审计单位之间存在的紧张关系可能促使这些员工侵占资产，如已知或预期会发生裁员；近期或预期员工报酬或福利计划会发生变动；晋升、报酬或其他奖励与预期不符	①资产的某些特性或特定情形可能增加其被侵占的可能性，如持有或处理大额现金；体积小、价值高或需求较大的存货；易于转手的资产，如无记名债券、钻石或计算机芯片 ②与资产相关的不恰当的内部控制可能增加资产被侵占的可能性，如职责分离或独立审核不充分；对接触资产的员工选聘不严格；对资产的记录不充分；对现金、投资、存货或固定资产等的实物保管措施不充分）；管理层对信息技术缺乏了解，从而使信息技术人员有机会侵占资产等	①忽视监控或降低与侵占资产相关的风险的必要性 ②忽视与侵占资产相关的内部控制，如凌驾于现有的控制之上或未对已知的内部控制缺陷采取适当的补救措施 ③被审计单位人员的行为表明其对被审计单位感到不满，或对被审计单位对待员工的态度感到不满 ④容忍小额盗窃资产的行为

四、财务造假舞弊的逻辑

以虚构交易进行财务造假的舞弊，往往涉及虚假的购销、虚假利润和虚假现金流，涉及的相关主体为供应商、客户和被审计单位。从客户端看，体现为收入、应收账款、银行存款等财务报表项目；从供应商端看，体现为原材料、库存商品、营业成本等财务报表项目；从被审计单位端看，体现为"收入－成本＝毛利"，回款后毛利对应货币资金增加。

财务造假舞弊通常具备"三流"。一是单据流。采购方面，包括虚构采购合同、采购凭证、入库单、发票；生产方面，包括生产单据、费用单据；销售方面，包括销售合同、出库单、运单、签收单、验收单、安装单、发票等。二是资金流。虚构交易形成的应收账款，通常不会长期挂账，舞弊者会通过资金流予以配合。三是实物流。虚假销售的产品不能仍然存放在仓库中，虚假销售后的存货与真实存货数量不相符，舞弊者不让注册会计师观察到虚构的存货。例如，ST昆机（600806）为避免虚计收入被注册会计师发现，采用在账外设立库房的方式，将存货以正常销售的方式出库，但存货并未实际发往客户，而是移送至账外库房，且为避免设立账外库房的事宜被注册会计师察觉，还要求出租外库的出租人将租金业务发票开具为运输费用发票。财务造假舞弊虚构"三流"，具体实施可能存在多种情形和方式：虚构单据流，可能是虚构的交易、交易真实但为尚未执行的交易、无法回款的交易、调整金额的交易、新增交易模式等；虚构资金流，可能通过现金收支、构建银行转账资金循环、利用汇票、伪造银行单据等；虚构实物流，存货转移。上述虚构交易，需要相关主体配合才能完成，这些主体可能包括被审计单位自身控制的公司、真实的客户或供应商、境外公司等。

财务造假舞弊的显著特征，通常体现在：系统的谋划过程、复杂的资金流转、复杂的相互关系、通过存货或长期资产消化毛利、具有长期性和较高的成本代价。从行业或业务看，农林牧渔、贸易业务、境外业务、游戏和电商、资源回收及再生业务、轻资产公司等存在较高的舞弊风险。

第二节　识别财务舞弊迹象

一、商业模式不清楚

商业模式，简单地说是一个组织通过什么途径或方式赚钱，它包含一些基本的要素，如价值主张、营销渠道、客户关系、资源配置、核心能力、成本结构、价值链、收入模型、裂变模式等。会计信息是商业模式运行的结果，如果看不清楚企业的商业模式，财务数据与商业模式之间就缺乏内在逻辑和因果关系，如没有核心能力但产品的毛利率却很高，则很可能存在财务报告舞弊行为。下面这些商业模式需要高度关注：

（一）盈利水平与竞争力不匹配

高盈利源于拥有核心竞争力，这种竞争力可能是领先和独创的技术，也可能是渠道优势和客户资源，在没有任何核心能力下销售产品或提供服务毛利率很高，可能涉嫌舞弊。例如，某公司从事互联网广告精准营销代理业务，其下游客户也为广告代理商，下游广告代理商对接广告主，其上游供应商也为广告代理商，上游广告代理商对接今日头条、阿里、腾讯、百度等互联网广告发布平台。也就是说，该公司类似于贸易公司地位，从事的业务是"过手"居间交易，既没有直接面对市场的渠道和客户资源，也没有用于发布广告的技术媒体平台，至多是客户供应商资金紧张时发挥一定的垫支作用。但是，该公司广告代理毛利率高达30%，盈利水平与其提供的服务价值完全不相匹配，涉嫌虚增收入和利润。

（二）生产与销售两头在外

这类企业以核心技术为产品设计、策划和创意之名，将所谓处于价值链中低端的生产外包，或者直接采购设备，加入核心的软件后销售给客户，有的则直接在客户现场进行生产组装产品。反映到财务报表，收入、成本规模可能很大，但公司几乎没有固定资产，很少或没有生产人员，现金流量表支付给职工的薪酬付现金额很少，而产品的毛利率却较高，若缺乏商业合理性，可能存在财务报告舞弊。

（三）价值实现方式不清

任何一种产品或服务，要么用于消费，要么用于生产。有的产品产业链比较长，有的则比较短，如光伏产业链包括硅料、铸锭、切片、电池片、电池组件、应用系统6个环节，各环节所涉及企业数量依次大幅增加，光伏市场产业链呈金字塔形结构。如果无法判断企业的产品或服务的最终用途，不能穿透追踪至上游或下游产业链，可能涉嫌虚构交易。

特别地，某些产品或服务以"涉密"为由，注册会计师无法延伸至产品或服务的最终实际用途，如某些军工产品，此时注册会计师需要考虑审计范围是否受到限制。

（四）交易对价难以衡量

某些新经济、新产品或新服务，诸如软件产品、技术转让、影视文化版权交易等无实物性交易，以及完全定制化产品，缺乏同类交易的市场可比价格，难以衡量交易价格的合理性，也为舞弊提供了机会。

（五）非主业贸易性业务

非专门从事贸易业务的企业，毛利率一般为1%～5%，有的甚至平进平出，考虑资金成本及相关费用后，贸易业务几乎无任何盈利，并不能增加企业价值。从商业模式分析，似乎缺乏从事贸易交易的商业理由，因为这些交易不仅不能赚取利润，还面临要么支付预付款后不能收到货物，要么销售后不能收回应收账款的风险，这样一种只有风险没有收益的商业模式，为何不少企业乐此不疲地做，是否存在其他可能涉嫌财务舞弊的动机？

　　实务中，有两类企业较多地开展贸易性交易：一是国有企业，主要原因是有些国资监管部门对收入规模设置了考核指标；二是某些行业，如煤炭、有色金属、医药等企业，为了行业内规模排名等需要，在自营产品之外，还大量开展贸易性交易以扩大收入规模。由于这些企业开展贸易性收入的目的并非为了盈利，所以其并不关心实物流转，多数为仓单式的空转交易、闭环交易，或者虚构交易，交易标的物并未进入实际的生产或服务领域。该商业模式的财务结果，大幅扩大财务报表收入规模，实际为虚增收入和成本的财务报告舞弊。

> **案例 10-2**
>
> 　　2014 年，太化股份（600281）通过子公司山西华旭物流有限公司和太化股份铁运分公司实施无商业实质的购销交易，虚增营业收入 4 113 万元；太化股份及其子公司作为中间商，实施无商业实质的购销交易，虚增营业收入 6.94亿元，占合并报表收入总额的 21.8%，于 2017 年被证监会行政处罚，注册会计师及会计师事务所也因未关注到贸易业务不具备商业实质，审计证据不充分等受到行政处罚。
>
> 　　太化股份开展的上述贸易业务的特点：一是太化股份与供应商、客户分别签订采购合同与销售合同，除价格条款以外，商品名称、数量、规格、结算方式、提货方式等其他条款均基本相同；二是太化股份均不负责合同项下商品的运输、检验和仓储，全部由客户向供应商自提、供应商送货至客户或直接在商品存储地转移货权；三是在结算方面，主要为客户向太化股份交付货款后，太化股份再向供应商交付采购款。在购销过程中，太化股份未自主选择供应商及客户，未经手业务合同项下商品的实物流转，采取先收款后付款的结算方式，其开展上述贸易业务没有合理商业理由，属于无商业实质的购销交易，确认收入为虚增营业收入。
>
> 　　资料来源：中国证监会网站。

　　（六）商业模式显著异于行业特征

　　一个行业往往有其内在的运行特征和较为成熟的商业模式，这些特征是行业内各企业经验的总结，如果另辟蹊径，特立独行，注册会计师需要关注合理性，以及是否存在舞弊风险。

> ### 📝 案例 10-3
>
> 　　养猪第一股"雏鹰农牧"自 2015 年起，开始对商业模式进行创新，创造了所谓独特的"雏鹰模式"，该模式是由合作方负责养殖场建设、设备投资、外部协调及日常维护、维修、粪污处理等，公司负责养殖场的土地租赁、合规性手续办理，农户主要负责单个猪舍的精细化管理，养殖过程中采用"六统一"的方式由公司统一管理。"雏鹰模式"反映到财务报表，就是将所有猪舍类固定资产出售给合作社及农户，新的固定资产投入也由合作社及农户投入，雏鹰农牧实现轻资产。新希望、温氏股份、牧原股份、正邦科技、天邦股份等同行业主要企业，没有任何一家采取了"雏鹰模式"所谓的轻资产模式。
>
> 　　实际运作过程中，农户购买公司固定资产的资金来源于借款，借款由雏鹰农牧提供担保，新建固定资产资金实际也来源于公司名义借款，且这些固定资产只能用于雏鹰农牧。从经济实质和准则规定看，这些资产并不应终止确认，公司终止确认后形成大量资产体外循环，且数十亿元资金也在体外循环。
>
> 　　注册会计师关注到该商业模式带来巨大审计风险，及时请辞担任审计机构。2019 年 3 月，雏鹰农牧因涉嫌违法违规，被证监会立案调查。因连续 20 个交易日股价低于 1 元，2019 年 8 月 19 日，雏鹰农牧终止上市。商业模式创新的结果是葬送了养猪第一股。
>
> 　　资料来源：巨潮资讯网站。

二、财务数据大幅偏离行业水平

绝大多数行业都有多家企业提供产品或服务，市场经济下企业之间相互竞争的结果，是价格趋向于行业平均水平，盈利能力趋向均衡，这是市场经济的基本规律。因此，同行业企业经营情况具有一定的可比性，如果企业与行业数据相比偏离过大，如无特殊因素，可能存在数据造假。注册会计师可从下列方面进行比较：

一是比趋势。被审计单位相关数据是否与行业数据方向一致，例如产品或服务价格是上涨还是下降，如果行业整体出现价格下降，而仅有被审计单位产品价格上升，此情形与行业相悖是否合理；又如，行业内所有主要企业销售规模均为负增长，而仅有被审计单位出现正增长等。若财务数据显示出现完全相反的趋势，很有可能存在舞弊行为。

二是比程度。如果被审计单位相关数据与行业保持了一致性，则进一步比较与行业平均水平差异，或者与行业内主要可比企业之间的偏离程度，例如，比较销售毛利率，如果行业或主要可比企业毛利率为20%，注册会计师认为偏离至15%～25%属正常，但如果被审计单位毛利率高到达40%以上，即偏离幅度超过100%，则可能存在虚假交易。类似地，还可以比较销售费用率、存货周转率、产品单位成本、员工工资水平等财务指标偏离程度。

三是比模式。主要是采购模式和销售模式，行业惯例是否需要提前支付预付货款，销售产品应收账款信用期是否类似，如果被审计单位销售形成大额应收账款，而同行业可比企业几乎没有应收账款，则可能涉嫌虚假销售。

四是比原因。如果被审计单位相关财务数据与行业及可比企业出现较大偏离，注册会计师可从产品质量、采购与生产方式、销售模式、所处地区等方面比较差异，判断是否可接受偏离度。若仍然无法解释偏离度，则可能存在财务舞弊。

三、异常客户和供应商

不少财务造假案中，都会出现协助者的身影。例如，有的商业银行和上市公司串通，出具虚假银行询证函回函、虚假银行回单、虚假银行对账单，欺骗注册会计师；一些企业的供应商和销售客户也是造假的帮手，更有甚者，有的公用事业部门也与公司串通，出具虚假的供电费用、供气费用等，协助公司进行成本和销售造假。当前，注册会计师最大的审计风险是来自客户、供应商与相关利益者的串通舞弊，相应地，风险导向审计也应从关注被审计单位延伸至其客户和供应商等外部主体。注册会计师应识别客户与供应商下列情形是否存在异常：

一是客户和供应商的"社会关系"。主要包括三个方面：首先，了解股权关系，关注股权结构和主要股东情况，必要时进一步穿透上一层股东直至最终实际控制人，了解被审计单位是国有企业还是民营企业；其次，了解所属集团情况，客户和供应商是单一企业，还是某集团中的成员之一；最后，了解管理层成员情况。注册会计师了解这些信息，主要是为了识别交易对手与被审计单位是否存在关联方关系。此外，必要时还可进一步了解客户和供应商的"社会关系"，如查询注册地址与办公地址、客户与供应商之间是否存在关系，是否为同一集团内的企业。

二是客户和供应商的资信能力。注册会计师可了解客户和供应商的注册资本及实缴资本、员工规模及缴纳社保的人数、主营业务范围、收入及资产规模等信息，据以判断是否具有与被审计单位进行交易的能力。例如，一家员工仅数人，实缴资本为零的客户，如果与被审计单位发生上亿元的采购或销售业务，这属于异常客户或异常供应商，可能存在虚假交易。

特别地，如果客户或供应商为自然人，注册会计师应了解是否符合行业的惯例，在此基础上核实自然人的背景信息，是否具有参与交易的相关经历、经验、资金实力等关键信息。

案例 10-4

2016 年 12 月至 2018 年 5 月，东方金钰（600086）为完成营业收入、利润总额等业绩指标，虚构其所控制的瑞丽市姐告宏宁珠宝有限公司（以下简称"姐告宏宁"）与普某腊、保某、李某青、凤某、自某堵、张某梅 6 名自然人名义客户之间的翡翠原石销售交易。涉案期间，姐告宏宁控制 19 个银行账户，虚构销售和采购交易资金流，该 19 个银行账户分为三组：第一组为普某腊、保某、李某青、凤某、自某堵、张某梅 6 名名义客户的银行账户；第二组为董某成、邵某丽、木某 1、木某 2、余某光、方某华、双某石 7 名自然人中转方的银行账户；第三组为李某退、蒋某东、宝某明、吴某龙、杨某荣、董某先 6 名名义供应商的银行账户。

姐告宏宁控制上述 19 个银行账户，将来源于或转入东方金钰及其控制的公司或银行账户的资金 47 930.19 万元，通过上述中转方和名义供应商账户转入上述 6 名名义客户账户，再控制上述名义客户账户支付销售交易款项，资金最终回流至姐告宏宁，上述资金流转构成资金闭环。同时，涉案销售交易涉及姐告宏宁与普某腊、保某、李某青、凤某、自某堵、张某梅 6 名名义客户之间的翡翠原石销售合同系虚假合同：第一，该销售合同上普某腊等 6 人的笔迹与其真实笔迹明显不一致；第二，普某腊等 6 人称从未与姐告宏宁发生过任何翡翠原石交易，从未在与姐告宏宁翡翠原石销售合同或出库单等文件上签字；第三，从合同的履行情况看，姐告宏宁并无上述交易中交付合同标的物的记录，如提货人名称记录、提货单据、物流单据等，相关工作人员亦不知悉标的物的去向，也未见过前来看货和提货的客户；第四，普某腊等 6 名名义客户缺少翡翠原石交易的相关经历、经验、鉴定能力、资金实力及渠道，客观上缺少签订并履行翡翠原石交易合同的能力。综合考虑合同签字情况、履行情况、交易主体适格情况等，姐告宏宁与上述 6 名名义客户的翡翠原石交易合同系虚假合同，东方金钰通过其控制的姐告宏宁虚构上述销售交易的资金流及销售合同等，虚构销售交易。

资料来源：中国证监会网站。

三是客户和供应商所处产业链。注册会计师可关注客户和供应商是否为"圈内人"，即是否与被审计单位从事的业务具有相关性，是否为同一产业链的上下游，并追踪至最终的实际用户或生产商。例如，某房地产上市公司将从事房地产业务的控股子公司股权全部转让，产生转让收益1 900万元，股权受让方为与房地产业务无关的某投资公司。该上市公司当年归属于母公司的净利润仅500万元，股权转让行为使得上市公司扭亏为盈，涉嫌虚假交易。

四是客户和供应商的声誉。查阅公开信息，了解客户和供应商及其管理层人员是否属于失信者，是否存在较多负面信息。

五是客户和供应商的其他信息。例如，客户和供应商的成立时间可能有助于注册会计师判断是否为异常交易。

案例 10-5

W公司2019年确认数据应用收入15亿元，主要来源于当年新增客户，新增主要客户信息如表10-3所示。

表10-3　　　　　　　　　　　　　　新增客户信息

客户	成立时间	注册资本（万元）	交易金额（万元）	应收账款余额（万元）
浙江某网络科技有限公司	2018年9月	500	60 800	43 000
江苏某网络科技有限公司	2019年5月	1 000	21 000	4 200
上海某移动技术有限公司	2019年8月	500	11 700	10 000
南京某科技有限公司	2016年8月	10 000	8 200	0
北京某信息技术有限公司	2018年11月	100	3 900	3 900

从成立时间看，W公司的这些客户多数成立较晚，有的甚至成立当年就与W公司发生大额交易，结合客户注册资本较小，期末应收账款余额较大等信息，注册会计师应将客户识别为异常客户，并采取相应的舞弊应对措施，但注册会计师只实施了检查合同、函证等常规审计程序，未实施进一步程序以获取充分、适当的证据。监管部门在审计质量检查中，指出对于客户成立时间较晚等明显异常现象，注册会计师未给予充分关注，并对会计师事务所及注册会计师给予处罚。

需要注意的是，如果被审计单位直接客户或供应商为"中间商"，或称"类经销商"模式，该中间商没有任何履约能力，只是因为有渠道、资源关系，再转手将产品或服务提供给直接用户或向上游采购，则注册会计师宜将这类直接客户视为异常客户或供应商，因为被审计单位的直接交易对手与其下家具有传递性，如中间商只有在收到其客户款项后，才能支付给被审计单位。这种情况下，需要进行穿透审计，将直接客户或供应商与下游直接用户或上游实际供应商作为一体审计，如获取直接客户或供应商与下游或上游签订的合同，并与被审计单位与直接客户或供应商签订合同条款比较，尤其是涉及安装或验收条款、付款进度及条件等关键内容，在确定收入确认条件时，应当综合两级合同条款判断，而不能仅仅停留于与直接交易合同条款，尤其是涉及"背靠背"条款的，将直接影响被审计单位收入确认条件。存在财务舞弊迹象的，除了现场实地核查产品或服务实际流向和用途外，注册会计师还可要求查阅下游直接用户或上游实际供应商的资金流水。

四、关联交易非关联化

当存在下列迹象时，可能存在关联方关系非关联化，即被审计单位未如实披露关联方关系：

（1）交易对方曾经与公司或其主要控制人、关键管理人员等存在关联关系。

（2）交易对方主要控制人、关键管理人员或购销等关键环节的员工姓名与公司管理层相近。

（3）交易对方注册地址或办公地址与公司或其集团成员在同一地点或接近。

（4）交易对方网站地址或其 IP 地址、邮箱域名等与公司或其集团成员相同或接近。

（5）发生非经常性交易后注销。

（6）交易对方名称与公司或其集团成员名称相似。

（7）交易对方和公司之间的交易与其经营范围不相关。

（8）通过互联网等公开信息难以检索到交易对方的相关资料。

（9）交易对方长期拖欠公司款项，但公司仍继续与其交易。

（10）交易对方是当年新增的重要客户或重要供应商。

当存在下列迹象时，可能存在关联方交易非关联化，即被审计单位未如实披露关联方交易：

（1）交易金额通常较大，为公司带来大额利润。

（2）交易时间往往接近资产负债表日，发生频次较少。

（3）发生额较大，但每到季度报告、半年度报告和年度报告资产负债表日时期末余额为零。

（4）交易价格、交付方式及付款条件等条款往往与其他正常客户明显不同。

（5）交易一般不通过银行转账结算，而是采用现金交易或多方债权债务抵销方式结算。

（6）付款人与销售合同、发票所显示的客户名称不一致。

（7）与同一客户或其关联公司同时发生销售和采购业务。

（8）交易对象与交易对方的经营范围明显不符。

（9）交易规模与交易对方业务规模明显不符。

（10）合同条款明显不符合商业惯例或形式要件不齐备。

（11）实际履行情况与合同约定明显不符，如未按约定日期发货或未按结算期付款。

（12）交易形成的款项长期以债权债务形式存在，购销货款久拖不结。

（13）长期预付大额预付款项。

（14）利用无商业实质的购销业务，直接或间接向交易对方支付采购资金或者开具汇票供其贴现、背书等。

（15）投资信托产品、私募投资基金、资产管理计划等金融产品，但实际投资款最终用途不是用于生产经营。

（16）以投资方式转移资金，如投资于多层的有限合伙企业，进行权益性投资的同时提供大额的债权性投资，或支付较长期限的投资预付款、意向金、保证金但未履行后续投资手续等。

（17）超合同金额，或提前支付工程款。

（18）其他商业理由明显不充分的交易。

案例 10-6

Z公司主营业务为房地产开发的上市公司，2020年成立供应链物流子公司，开展贸易业务，该贸易业务与房地产业务完全无关。供应链企业开展贸易业务时，约定向上游供应商（贸易公司）提前3～6个月预付货款，下游客户也为贸易公司，销售毛利率3%～5%。自上市公司供应链子公司开展业务以来，该子公司预付款项一直保持较大余额，截至2020年12月31日，预付款项余额高达6亿元，且主要为12月支付的预付款。

注册会计师对当年新增贸易业务产生疑虑，因Z公司主业为房地产开发，且当年净利润高达近10亿元，开展该项业务可能不是为了赚取收益。同时，注册会计师了解到，Z公司的控股股东及其关联方资金较为紧张，而上市公司资金充裕，期末货币资金余额高达30亿元，且没有任何有息负债。注册会计师怀疑Z公司涉嫌通过新设贸易公司，以预付款项方式，转移资金至关联方。经过进一步延伸审计供应商及客户，发现交易并无实物流转，供应商和客户实际均由Z公司的关联方控制，预付款实际被关联方占用。经与管理层沟通，所有贸易收入冲回不予确认，并要求上市公司及时收回关联方资金占用款项。

案例 10-7

　　不同于有的企业通过其他应收款、预付款项等较为显现的财务报表项目进行关联方非关联化占用资金舞弊，关联方非关联化的方式越来越隐蔽，如通过对外投资转移资金舞弊。某上市公司进行对外权益投资，2019年9月，向某信息科技有限公司增资4 000万元，持股20%；向深圳某公司增资4 000万元，持股20%；向某星球公司增资3 450万元，持股30%。2019年12月，该上市公司向某合伙企业投资1.35亿元，持有合伙财产35%份额。

　　注册会计师审计发现，这些被投资单位并无实际经营业务，收到上市公司投资款后，立即转至上市公司实际控制人控制的企业，形成关联方侵占上市公司资金。经与管理层沟通，上市公司将上述"投资款"全部调整记录为其他应收款，并按照规定披露关联方资金占用情况。

　　上述关联方及交易非关联化舞弊的目的是侵占公司资产，关联方及交易非关联化还有另外一种舞弊类型，即财务报告舞弊，这种舞弊方式与侵占公司资产相反，是向公司输送利益，提高公司的业绩，以达到抬高股价等目的。由于关联方可能通过体外支付供应商货款，或支付应由公司承担的费用，注册会计师很难发现这种舞弊，需要结合其他实质性程序实施针对性的审计，尤其是当产品单位成本、原材料单耗、销售毛利率、销售费用率等指标显著低于同行业同类产品时，可能存在通过关联方进行舞弊的行为。

五、非常规交易

　　非常规交易，指交易内容、交易对象、交易价格、交易时间、付款方式等交易要素与常规交易不一致的情形。以交易价格为例，如果交易价格明显偏离正常市场价格、具有异常大额折扣、不收取或象征性收取对价等，可能存在财务信息虚假陈述或侵占资产行为。以交易时间为例，有的企业为实现年末调节利润的目标，进行突击交易，包括缺乏商业实质的资产变卖、处置；突击性债务重组；不符合准则规定的会计政策、会计估计变更；资产减值计提与转回，特别是商誉减值；产生大额收益的显失公允的关联交易；没有真实交易背景的商品销售等。

非常规交易是否存在舞弊，关键在于判断交易的商业理由，如果缺乏经济实质，明显不符合商业逻辑，可能表明非常规交易被用于构造虚假财务报告。

案例 10-8

2018 年 4 月 27 日，Y 上市公司与宁波梅山保税港区某投资管理合伙企业 B 共同成立上海某网络科技有限公司，注册资本 1 000.00 万元，Y 公司与 B 合伙企业投资分别持有 51% 和 49% 股权，Y 公司纳入合并报表范围，B 合伙企业于 2019 年 3 月实缴到位。Y 公司也经营与上海某网络科技有限公司相同的业务，B 合伙企业成立于 2017 年末，实缴资本为 0。上海某网络科技有限公司 2019 年 12 月 31 日、2020 年 12 月 31 日资产总额分别为 8 711.74 万元、10 213.69 万元，净资产分别为 −302.41 万元、−575.97 万元，2019 年度、2020 年度净利润分别为 5.09 万元、−273.55 万元。2020 年 3 月，Y 上市公司收购 B 合伙企业持有的 49% 股权，交易价款 1.11 亿元，B 合伙企业于 2021 年 3 月注销。

该项交易中，Y 公司收购控股子公司少数股权的商业理由存疑，一是没有必要收购少数股权至 100% 股权；二是以子公司经营情况，作价显然过高，B 合伙企业投资 490 万元，不到 1 年取得超过 1 亿元的投资回报；三是交易对手 B 合伙企业背景异常，且交易完成后立即注销。注册会计师怀疑该项异常交易的真实性，可能涉嫌套取资金，侵占上市公司资产的舞弊行为。因未能获取充分适当的审计证据以证实该交易的真实性与合理性，注册会计师对 Y 公司 2020 年度财务报告出具了保留意见审计报告。

六、财务指标异常

财务指标异常，一种情形是不同期间波动较大，如销售毛利率、销售费用率、单位成本、应收账款周转率、存货周转率等反映经常性经营活动的相对比率指标，以及重要资产负债表项目期初期末增减变化的绝对数额指标，如果在不同期间发生较大变化，注册会计师应核查原因及合理性，如果没有合理的理由，可能存在财务舞弊。另一种情形是某些财务报表项目偏离正常应有的金额。例如，相同产能的在建工程及固定资产，被审计单位的建造成本显著高于正常的建设概算成本，也高于同行业类似项目的投资，这可能存在虚增利润转移至在建工程和固定资产项目。又如，在主要为委托外单位研发的情况下，大比例将研发支出资本化，可能涉嫌将资金转出公司，再以收回应收账款的方式虚增收入和利润。再如，如果公司账面反映盈利能力较强，但长期不进行利润分配，或仅象征性地分配很少利润，资产负债表中"未分配利润"数额很大，注册会计师需要关注不分配利润的原因，该留存收益是否为累计虚增的利润，因为虚增的利润并没有真实的现金支持，自然没有实际的分配能力。

案例 10-9

　　注册会计师在对海联讯（300277）IPO 申报财务报表审计过程中，未对 2010 年和 2011 年上半年收入、成本和毛利率的重大波动情况予以适当关注并实施相应的审计程序，导致未能发现海联讯 2010 年 9 月、2011 年 6 月虚构合同虚增营业收入的舞弊行为，具体情况为：

　　（1）注册会计师编制的《重要产品主营业务收入、成本分析表》（2010 年）审计工作底稿显示，海联讯 2010 年 9 月信息应用系统建设业务的销售成本率为 22.45%，而当年其他 11 个月的销售成本率介于 52.47%～87.29%。

　　（2）注册会计师编制的《月度毛利率分析表》（2011 年 1～6 月）审计工作底稿显示，海联讯 2011 年 6 月的主营业务收入数额是当年 1～5 月主营业务收入总额的 1.1 倍、月平均数额的 5.5 倍，是上年 6 月主营业务收入数额的 2.97 倍；该月 46.52% 的主营业务毛利率，也远高于当年 1～5 月 15.05%～30.55% 和上年 6 月 37.85% 的主营业务毛利率水平。

　　注册会计师未对海联讯 2010 年 9 月信息应用系统建设业务销售成本率及 2011 年 6 月主营业务收入、毛利率的重大波动进行调查并获取充分审计证据的行为，违反了《中国注册会计师审计准则第 1313 号——分析程序》（2006）第二十一条关于应当对数据的重大波动进行调查并获取充分审计证据的规定。

　　资料来源：中国证监会网站。

案例 10-10

Advanced Grade International Limited（天合化工）是一家助剂及石油添加剂的化工企业，主要经营主体为全资子公司锦州惠发天合化学有限公司。天合化工于 2014 年 6 月在香港联交所上市，募集资金 35.2 亿港元。因涉嫌财务造假，天合化工于 2015 年 3 月停牌，2020 年 5 月被联交所强制摘牌。经香港证券监管机构核查，天合化工 2011～2013 年的销售收入和利润存在重大虚假及误导性信息，夸大了 126 亿元的收入，占该公司收入总额的 53%。香港证券监管机构要求天合化工退还全部募集资金，同时对天合化工 IPO 保荐人摩根士丹利、美银美林和瑞银分别处以 2.24 亿港元、1.28 亿港元和 3.75 亿港元罚款。

天合化工财务报告显示，2013～2015 年分别实现收入 51 亿元、68 亿元、45 亿元，毛利率分别为 60%、64%、59%，净利润分别为 26 亿元、35 亿元、21 亿元。2013 年末至 2015 年末未分配利润余额分别为 69 亿元、102 亿元、123 亿元，占净资产的比例超过 85%，在建工程余额分别为 26 亿元、62 亿元、62 亿元。天合化工财务指标至少在三个方面存在异常：一是毛利率异常，远高于同行业 30% 左右的水平；二是在建工程异常，逐年增加数额与当年实现净利润相当，且长期不转入固定资产；三是未分配利润异常，每年实现大额利润但不进行利润分配，累计形成巨额未分配利润。

资料来源：巨潮资讯网站。

需要注意的是，应收账款和预付款项两个财务报表项目，如果余额占收入或存货采购的比重很高，如应收账款余额超过当期收入总额的 50% 及以上，预付款项金额超过被审计单位 6 个月以上的采购量，或者应收账款或预付款项绝对金额较大且长期居高不下，则应关注这种异常指标背后是否存在舞弊行为。

案例 10-11

自 2021 年 5 月上海电气（601727）曝出 85 亿元应收账款存在损失风险后，凯乐科技（600260）、中天科技（600522）、汇鸿集团（600981）等 10 多家上市公司卷入隋田力打造的"专网通信业务"骗局，交易金额达千亿元，涉案公司披露的风险金额超 250 亿元，2021 年半年度报告相关上市公司披露计提减值 165 亿元。

涉案上市公司风险项目的特点，要么是预付款项金额很大，要么是应收账款很高。预付款项很大，如果交易对方不再供货，则支付的预付款可能发生损失。例如，经过自查，凯乐科技披露，上游供应商新一代专网已出现交付逾期，公司专网通信业务预付账款余额为 62.27 亿元，其中出现供应商逾期供货合同金额 11.51 亿元。截至 2020 年末，凯乐科技预付款项超过 60 亿元，占资产总额比重为 50%，占 2020 年营业成本的比重更是高达 88%，且自开展专网通信业务以来，预付款项长期高位运行。2021 年半年度报告披露，凯乐科技对预付款项计提损失 48.78 亿元。应收账款金额较大，可能涉嫌虚假收入，或者收回风险，上海电气 2021 年半年度报告显示，对涉案应收账款计提预期信用损失 54.52 亿元，对相关存货计提跌价准备 19.15 亿元。上海电气专网通信业务由其子公司上海电气通讯技术有限公司经营，相对于收入规模而言，应收账款余额及占该子公司资产总额的比例均很大。

对于涉及"专网通信业务"上市公司审计的注册会计师，是否关注到应收账款或预付款项奇高的异常现象？例如，专网通信业务设备供应商（上海星地通通讯科技有限公司等）要求上市公司提前 300 天左右预付货款，导致上市公司预付款项金额较大，但为何需要如此长的供货周期，注册会计师是否进行了延伸穿透审计，以核查被审计单位与客户或供应商是否存在合谋舞弊行为，值得反思。

资料来源：巨潮资讯网站。

此外，关注财务指标是否异常，除了关注财务报表余额或发生额波动情况外，还要结合过程增减变动判断是否异常，尤其是资产负债表项目，有时候各报告期末并无重大波动，且注册会计师主要以函证、监盘等程序证实某一时点资产的存在性，容易忽略可能存在"过程"异常现象。

案例 10—12

华泽钴镍[①]（000639）2013 年应收票据期末余额为 1 325 270 000 元，占其 2013 年总资产的 38.84%，具有重大性。相应票据于期前 2013 年 11 月、12 月集中背书转入，并于期后 2014 年 1 月、2 月集中背书转出，截至审计盘点日 2014 年 3 月 7 日，实存票据余额为零，具有异常性。华泽钴镍 2014 年应收票据期末余额为 1 363 931 170 元，占其 2014 年总资产的 32.43%，具有重大性。相应票据于期前 2014 年 11 月、12 月集中背书转入，并于期后 2015 年 1 月、2 月、3 月集中背书转出，截至审计盘点日 2015 年 3 月 26 日，实存票据余额为

---

① 华泽钴业为深圳证券交易所挂牌的上市公司，因未能在法定期限内披露暂停上市后的首个年度报告，2019 年 5 月 17 日，深圳证券交易所决定华泽钴业股票终止上市。

零，具有异常性。前述重大异常情况与 2013 年高度一致。注册会计师在审计华泽钴业 2013 年和 2014 年应收票据科目时，未对应收票据余额在审计基准日前后激增又剧减的重大异常情况保持必要的职业怀疑，未能及时识别财务报告的重大错报风险。

　　资料来源：中国证监会网站。

　　理论界在研究识别财务舞弊迹象时，提出各种理论和模型。例如，统计与业务相结合的识别舞弊的多因子模型 M-score 和 F-score。M-score 是传统的财务造假识别模型，通过对被审计单位关键领域的财务比率分析，对整体财务报表的合理性打分，从而判断是否存在财务造假的可能。打分的八个关键指标包括应收账款指数、毛利率指数、资产质量指数、营业收入指数、折旧指数、销售和管理费用指数、财务杠杆指数、应计项目与总资产比率，最终的 M 值越高，财务舞弊的可能性越大。F-score 模型是 M-score 模型的变体，从应计质量、财务绩效、非财务指标、表外活动和市场化指标五个方面构建七个核心变量来识别公司财务报表造假程度。核心变量包括非现金净运营资产、应收账款、存货、软资产、销售变化、资产回报率变化和债务或股权发行。

　　此外，奔福德定律也是一种舞弊分析方法。奔福德定律由美国数学家、天文学家西蒙·纽卡姆于 1881 年偶然发现，他注意到人们对以"1""2""3"开头的所谓"小数字"的计算量，要大于以"7""8""9"开头的"大数字"，数字 1 出现在首位的概率大于数字 2 出现在首位的概率，数字 2 出现在首位的概率大于数字 3 出现在首位的概率，以此类推。1988 年，奔福德定律首次被应用到会计领域。Carslaw 假设当公司的净利润接近但低于心理预期值时，管理者会倾向于采用一些手段让数字达到预期值，如当净利润值为 19 678 万元时，管理者便会趋向于想办法让其到 20 000 万元，这样，数字的第二位上出现"0"的概率便会人为地被放大，而第二位上出现数字"9"的概率则会被缩小，数字分布的情况符合奔福德定律。1997 年，Nigrini 首次在舞弊审计中系统引入奔福德定律，证实了该定律会计领域的有效性。奔福德定律是一个幂律，依据期望概率值，可以检测财务报表中的造假行为，识别财务造假可疑企业，因为被操纵的数字往往与预期的频率有很大偏差。奔福德定律与产品定价原则正好相反，产品定价尽可能不超过某个整数值，价格 10 元的产品，定价为 9.99 元，以给消费者低价格心理预期。

七、"存贷双高"现象

"存贷双高"现象是指被审计单位货币资金存款与银行借款、债券融资等有息债务金额均比较大的情况。通常而言，"存贷双高"现象不符合企业经营的内在逻辑，因为持有大量货币资金的成本较高，而同时存在大额带息债务时持有现金的成本更高，即使是货币资金用于购买理财产品、定期存款等财务性投资，但取得的收益仍然远远低于借款利息支出，如一年期银行贷款利率为6%，定期存款及理财产品最多为3%，且不少企业来源于债券、融资租赁，甚至民间拆借资金等借款的资金成本远高于银行正常借款利率。因此，除非有特定的商业模式，对于理性的管理层来说，不会长期为维持"存贷双高"这一不合理的财务结构而付出不必要的大额成本。特定商业模式，如某些季节性企业，为收购农副产品需要先储备较大量的货币资金；投资工程项目需要准备大额资金；供应链管理企业需要维持较大货币资金；房地产企业拟购买土地等，但这些货币资金随着物资采购和工程项目建设的推进，将转化为存货、在建工程等财务报表项目，而不会长期滞留在货币资金项目。

长期保持"存贷双高"，可能的原因包括：货币资金为虚构，并非真实的货币资金，当然也就不能用于任何实际支付；或者虽然货币资金为真实拥有，但已经被用于向关联方等单位提供担保质押，属于受限资金；货币资金被归集到"资金池"账户，实际所有权已经被关联方占用等。从舞弊类型看，出现问题的"存贷双高"企业，有的属于财务报告舞弊，将虚增利润最终计入虚构的货币资金，有的则属于侵占公司资产的舞弊行为。注册会计师对于"存贷双高"现象，应分析其合理性，如没有合理解释，考虑是否存在舞弊行为。近年来部分"存贷双高"暴雷的企业如表10-4所示。

表10-4 部分"存贷双高"暴雷企业

企业名称	暴雷前三年货币资金平均余额（亿元）	货币资金占资产总额比例（%）	暴雷前三年有息债务平均余额（亿元）
康得新	159.24	50	120.33
康美药业	257.65	48	209.43
辅仁药业	14.55	15	32.93
永煤控股	335.40	21	731.79
东旭光电	196.21	28	235.08
延安必康	28.34	15	68.32
富贵鸟	17.97	55	7.22

资料来源：根据巨潮资讯整理。

八、高商誉

高商誉产生于并购重组的高估值和高溢价。根据《上市公司重大资产重组管理办法》规定，采取收益现值法、假设开发法等基于未来收益预期的方法对拟购买资产进行评估或者估值并作为定价参考依据的，上市公司应在重大资产重组实施完毕后 3 年内的年度报告中单独披露相关资产的实际盈利数与利润预测数的差异情况，并由会计师事务所出具专项审核意见。交易对方应与上市公司就相关资产实际盈利数不足利润预测数的情况签订明确可行的补偿协议，业绩补偿方式为：

（1）以收益现值法、假设开发法等基于未来收益预期的估值方法对拟购买资产进行评估或估值的，每年补偿的股份数量为：

当期补偿金额 =（截至当期期末累积承诺净利润数 – 截至当期期末累积实现净利润数）÷ 补偿期限内各年的预测净利润数总和 × 拟购买资产交易作价 – 累积已补偿金额

当期应当补偿股份数量 = 当期补偿金额 ÷ 本次股份的发行价格，当期股份不足补偿的部分，应现金补偿。

采用现金流量法对拟购买资产进行评估或估值的，交易对方计算出现金流量对应的税后净利润数，并据此计算补偿股份数量。

此外，在补偿期限届满时，上市公司应对拟购买资产进行减值测试，如：期末减值额 ÷ 拟购买资产交易作价＞补偿期限内已补偿股份总数 ÷ 认购股份总数，则交易对方需另行补偿股份，补偿的股份数量为：

期末减值额 ÷ 每股发行价格 – 补偿期限内已补偿股份总数

（2）以市场法对拟购买资产进行评估或估值的，每年补偿的股份数量为：期末减值额 ÷ 每股发行价格 – 补偿期限内已补偿股份总数，当期股份不足补偿的部分，应现金补偿。

上市公司业绩承诺及补偿制度，使得并购重组完成后 3 年内是标的资产业绩承压期，也是容易发生财务造假的期间，主要是舞弊三角理论中的压力和动机使然。因为一旦不能完成业绩承诺，根据业绩补偿计算公式，原股东将面临大额的现金或股份补偿，甚至全部注销股份，相当于将标的资产无偿"赠送"给上市公司。因此，标的资产原管理层千方百计要完成业绩承诺，即使不能完成，为了少支付补偿款，也尽量提高完成率，如果并购重组时按照 30 倍市盈率作价，意味着标的资产只要多盈利 1 元钱，就可以少补偿 30 元，这个利益足以使原标的资产管理层不惜一切代价去提高业绩，包括可能采取财务舞弊行为。相应地，资本市场并购重组审计也是注册会计师风险最高的领域之一。

具体而言，高商誉可能带来以下几个方面的影响：

第一，公司治理出现问题。麦肯锡发布的一份研究报告发现，世界上70%的企业并购都以失败告终。企业并购完成后，新老股东及管理层未能有效融合，进而产生矛盾，甚至诉诸法庭，影响公司正常运转。双方各自为政，公司难以参与收购资产的经营管理，原管理层为了完成业绩承诺可能舞弊，上市公司无法知晓财务报表的真实性。有的上市公司以前年度对外收购子公司，出现子公司拒绝向上市公司提交财务报表、账簿等关键资料，或阻挠注册会计师进入办公现场进行审计等失控情形。并购重组导致的公司治理缺陷，为财务造假提供了舞弊三角理论中的"机会"，使得注册会计师审计风险加大。

📝 案例 10-13

东方精工（002611）主要业务一是高端智能装备板块，二是汽车核心零部件板块。2016年，东方精工以发行股份方式收购北京普莱德新能源电池科技有限公司（简称"普莱德"）100%股权，交易估值47.5亿元，产生商誉41.42亿元。交易设置业绩补偿机制，宁德时代、北汽福田等5名普莱德原股东承诺，普莱德在2016年、2017年、2018年、2019年的扣非净利润，分别不低于2.50亿元、3.25亿元、4.23亿元、5.00亿元，若普莱德业绩未达标，普莱德原股东优先以取得的东方精工股份进行补偿。

在收购后的2018年度业绩完成认定上，双方产生分歧，上市公司认为，普莱德2018年亏损2.19亿元。一方面，上市公司认为普莱德与宁德时代发生的关联采购存在价格不公允，不公允部分应调整增加资本公积3.32亿元，相应调减利润3.32亿元；另一方面，上市公司认为普莱德通过向宁德时代购买动力电池产品，再销售给福田汽车所产生的营收，因不满足企业会计准则规定的确认条件，不应确认。因此，上市公司认为根据协议，原普莱德股东应对上市公司作出业绩补偿26.45亿元。而普莱德管理层则认为，普莱德2018年的净利润完成了4.23亿元承诺利润指标的近80%。

2019年4月16日，东方精工披露2018年度报告，年报显示实现营业收入66.21亿元，同比增长41.34%，亏损额却高达38.76亿元，主要来自东方精工对普莱德计提的38.48亿元商誉减值。年报披露后，双方争议升级，并涉及审计机构。普莱德管理层公开质疑会计师事务所在未与普莱德管理层就2018年财报数据进行确认，未出具普莱德2018年度专项审计报告的情况下，直接在合并报表层面对普莱德2018年度业绩予以确认，严重违反了注册会计师执业准则与道德规范。

2019 年，上市公司以 15 亿元作为对价转让普莱德的全部股权，处置后普莱德不再纳入合并范围，同时获得普莱德原股东 14.47 亿元的业绩补偿款，至此普莱德退出上市公司。

资料来源：巨潮资讯网站。

第二，商誉减值。理论上，商誉在某个时点一定会发生减值，因为商誉是基于企业未来经营现金流折现的结果，而任何企业不可能一直处于收购时点评估的高额盈利能力，一旦盈利不及预期，商誉就存在减值迹象。但是，商誉何时减值，减值金额多少，涉及较为复杂的会计估计判断。实务中，要么不减值，要么一次性减值，即商誉"暴雷"，这都可能涉嫌财务报告舞弊行为，只是这种"舞弊"是公开披露的信息。自 2013 年以来，资本市场并购活跃，高估值、高溢价、高商誉的"三高"现象突出，自 2016 年商誉突破 1 万亿元后，一直在高位运行，对商誉减值带来较大压力。沪深上市公司商誉及减值情况如图 10-2 所示。

（亿元）

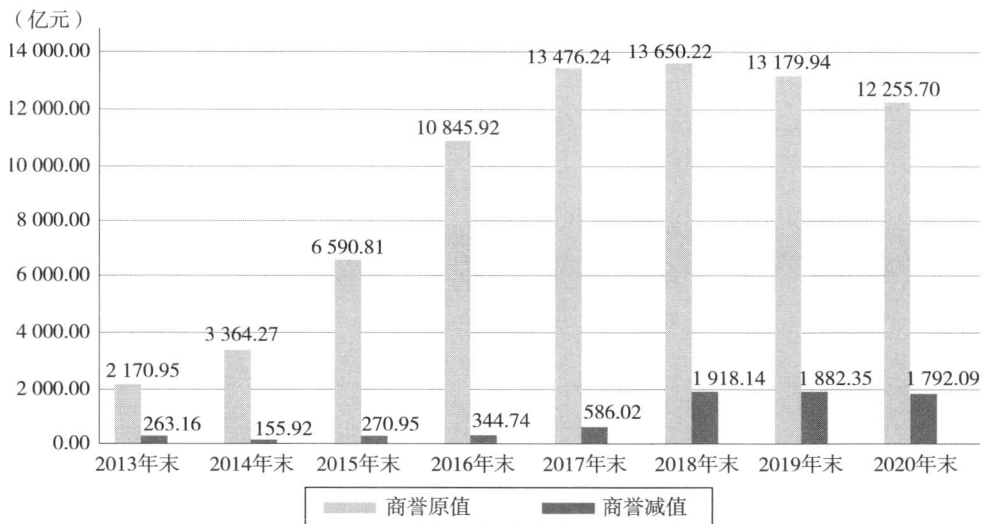

图 10-2　沪深上市公司 2013~2020 年商誉及减值

资料来源：数据自 Wind 资讯。

第三，财务造假。以下两个环节是并购重组发生财务造假的高发期间：一是资产收购环节。标的资产原股东为了提高交易对价，具有增加利润的强烈动机，甚至通过虚构交易方式达到增加业绩目的。二是并购重组完成后，处于业绩承诺期内，通常为 3 年。因为有业绩承诺的压力，且在收购作价时可能高估未来收益，可能为了完成业绩承诺而虚增利润，实务中不少收购标的精准达标、对赌承诺期满后业绩大变脸，折射出承诺期内可能存在利润不真实问题。需要注意的是，通常而言，收购方具有监督标的资产原股东完成业绩真实性的动机，但也有可能串通起来共同舞弊，尤其是在收购方业绩不佳，或者收购方控股股东及实际控制人股票被大比例质押，股价低至平仓风险的情形。

因此，并购重组产生的高商誉本身并不是最大的审计风险，最大的审计风险要么是因重组时虚增利润导致初始确认商誉不实，要么是收购标的资产为了完成业绩承诺而进行虚增利润的财务舞弊，因为商誉是其他财务数据的结果反映，如果其他财务数据不真实，商誉也就成为无本之源。因此，注册会计师需要高度关注高商誉背后财务数据的真实性。部分并购重组财务造假案例如表 10-5 所示。

表 10-5　　　　　　　　　　　　　　　并购重组财务造假案例

上市公司	交易标的	财务造假环节	财务造假时间
步森股份	康华农业	收购环节财务报告	2011～2014 年
鞍重股份	九好集团	收购环节财务报告	2013～2015 年
中安科	中恒汇志	收购环节财务报告	2013 年
康尼机电	龙昕科技	收购环节财务报告	2015～2017 年
宁波东力	年富供应链	收购环节及重组后财务报告	2014～2018 年
粤传媒	香榭丽	收购环节及重组后财务报告	2011～2015 年
辅仁药业	开药集团	收购环节及重组后财务报告	2016～2018 年
聚友网络	华泽钴业	重组后财务报告	2013～2015 年
佳电股份	阿继电器	重组后财务报告	2013～2015 年
中联电器	雅百特	重组后财务报告	2015～2016 年
中达股份	保千里电子	重组后财务报告	2015～2017 年
航天通信	智慧海派	重组后财务报告	2016～2018 年

资料来源：根据证监会网站披露行政处罚信息整理。

九、现金流量不匹配

通过现金流量表识别财务舞弊，需要拉长会计期间，如三年或五年，甚至更长，注册会计师可从更长的期间发现异常，如销售商品收到现金、采购商品支付现金在不同期间的变化，如果某个年度现金流量显著高于或低于其他年度，是否存在人为操纵行为。注册会计师可以进一步分析月度现金流量情况，若某年度集中于年底前收回大额应收账款，需要核查集中回款的真实性，是否存在第三方回款、关联方回款以操纵财务报表的舞弊行为。需要注意的是，对于伪造银行流水的系统性财务造假，通过分析现金流量表可能并无效果。

十、财务信息之间及与非财务信息悖离

财务信息是经营活动的结果，一个企业几乎所有的活动都会反映到财务报表中，只是有的比较显现，有的需要查阅明细账方能知悉，如销售活动体现在财务报表，就是收入、营业成本、销售费用等财务数据。因此，财务信息与非财务信息之间存在一定的联系，如用电量、用水量与生产规模存在正向的关系，如果被审计单位生产规模扩大，收入大幅增长，但生产用水、电量维持不变，甚至降低，这种财务信息与非财务信息相悖可能涉嫌财务舞弊。

除了关注被审计单位内部财务信息与非财务信息外，注册会计师还可关注企业信息与外部相关主体信息的一致性，如收入、成本等与客户和供应商披露信息是否一致，是否与税务、海关、行业协会等机构监管的信息一致。

案例 10-14

注册会计师在对某上市公司拟收购的重组标的资产审计中，2019 年 1~9 月收入金额 11 425 万元，但获取的被审计单位 1~9 月增值税纳税申报表中按照适用的税率征税销售额为 8 011 万元，相差 3 414 万元，差异率 42%，且企业将未申报收入对应的税金计提并转入其他应付款。对于该差异，被审计单位解释"因为资金紧张，存在未申报纳税的收入，待以后进行申报，以往也存在纳税申报小于账面收入的情况。"

事后查明，标的资产涉嫌虚构收入，未申报纳税部分实际均为虚假收入。注册会计师在审计过程中虽然注意到异常现象，但未对证据之间的不一致未保持职业怀疑并实施进一步的审计程序。

案例 10-15

某申请科创板上市的 A 公司向境外第一大客户 B 及其关联公司销售产品，A 公司向 B 公司委托的货运方交付货物即完成交货，报关由 B 公司通过货运方间接委托报关经营单位具体实施。为配合 B 公司便捷报关，A 公司向货运

方和报关经营单位提供了错误的货值、货物内容信息以满足快件出口的要求，2018～2020 年低报金额分别为 209.88 万元、2 472.32 万元、1 940.53 万元。之后，因报关单存在货值低报和商品名称错报等情形，无法通过正常的出口收汇程序收回货款，A 公司与 B 公司分别于 2019 年 10 月、2020 年 11 月签署了不具备商业实质的《技术合作协议》，并以该协议的名义收回货款合计金额 284.04 万美元。

针对此事项，股票发行审核部门向会计师事务所出具《监管工作函》，指出注册会计师未充分关注并核查发行人海关报关数据与境外销售数据匹配情况，对境外销售回款等异常未予充分核查，经三轮审核问询，才完整披露相关事项并予以全面核查，履行专业职责不到位。

该事项虽然并不影响财务报表确认的销售收入，但这是一种另类舞弊行为，A 公司的行为不仅可能使产品购买方少缴关税，即协助 B 公司进行造假，还可能造成国家外贸出口统计信息不准确。从内部控制看，A 公司存在经营合规性问题，协助造假的舞弊行为是非财务报告相关的缺陷，可能影响注册会计师内部控制鉴证报告意见类型。

第三节　选择应对舞弊措施

一、保持职业怀疑

职业怀疑，是指注册会计师执行审计业务的一种态度，包括采取质疑的思维方式，对可能表明由于错误或舞弊导致错报的迹象保持警觉，以及对审计证据进行审慎评价。职业怀疑要求注册会计师做到以下几方面：

（1）在本质上秉持一种质疑的理念。这种理念促使注册会计师在考虑相关信息和得出结论时采取质疑的思维方式。在这种理念下，注册会计师具有批判和质疑的精神，摒弃"存在即合理"的逻辑思维，寻求事物的真实情况。注册会计师不应不假思索全盘接受被审计单位提供的证据和解释，也不应轻易相信过分理想的结果或太多巧合的情况。

"理念"并不等于行动。事实上，对于会计师事务所及注册会计师来说，相信客户是一个基本前提，如果不相信客户，理性的举动是不承接该审计项目，在相信客户和规避风险的基础上，注册会计师绝大部分审计工作是证实性的。这就是

"理念"与"行动"的区别。

（2）对引起疑虑的情形保持警觉。这些情形包括但不限于：相互矛盾的审计证据；引起对文件记录或对询问答复的可靠性产生怀疑的信息；明显不合商业情理的交易或安排；其他表明可能存在舞弊的情况等。

（3）审慎评价审计证据。审计证据包括支持和印证管理层认定的信息，也包括与管理层认定相互矛盾的信息。审慎评价审计证据包括质疑相互矛盾的审计证据、文件记录和对询问的答复以及从管理层和治理层获取的其他方面信息的可靠性，而非机械地完成审计准则要求实施的审计程序。在怀疑信息的可靠性或发现舞弊迹象时，注册会计师需要作出进一步调查，并确定需要修改哪些审计程序或追加实施哪些审计程序。需要强调的是，虽然注册会计师需要在审计成本与信息的可靠性之间进行权衡，但是，审计中的困难、时间或成本等事项本身，不能作为省略不可替代的审计程序或满足于说服力不足的审计证据的理由。

（4）客观评价管理层和治理层。由于被审计单位及其环境发生变化，或者管理层和治理层为实现预期利润或结果而承受内部压力或外部压力，即使以前正直、诚信的管理层和治理层也可能发生变化。因此，注册会计师不应依赖以往对管理层和治理层诚信形成的判断。即使注册会计师认为管理层和治理层是正直、诚实的，也不能降低保持职业怀疑的要求，不允许在获取合理保证的过程中满足于说服力不足的审计证据。

法国著名哲学家、数学家笛卡儿的名言"我思，故我在。"思，即普遍怀疑精神。职业怀疑并非怀疑一切，而是对高风险审计领域有针对性地提高警惕，尤其是可能存在的舞弊迹象。保持职业怀疑对于注册会计师发现舞弊、防止审计失败至关重要。舞弊可能是精心策划、蓄意实施并予以隐瞒的，只有保持充分的职业怀疑，注册会计师才能对舞弊风险因素保持警觉，进而有效地评估舞弊导致的重大错报风险。保持职业怀疑，有助于使注册会计师认识到存在由于舞弊导致的重大错报的可能性，不会受到以前对管理层、治理层正直和诚信形成的判断的影响；使注册会计师对获取的信息和审计证据是否表明可能存在由于舞弊导致的重大错报风险始终保持警惕；使注册会计师在认为文件可能是伪造的或文件中的某些条款可能已被篡改时，作出进一步调查。

保持职业怀疑不仅要怀疑被审计单位及相关人员，还要怀疑"自己人"。项目经理要怀疑项目组其他成员，项目合伙人要怀疑项目经理，独立复核人员要怀疑项目组成员。保持对"自己人"怀疑的目的，是根据不同人员的能力和职业道德水平，分配不同的督导和复核资源。例如，对于专业胜任能力不足，或者曾经因为执业质量被监管部门处罚等情形的，履行复核责任的人员应重点关注其工作底稿。盯住危险（风险）人员，有时比完全专注于审计工作底稿效果更好。事实上，职业道德守则关于审计轮换的规定，就是要合理怀疑会计师事务所内部人员的独立性问题。

实务中，保持职业怀疑并不容易，是另类审计"固有风险"。当注册会计师发现被审计单位舞弊迹象时，最初是持怀疑态度；当客户作出解释时，怀疑变为半信半疑；当客户提供一些证据时，可能就相信了。这与社会审计的委托制度和人的心理活动相关。由于注册会计师及会计师事务所收入来源于客户，注册会计师潜意识并不希望审计发现客户存在严重问题，因为在客户不愿意调整或披露严重问题时，注册会计师只能出具非无保留审计意见，这种情况下客户可能换掉会计师事务所，不利于维持客户关系，尤其是对会计师事务所有重大经济利益影响的项目。因此，注册会计师具有相信客户的交易或事项是"真实"的心理活动趋向，这或许也是项目组与质量复核人员意见不一致时，复核人员认为项目组总是站在客户一边的原因，因为复核人员没有客户压力，比较独立超然，不容易被说服。

二、明确审计思路与方法

针对舞弊迹象的审计，注册会计师应拥有更多的"证伪"思路，少一些"证实"思路。当我们不想相信一个结论时，趋向于问"我必须相信这个论点吗？"，这就是证伪的思路，而证伪是用证伪的证据，一直搜索并获取证伪的证据后才停止。也就是说，注册会计师要证明被审计单位没有舞弊行为，思维中却要认为其有舞弊行为，并通过审计程序获取证据证实是否有舞弊。当我们相信一个结论时，趋向于问"我可以相信这个论点吗？"这是一个证实的问题，证实是用证实的证据，而我们却不自觉地搜索到证实证据而忽略相反证据，或者在找到证实证据后停止搜索。实际上，"证伪"思路是保持合理怀疑，而"证实"思路是比较相信客户不存在舞弊行为。

思路决定行动，纳特·西尔弗在《信号与噪声》一书中写道："莎士比亚借西塞罗的话警告我们'人们按照自己的意思解释一切事情的原因，实际上却和这些事物本身的目的完全相反'。"人们很难从干扰他们的噪声中分辨出有用的信号，数据展示给我们的通常是数据提供者及我们想要的结果。因此，注册会计师要时刻保持清晰的思路，具体而言，针对可能存在的舞弊迹象，注册会计师可通过以下三个步骤应对：

首先，交易是否可解释。所谓交易可解释，是被审计单位的异常交易具有合理的理由，这时注册会计师是合理"相信"管理层，并在此基础上执行审计程序，获取证据以证实被审计单位的解释理由。如果对于异常交易没有合理的解释理由，如被审计单位技术、规模处于行业中等水平，但产品销售毛利率却远高于行业最高水平企业，注册会计师断定被审计单位存在舞弊的可能性很大，这时注册会计师应合理"怀疑"管理层，并在此基础上执行审计程序，以收集证实存在舞弊的方向开展审计工作。也就是说，注册会计师对异常交易可解释与不可解释，分别采取不同的审计思路和策略。

交易是否可解释，要多站在交易对方看问题，以对方是"经济人"为假设，所作出的决策都是理性的，都是以利益最大化作为决策的出发点和归宿，而不能仅仅站在被审计单位角度判断合理性。例如，某影视剧制作企业制作完成了一部电视连续剧，但因为涉及政治因素，两年来一直未能通过国家影视主管部门的审查，无法取得播放许可证。2020年，该公司将部分收益权转让给某影视代理企业，产生大额利润，并使得公司由亏损转为盈利，但未收到任何转让款。该项交易站在交易对方看，需要承担极大的风险，如果不能取得播放许可证，购买的收益权支出将全部损失，这样的决策很难说是理性的，涉嫌虚构交易。又如，某公司对"库龄"较长的存货（电子产品）计提了金额较大的跌价准备，但次年均以正常产品价格（毛利率30%）实现了销售，确认大额毛利，并使得公司由亏损转为盈利。该交易行为难以合理解释，如果销售业务是真实的，则很难解释大额计提存货跌价准备；如果确实应计提存货跌价准备，则可能涉嫌虚假销售。事实上，该公司将计提存货跌价准备的产品按照正常价格销售，实际为虚假销售，涉嫌财务造假舞弊行为。

其次，轨迹是否可观察。任何交易都会留下痕迹，除非完全虚构的交易。在明确了交易可解释性的基础上，接下来是观察交易的轨迹。注册会计师观察轨迹可从两个方面着手：一是交易对象的物理轨迹，或者说物流路线图。对于没有实物流的软件销售、技术转让、版权交易和其他劳务服务性质的交易，仍然会留下交易的轨迹。二是核查交易的有用性，即了解交易标的物的用途，交易对手所处产业链的位置，产品或服务的最终使用方。对于没有实物形态的交易标的，必要时可前往交易对方实地观察使用情况，若对方未实际使用，或者根本就不需要，则可能涉嫌虚构交易。如果注册会计师获取的证据仅是一些书面证据，从未亲眼观察到交易标的物，也不清楚交易产品或服务究竟用于何处，这种脱离具体交易标的物的"单据式"核查审计，很容易被舞弊者欺骗。眼见为实，刨根问底的审计思路，对于反财务舞弊很重要。

轨迹可观察，从证据的质量和价值角度看，"书证"需要"物证"支持，"书证"不一定是事实证据，且很容易制作，造假成本几乎可以忽略不计。"物证"通常是事实证据，是"书证"的载体，是证实和判断交易或事项真实性的直接证据，

"物证"的造假难度和成本通常较高。有的时候，注册会计师获取了看似很充分的书面证据，但仍然未能发现被审计单位舞弊行为，重要的原因可能是对"物证"重视不够。轨迹可观察，从审计方法和程序选择角度看，注册会计师要重视"观察"方法运用，"观察"不仅用于存货等监盘工作，几乎所有的交易和事项都可以运用"观察"，且重要的审计事项必须要用好做实"观察"程序。

注册会计师在观察中，需要保持思考，要肉眼、心眼"两眼"都要见。肉眼要见，肉眼不见不真；心眼要见，心眼不见不深。如果单纯地"眼见为实"，注册会计师可能会被眼见的物理现象欺骗，如存货监盘，看见的存货有可能是借来的，需要小心和用心求真。正如柏拉图"洞穴之喻"，常人所见的，实际是"真"与"美"的对象的影子，而不是其本身，常人即"囚徒"。走出洞穴，看到事物的本身，看到真实的情况，这才是柏拉图心目中的智者。

最后，期后是否可验证。时间是检验真理的试金石。在会计信息质量决策相关性为纲的情况下，公允价值计量被广泛运用，这需要对于未来做出估计和判断，如研发支出资本化条件，需要研发成果未来产生收益，商誉及其他长期资产减值测试，考量的是资产组未来现金流量折现数额的大小。站在财务报表基准日，这些属于需要估计的未来事项，时间往前推移，当覆盖之前的预测期间时，未来就变为现在，预测变为现实，预测数与实际数相差情况通过时间的流逝得到验证。如果实际结果与预测相去甚远，则当期可能存在预测操纵，如无确凿证据，属于前期会计差错，商誉减值就是典型可通过期后验证的会计事项。对于财务舞弊行为，虚假信息终究需要消化处理，如一次性大额计提或核销，将前期虚构交易产生的虚假资产一笔勾销。

注册会计师在运用质疑思维应对舞弊的基础上，实施审计时需注意处理好几个关系。

（一）实质风险与形式风险的关系

实质风险，指注册会计师实施审计程序后未能发现财务报表舞弊的重大错报导致的风险。形式风险，指财务报表本身并无重大错报，但注册会计师审计程序实施不到位可能导致的监管部门检查风险。审计理论、审计准则中，只有审计风险的概念，即审计风险相当于实质性风险意思，而并无实质风险与形式风险的定义，但审计实务中二者存在不同观点，由此形成了不同的审计风险观，进而影响注册会计师审计思路和获取的审计证据。

重实质主义者认为，会计问题定生死，只要没有导致被审计单位财务报表重大错报的会计确认、计量或披露事项，注册会计师就不会有遭致行政处罚的重大风险。坚持该观点的注册会计师，审计重点主要是查问题、纠错报、防报表风险，重实质性审计程序，轻风险评估和控制测试，不追求程序实施面面俱到，不够重视审计工作底稿编制的完备性，强调报表真实。会计师事务所合伙人多持该种观点，他们认为就中国当前注册会计师监管环境，只要客户存在实质性风险，即使审计程序执行再完美，以现行监管执法标准，也难逃"有罪推定"之责。重形式主义者认为，注册会计师作为独立审计师，必须分清会计责任与审计责任的关系。被审计单位对编制和公允列报财务报表负责，包括按照会计准则规定编制财务报表并使其实现公允反映，以及设计、执行和维护必要的内部控制，以使财务报表不存在由于舞弊或错误导致的重大错报。注册会计师的责任是按照审计准则规定执行审计工作，以对财务报表是否存在重大错报获取证据并发表审计意见。坚持该观点的注册会计师，工作重点是完成审计准则的"规定"动作，重视审计程序的实施和底稿编制的齐备性，包括风险评估、控制测试、实质性测试等，强调程序真实。执业一线注册会计师多持该观点。他们认为，按审计准则执业天经地义，且通常能够发现重大错报，即使不能发现舞弊导致的错报，根据最高人民法院《关于审理涉及会计师事务所在审计业务活动中民事侵权赔偿案件的若干规定》（法释〔2007〕12号）规定，若属于"已经遵守执业准则、规则确定的工作程序并保持必要的职业谨慎，但仍未能发现被审计的会计资料错误"情形，注册会计师可以免责。因此，防范形式风险，必须做好审计工作底稿，因为底稿是"护身符"。

这两种观点均有失偏颇，注册会计师应坚持"实质与形式并重"，仅强调实质风险，可能会因程序实施不到位而不易发现财务舞弊等实质问题；仅强调形式风险，难免会偏离审计目标，即使能够免责，但这并非财务报表使用者所需要的审计结果。因此，实质与形式是审计目标与审计手段的关系，按照准则规定实施程序，是为了发现实质性风险，两者并无矛盾。

（二）余额审计与过程审计的关系

资产负债表反映时点数，利润表反映期间数，注册会计师分别以确认期末余额、当期发生额的真实性和准确性为审计目标，并据以设计相应的审计程序。审计实务中，注册会计师对资产负债项目余额形成过程关注不够，导致未能发现舞弊导致的重大错报。舞弊者通过期间违规、期末平账等方式可能存在期间舞弊行为，如上市公司年度内与关联方发生大量非经营性资金往来，年末全部归还。从期末余额看，财务报表其他应收款并无重大错报，但存在"期末为零，过程占用"的财务舞弊行为。

余额审计与过程关注，相辅相成，互为补充。注册会计师可从以下几方面把据：一是关注资金流。几乎所有交易都离不开资金流，上市公司、拟上市企业等高风险业务，核查资金流是至关重要的程序，包括账户完整性、未达账项、异地账户、账户数量或资金流量与业务匹配性等，并同财务报表异常项目挂钩。二是关注实物流。采购与销售业务及形成的资产、负债，仅审核合同、发票等证据还不够，物流轨迹也为关键证据。三是重视会计分录测试。通过关注异常会计分录，可识别腾挪、平账、虚构等交易。当然，余额审计时关注资产负债项目形成过程，并非等同于损益类科目审计，而是根据风险评估结果，关注重大、异常、疑虑等高风险账户。

（三）例外审计与常规审计的关系

科学管理之父泰勒认为，管理中大量的事务性工作应该尽可能实现规范化，企业的高级管理人员把一般的日常事务授权给下级管理人员去处理，自己只保留对例外事项（即重要事项）的决策和监督权。例外原则运用到审计实务中，注册会计师应更多地关注被审计单位出现异常的例外事项，评估为舞弊迹象的高风险领域，委派具有相应经验的审计人员，设计和实施总体应对措施及进一步审计程序，而对常规事项采取一般审计，以节约审计资源。不少会计师事务所对业务项目采取分级分类管理，不同等级项目，实施不同的质量控制流程，包括项目承接、业务执行、报告出具等，体现了例外管理原则，也与风险导向精神相适应。

被审计单位的"例外"事项通常包括：财务指标的异常波动，如资产负债及收入成本项目异常变动、毛利率大幅变动、期间费用波动等；复杂或特殊交易事项，如衍生金融工具、商誉等长期资产减值测试、精算福利、特定资产价值量确认、境外审计、创新业务会计处理等，需要较高的专业胜任能力；非常规重大交易，如复杂的股权交易，突然新增重要交易客户或供应商等。

（四）扁平思维与立体视角关系

企业财务信息来源同员工、客户、供应商、金融机构等内外部密切相关，数据生成呈网状、立体式，因而财务信息之间、财务信息与非财务信息之间存在内在勾稽或联系。风险导向理念，必须了解财务报表背后的故事，仅从被审计单位财务部门完成全部审计工作蕴含风险，因为一张据以入账的原始凭证，在进入会计系统前也许经历了漫长、复杂的"旅行"，经过了不同地方、不同单位、不同部门、不同人员之手，最终形成财务报表上的一个数据。注册会计师对于存在舞弊迹象的异常数据，往往要从数据外寻找突破口。在以互联网快速发展催生的大数据时代，为了解财务数据生成相关主体及真实性印证提供了便利条件，公开信息、媒体报道、举报等成为获取审计线索的重要途径。

"由外至内，自上而下"的审计思维，注册会计师应实现两个转变：一是审计程序的执行，要由扁平化向立体化转变。例如，审计重要的收入项目，不仅要履行分析、抽查、核对等常规程序，还要进行交易函证，甚至现场走访核查，从立体视角核实印证收入确认真实性，切忌将审计工作变成"复印机""留声机"。二是审计证据的获取，要由单一化向多维化转变。仅以询证回函确认应收账款余额可能存在风险，若辅之以收入核查、存货抽盘等证据，将降低检查风险，这也是不少注册会计师按照业务循环设计和实施审计程序的原因。拟上市企业审计中，监管部门要求申报会计师关注财务信息与非财务信息相互衔接与印证，目的是从不同维度获取证据，核实财务报表的真实性。例如，经营模式、产销量与营业收入、营业成本、应收账款、期间费用的关系是否匹配；产能与产量是否匹配；存货构成与产销量是否匹配；产量与水、电量是否匹配；销量与运费支出是否匹配；毛利率波动与生产工艺改进、原材料价格波动关系是否匹配；资产的形成过程是否与发行人历史沿革和经营情况相互印证；招股说明书披露的财务信息是否与经审计的财务报表一致等。

（五）审计不足与审计过度的关系

以最少的审计程序，发现包括舞弊在内的最多的错报，这是风险导向审计的最高境界和最佳效果。但要达到该效果并非易事，往往不是审计不足，就是审计过度。审计不足风险，指注册会计师未实施充分适当的审计程序，导致未能发现财务报表重大错报的风险；审计过度风险，指注册会计师实施了不必要的审计程序，获取的证据无助于形成审计结论的风险。前者影响审计效果，可能导致注册会计师发表不恰当的审计意见，后者影响审计效率，导致注册会计师实施额外工作，造成审计资源浪费。

导致审计不足与审计过度的原因，一方面，是注册会计师审计准则掌握理解不够，尤其是风险导向运用不到位所致。例如，集团财务报表审计平均用力，非重要组成部分也执行了详细、完整的审计程序；控制测试与实质性测试重复审计；审计抽样不考虑风险评估结果，不考虑重要性水平，漫无目的地抽样检查会计凭证，复印大量资料等，这种过度审计毫无意义。而对于风险点，审计的深度、广度不够，证据不足以支持审计结论。另一方面，会计师事务所管理也不容忽视，包括人力资源投入不足、项目组织不当、时间压力大、合伙人责任不到位、收费过低等，产生这些问题的根源是会计师事务所经营以质量为导向，还是以市场为导向，是重品牌建设，还是重短期利益，不同理念形成质量文化差异。如何处理好二者的关系？经济学中"纳什均衡"理论，或许值得借鉴，即博弈中参与各方效用最大。具体而言，选择合适的审计程序是平衡审计不足与审计过度的关键。选择恰当，事半功倍，反之，事倍功半。

三、审慎选择审计意见

审计意见是注册会计师防范风险的最后防线。针对被审计单位的财务舞弊迹象，注册会计师在出具审计报告阶段，有三种决策方案：

情形一：注册会计师经过实施审计程序，获取的证据证实了被审计单位存在财务舞弊行为，经与管理层沟通，其同意更正因舞弊产生的财务报表错报，更正后的财务报表在所有重大方面公允反映了被审计单位的财务状况、经营成果和现金流量情况。此时，注册会计师应发表无保留意见审计报告。但是，由于发现了管理层舞弊，在是否继续保持承接该客户时，注册会计师应审慎评估。

情形二：注册会计师经过实施审计程序，虽然获取的证据仍不能直接证实被审计单位存在财务舞弊行为，但注册会计师根据已获取的证据分析，基本可以断定财务报表存在舞弊导致的错报，只是被审计单位拒不承认，也不配合提供相应的证据。此时，注册会计师应以审计范围"受限"为由，根据潜在错报的影响，出具保留意见或无法表示审计意见报告。

情形三：注册会计师经过实施审计程序，获取的证据难以判断被审计单位是否存在舞弊，或者有50%的可能性存在舞弊，或者有50%的可能性没有问题。这时如何作出审计意见类型决策？如果出具无保留意见审计报告，害怕有问题而承担审计责任；如果出具非无保留意见审计报告，又担心真没问题而误伤被审计单位。这种情形实际上是风险导向审计不能最终落地时如何处理的问题。有的观点认为，注册会计师已经穷尽了所有程序，做到了"应做尽做"，即使事后发现被审计单位存在舞弊导致的财务报表错报，那也是会计责任，注册会计师不应承担审计责任，所以趋向于赌一把，出具无保留意见审计报告。另一种观点认为，虽然注册会计师尽最大努力，但获取的证据仍然未消除疑虑，且也不能再进一步执行延伸审计，这属于审计范围受限，应出具非无保留意见审计报告。在当前执业环境和监管政策下，要谨慎采取第一种观点，如果被审计单位确实存在财务舞弊，注册会计师很难做到"应做尽做"，即使审计程序做得比较完善，但以"未能保持应有的职业谨慎"仍然可以追究注册会计师的审计责任。因此，注册会计师应严把审计意见决策关，审慎出具审计报告。

第十一章 审 计 证 据

注册会计师的审计过程，是获取各种审计证据的过程，审计证据是实施审计程序的结果，是实现审计目标，发表审计意见和承担审计责任的依据。选择证据主要考虑证据的证明力，包括证据的充分性和适当性，即证据的数量和质量。选择恰当的证据，不仅有利于防范风险和提高审计质量，还能够提高审计效率。

第一节 审 计 目 标

审计目标是注册会计师对财务报表是否遵守会计准则，在所有重要方面公允地表达了被审计单位的财务状况、经营成果和现金流量发表意见。在认定层面，审计目标包括与交易相关的审计目标、与账户余额相关的审计目标和与财务报表信息的列报与披露相关的目标，不同于财务报表项目应当选择确定不同的具体审计目标，实施针对性的审计程序以获取审计证据。

一、选择与交易相关的审计目标

（一）发生

发生是指已记录的交易确实存在。这一目标涉及已记录的交易是否确实发生，如果没有发生销售交易，但在销售日记账中记录了销售，就违反了发生目标。财务舞弊造假案中，虚构交易属于发生目标，虚构的交易并不实际发生过，与事实不符。

（二）完整性

完整性是指存在的交易均已记录。这一目标涉及所有应计入日记账的交易是否都已计入，如果发生了销售交易，但没有在销售日记账和总账中记录，就违反了完整性目标。

完整性目标与发生目标强调的审计关注点正好相反，发生目标针对的是潜在的高估，而完整性目标则针对漏记交易导致的低估。例如，资本市场主体因利益相关方业绩压力较大，存在虚增收入和利润的动机，发生目标是重点，而非上市的中小民营企业，税收成本是管理者考虑的重要方面，账外经营、体外循环的目的是少记收入和利润，以到达少缴税金目的，该类被审计单位完整性是注册会计师关注的重点。

（三）准确性

准确性是指已记录的交易已按正确的金额表达。这一目标涉及对交易进行会计处理所产生的信息准确性。对销售交易来说，如果发出商品的数量与对账单上的数量不符，或是开账单时使用了错误的销售价格，或是账单中的乘积或加总有误，或是在销售日记账中记录了错误的金额，就违反了准确性目标。从性质上而言，准确性可能是因为被审计单位相关人员工作疏忽，或者是专业胜任能力不足导致，属于错误，这与发生、完整目标可能是故意不同，后者属于舞弊行为，是注册会计师审计的特别风险。

（四）过账和汇总

过账和汇总是指已记录的交易已恰当地包含在源文件中，并已准确汇总。这一目标涉及将记录在日记账中的交易信息转入明细账和总账的准确性，对应于交易类别的准确性认定。在数字经济时代，交易从日记账过入明细账、总账以及其他源文件，一般通过计算机自动完成，发生错误的风险较低，因此该审计目标可能不是注册会计师关注的重点，或者可不将此目标单独作为一个审计目标。

（五）分类

分类是指被审计单位日记账中记录的交易已恰当分类。这个目标涉及交易是否包含在恰当的账户中，应对于交易类别的认定。例如，将出售固定资产所得收入记录为营业收入，就违反了分类目标。

（六）及时性

及时性是指交易于正确日期记录。该目标对应于管理层的截止认定，即交易是否存在跨期。如果交易没有在发生时入账，就发生了及时性错误。

二、选择与余额相关的审计目标

（一）存在

存在是指所列金额确实存在。这一目标涉及已列入财务报表的金额是否确实应当列入，如果不存在某客户的应收账款，却在财务报表中列报了应收账款，就违反了存在目标。

（二）完整性

完整性是指存在的金额均已列入。这一目标涉及所有应当列入的金额是否确实已经列入，如果存在对某客户的应收账款，但没有在应收账款试算平衡表中列入，就违反了完整性目标。与交易相关审计目标类似，存在与完整性审计目标相反，前者重点关注虚增或高估，后者关注漏记和低估。

（三）准确性

准确性是指已列入的金额是否正确。正确性目标涉及金额的准确性，如果某项存货的结存数量错报，或单价错误，或是合计加总错误，都将导致被审计单位存货金额错误，违反了准确性审计目标。

（四）分类

分类是指被审计单位明细表中所列金额已恰当分类。该目标涉及确定被审计单位明细表中所列项目是否记入正确的总分类账户。

（五）截止

截止是指接近资产负债表日的交易记录于恰当的期间。在测试账户余额的截止时，最容易发生错报的交易是那些邻近会计期末入账的交易。因为年度审计截止于资产负债表日，所以截止测试既可以作为对资产负债表账户验证的一部分，也可以作为对相关交易验证的一部分。

（六）细节相符性

细节相符性是指账户余额的细节应与相关源文件金额一致，加总账户余额合计数与总账金额合计一致。财务报表中的账户余额是由被审计单位编制的源文件和明细表中的明细余额支持的，细节相符性目标关注明细表中所列细节是否准确，加总是否准确，是否与总账一致。

（七）可实现价值（计价和分摊）

可实现价值（计价和分摊）是指资产是以估计可实现的金额列示。这一目标涉及会计计量问题，包括账户余额是否从历史成本减记至可变现净值，注册会计师关注被审计单位应收账款计提坏账准备的充分性，以及是否对陈旧过时存货计提减值，就是考虑资产的可实现价值。

（八）权利和义务

对多数资产来说，不仅要求其存在，还必须为被审计单位所拥有，即权利总是与资产相联系。同样，负债必须属于被审计单位的义务。

三、选择与列报和披露相关的审计目标

（一）发生及权利和义务

该审计目标涉及的是已披露的事项是否实际发生，是否属于被审计单位的权利和义务。如被审计单位披露该公司已经收购了另一家公司，则表明该收购行为已经全部完成。

（二）完整性

审计目标主要核实是否所有需要披露的事项已经包含于财务报表，如关联方关系及关联交易均已披露在财务报表中。

（三）准确性和计价

该审计目标关注财务信息是否公允披露，对应的金额是否恰当。

（四）分类和可理解性

涉及相关数额是否在财务报表及其附注中予以恰当分类，余额描述和相关披露是否可理解。

现行会计准则日趋复杂，使得有的列报和披露不易理解。例如，关于应收票据的列报问题。新金融工具准则执行过程中，很多上市公司将发生较为频繁且涉及金额较大的应收票据贴现或背书转让，列报为财务报表"应收款项融资"项目。理由是，这种情况下，公司管理该应收票据的业务模式可能不是以收取合同现金流量为目标，不应划分为以摊余成本计量的金融资产。

从企业经营和财务角度看，票据贴现或转让多数情况并非出于融资目的，因为融资是企业有内在需求下的行为，且将带来增量现金流入，票据贴现现金流入本质上来源于销售产品或提供服务收入，将销售活动反映为融资活动，导致资产负债表、利润表与现金流量表错配，不符合经济业务实质。事实上，虽然转让具有出售金融资产的法律形式，但目的仍然为收取合同现金流量，出售只是改变了收取现金流量的方式，并不是为了获取转让差价，这显著区别于资产管理公司买卖金融资产交易的行为。

类似的，新准则关于理财产品、结构性存款的分类也"名不副实"，脱离经济业务实质。因大多数理财产品和结构性存款收益不固定，不符合本金加利息的

现金流量特征，按照新金融工具准则通常分类为以公允价值计量且变动计入当期损失的金融资产，即"交易性金融资产"。理财产品往往是企业利用暂时闲置的资金，以获取高于活期存款利息的收益，安全性高，实际收益具有定期存款利息的特征，具有现金等价物性质。对于企业既不是为了"投资"，也不是为了"交易"的闲置资金运用，通过交易性资产核算，与企业管理目标不符且导致财务报表可理解性较差。

四、不同审计目标之间的关系

与交易相关的审计目标，侧重于交易发生的过程，或者说时期数，利润表项目多为过程数据，审计目标主要为上述与交易相关的认定，如销售、商品或服务的采购、工资、费用的支出等。与余额相关的审计目标，几乎总是适用于资产负债表账户的期末余额，如应收账款、应收票据、存货，但也有一些与余额相关的审计目标适用于利润表的某些账户。事实上，资产负债表账户与利润表账户紧密相连，利润表反映过程和期间，资产负债表反映时点状况，且不少账户的时点数来源于利润表。例如，折旧费用与累计折旧、利息费用与应付票据等，注册会计师审计时同时进行测试。与交易相关和与账户余额相关的审计目标之间，存在一些重叠，但权利和义务只与账户余额认定相关。与列报和披露相关的审计目标，多数情况下适用于账户余额相关审计目标，所以，注册会计师在考虑与余额相关的审计目标时，要同时考虑与列报和披露相关的审计目标。

因此，注册会计师在选择审计目标时，需要考虑财务报表项目的性质和特征，利润表多与交易审计目标相关，资产负债表项目多与账户余额审计目标相关。

五、管理层认定与审计目标的关系

管理层认定，是被审计单位管理层对财务报表中各类交易、相关账户和披露所作的暗示性或明示性陈述。管理层认定与会计准则直接相关，即管理层在财务报表中记录和披露的会计信息所采用的标准是否符合会计准则和制度规定。审计是对会计的再判断，审计目标是对管理层认定的再判断，两者针对的会计对象一致，只是审计目标可能更具体。

案例 11-1

表11-1、表11-2分别以某制造业公司为例，说明管理层认定与审计目标之间的关系。

表 11-1 管理层认定和销售交易相关审计目标

与交易相关的管理层认定	与交易相关的审计目标	具体描述
发生	发生	已记录的交易确实向实际存在的客户发货
完整性	完整性	存在的销售交易均已记录
准确性	准确过账和汇总	已记录的交易与发货金额一致，且已正确地开单和记录 销售交易已恰当地包含在原文件中，且已正确汇总
分类	分类	销售交易已恰当分类
截止	及时性	销售交易已记录于正确日期

表 11-2 管理层认定和存货相关审计目标

与账户余额相关的管理层认定	与余额相关的审计目标	具体描述
存在	存在	所有入账的存货在资产负债表日都实际存在
完整性	完整性	所有实际存在的存货都已盘点并列入了存货汇总表
计价和分摊	准确性 分类 截止 细节相符性 可实现价值	被审计单位永续盘存记录中的存货数量与库存实物数量一致，用于估计存货价值的价格在重要方面都正确 单价和数量的乘积正确，详细数据汇总正确 存货项目已恰当地分为原材料、在产品、产成品等 年末采购截止是恰当的 年末销售截止是恰当的 存货项目的合计数与总账一致 当存货可实现价值减少时，已减记存货价值
权利和义务	权利和义务	被审计单位对所列示的所有存货都拥有所有权 存货没有被用于抵押品

第二节 选择审计证据考虑的因素

审计证据是实施审计程序的结果，注册会计师的审计过程，就是获取各种审计证据的过程。注册会计师需要实施不同程序，面对的审计资料很多，包括用来确定所审计信息是否按照既定标准（会计准则）公允表达的任何资料，如何从这些海量的资料中选择恰当的资料以作为支持审计目标和结论的证据，涉及注册会计师的职业判断。选择证据主要考虑证据的证明力，而决定证明力的两个因素是充分性和适当性。

一、审计证据的适当性

证据的适当性是对证据质量的一种衡量，是证据在实现交易类别、账户余额以及相关列报和披露等审计目标时的相关性和可靠性。

（一）相关性

相关性，是指用作审计证据的信息与审计目标和所考虑的相关认定之间的逻辑联系。用作审计证据的信息的相关性可能受测试方向的影响，例如，注册会计师怀疑被审计单位已发货却没有向客户开具发票（完整性目标），如果注册会计师从销售发票副本中选择一个样本，并追查每张发票至相应的发货单，由此所获证据与完整性目标不相关，因而该证据并不是该审计目标和审计程序的适当证据。与完整性目标相关的审计程序应是追查发货单样本至相应的销售发票副本，以确定每张发货单是否均已开票。因为货物的发送是用来确定一项销售是否已经发生和是否应该记录的常用标准，这时获得证据是相关的。注册会计师通过追查发货单至相应的销售发票副本，能够确定发货时是否向客户开票，而在前一个程序中，从发票追查至相应的发货单，是不可能发现未记录的存货的。

相关性，换言之是证据的有用性问题，这与会计信息相关性的质量特征具有类似性。会计信息的相关性，是如果能够导致使用者作出不同决策，且具有预测价值和证实价值，则该信息具有相关性，这是财务报表价值的核心所在。对注册会计师而言，相关性反映证据是否具有证明力，没有证明力的证据是无效证据，甚至不应称之为"证据"的证据。相关性是证据最本质的特征，应能反映事物内在的联系。

（二）可靠性

证据的可靠性是指证据可以信赖或值得信赖的程度。证据的可靠性取决于以下因素：

第一，提供者的独立性。从被审计单位外部获取的证据，要比从被审计单位内部获取的证据更可靠。例如，从银行、律师或客户获取的外部证据，通常比向被审计单位询问所得到的答复更可靠。但是，从外部获取的证据，有时也不可靠，串通舞弊者提供的证据就不可靠。

案例 11-2

近年来，不少资本市场财务造假案中，出现了客户、供应商等外部协助造假的情形。有的商业银行和上市公司串通，向注册会计师提供虚假银行询证函回函、虚假银行回单、虚假银行对账单；有的被审计单位的供应商和销售客户，向注册会计师提供虚假回函和交易证明；有的公用事业部门也与上市公司串通，出具虚假的供电费用、供气费用等，协助上市公司进行成本和销售造假。"可靠性"最高的外部证据，结果有时成为最"不可靠"的证据。

2020年12月，中国银保监会北京银保监局对厦门国际银行北京分行及相关人员作出行政处罚决定书（京银保监罚决字〔2020〕42号）。处罚决定书显示，厦门国际银行北京分行存在以下主要违法违规事实：①授信业务管理严重违反审慎经营规则；②违规出具与事实不符的询证函回函；③函证回函工作内部控制存在缺陷。北京银保监局责令厦门国际银行北京分行改正，并给予合计350万元罚款的行政处罚。对唐××、王××、李×分别给予警告并处50万元罚款的行政处罚；对郑××给予警告并处30万元罚款的行政处罚。

《中国注册会计师审计准则第1411号——利用内部人员的工作》《中国注册会计师审计准则第1421号——利用专家的工作》等准则规定，注册会计师可以获取被审计单位特定条件下的审计证据。实务中，由于现行社会诚信环境状况有待提高，注册会计师在审计上市公司等风险较高的客户时，从证据提供者的独立性和审计风险考虑，几乎很少采用上述准则规定的内部证据。

第二，被审计单位内部控制的有效性。在被审计单位内部控制有效时所获得的证据，要比其内部控制薄弱时所获取的证据更可靠。例如，如果销售和开票业务的内部控制有效，注册会计师就能从销售发票和发货单中获取比相关内部控制不健全时更可靠的证据。这也是风险导向审计的理论基础之一，即经过控制测试表明被审计单位内部控制有效，则可以减少实质性测试的范围，减少交易和账户余额测试所获取证据的数量。

第三，注册会计师获取证据的方式。注册会计师通过实物检查、观察、重新计算和文件检查等直接获取的证据，比间接或推论获得的信息更可靠。从原件获取的审计证据比从复印、传真或通过拍摄、数字化或其他方式转化成电子形式的文件获取的审计证据更可靠，后者的可靠性可能取决于与编制和维护信息相关的控制。

第四，信息提供者的资格。如果证据提供者不具备相应的资格，证据的可靠性就低。例如，注册会计师利用专家工作鉴定珠宝玉石，如果专家没有相应行业的资质和经验，则鉴定报告的可靠性存疑。此外，如果注册会计师不具备评价审计证据的资格和能力，其获取的证据不一定可靠。例如，不具有相应的信息技术基础的注册会计师，获取的与 IT 审计相关的证据可靠程度值得怀疑。

目前，被审计单位的经济业务越来越复杂，对注册会计师的胜任能力要求越来越高，从审计证据提供者角度，项目组成员素质直接影响证据质量，不少审计失败源于注册会计师评价证据的能力不够。

第五，客观程度。客观证据比那些需要经过大量主观判断才能确定其是否正确的证据更可靠。例如，应收账款和银行存款余额的函证，有价证券和现金的实物盘点属于客观证据，而应收账款预期信用损失估计、没有活跃市场的公允价值计量、未决诉讼的可能结果等属于主观性较强的证据。尽管都属于主观证据，但证据提供者的资格使得证据的可靠程度不同。

第六，存在形式。以文件记录形式（包括纸质、电子或其他介质）存在的审计证据比口头形式的审计证据更可靠，例如，会议的同步书面记录比事后对讨论事项进行口头表述更可靠。

第七，及时性。证据的获取越接近于资产负债表日，通常越可靠。例如，注册会计师在资产负债表日监盘有价证券，比期后监盘，然后倒轧至资产负债表日更可靠；从被审计单位整个会计期间选择样本所获证据，比仅从上半年销售交易中选取样本更可靠。

审计证据的适当性，与民事诉讼、刑事案件等法律上的证据证明力类似，注册会计师在选择证据时可借鉴。例如，《最高人民法院关于民事诉讼证据的若干规定》（法释〔2019〕19 号）规定：

审判人员对单一证据可以从下列方面进行审核认定：

（1）证据是否为原件、原物，复印件、复制品与原件、原物是否相符；

（2）证据与案件事实是否相关；

（3）证据的形式、来源是否符合法律规定；

（4）证据的内容是否真实；

（5）证人或者提供证据的人与当事人有无利害关系。

人民法院对于电子数据的真实性，应结合下列因素综合判断：

（1）电子数据的生成、存储、传输所依赖的计算机系统的硬件、软件环境是否完整、可靠；

（2）电子数据的生成、存储、传输所依赖的计算机系统的硬件、软件环境是否处于正常运行状态，或者不处于正常运行状态时对电子数据的生成、存储、传输是否有影响；

（3）电子数据的生成、存储、传输所依赖的计算机系统的硬件、软件环境是否具备有效的防止出错的监测、核查手段；

（4）电子数据是否被完整地保存、传输、提取，保存、传输、提取的方法是否可靠；

（5）电子数据是否在正常的往来活动中形成和存储；

（6）保存、传输、提取电子数据的主体是否适当；

（7）影响电子数据完整性和可靠性的其他因素。

在证据的证明力上，人民法院就数个证据对同一事实的证明力，可以依照下列原则认定：

（1）国家机关、社会团体依职权制作的公文书证的证明力一般大于其他书证；

（2）物证、档案、鉴定结论、勘验笔录或者经过公证、登记的书证，其证明力一般大于其他书证、视听资证人证言；

（3）原始证据的证明力一般大于传来证据；

（4）直接证据的证明力一般大于间接证据；

（5）证人提供的对与其有亲属或者其他密切关系的当事人有利的证言，其证明力一般小于其他证人证言。

二、审计证据的充分性

审计证据的充分性是对证据的数量衡量，是通过样本规模予以体现，这源于抽样审计的理论。现行审计并非详细查账式审计，而是运用统计、概率等数理理论，选择部分样本，检查测试样本并推断总体的一种审计方法。

样本规模是否适当，取决于多项因素，最重要的两项因素是注册会计师对错报的估计和被审计单位内部控制的有效性。错报风险越高，需要的样本规模越大；内部控制越有效，需要的样本规模越小。除了样本规模以外，所测试单个项目的特征也影响证据的充分性。例如，样本中既包含了金额大的项目，也包含了出现错报可能性较高的项目，这样的样本证据被认为是充分的。反之，如果样本中只包含总体中金额最大的项目，除非这些项目构成总体金额的大部分，否则，这样的样本不够充分。错报风险与证据数量之间的关系如表11-3所示。

三、审计证据获取的选择决策

如何获取适当、充分的审计证据，贯穿于整个审计过程，同时也是一个选择证据的过程，选择什么证据，选择多少证据，才能满足判断被审计单位各项认定及财务报表整体是否公允表达？证据决策包括四个方面：

表 11-3　　　　　　　　　　　　错报风险与证据数量之间的关系

情形	可接受审计风险	固有风险	控制风险	计划检查风险	需要的证据量
1	高	低	低	高	少
2	低	低	低	中	中
3	低	高	高	低	多
4	中	中	中	中	中
5	高	低	中	中	中

（一）选择审计程序

审计程序是对要获取的证据所采取的方式方法和具体指令，获取证据的审计程序包括：

（1）检查。注册会计师对被审计单位内部或外部生成的，以纸质、电子或其他介质形式存在的记录和文件进行审查，或对资产进行实物审查。检查记录或文件可以提供可靠程度不同的审计证据，审计证据的可靠性取决于记录或文件的性质和来源，而在检查内部记录或文件时，其可靠性取决于生成该记录或文件的内部控制的有效性。

（2）观察。注册会计师查看相关人员正在从事的活动或实施的程序，观察可以提供执行有关过程或程序的审计证据，但观察所提供的审计证据仅限于观察发生的时点，而且被观察人员的行为可能因被观察而受到影响，这也会使观察提供的审计证据受到限制。

（3）函证。注册会计师直接从第三方（被询证者）获取书面答复以作为审计证据的过程，书面答复可以采用纸质、电子或其他介质等形式。当针对的是与特定账户余额及其项目相关的认定时，函证常常是相关的程序。但是，函证不必仅仅局限于账户余额，也可对交易进行函证。

（4）重新计算。注册会计师对记录或文件中的数据计算的准确性进行核对。重新计算可通过手工方式或电子方式进行。

（5）重新执行。注册会计师独立执行原本作为被审计单位内部控制组成部分的程序或控制。

（6）分析程序。注册会计师通过分析不同财务数据之间以及财务数据与非财务数据之间的内在关系，对财务信息作出评价。分析程序还包括在必要时对识别出的、与其他相关信息不一致或与预期值差异重大的波动或关系进行调查。

（7）询问。注册会计师以书面或口头方式，向被审计单位内部或外部的知情人员获取财务信息和非财务信息，并对答复进行评价的过程。作为其他审计程序的补充，询问广泛应用于整个审计过程中。

通过上述不同审计程序获取的证据，证据的适当性不同。审计程序类型获取的证据与证据适当性之间的关系如表 11-4 所示。

表 11-4　　　　　　　　审计程序获取的证据类型与证据适当性之间的关系

证据类型	决定适当性的标准				
	提供者的独立性	内部控制有效性	注册会计师获取方式	提供者资格	证据客观性
实物检查	高（注册会计师执行）	不确定	高	通常都高（注册会计师执行）	高
文件检查	不确定，外部比内部更独立	不确定	低	不确定	高
观察	高（注册会计师执行）	不确定	高	通常都高	中等
函证	高	不适用	低	不确定	高
重新计算	高（注册会计师执行）	不确定	高	高（注册会计师执行）	高
重新执行	高（注册会计师执行）	不确定	高	高（注册会计师执行）	高
分析程序	高 / 低（注册会计师执行 / 被审计单位执行）	不确定	低	通常都高（注册会计师执行 / 被审计单位执行）	不确定，通常低
询问	低（被审计单位提供）	不适用	低	不确定	不确定，低到高

（二）选择样本规模

选择了审计程序后，样本规模可以是总体中的一个项目至所有项目不等。对于每一项审计程序，注册会计师选择多少样本用于测试，同一程序所需样本规模因具体审计对象不同而有所差异。

（三）选择测试项目

在确定审计程序和样本规模后，应确定测试样本中哪些具体的项目。注册会计师选取测试项目的方法包括：

（1）选取全部项目，即 100% 检查。在下列情况下，100% 检查可能是适当的：总体由少量的大额项目构成；存在特别风险且其他方法未提供充分、适当的审计证据；由于信息系统自动执行的计算或其他程序具有重复性，对全部项目进行检查符合成本效益原则。

（2）选取特定项目。选取的特定项目可能包括：大额或关键项目，注册会计师可能决定在总体中选取特定项目，因为其金额重大或者显示某些其他特征，例如，可疑的、异常的、尤其容易有风险的或者曾经出错的项目；超过某一金额的全部项目，注册会计师可能决定检查记录金额超过某一设定金额的所有项目，从而验证某类交易或账户余额的大部分金额；被用于获取某些信息的项目，注册会计师可能通过检查某些项目以获取被审计单位的性质或交易的性质等事项的信息。

（3）审计抽样。

（四）选择测试时间

财务报表审计通常覆盖一定期间，审计工作需要在期末不长的时间内完成。选择恰当的时间有利于获取有效的证据，例如，存货监盘的时间宜尽可能选择在接近资产负债表日。

评价审计证据的适当性和充分性，需要综合考虑相关因素。一个由独立第三方提供的样本证据，如果与所测试的审计目标不相关，则没有证明力；一个大样本证据，若其相关但不客观，同样不具有证明力；只有一两个高度相关的证据的小规模样本，同样不具有足够的证明力。证据证明力的有效性，取决于注册会计师获取证据作出的选择性决策。证据决策与证明力之间的关系如表11-5所示。

表 11-5　　　　　　　　　　审计证据选择决策与证明力之间的关系

审计证据选择决策	证据证明力的质量特征
审计程序和时间安排	适当性 相关性 可靠性 提供者的独立性 内部控制的有效性 获取证据的方式 提供者的资格 证据的客观性 证据的形式 及时性 程序执行的时机 执行审计期间占整个期间比例
样本规模和选取项目	充分性 足够的样本规模 选取相当的总体项目

四、证据组合

注册会计师选择使用测试的类型和需要在多大范围内执行这些测试，在不同的内部控制有效水平及固有风险下可能千差万别。在同一审计中，不同循环之间应用这些测试的范围也存在差异。为应对风险评估程序所确定的风险获得充分适当的审计证据，注册会计师应运用四类进一步程序的组合来获取证据，即证据组合，审计中四种不同的组合证据（见表11–6），在每一种组合下，均假定已经收集了充分适当的证据。

表 11–6 证据组合的差别

情形	控制测试	交易的实质性测试	分析性程序	余额与细节测试
情形 1	E	S	E	S
情形 2	M	M	E	M
情形 3	N	E	M	E
情形 4	M	E	E	E

注：E 表示大量的测试；M 表示中等量的测试；S 表示少量的测试；N 表示不进行测试。

（一）情形 1

被审计单位是一家大型企业，有复杂的内部控制和较低的固有风险。因此，注册会计师执行了大量的控制测试，并在很大程度上信赖被审计单位的内部控制以减少实质性测试，同时执行了大范围的分析性程序以减少实质性测试。因此，交易实质性测试和余额细节测试都被降到最低。由于重点放在控制测试和实质性分析性程序上，所以可以相对降低审计成本。

（二）情形 2

被审计单位是一家中等规模企业，有一些内部控制和固有风险，因此，注册会计师决定除广泛执行实质性分析程序外，将其他所有测试的数量定为中等水平。如果发现了具体的固有风险，就要执行更大范围的测试。

（三）情形 3

被审计单位是一家中等规模的企业，但几乎没有有效的内部控制，固有风险水平高。可能管理层认为建立更好的内部控制不符合成本效益原则，由于内部控制不充分，注册会计师假定该企业是一家非上市公司。对于一家非上市公司来说，控制是不充分的，信息生成依靠内部控制也是不恰当的，所以不进行控制测试。

注册会计师应将重点放在余额细节测试和交易性实质性测试上，同时执行一些实质性分析性程序。由于分析性程序可提供有关重大错报出现概率的证据，所以执行实质性分析程序通常可相对减少其他的实质性测试。如果注册会计师已预期会找出账户余额存在重大错报，那么另外执行分析性程序不符合成本效益原则。由于细节测试实质性测试量较大，所以审计成本较高。

（四）情形 4

该项审计原计划采用情形 2 中的方法，但注册会计师在执行交易实质性测试和实质性分析性程序时，发现了大量的控制测试偏差和重大错报，为此，注册会计师认定被审计单位的内部控制无效。注册会计师应执行大量的余额细节测试以补偿其他各测试得出的不可接受的结果。该情形下审计成本很高，因为虽然执行了控制测试和交易性实质性测试，但无法减少余额细节测试。

可见，在上述不同情形下，实现审计目标需要的证据种类及数量存在显著差异，相应地审计成本也不同。注册会计师应以风险为出发点，采取不同的审计策略，以最小的成本获取最优的证据及证据组合。

证据组合的另一个维度，是"三流"组合，即业务流、资金流、单据流。任何一笔经济业务，最终都需要有"三流"支持，否则，要么交易可能存在虚假，要么不具备确认条件。注册会计师在审计中，要有"三流"证据组合的思维，尤其是重大或异常交易，必须要做到"三流"证据匹配。例如，注册会计师获取销售交易相关的合同、出库单、运单、签收或验收单据、发票、询证函等单据流通常很完善，且具有相应的资金流水，但未实地观察到交易标的物，也无法进一步核查交易的真实性，不能获取业务流相关证据，那么仅仅根据单据流和资金流难以得出审计结论。又如，如果针对销售交易业务，注册会计师获取的业务流、单据流真实完整，但缺乏资金流，或者存在第三方付款等情形，则需要进一步获取证据，判断收入确认的时点。

五、"物证"与"书证"

注册会计师对审计证据获取与评价，往往重点在书面证据，即"书证"，过分依赖和夸大"书证"的证明力，对"物证"重视不够，缺乏物证理念。"物证"获取不充分，导致的后果是不易发现被审计单位的重大错报。"书证"是一种间接证据，并不能证明交易或事项真实发生，需要逻辑闭环的证据链才能证明某一事实。例如，合同发票并不能证明交易已经发生、出库单不能证明货物实际已经出库、送货单也不能证明货物已经送达。"物证"是直接证据，或称事实证据，能够直接证明某一事实，证明力较间接证据强。《刑事诉讼法》规定的证据类型包括物证、书证、证人证言、被害人陈述、犯罪嫌疑人及被告人供述和辩解、鉴定意见、勘验、视听资料等，其中的"物证"居于首位。

"物证"的形式，不仅体现于具有物理、化学形态的物品，技术或服务交易也是有"物证"的，如转让专利技术，"物证"不仅体现在技术文本等相关书面文件资料，也体现在专利技术实际使用及产生的经济利益上等广义的"物证"，注册会计师可以通过观察交易对手专利技术使用效果，以证实交易的真实性。又如，提供服务，注册会计师可以通过观察和核实服务成果等"物证"，以判断服务交易的真实性。再如，施工行业收入确认中，被审计单位提供的工程项目完工进度比例，注册会计师可以通过实地观察建设进度的"物证"，以证明"书证"提供的进度是否准确。事实上，任何交易或事项都有"物证"，而不仅仅是存货、固定资产监盘才能获取物证。"物证"是"书证"的载体，仅有"书证"并不能证明交易的真实性，在虚构交易财务舞弊中，"书证"往往很充分，但实际并无"物证"支持。只有将两者结合印证，才能作出恰当的职业判断。实务中，若充分信任"书证"，前提条件被审计单位是诚实守信的，提供的书面证据与实际交易一致。但现行注册会计师执业环境并不支持该前提，不仅被审计单位书面证据不宜充分信任，外部书面证据也需要保持合理怀疑，尤其是针对可能存在舞弊的异常交易，必须要通过"物证"来证实"书证"的可靠性。

六、电子证据的特殊考虑

随着被审计单位信息化程度的提高，越来越多的会计师事务所也不断进行审计创新，充分运用信息技术，实现审计证据的电子化。电子证据不同于纸质证据，可能在真实性、完整性、证明力等方面存在不足。一般来说，从原始媒介（如原件）转换出来的电子信息，其可靠性通常高于从非原始媒介（如复印件或扫描件）转换出来的电子信息，并且其可靠性可能取决于信息转换和维护方面的控制。注册会计师可能需要测试这些控制或实施额外的实质性程序以获取有关电子信息真实、准确、完整的审计证据。例如，注册会计师可能通过数据传输等方式获取某些文件的电子文件（如在检查相关文书合同或凭证时），但该电子文件可能存在被篡改的风险，被审计单位也可能在转换或提交电子文件时故意遗漏某些重要信息。因此，注册会计师需要考虑该电子文件的来源、原始文件的性质和来源、与文件转换和数据传输相关的控制等因素以评价电子文件的可靠性，进而评价是否获取了充分、适当的审计证据，并确定是否需要实施进一步的审计程序。

注册会计师在评价电子证据的可靠性时，需要关注以下方面：

（1）对于评估出的重大错报风险较高的领域，尤其是存在特别风险（含舞弊风险）的领域，只检查电子文件可能不够，还需要考虑检查相关电子文件的原始文件，或实施其他补充性的审计程序。

（2）对于某些重要的电子文件，例如，涉及资金池安排的相关合同、与重大非常规交易相关的合同、重要的采购或投融资合同等，注册会计师可能认为有必要检查其原始文件。

（3）在某些情况下，即使电子文件本身是可靠的，也无法为特定认定层次的重大错报风险提供充分、适当的审计证据。例如，在检查被审计单位定期存款是否存在被质押的情况时，仅查看相关定期存款证实书扫描件（即使该扫描件是可靠的）可能无法获取相关的审计证据（因为当提供扫描件时，原件可能已质押），注册会计师可能有必要通过银行函证或检查该证实书原件等方法获取进一步的审计证据。

（4）通过邮件方式回函的，应当保持谨慎。由于难以识别发送邮件者的身份，缺乏印章等，不易评价证据的可靠性，重大错报风险项目应审慎采用电子邮件证据。

（5）注册会计师需要关注被审计单位将原始文件转换为电子文件，以及与数据传输和维护相关的内部控制是否有效。例如，被审计单位是否设置了有效的访问或更改权限等，如果能够远程观察被审计单位实时转换信息的过程，可能会在一定程度上提高对所获取电子文件可靠性的评价。

（6）一般来说，亲自通过实时视频方式取得的证据，通常比观看被审计单位提供的视频方式取得的证据更可靠；能够由外部数据（如增值税发票查验平台、资信证明、第三方物流平台信息等）佐证的电子文件，通常比没有外部数据佐证的电子文件更可靠。例如，如果注册会计师对被审计单位提供的增值税发票电子文件的真实性存有疑虑，可以直接登录"全国增值税发票查验平台"查验其真伪。

（7）在某些情况下，如果注册会计师评价后确定电子文件是可靠的，则可能只需要检查该电子文件，不一定必须检查其原始文件。例如，相关项目对审计来说不重要且与之相关的重大错报风险很低，并且在实施其他审计程序时未发现任何不一致的信息。又如，对于被审计单位在其日常会计核算中已使用的电子文件（并非应注册会计师的要求、出于审计目的而转换成的电子文件），如果注册会计师已经测试了与原始文件转换为电子文件以及电子文件传输和保管相关的内部控制，并确定这些内部控制设计和运行有效，则可能认为检查这些电子文件能够获取充分、适当的审计证据。

七、审计证据不足与过度

审计证据与法律证据、科学实验证据一样，都是为了证明某一事项，得出某种结论。在法律案件中，有法官执行的严密的证据规则，以证明有罪与无罪，维护各方当事人合法利益；在科学实验中，科学家获取证据以测试目标实验中所使用的假设；注册会计师获取证据是为了确定财务报表是否公允表达。如同法律案件，证据不足则不能定案，审计证据不足，也不能实现审计目标。审计证据不足的后果，可能使会计师事务所及注册会计师承担严重的法律责任，尤其是未能发现被审计单位的重大错报，导致审计报告使用者遭受损失的，注册会计师可能面临行政责任、民事责任，甚至是刑事责任。

实务中，审计证据不足主要体现在：

一是关键证据不足。证明一笔交易、一个账户余额或一项列报和披露的证据可能有多项，但起核心和关键作用的证据却往往是少数，关键的少数与审计目标最具相关性。例如，应收账款账户的测试，获取的证据可能包括款项的明细表与总账、账龄分析表、会计记录检查、货款资金流入等，但函证及回函是关键证据，证明其存在性和完整性。如果缺失重要应收账款账户的询证回函，即使包括实施了替代程序在内的所有程序，并获得相应证据，也可能存在审计风险，如客户已经将款项支付给了被审计单位指定的第三方，已经结清了销售款项，此时注册会计师通过其他证据不能发现被审计单位高估应收账款的错报。又如，被审计单位业务及财务数据的生成主要依赖信息系统，则IT审计获取的证据是关键证据，没有这些证据是不能得出审计结论的。关键证据因交易、账户余额和列报与披露的性质不同有所差异，注册会计师应把握具体审计项目的关键证据，如果关键证据不足，不应认为已经完成审计。

案例 11-3

欣泰电气审计失败案中，注册会计师在IPO期间及2013年度财务报表审计时，对应收账款和预付账款实施了函证程序，但大部分发函未收到回函，关键证据明显不足，导致注册会计师未能发现欣泰电气虚构应收账款回款的重大财务舞弊。在此情况下，会计师事务所仍然出具了标准无保留意见的审计报告，会计师事务所及注册会计师也因此被行政处罚，并承担了民事赔偿责任。注册会计师函证证据获取情况如表11-7所示。

表 11-7　　　　　　　　　欣泰电气审计函证实施及回函情况

年度	审计科目	发函数量	未回函数量	替代测试数量	存在的主要问题	涉及金额
2012 年度	应收账款	51	7	1	剩余 6 家未做替代测试，其中 2 家为虚构回款客户	虚减应收账款 2 104 万元
2013 年上半年	应收账款	46	46	13	剩余 33 家未做替代测试，其中 19 家为虚构回款客户	虚减应收账款 5 704 万元
	预付账款	19	19	5	剩余 14 家未做替代测试，其中 1 家为虚构调整预付账款供应商	虚构调减预付账款 1 000 万元
2013 年度	应收账款	24	22	8	剩余 14 家未做替代测试，其中 7 家为虚构回款客户	虚减应收账款 4 303 万元
					在对 8 家做替代测试时，未将收款金额与银行对账单核对，未发现其中 3 家造假银行单据虚构回款的客户	虚减应收账款 928 万元

资料来源：中国证监会网站。

二是未获取缺乏商业实质交易的证据。异常的、非常规交易，通常不符合商业逻辑，存在错报的风险较高，没有足够相关的证据，不能实现审计目标。例如，被审计单位在年末突然新增一个客户，确认大额销售收入，新增客户系当年新成立不久的公司，实缴资本为零，员工人数较少。注册会计师获取了与收入相关的所有一般证据，包括函证对该客户的交易发生额及应收账款余额，客户均予以确认该笔交易真实发生。但是，注册会计师获取的证据不足以消除异常交易的职业怀疑，还需要进一步取得证据，以下两个方面的证据可能弥补常规证据的不足：获取交易对方的资金流水和追踪商品的实物流向。核查资金流水的目的是，了解被审计单位购货资金的来源，是否实际来源于关联方，是否存在关联交易非关联化，以达到虚增收入目的；追踪商品的实物流向，了解商品的最终使用方，是否进入生产领域，还是空转，甚至商品实物未移动，仅是销货单、发票、发货单等单据流转。只有取得了上述证据，注册会计师才能作出是否确认异常交易的职业判断。

实务中，类似的异常交易往往形式证据很全面，但缺乏核心支持证据，需要实施穿透审计。获取交易对方资金流水、追踪实物流向就是穿透审计，穿透审计有时可能需要穿透若干层。但是，注册会计师的审计对象是被审计单位的相关资料，交易对方并没有义务提供类似资金流水等资料，并以商业秘密等理由予以拒绝，注册会计师没有国家审计那样的执法权，也没有权利要求对方提供这些资料。

因此，穿透审计存在很大的障碍，使得风险导向审计不能最终落地。在这种情况下，注册会计师可以通过审计报告意见来规避风险。

三是证据获取方式不可靠。同样的证据，其提供者、获取方式、来源不同，可能影响证据的可靠性，特别是准则规定应由注册会计师亲自获取的证据，不能由被审计单位提供，否则存在审计不足。以函证程序为例，准则要求注册会计师必须亲自发函、收函，保持对函证程序过程的控制，以防止函证被调换的风险。但实务中，注册会计师出于对被审计单位的信任，或是偷懒，或是心存侥幸，将发函和收函交由被审计单位工作人员经办，出现了不少审计失败案例。

案例 11-4

某上市公司收购一家从事消毒液生产的企业，注册会计师对标的企业2018年度、2019年度财务报表进行了审计，出具了标准无保留意见审计报告，双方根据审计报告及评估报告于2020年3月完成了交易，交易对价11亿元。2020年9月，上市公司收到举报，反映标的企业存在财务造假，虚增收入和利润。上市公司经过核查，证实了标的企业2018年度、2019年度存在部分虚假收入，以及所列部分应收账款不实问题。经双方协商，于2021年4月撤销了该项交易。

在对举报事项的落实中，负责审计的注册会计师参与了核查工作，会计师事务所还委派了其他合伙人参与。合伙人在检查工作底稿时，发现未见审计人员控制函证轨迹的证据。项目组成员承认，函证均是交由标的企业人员发出和收回。事后得知，部分应收账款和收入回函印章为私刻印鉴，实际系标的企业经办的虚假回函。由于注册会计师获取证据的方式不当，导致未能发现被收购标的企业的财务舞弊行为。

四是证据数量不够。证据数量不够主要指注册会计师选择测试的样本量不足，如抽样规模较小，根据数理统计相关理论不能推断出总体结论。证据数量不够在不同类别交易、账户余额测试时体现的形式不同，销售和采购交易可能体现为检查的交易量不够，存货监盘可能体现为抽盘的金额过低，账户余额函证可能体现为发函比例，或者回函比例过低等。审计工作中比较常见的是审计抽样检查测试的数量可能较低。例如，某医药制造上市公司2020年实现营业收入30亿元，注册会计师在执行收入真实性和完整性的细节测试时，仅选择了12笔销售交易作为样本，金额3 000万元。无论被审计单位的内部控制如何健全有效，以及注册会计师评估的错报风险低到何种程度，仅为总体 1% 的样本规模明显不够，存在审计不足问题。

数字经济时代下，对于单笔交易小、交易量巨大，且主要依赖信息系统生成的企业，注册会计师如何考虑证据数量的充分性？这种情况下，是否需要将充分性作为证据的质量特征，值得深入探讨。

证据不足的对立面是证据过度，即注册会计师获取了过多不必要的证据。证据获取需要付出审计成本，获取的证据越多，审计成本越高。现代审计是风险与成本之间的权衡，注册会计师的目标是希望以最少的证据、最低的成本实现审计目标，同时将风险降低至可接受程度。仍然以上述医药企业审计为例，根据计算结果，30% 的样本规模是适当的，但如果注册会计师选择了 50% 的样本进行测试，则多出的 20% 样本是非必要的，因为只需要 30% 的样本就可推断总体结论，多余样本是浪费审计资源。有时候，注册会计师在不少交易、账户余额检查中，检查比例高达 100%，这不符合抽样审计的理论，可能存在审计过度问题。

应当注意的是，要区别证据过度与无效证据。证据过度，证据仍然具有相关性和证明力，只是超过了必要的数量，使得证据显得冗余。而无效证据，是缺乏相关性，不能证明管理层关于财务报表和交易、账户余额认定，完全不能实现审计目标。

八、结果证据与过程证据

多数审计证据为结果性证据，即证据可以直接证明某项事实，支持或部分支持被审计单位管理层认定和注册会计师的审计目标。例如，监盘获取的证据，可以证实存货存在性及状况品质的证据，检查收入确认相关的协议、出库单、发票、签收单等证据可以支持收入确认时点、计量金额的正确性。这些证据，要么单独直接证明账户余额或交易与披露认定，要么不同证据的组合共同直接证明某账户余额或交易，如后者就是证据组合得出收入确认和计量恰当与否的例子。

除了结果证据外，还有一类过程证据，即注册会计师获取的证据是执行过程，而非最终结论性证据，典型者如函证过程获取的证据。函证程序的目的是取得被询证者的回函确认相关信息，即询证函回函原件，但由于注册会计师获取的回函原件是否为被询证者实际提供难以证实，所以要在审计工作底稿中留存寄发询证函的快递单据等"过程证据"，以证明注册会计师确实保持了函证的控制过程，询证函未被篡改或"掉包"。

九、证据之间的一致性

从不同来源获取的证据或获取的不同性质的证据可能表明某项证据不可靠，当从某一来源获取的证据与从另一来源获取的不一致时，该项证据可能不可靠。对于下列不一致的情形，注册会计师应重点关注：

（一）"两套账"或"多套账"不一致

被审计单位提供给注册会计师审计的财务账套，与真实的账套不一致，注册会计师获取的会计记录等证据可能为虚假。在不少民营企业中，存在反映企业实际经营情况的"内账"，又称管理账，以及为了应付税务机关的"外账"，又称税务账。企业在上市及并购重组等资本运作中，为了提高经营业绩实施的财务造假，也可能存在"两套账"。

案例 11-5

金亚科技（300028）2013 年大幅亏损，为了扭转公司的亏损，时任董事长周×× 在 2014 年初定下了公司当年利润为 3 000 万元左右的目标。每个季末，金亚科技时任财务负责人会将真实利润数据和按照年初确定的年度利润目标分解的季度利润数据报告给周××，最后由周×× 确定当季度对外披露的利润数据。

在周×× 确认季度利润数据以后，张××、丁×× 于每个季度末将季度利润数据告诉金亚科技财务部工作人员，要求他们按照这个数据作账，虚增收入、成本，配套地虚增存货、往来款和银行存款，并将这些数据分解到月，相应地记入每个月的账中。金亚科技的会计核算设置了 006 和 003 两个账套。003 账套核算的数据用于内部管理，以真实发生的业务为依据进行记账。006 账套核算的数据用于对外披露，伪造的财务数据都记录于 006 账套。

2015 年 4 月 1 日，金亚科技依据 006 账套核算的数据对外披露了《金亚科技股份有限公司 2014 年年度报告》，虚增收入 80 495 532.40 元，虚增银行存款 217 911 835.55 元，虚列预付工程款 3.1 亿元。

资料来源：中国证监会网站。

（二）财务数据与经营数据不一致

会计信息来源于业务数据，如果会计信息与业务数据不一致，财务报表可能存在错报。例如，水、电、气等公用事业单位，会计记录的收入与计费系统反映的收费情况不一致，收入可能存在错报，甚至舞弊行为。

具体而言，注册会计师可以将财务数据与以下经营数据相印证：

（1）主要产品的产能，固定资产规模与对应产品的产能变动是否匹配。

（2）主要产品产能、产量、销量及变动之间的对应关系，计算产能利用率、产销率，判断合理性，营业收入与产销量是否匹配。

（3）主要原材料和能源的实际耗用情况，是否与产量匹配，计算分析主要原材料、能源的投入产出比，与单位产品原材料耗用定额比较，判断单位耗用量是否合理，年度之间是否存在异常波动。

（4）主要原材料和能源的采购价格是否与市场价格相近，不同年度之间以及同一年度不同月份之间是否存在较大变动，若存在变动，是否与市场变化趋势一致。

（5）生产人员数量及人工成本是否与产量匹配，人均产量是否正常，是否明显高于经验值。单位人工成本难度间波动是否较大，变动原因是否合理，是否与劳动力市场价格变动、生产自动化改造、工艺改进等相匹配。

（6）报告期是否存在工艺调整、配方变动、生产流程改进等情况，与销售毛利率变动涉及的相关因素比较，是否保持一致性。

（7）主要产品销售价格是否与市场价格相近，不同年度之间以及同一年度不同月份之间是否存在较大变动，若存在变动，是否与市场价格变化趋势一致。

（8）若需要承担销售产品的运输费用，结合运费单价、运输半径、运输方式，以及客户地理位置的变化，分析运输费用是否与产品销售数量或收入相一致。

（9）存货构成与产销率的匹配性，是否存在产销率接近100%，而期末存货余额大幅增加的情况。

（10）财务数据与行业趋势、市场竞争的印证，如经营环境变化和行业整体发展趋势，财务业绩变化与宏观经济形势变化及行业整体状况是否严重背离，以及与同行业可比公司主要财务数据比较，是否存在较大差异，变动趋势是否相反，是否有合理解释。

（三）证据与对外报送的文件信息不一致

注册会计师获取的证据，与被审计单位向财政、国资、税务机关、市场管理、海关、行业协会等部门报送的文件不一致，如财务报表确认的收入，与纳税申报表申报的收入存在较大差异。此外，对于涉及相关资质的，关注财务数据与自身业务资质是否一致。例如，高新技术企业、福利企业、软件开发企业、以劳务为主营业务的企业在财务和税收方面均有相应的指标口径和特征，包括是否存在非财务部分描述和财务部分描述的口径差异，高新技术企业列示的研发投入金额与资本化和费用化的研发支出合计数的比较，福利企业、软件开发企业享受的税收优惠金额与对应的收入、成本费用金额是否勾稽。

案例 11-6

某新能源企业申请科创板上市，2017～2019 年营业收入分别为 22.01 亿元、19.94 亿元、24.26 亿元，研发费用支出分别为 1 516 万元、2 170 万元、3 386 万元。该公司为高新技术企业，按照 15% 税率缴纳所得税。在向相关部门提交的高新技术申请文件中，2017～2019 年申报的研发费用金额分别为 7 010 万元、7 665 万元、9 153 万元，与账面实际列报的研发费用差异较大。

根据科技部、财政部、国家税务总局修订印发的《高新技术企业认定管理办法》规定，认定为高新技术企业须满足最近一年销售收入在 2 亿元以上的企业近三个会计年度的研究开发费用总额占同期销售收入总额不低于 3%。该企业不同证据之间的差异，涉嫌为满足高新技术企业资格虚列研发支出。

（四）财务报表组成部分（分、子公司）数据不一致

规模较大的集团财务报表审计，因组成部分可能单独上市，或发行债券等需要单独披露财务信息，且组成部分由其他注册会计师审计，如果披露数据与纳入集团合并报表存在差异，应核查差异原因及判断对合并财务报表的影响。例如，"云峰债"违约事件中，涉及财务数据"打架"问题。"云峰债"发债主体上海云峰（集团）有限公司，2015 年前为上市公司绿地控股（600606）控股子公司，绿地控股 2015 年半年报显示，云峰集团净资产 3.5 亿元，资产负债率 99%，而云峰集团自身发债后的 2015 年半年度报告显示其净资产 49.7 亿元，资产负债率 79.9%，两者披露的净资产相差 14 倍。绿地控股审计与云峰集团发债审计分别为不同会计师事务所，该事件使相关审计机构被中国银行间交易商协会公开谴责处分，并暂停业务一年。

（五）证据与交易对手披露信息不一致

如对某客户的收入确认金额，与该客户公开披露的采购金额不一致；对某供应商的采购金额，与该供应商披露的收入确认金额不一致。若被审计单位交易对手是上市公司，可通过公开信息查阅与对方披露信息是否一致。

（六）证据之间数量、金额及其他相关内容不一致

一笔交易往往涉及多项原始单据，如收入确认相关单据包括合同、发票、出库单、运输单、签收单、安装验收单等，如果同一笔交易这些单据之间内容存在不一致，则交易可能存在真实性问题。

案例 11-7

索菱股份（002766）2016年、2017年财务报表存在重大错报，注册会计师审计工作底稿《控制测试——销售与收款流程——销售货物控制测试表》显示，审计人员查阅了货物出库单及其运货单后，针对索菱股份对同一客户销售的同类产品同时存在"XS"开头的出库单和"XOUT"开头的出库单，审计人员未采取恰当的审计程序获取排除此异常情况的充分、适当的审计证据，导致其未发现索菱股份"XS"开头的出库单有虚假的情况，控制测试结论为"经测试，我们认为销售与收款循环与销售货物有关的内部控制活动是有效的"。

资料来源：中国证监会网站。

（七）相同文件的格式不一致

同一单位（被审计单位、客户或供应商）的同一类单据，格式不一致，如出库单，有的有编号，有的没有编号；又如，同一单位的相同业务的合同，格式明显不同。

案例 11-8

注册会计师在对河南天丰节能板材料股份有限公司（以下简称"天丰节能"）IPO审计中，在检查设备付款凭证时，未对凭证后附的购置合同在格式、约定条款、签名等方面存在的明显异常予以关注。2012年审计工作底稿显示，申报会计师对采购设备的付款凭证进行了检查，依据天丰节能提供的购置合同核对了付款进度，却未对购置合同的格式、约定条款、签名等进行检查。申报会计师获取的部分购置合同在合同格式、约定条款上存在明显异常，如合同无封面、合同价格无大写金额，未约定具体运输港口、货款支付方式、合同延期的处理方法、双方争议处理方法等合同关键信息。

资料来源：中国证监会网站。

（八）书面证据与询问、观察证据不一致

注册会计师获取的书面证据，与通过访谈、观察了解的信息不一致，如工程项目收入确认审计，在确定完工进度比例时，书面证据显示完工进度为80%，但注册会计师现场观察工程项目刚开始，目测进度不到 30%，则被审计单位涉嫌虚报进度以提前确认收入；又如，管理层、内部审计人员和其他人员对注册会计师的询问的答复不一致，或者治理层对询问的答复与管理层的答复不一致。

（九）复印件与原件不一致

被审计单位可能将原件的某些内容隐藏、篡改后复印，导致注册会计师获取的复印件证据不真实。

（十）函证结果与账面记录不一致

注册会计师实施函证程序，收到的回函显示函证信息不符，如数量、金额或交易内容存在差异。对于这种不一致，注册会计师不要轻易相信是被审计单位交易对方的原因造成的。

（十一）时间逻辑不一致

被审计单位经济业务，都是在一定的时空内发生，任何证据都有时间的烙印，时间有先后顺序，有期间和长短，不符合时间逻辑的证据可靠性存疑。例如，某公司采购一批服务器和软件，经简单组装集成后销售。采购入库单注明的时间为 7 月，而销售出库单注明的时间为 4 月，即销售先于采购，不同证据反映的时间相互矛盾。事实上，该交易为虚构交易。又如，某些政府采购项目，需要履行招投标程序，如果被审计单位收入确认早于招投标时间，与收入确认相关的证据可靠性值得怀疑。再如，注册会计师在对华泽钴镍（000639）2013 年度财务报表审计中，通过传真取得的 9 家不同单位的询证函回函上所记录时间，最早为 2014 年 4 月 17 日 15：44，最晚为同日 15：49，中间间隔仅 5 分钟。对于该询证函回函时间高度集中的异常现象，注册会计师未给予应有的关注。

此外，审计报告日后获取的证据，理论上不符合证据的质量要求，包括审计报告日后取得的函证、对交易确认有实质性影响的验收单等证据。例如，某公司从事房地产业务，监管部门检查发现 2013 年度该公司收入总额 9.49 亿元，其中 8.92 亿元为虚假收入。监管部门在对会计师事务所行政处罚决定书中，指出"审计意见出具前未事先取得相关审计证据。会计师事务所出具的 2013 年度审计报告的日期为 2014 年 6 月 22 日，但支持其确认 2013 年度 8.92 亿元售房收入的购房协议书真正用印盖章日期却为 2014 年 6 月 27 日，审计报告日期早于关键审计证据获取日"。

（十二）印章、印鉴不一致

对于同一客户或供应商，相关的合同协议、结算单据、验收单、询证函回函等印鉴是否一致，包括印鉴的名称、形状是否存在差异。

（十三）签名、笔迹不一致

签名的人员与交易不相关，或同一人员在不同单据上签字笔迹明显不一致。

（十四）地址、联系人、联系电话等不一致

被审计单位相关单据反映的地址等信息不一致，如注册地址与办公地址不一致、合同上注明的地址与发票上注明的地址不一致。不同客户或供应商，留存的联系人相同，或者不同的联系人，但留存的联系电话相同等不一致。

（十五）证据前后不一致

审计是流程化工作，初步业务活动、控制测试、实质性测试之间存在一定的逻辑联系，注册会计师在各个阶段获取的证据应当相互呼应，而不应互相矛盾。比较典型的是，计划阶段确定的审计重点与实际执行脱节，即风险导向审计"两张皮"现象。

案例 11-9

三峡新材（600293）2011 年、2012 年通过少转成本，分别虚增营业利润 7 542.58 万元、1 565.74 万元。注册会计师在 2011 年、2012 年的总体审计计划中，均认为三峡新材销售形势差于上一年度，公司可能虚增利润，认为公司的主营业务收入、主营业务成本、存货／生产成本有舞弊风险。在实施控制测试后，认为三峡新材对"生产成本的归集与结转""准确记录所有出库与入库"等业务活动的控制是无效的，并识别出"材料的入库单、出库单无连续编号，对材料的完整性、成本的真实性有一定的影响"。

但是，注册会计师未能设计和实施进一步审计程序应对上述重大错报风险，在与存货相关的审计程序中未勤勉尽责，导致未能识别三峡新材 2011 年、2012 年少结转原材料成本以虚增利润的事实，具体体现在以下两个方面：

第一，与存货相关的实质性分析程序执行不到位。在执行与存货相关的实质性分析程序中，注册会计师只收集了相关数据，但未对数据进行比对分析，也未对分析结果进行评价判断，导致实质性分析程序流于形式。2011 年年报审计中，注册会计师仅收集了生产成本明细表、制造费用明细表、12 月份成本计算表，但未进一步分析生产成本波动原因，未对逐月数据进行比对分析，也未将其与往年数据或标准成本对比分析。2012 年年报审计中，仅收集了生产成本明细表及各生产线的原材料、人工、制造费用等统计表，但未进一步分析生产成本波动原因，未对相关数据进行比对分析。

第二，对重质碱、石油焦的存货监盘程序不当。在重质碱的监盘中，三峡新材重质碱一般为袋装，20袋一层，但存放位置较多，很多位置并未按照统一标准放置。对此，盘点人员对袋装碱以"一层一般为20包"进行简单估算，并对不规则摆放或未堆满部分进行了大量的目测估算，导致账实差异巨大。

在石油焦的监盘中，石油焦为不规则堆放的物品（类似于煤炭堆），无论体积还是重量都比较庞大，很难移动或逐一过磅。但盘点人员对石油焦的盘点方法极其简略，仅通过大致的体积测量乘以密度得出盘点结果。在体积测量中，石油焦堆放不规则，高低不平，但盘点人员简单以长宽高计算体积，高低不平以目测估计补实，导致其测量数据不准确。

资料来源：中国证监会网站。

（十六）相同证据出具不同结论审计报告

执业过程中，可能存在会计师事务所接受同一家单位委托的同一事项，依据相同的审计证据出具不同结论的审计报告。这虽然不是证据之间的不一致，而是审计报告之间的不一致，但性质更加严重，审计风险更大。

需要特别注意的是，注册会计师在发现证据存在不一致时，应当格外小心，不要轻易相信这些不一致是一个独立事件，从而放弃进一步的核查。财务造假中，往往是通过不一致的证据发现线索。注册会计师一旦发现证据之间的冲突或矛盾，要合理怀疑该信息已经暗示财务报表可能存在错报，包括舞弊引起的重大错报，此时应彻底查清楚这些问题，获取其他必要的证据证实或排除疑虑。

📝 案例 11-10

注册会计师在对康美药业（600518）审计中，未关注不一致等明显异常或相互矛盾的证据，未保持职业怀疑，未执行进一步审计程序消除疑虑，其中：

1. 销售与收款循环控制测试审计证据

注册会计师在内部控制测试中，一是测试"销售出库单"时，抽取了49个样本，有5个样本记录的内容与实际会计记账凭证内容不符，实际抽样时未核查对应的样本凭证。二是执行"重新执行"程序时，审计计划包括检查随货同行单，抽取的50个样本中，仅4个样本包含有随货同行单，两个样本存在出库单、销售合同签署日期晚于随货同行单（客户签收单）日期的情况。三是测试"订立销售合同"时，抽取了 58 个样本，有 35 个样本的合同不存在编号且主要合同条款均为空白。

2. 货币资金审计证据

2016 年报审计中，注册会计师针对货币资金科目获取的银行询证函、银行对账单等资料中，存在明显异常或相互矛盾的情况。一是康美药业交通银行基本户的询证函上所盖银行印章为"业务受理章"，与商业银行常规做法不一致。二是康美药业在工商银行询证函上仅加盖公司公章，未加盖财务章及法人私章，却能得到银行回函。三是康美药业与子公司广东康美之恋大药房有限公司均在工商银行开立有账户，康美之恋的询证函回函是银行固定格式的资信证明，而康美药业的询证函回函是直接在会计师事务所的询证函上盖章。四是建设银行的询证函回函自身内容前后矛盾：函件要求定期存款应当列明存款日期、到期日期、存款利率等信息，但回函中关于定期存款的信息中"存款日期""到期日期""存款利率"栏均为空白。五是注册会计师获取的交通银行基本户的对账单部分有银行印章，部分没有银行印章。

2017 年报审计中，注册会计师对康美药业货币资金科目获取的银行询证函、银行对账单、银行流水等资料中，存在明显异常或相互矛盾的情况。一是康美药业与子公司康美时代（广东）发展有限公司均在交通银行开立有银行账户，康美时代的询证函上银行所盖印章为"会计业务章"，且银行盖有骑缝章，银行经办人之一陈某鑫所盖私章为四方章，而康美药业询证函上银行所盖印章为"业务受理章"，无骑缝章，经办人之一陈某鑫所盖私章为长方形印章。二是获取的康美药业交通银行基本户对账单无银行印章，而康美时代交通银行账户对账单均有银行印章，二者存在明显差异。三是康美药业与康美之恋均在工商银行开立有银行账户，康美之恋的询证函上银行复核人印章为"纪某阳"四方章，康美药业的询证函上银行复核人印章为"现场审核纪某阳（3）"长方形印章。

3. 销售循环实质性审计证据

2016 年及 2017 年报审计中，注册会计师在进行销售合同检查及针对应交税费科目执行审计程序获取的审计证据中，存在明显异常或相互矛盾的审计证据。一是检查销售合同时，大量合同金额低于账务确认金额，注册会计师抽取了康美药业 2016 年的 115 个客户样本，76 个客户的合同金额远低于账务确认金额。二是印花税和增值税申报表列示的全年计税基础存在明显差异。

在 2018 年报审计中，注册会计师获取的多份审计证据存在明显异常或相互矛盾。一是获取的关于中药材贸易的业务单据没有客户签收，也没有客观证据表明康美药业收到中药材销售货款，康美药业的收入确认缺乏依据。二是获取的康美药业与田某武签署的《授权委托书》主要内容是康美药业委托田某武统筹负责冬虫夏草贸易业务，授权期限自 2008 年 1 月 1 日至业务终止。《授权委托书》所盖公章为"康美药业股份有限公司"，而康美药业前身为"广东康美药业股份有限公司"，2009 年 1 月 14 日才公告变更名称为"康美药业股份有限公司"。三是审计工作底稿记载，康美药业授权陈某涌负责管理西洋参业务，双方签署了《授权委托书》。但陈某涌在访谈中表示，康美药业不对其进行管理和监督，其仅向康美药业实际控制人许某瑾提供财务数据，未提供给康美药业。四是陈某涌在访谈中表示，其公司有员工 40 名，没有缴纳社保，但康美药业却提供了陈某涌等 7 名员工的社保缴纳记录，参保单位为康美药业。

资料来源：中国证监会网站。

第三节　审计工作底稿

一、审计工作底稿的作用

注册会计师将获取的审计证据按照一定规则分类、索引和整理后，形成审计工作底稿，反映了注册会计师的工作过程和作出的职业判断，当被审计单位出现问题时，注册会计师是否应承担审计责任，唯一的依据是审计工作底稿。有时候，注册会计师在面临检查和诉讼中，申辩执行了某些审计程序但未记录于工作底稿，这并不能免除责任。因此，审计工作底稿是注册会计师的"护身符"。

《证券法》规定了注册会计师的法律责任，除非证明自己没有过错的除外，而是否有过错的证明只能来源于审计工作底稿。《最高人民法院关于审理会计师事务所在审计业务活动中民事侵权赔偿案件的若干规定》（法释〔2007〕12 号）规定："会计师事务所因在审计业务活动中对外出具不实报告给利害关系人造成损失的，应当承担赔偿责任，但其能够证明自己没有过错的除外。会计师事务所在证明自己没有过错时，可以向人民法院提交与案件相关的执业准则、规则以及审计工作底稿。"

审计工作底稿要有效地保护注册会计师，就必须要按照准则执业并将审计过程予以记录，仅有"三个代表"（程序表、审定表和明细表）式的工作底稿是不能保护注册会计师的，或者简单地抄写、复印被审计单位的会计账簿和会计凭证，缺少必要的审计程序，既没有审计过程记录，也没有注册会计师专业判断或审计结论，这样的工作底稿为无用底稿，在涉及法律责任时往往构成审计过失，承担行政或民事责任。

二、审计记录考虑的因素

（一）具体项目或事项的识别特征

识别特征是指被测试的项目或事项表现出来的征象或标志，因审计程序的性质和测试项目或事项不同而有所差异。对一个具体项目或事项而言，其识别特征通常具有唯一性，这种特征可以使其他人员根据识别特征在总体中识别该项目或事项并重新执行该测试。例如，对于需要系统化抽样的审计程序，注册会计师可能会通过记录样本的来源、抽样的起点、抽样间隔来识别已选取的样本；对于观察程序，注册会计师以观察的对象或观察过程、相关被观察人员及其各自的责任、观察的起点和时间作为识别特征。

记录具体项目或事项的识别特征可以实现多种目的，既能反映注册会计师履行职责的情况，也便于对例外事项或不符事项进行调查，以及对测试的项目或事项进行复核。例如，某个函证的回函表明存在不符事项，如果在实施恰当的追查后发现该例外事项并未构成错报，注册会计师可能要在审计工作底稿中记录解释发生该例外事项的原因；反之，如果该例外事项构成错报，注册会计师可能需要执行额外的审计程序并获取更多的证据。

（二）重大事项及相关重大职业判断

重大事项通常包括：

（1）引起特别风险的事项；

（2）实施审计程序的结果，该结果表明财务信息可能存在重大错报；

（3）导致注册会计师难以实施必要审计程序的情形；

（4）导致出具非无保留审计意见或者强调事项段及持续经营重大不确定性解释说明段的事项。

如何在审计工作底稿中记录重大事项及职业判断，除了在相关的工作底稿反映外，注册会计师可以将有关重大事项的记录汇总并形成重大事项概要，这可以集中考虑重大事项的影响，也便于质量复核人员全面、快速了解重大事项，特别是对于大型、复杂的审计项目尤有必要编制重大事项概要。

对于重大事项的职业判断，注册会计师应清晰记录于工作底稿，包括：审计准则要求注册会计师"应当考虑"某些信息或因素，并且这种考虑在特定业务情况下是重要的，记录注册会计师得出结论的理由；记录注册会计师对某些方面主观判断的合理性得出结论的基础，如某些重大会计估计的合理性；如果注册会计师针对审计过程中识别出的导致其对某些文件记录真实性产生怀疑的情况实施了进一步检查，记录对这些文件记录真实性得出结论的基础等。

（三）针对重大事项如何处理不一致的情况

如果识别出的信息与针对某重大事项得出的最终结论不一致，注册会计师应记录如何处理不一致，包括注册会计师针对该信息执行的审计程序、项目组成员对某事项的职业判断不同而向专业技术部门咨询情况，以及项目组成员和被咨询人员不同意见的解决情况。记录如何处理和识别出的信息与针对重大事项得出的结论不一致的情况非常必要，它有助于注册会计师关注这些不一致，并对执行必要的审计程序以恰当地解决不一致。需要注意的是，注册会计师没有必要保留不正确的或被取代的审计工作底稿。例如，某些信息初步显示与针对某重大事项得出的最终结论不一致，注册会计师发现这些信息是错误或不完整的，并且初步不一致可以通过获取正确或完整的信息得到满意解决，则注册会计师无需保留这些错误的或不完整的信息。又如，对于职业判断的差异，若初步的判断是基于不完整的资料或数据，则注册会计师无须保留这些初步的判断意见。

（四）审计结论

审计工作的每一部分都应包含与已实施程序的结果及其是否实现既定审计目标相关的结论，还应包括审计识别出的例外情况和重大事项如何得到解决的结论。工作底稿中应记录的审计程序和证据是否足以支持所得出的审计结论，是作为对财务报表发表审计意见的基础。

📝 **案例 11-11**

2020年1月，广东证监局对注册会计师执行上市公司松德智慧（300173）2016～2018年与商誉相关的年报审计项目检查后，出具了警示函的行政监管措施，指出会计师事务所及注册会计师在工作底稿记录方面存在如下问题：

（1）未记录与管理层对重大事项的讨论。在审计过程中与松德智慧管理层就松德智慧子公司深圳大宇精雕科技有限公司在预测期内CCD视觉定位触摸屏玻璃精雕机销量逐年下降、触摸屏玻璃精雕机销量逐年增加的合理性进行了沟通，但未形成相关记录。上述行为不符合《中国注册会计师审计准则第

1131号——审计工作底稿》第十二条的规定。

（2）审计工作底稿中存在记录错误。一是在审计工作底稿中将"万隆（上海）资产评估有限公司评估人员"错误记录为"北京华信资产评估有限公司评估人员"；二是在审计工作底稿中将"松德智慧拟以财务报告为目的商誉减值测试涉及的合并大宇精雕后商誉所在的资产组可回收价值的资产评估"错误记录为"利用万隆（上海）资产评估有限公司对大宇精雕2018年12月31日的股东全部权益进行评估，据以确认收购大宇精雕形成的商誉是否存在减值"。上述行为不符合《中国注册会计师审计准则第1131号——审计工作底稿》第十条的规定。

北京证监局对注册会计师执行的新三板挂牌企业华龙股份（870893）2019年财务报表审计项目，也指出审计工作底稿编制不规范问题："审计工作底稿流于形式，主要呈现为财务数据列示，未见对关键和不一致事项的分析说明，获取的原始业务证据单独编制成册，未按会计科目分开整理，未见任何交叉索引。具体表现为：一是了解被审计单位及环境的工作底稿中存在描述明显错误、空白或没有结论的情况，未编制风险评估结果汇总表，未见特别风险相关底稿等。二是总体审计策略、具体审计计划的工作底稿编制简单，未见审计分工，未见内部质量复核人员签字。三是未见存货计价测试、跌价准备转回转销等相关底稿等。"

资料来源：中国证监会网站。

三、审计证据归集

注册会计师获取的证据，应按照《中国注册会计师审计准则第1131号——审计工作底稿》规定，记录和整理形成审计档案。工作底稿是审计证据的载体，有两种形式的证据：一是注册会计师编制和记录的相关底稿，如审定表、交易和账户余额检查表、重新计算复核表等；二是直接获取的书面文件证据，如内部控制制度、销售合同、销货安装验收单、询证函回函等。与会计档案类似，前者是记账凭证，后者是原始凭证。证据归集最重要的问题，哪些需要获取纸质件，哪些不需要获取纸质件，只需要作出审计记录即可。例如，测试一笔销售样本，需要检查合同、发票、发货单、客户验收单等证据，有的注册会计师将所检查的所有证据都复印归入工作底稿，复印了大量资料，这种做法值得商榷。

审计证据的目的是支持审计结论，有的审计资料查阅审核并记录即可，有的审计资料不仅需要审核，还需要作为审计工作底稿的组成部分，这需要注册会计师的专业判断才能做出选择。除非特殊情况，注册会计师在实施审计过程中，下列审计资料不一定要复印作为归档审计工作底稿的组成部分：

（1）企业完整的内部控制及管理制度，首次承接及更新除外，上述制度可留存电子文档；

（2）所有会议纪要、公告复印件，有利于判断会计处理、审计报告信息披露的重要文件除外；

（3）总账及明细账，首次审计期初余额特殊项目审计除外；

（4）记账凭证，首次审计期初余额特殊项目审计除外；

（5）格式化借款合同，可复印一份纳入底稿，其他在借款审计中予以记录，但非标借款，如非银行金融机构借款、企业或个人间借款需获取相应合同或协议；

（6）条款相同的销售合同，判断收入确认方法及时点相同的销售合同，可复印一份纳入底稿，但未予复印的销售合同应当在测试相应项目时记录、摘要关键条款。异常销售、特别大额销售如前五名客户应获取销售合同；

（7）条款相同的采购合同，同类原材料、物资的采购合同，可复印一份纳入底稿，但未予复印的采购合同应当在测试相应项目时记录、摘要关键条款。异常采购、大额采购如前五名供应商应获取采购合同；

（8）销售或采购发票，主要审核、记录相应单号，无需复印留于工作底稿，除非销售或采购不动产、无形资产等非经营业务，或者特殊经营性购销项目；

（9）企业资产盘点表，不需复印企业完整存货、固定资产等盘点表，重点应获取审计人员参与的监盘、抽盘记录；

（10）极不重要项目的抽样，如销售费用或管理费用中合计金额低于销售费用或管理费用总额 5% 中的项目无须抽取测试；

（11）其他不具备证明力的文件资料。

在实现工作底稿电子化的会计师事务所，有的要求留存部分文件，主要是涉及被审计单位及外部印鉴和签名的相关资料，如审计业务约定书、盖章的未审财务报表和审定财务报表、询证函、审计调整确认函件、相关方签字确认的重要沟通记录、管理层声明书，以及注册会计师认为重要的资料，包括重要的合同、验收单等。

四、证据与资料

审计工作底稿的本质特征是"证据"属性。证据的目的则是查明事实，以证明、解释或说明审计结论，相应地，收集和评价证据是注册会计师的核心审计工作。因此，一定程度上说，工作底稿就是证据，证据构成全部工作底稿。注册会计师的核心胜任能力之一，体现在取证能力上，是否能够获取与审计结论相关的证据。审计资料，是注册会计师在审计过程中获取的相关文件材料，这些材料有的与审计结论具有相关性，有的则无关，即资料的范围大于证据。是否具有证明力，是否与审计结论相关是证据与资料的区别，证据的质量特征之一为相关性，即与审计结论必然具有内在逻辑联系，具有证明力；而资料可能证明被审计单位的某些经济业务，但却不一定对审计结论起到证明作用。审计问题，某种角度上说是法律问题，监管检查、审计失败最终是由司法进行裁决，此时审计工作底稿就是所有的裁判的证据，如果仅是一些与审计结论无关的资料，注册会计师在司法程序中不可能得到支持，工作底稿也不可能成为注册会计师的"护身符"。所以，注册会计师审计就像是一个经济侦探，需要从各个角度，去发现风险，识别风险，然后用充分的证据来证明审计结论。

实务中，不少工作底稿未体现"证据"属性，缺乏完整的证据链，更多地体现为"资料"属性。注册会计师收集的资料，要么本身缺乏证明力，与审计结论无关；要么虽然有一定相关性，但未能将孤立证据形成证据链，没有相关的说明、分析、解释等串联证据的材料。注册会计师不应当仅成为资料的收集员，而应成为证据的采集者。

第四节　审计证据与勤勉尽责

一、勤勉尽责与注册会计师法律责任

《证券法》第一百六十三条规定，证券服务机构为证券的发行、上市、交易等证券业务活动制作、出具审计报告及其他鉴证报告、资产评估报告、法律意见书等文件，应当勤勉尽责，对所依据的文件资料内容的真实性、准确性、完整性进行核查和验证。其制作、出具的文件有虚假记载、误导性陈述或者重大遗漏，给他人造成损失的，应与委托人承担连带赔偿责任，但能够证明自己没有过错的除外。勤勉尽责是注册会计师承担责任的"顶层"规定，但在涉及注册会计师法律责任的理论与实践中，经常出现勤勉尽责、职业关注、职业谨慎、注意义务等术语，这些概念与勤勉尽责是什么关系？谢荣[①]认为，职业关注既是一个法律概念，也是一个职业概念，这两个概念在大多数情况下是一致和相互作用的，实际上是

---

① 谢荣，曾任上海国家会计学院副院长。

对注册会计师保持职业关注的个人素质的要求，以保证其能够胜任工作。

在李若山[①]等看来，勤勉尽责与职业谨慎是同义概念，勤勉尽责要求注册会计师只能从事自己能够胜任的工作，在执业过程中，不仅关注客户的利益，还应关注财务报表使用者的利益，在所有重大方面保持应有的谨慎，采取适当方法，积极排除对重大事项的怀疑。

刘燕[②]认为，专业人士的注意义务标准，就是其所在职业具有通常谨慎程度的成员保持的注意程度。合理的注意义务标准在司法实践中有两个方面的含义：其一，合理的注意义务体现的是一个平均水平，即一个中等资质和能力的从业人员标准，或者，在注册会计师执业领域中，一个具有通常的业务水平和谨慎程度的注册会计师的注意标准。它低于一个行业中最优秀的专业人士或者说专家的水准，但高于那些新近加入行业者的水平。其二，合理的注意基本上是一个客观的标准，但这一标准并不是绝对的。

判断注册会计师是否做到了应有的勤勉尽责，可从四个方面把握：

（1）注册会计师应具有专业胜任能力，拥有该职业所需要的一般知识并能与职业保持同步发展。注册会计师应能达到行业平均的技术熟练程度，能够采取一切手段获取对被审计单位情况的了解，能够根据时代的发展和变化，熟悉新的审计领域，不断更新审计技术，保证所采取的审计程序能最好地符合实务要求。注册会计师应注意评价自己的能力、知识、经验和判断水平是否可以胜任工作，当注册会计师意识到自己的专业胜任能力可能存在不足时，应考虑向专家咨询或拒绝接受委托。

（2）注册会计师应当能够作出相当于行业平均水平的判断。具有充分的判断力是职业区别于非职业的特征之一，注册会计师在审计工作中，处处离不开职业判断，如审计风险和重要性水平的估计、审计程序的恰当运用等。谨慎执业者的判断是知识、经验和直觉作用于大脑思维的结果，而不是主观盲断。在运用职业判断时，注册会计师应合理预见到可能给客户、财务报表使用者等利益相关方带来的危害。

（3）注册会计师应在人格方面优秀但不一定超越行业一般水平。谨慎的执业者能保证勤勉、认真地履行职责，但不应要求注册会计师是完人，也不应要求注册会计师任何时候都能发现被审计单位存在的问题，"他会犯错误，他也自私，他还会害怕，但这些缺陷均体现了社会（行业）通常的行为标准。公共社会的任何

---

① 李若山，复旦大学管理学院教授、博士生导师。
② 刘燕，北京大学法学院教授、博士生导师。

方面均不一定反映称作慎重的东西，习惯本身也许就是过失"。

（4）注册会计师在审业务活动中应实质性地遵守审计准则。在审计计划的制定、内部控制测试、审计程序实施和证据获取等方面，注册会计师应严格遵守职业规范和职业道德，以高度的职业敏感性理解经济业务的性质和内容。

合理注意义务标准，一方面，标准的确立应具有合理性。在一般情况下，注册会计师只需要尽其所在群体的合理的注意义务和通常的专业技能，而无需显示最高超的专业技能。但是，如果有证据表明当事人对会计师事务所的专业服务水平或注册会计师的个人能力、经验等方面有着特殊的要求和期待，那么，这种要求和期待应成为判断注册会计师注意义务的内容和考量因素。另一方面，注意义务的标准确定应具有统一性。该标准适用于在这一领域工作的所有注册会计师，注册会计师个人能力的欠缺、经验的不足以及所在地区经济落后等均不能成为降低注意义务标准的理由。

注册会计师是否尽到了合理注意义务，可以通过理性且掌握充分信息的第三方进行测试。具体来说，是指注册会计师考虑：假设存在一个理性且掌握充分信息的第三方，在权衡了注册会计师于得出结论的时点可以了解到的所有具体事实和情况后，是否很可能得出与注册会计师相同的结论。理性且掌握充分信息的第三方不一定是注册会计师，但需要具备相关的知识和经验，以使其能够公正地了解和评价注册会计师结论的适当性。

二、审计证据与勤勉尽责

总体而言，认定注册会计师是否勤勉尽责，要看注册会计师是否遵循审计准则及其他相关的规则，但落脚点为注册会计师是否实施了恰当的审计程序，并获取充分、适当的审计证据以支持审计结论。也就是说，审计程序及审计证据是勤勉尽责的评价载体。注册会计师在实施审计程序，获取审计证据时，可能影响勤勉尽责的情形包括：

（1）几乎未获取有效证据。这种情形，往往是注册会计师怠于审计工作，严重违反审计准则规定，在几乎未实施审计程序和获取审计证据情况下，直接出具审计报告。例如，福建省财政厅在对厦门某会计师事务所2012~2013年执业质量检查中，发现该所2013年1~6月执业期间，出具了6 920份报告，其中，没有审计工作底稿的报告为6 254份，占比90.37%；有简易审计工作底稿的为666份，占9.63%。在有简易审计工作底稿的报告中，存在未履行必要审计程序、在未获取充分适当的审计证据的情况下出具业务报告的问题。显然，这种情况完全违背勤勉尽责原则。

（2）明知审计证据虚假。注册会计师明知被审计单位提供的证据存在下列情况但未指出：明知被审计单位对重要财务会计事项的处理与国家有关规定相抵触而不予指明、明知被审计单位的财务会计处理直接损害利害关系人利益而予以隐瞒、明知被审计单位的财务会计处理会导致利害关系人产生重大误解而不予指明、明知被审计单位的会计报表的重要事项有不实内容而不予指明等，注册会计师在此基础上获取的证据为虚假证据，不能支持审计结论，如果采用这些证据出具审计报告，将被认定为故意行为，承担严重的后果，如给财务报表使用者造成损失的，应承担连带赔偿责任。

（3）审计证据不充分。注册会计师获取的证据不够，或者存在缺陷，例如，制定的审计计划存在明显疏漏、未能合理运用重要性水平、在特定审计领域缺少专业胜任能力时未利用专家工作、样本数量不够，以及当被审计单位财务报表存在重大错报风险，以及存在舞弊迹象时，注册会计师未追加必要的审计程序，获取证据予以证实或排除。例如，注册会计师选择的样本规模较小，不能根据抽样样本得出总体结论，使得注册会计师未能发现被审计单位的错报。该种情形导致的审计证据不充分，要么源于注册会计师对错报风险的估计不当，要么可能出于侥幸心理，认为被审计单位财务状况良好，不会出现问题。

（4）未注意到部分证据的真实性。不论是什么性质的错报，相应的证据一定有问题，或者说是不真实的证据，导致证据与事实之间出现冲突，而注册会计师未能发现这种冲突，如未能发现虚假银行单据、虚假回函印章、虚假的出入库单等。未发现证据缺陷，可能是注册会计师经验不足，专业胜任能力不够，也可能是相关单位协助被审计单位串通舞弊，基于审计固有局限难以发现，但是，现行关于结果导向性的勤勉尽责认定，注册会计师未能揭示财务造假，很难被认定为已经勤勉尽责。

（5）错误评价审计证据。对于被审计单位重要经济事项的会计处理，不符合会计准则的规定，但注册会计师未能指出。例如，某公司进行重大资产重组，收购同一集团控制下的多家子公司全部股权，同时置换出部分控股子公司股权，并以发行股份及支付现金方式支付资产置换之差额。该交易构成同一控制下合并，根据会计准则规定，合并方在企业合并中取得的资产和负债，应按照合并日在被合并方的账面价值计量，合并方取得的净资产账面价值与支付的合并对价账面价值（或发行股份面值总额）的差额，应调整资本公积；资本公积不足冲减的，调整留存收益。但企业将收购股权作为同一控制合并处理，置换出的股权作为资产处置，确认大额收益，并使得公司由亏损实现了盈利。注册会计师未指出企业的会计处理不符合准则规定，错误评价审计证据，导致得出错误的审计结论。错误评价审计证据，通常不是主观行为，但从后果看，若具有重大性，则出具的审计报告没有公允反映被审计单位财务状况和经营成果，未能勤勉尽责。

三、勤勉尽责认定的进一步探讨

（一）勤勉尽责与未勤勉尽责之间，是否存在中间地带

理论上，勤勉尽责不应存在中间地带，因为注册会计师执业标准是一致的。但在实务中，可能存在中间地带，即职业判断与勤勉尽责之间的关系。现行会计准则与审计准则均是原则导向，需要注册会计师作出大量的职业判断，不同注册会计师对同一交易或事项的风险可能作出不同的判断，进而实施的审计程序和获取的证据有所差异。如果发生审计失败，究竟是职业判断问题，还是故意或推定故意问题，认定起来存在一定难度。从行政监管执法的一致性看，对注册会计师勤勉尽责行政处罚、出具警示函等行政监管措施反映出一定程度的差异化。

（二）勤勉尽责是否存在程度上的差异

已经勤勉尽责在程度上是否存在差异并不重要，但未勤勉尽责的程度可能就很重要，这影响注册会计师责任的大小。

首先，勤勉尽责存在性质差异。如果是故意行为，即《中国注册会计师法》《最高人民法院关于审理涉及会计师事务所在审计业务活动中民事侵权赔偿案件的若干规定》规定的"明知"行为，则属于与被审计单位共谋，违背独立性原则，性质严重，属于未勤勉尽责，这种情况不需要过多考虑注册会计师执行的审计程序及获取的证据。

其次，勤勉尽责存在工作量方面的差异。工作量方面的差异，体现在注册会计师执行的审计程序和获取证据的数量，对于同一审计事项，按照审计准则规定应当执行 10 项程序，获取 100% 的证据，如果注册会计师执行了 9 项审计程序，获取了 90% 的证据，显然比只执行了 5 项审计程序，获取 50% 证据要"勤勉尽责"一些。然而，不论是执行了 9 项程序，还是执行了 5 项程序，都没有能够发现被审计单位的错报，结果往往是承担的责任一样。最高人民法院《关于会计师事务所审计侵权赔偿责任司法解释理解与适用》中，认为"推定故意（未勤勉尽责）状态的行为表现为主要是指注册会计师没有执行大部分最基本的审计程序"。该观点认为勤勉尽责的程度存在差异。

最后，勤勉尽责存在涉案事项的金额大小。涉案金额大小，对财务报表使用者影响程度不同，勤勉尽责的程度是否应当所有不同？

（三）勤勉尽责是否存在"期望差距"与结果导向

如果被审计单位发生经营失败，注册会计师又未能发现财务报表错报，即使是注册会计师已经按照准则执业，但由于财务报表使用者与注册会计师之间存在"期望差距"，导致财务报表使用者与注册会计师之间产生冲突。注册会计师认为，审计具有固有局限，是较高程度但不是绝对保证，按照准则规定执业，获取证据以支持审计结论是注册会计师的全部期望。而不少财务报表使用者认为，注册会计师应当担保财务报表的精确性，甚至还应担保企业的经营失败。作为监管部门，迫于投资者的压力，在认定注册会计师是否勤勉尽责时，可能更多地站在"受害者"一边，以维护投资者的利益为出发点，往往认为只要被审计单位有问题，注册会计师就有责任。这种结果导向，使得监管执法者千方百计找出注册会计师审计中存在的问题，只要找出一个问题，而不管其他审计程序做得多么完善，就可能认定注册会计师未能勤勉尽责。

这个问题实际上是可能存在认定注册会计师审计责任的扩大化趋向。由于现代审计受其自身的审计技术、审计方法、审计成本等固有审计风险的限制，对于被审计单位的财务造假行为，会计师事务所即使尽到应有的职业谨慎，有时也很难发现所有的错误和舞弊。因此，会计师事务所的审计报告只能合理地保证利害关系人确定已审计会计报表的可靠程度，不能苛求会计师事务所对已审计会计报表的真实性、完整性提供绝对保证，不能因为会计报表已经通过会计师事务所的审计，就认为会计师事务所是会计报表质量的绝对保证人和责任人。当会计师事务所完全遵循了执业准则和规则以及诚信公允原则时，仍有可能没有发现会计报表中的某些错误的漏报，以致出具了与事实不相称的审计报告。

（四）勤勉尽责认定是否存在混淆会计责任与审计责任

企业的经营管理人受所有人委托承担着会计核算和管理方面的职能，包括健全企业内部控制制度，提供真实的、公允的会计信息对受托资产经营管理的保值增值。若被审计单位经营管理人未能保证会计资料的真实、完整而提供虚假会计资料，被审计单位承担的是会计责任，会计责任直接导致企业的经营失败。而为被审计单位提供审计服务的会计师事务所，其在审计过程中要依据审计准则和执业判断对被审计单位的财务信息作出审计判断，该审计判断是基于会计判断之上的再判断。若会计师事务所未能通过审计过程发现和披露企业会计资料中存在的错误、舞弊和企业经营风险的，则应对其所作的评价和鉴证即其出具的审计报告负责，其所承担的是审计责任。这两种责任是有区别的，注册会计师是否勤勉尽责对标的是审计责任，不是会计责任。

尤其是在民事责任上，会计责任和审计责任是两种不同性质的民事责任，不应相互替代。在同时承担民事责任的情况下，无论是从责任形成的时间、动机看，还是从责任对应的收益结果分析看，会计责任属于先发性、主动性、相对高收益性，审计责任属于事后性、从属性和相对低收益性，从这个意义上，会计责任和审计责任之间是主次、先后、大小的关系，但司法判决实践中有时并未得到体现。

（五）勤勉尽责认定是否需要结合特定的现实环境条件

认定勤勉尽责，有必要考虑注册会计师特定执业环境。一方面，现行我国整体诚信状况不够，尤其是资本市场利益巨大，上市公司与其他市场主体串通舞弊情况下，注册会计师很难发现而导致审计失败。另一方面，审计具有固有限制，审计手段有限，穿透审计等取证较为困难，使得质疑不能最终落地，可能导致审计失败。

（六）勤勉尽责是否可适度考虑"功过相抵"

在认定注册会计师责任时，相关机构或人员往往关注的是注册会计师未做哪些应当做的审计工作，不太关注已经做了哪些审计工作，是否应考虑注册会计师在整个审计项目中发挥"看门人"作用的程度？例如，如果注册会计师在对某公司审计过程中，发现被审计单位存在大量错报，并进行了审计调整，由于被审计单位刻意隐瞒某笔交易，导致注册会计师未能发现虚假交易。如果单纯从涉案金额及注册会计师审计程序未完全到位看，可能被认定为较大程度的未勤勉尽责，但如果从整个项目看，审计调整的错报远远大于舞弊金额对财务报表的影响，是否可以认定为已经勤勉尽责，或者适当考虑已拦截错报以部分抵销注册会计师的过失？

第十二章　关键审计事项

关键审计事项源于审计报告改革，以增加财务信息的透明度，提高审计报告的使用价值。关键审计事项是选择出来的，因为关键审计事项是"注册会计师根据职业判断认为对本期财务报表审计最为重要的事项"。关键审计事项的选择，主要包括如何选择关键事项的内容、关键审计事项的数量，以及连续审计时如何选择关键审计事项。

第一节　选择关键审计事项

一、审计报告改革

为了提升财务信息的透明度，提高审计质量及审计报告对于使用者的价值，增强使用者对财务报表和审计报告的信心，2009 年，国际审计与鉴证准则理事会（IAASB）启动了审计报告准则的全面修订，并于 2015 年 1 月 15 日发布了新的审计报告准则，这是审计行业最近几十年来最重大的变化之一。新的审计报告改革最大的变化，是在审计报告中增加关键审计事项的披露，审计报告从同质化转向差异化，以期达到下列目的：一是促进注册会计师关注审计报告中的沟通事项，以间接促使其在执行审计过程中更多地运用职业怀疑；二是增强注册会计师与治理层之间的沟通；三是审计报告对关键审计事项的披露将增强审计师与投资者之间的沟通，为财务报表使用者提供更多额外信息，更好地了解被审计单位；四是管理层和治理层更多地关注审计报告中提及的财务报表披露信息，从而提高财务报告的质量。

2006 年以来，中国审计准则已与国际审计准则保持实质性趋同，我国也对审计报告准则进行了修订。2016 年 12 月，财政部发布《中国注册会计师审计准则第1504 号——在审计报告中沟通关键审计事项》，并明确实施范围及时间：

（1）对于 A+H 股公司供内地使用的审计报告，应于 2017 年 1 月 1 日起执行；

对于 A+H 股公司供境外使用的审计报告，如果选择按照中国注册会计师审计准则出具审计报告，应于 2017 年 1 月 1 日起执行；对于 H 股公司的财务报表审计业务，如果选择按照中国注册会计师审计准则出具审计报告，应于 2017 年 1 月 1 日起执行。

（2）对于股票在沪深交易所交易的上市公司（主板公司、中小板公司、创业板公司，包括除 A+H 股公司以外其他在境内外同时上市的公司）、首次公开发行股票的申请企业（IPO 公司），其财务报表审计业务，应于 2018 年 1 月 1 日起执行。

（3）对于股票在全国中小企业股份转让系统公开转让的非上市公众公司（新三板公司）中的创新层挂牌公司、面向公众投资者公开发行债券的公司，应视同上市公司，其财务报表审计业务，应于 2018 年 1 月 1 日起执行。

（4）对于其他实体的财务报表审计业务，暂不要求执行。

（5）允许和鼓励提前执行。

二、选择关键审计事项

关键审计事项，是指注册会计师根据职业判断认为对本期财务报表审计最为重要的事项。关键审计事项是注册会计师根据职业判断，认为对本期财务报表审计最为重要的事项。

注册会计师选择关键审计事项的决策，是一个由多到少、逐步聚焦的筛选过程，主要分为三个步骤：

首先，以"与治理层沟通过的事项"为起点选择关键审计事项。《中国注册会计师审计准则第 1151 号——与治理层的沟通》要求注册会计师与被审计单位治理层沟通审计过程中的重大发现，包括重要的会计政策与会计估计、审计过程中遇到的重大困难、与治理层讨论的重大事项等，以便治理层履行其监督财务报告的职责，注册会计师应从与治理层沟通过的事项中选取关键审计事项。

其次，从"与治理层沟通过的事项"中选出"在执行审计工作时重点关注过的事项"。注册会计师关注过的领域通常与财务报表中复杂、重大的管理层判断领域相关，因而通常涉及困难或复杂的注册会计师职业判断。相应地，重点关注过的事项通常影响注册会计师总体审计策略以及对这些事项分配的审计资源和审计工作力度。例如，项目组高级审计人员参与审计业务的程度，或者注册会计师的专家或在会计审计的特殊领域具有专长的人员对这些领域的参与。注册会计师在确定哪些事项属于重点关注过的事项时，应考虑下列方面：

（1）按照《中国注册会计师审计准则第 1211 号——通过了解被审计单位及其环境识别和评估重大错报风险》的规定，评估的重大错报风险较高的领域或识别出的特别风险。

（2）财务报表中涉及重大管理层的判断，包括被认为具有高度估计不确定性的会计估计的领域相关的重大审计判断。

（3）本期重大交易或事项对审计的影响。对财务报表或审计工作具有重大影响的事项或交易可能属于重点关注领域，并可能被识别为特别风险。

最后，从"在执行审计工作时关注过的事项"中确定对本期财务报表审计"最为重要的事项"，从而构成关键审计事项。注册会计师可能已就需要重点关注的事项与治理层进行了较多沟通，这些事项与治理层沟通的性质和范围，通常能够表明哪些事项对审计而言最为重要。例如，对于较为困难和复杂的事项，注册会计师与治理层的互动可能更加深入、频繁或充分，这些事项构成重大的注册会计师判断或管理层判断的对象。在确定某一与治理层沟通过的事项的相对重要程度以及该事项是否构成关键审计事项时，注册会计师可以考虑以下因素：

（1）该事项对预期使用者理解财务报表整体的重要程度，尤其是对财务报表的重要性。

（2）与该事项会计政策的性质，或者与同行业其他实体相比，管理层在选择适当的会计政策时涉及的复杂程度或主观程度。

（3）从定性和定量方面考虑，与该事项相关的由于舞弊或错误导致的已更正错报和累积未更正错报（如有）的性质和重要程度。

（4）为应对该事项所需付出的审计努力的性质和程度，包括：为应对该事项为实施审计程序或评价这些审计程序的结果在多大程度上需要特殊的知识或技能，以及该事项在项目组之外进行咨询的性质。

（5）在实施审计程序、评价实施审计程序的结果、获取相关和可靠的审计证据以作为发表审计意见的基础时，注册会计师遇到的困难的性质和严重程度，尤其是当注册会计师的判断变得更加主观时。

（6）识别出的与该事项相关的控制缺陷的严重程度。

（7）该事项是否涉及多项可区分但又相互关联的审计考虑。

注册会计师选择关键审计事项，还可以与监管部门重点关注的事项相结合。例如，在 A+H 股上市公司首次执行新审计报告准则时，有的注册会计师参考证监会《2016 年上市公司年报会计监管报告》《2016 年度证券审计市场分析报告》关注的重要会计和审计事项，如重大非常规或异常交易、会计估计、收入确认、公允价值计量、资产减值计提、金融工具确认、股权投资和企业合并相关问题等。

注册会计师选择关键审计事项的决策过程如图 12-1 所示。

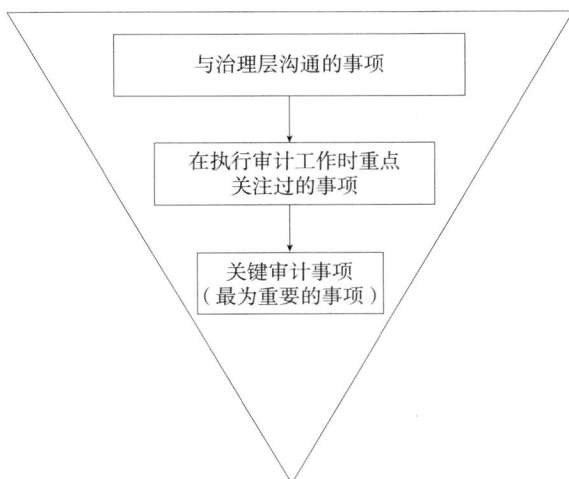

图 12-1　关键审计事项的决策框架

实务中，关键审计事项的选择集中度较高，以 A+H 股企业为例，2018～2019 年收入确认、资产减值是关键审计事项的重点，如表 12-1 所示。

表 12-1　　　　　　　　A+H 股关键审计事项类型分布情况（2018～2019 年）

关键审计事项	数量（个）		关键审计事项	数量（个）	
	2018 年	2019 年		2018 年	2019 年
收入确认	36	43	其他非流动资产减值	7	14
应收账款坏账准备计提	35	35	其他金融资产减值	3	9
合并范围及长期股权投资	28	28	固定资产减值	8	10
商誉减值	26	27	金融工具的确认及计量	7	6
贷款、融出资金等减值	25	20	递延所得税资产	3	4
公允价值计量	24	19	其他	6	4
存货减值	17	17	重大交易	9	4
负债即或有负债	17	17	关联方交易	2	—
无形资产	12	14	合计	268	269

资料来源：根据上市公司年报披露信息统计。

选择关键审计事项，注册会计师可以参考同行业公司的披露情况。财务信息反映企业经营特点，同行业往往具有相同或相似的管理模式、经营风险，"最重要的事项"存在内在一致性，但一致性并不表明不存在差异。银行、建筑施工、航空运输和汽车行业 2020 年审计报告关键审计事项披露情况如表 12-2 所示。

表 12-2 同行业关键审计事项比较

行业	比较对象	关键审计事项	会计师事务所
银行	工商银行	①客户贷款及垫款减值准备 ②结构化主体的合并和对其享有权益的确认 ③金融工具公允价值的评估 ④与财务报告相关的信息技术系统和控制	毕马威华振
	建设银行	①以摊余成本计量的发放贷款和垫款的预期信用损失 ②结构化主体的合并评估及披露 ③金融工具的估值	安永华明
	农业银行	①发放贷款和垫款损失准备 ②结构化主体的合并	普华永道中天
	中国银行	①发放贷款和垫款的减值准备 ②金融工具的估值 ③结构化主体	安永华明
建筑施工	中国中铁	①基础设施建设业务的收入确认 ②应收账款及合同资产预期信用损失	普华永道中天
	中国建筑	①工程承包合同收入 ②应收账款、合同资产及长期应收款减值准备	安永华明
	中国建交	①建造合同收入确认 ②合同资产、应收账款及长期应收款预期信用损失 ③特许经营权减值测试	安永华明
	中国中冶	①工程承包服务合同收入 ②应收账款和合同资产的减值	大信
航空运输	中国国航	①飞机退租大修准备计提 ②客运服务收入确认	德勤华永
	中国东航	①与常旅客计划相关的合同负债确认 ②飞机及发动机退租检修准备 ③飞机及发动机和商誉的减值测试	安永华明
	中国南航	①评估飞机及相关设备的预计未来现金流量的现值 ②评估飞行授予的奖励里程单独售价	毕马威华振
汽车制造	上汽集团	①整车收入确认 ②产品质量保证金	德勤华永
	比亚迪	①固定资产、无形资产和开发支出的减值 ②应收款项、合同资产和长期应收款的预期信用损失	安永华明
	长安汽车	①产品质量保证金 ②开发支出资本化	安永华明
	广汽集团	①车型相关长期资产的减值评估 ②包含在对一合营企业投资中的商誉的账面价值发生减值评估 ③产品质量保证金	立信

资料来源：根据上市公司年报披露信息整理。

关键审计事项不能代替财务报表中应当披露的信息，不能代替非无保留意见和持续经营重大不确定性段，不能暗示此事项在形成审计意见时尚未得到满意解决，也不能代替对个别事项单独出具的意见。适用关键审计事项的集团财务报表审计，若组成部分由其他注册会计师及会计师事务所审计，集团项目组应站在集团合并财务报表审计的角度确定关键审计事项。制定审计计划时，应将该事项明确至组成部分项目组，并与组成部分注册会计师沟通确定关键审计事项。若关键事项由其他会计师事务所审计，在审计报告中该关键审计事项及审计应对中，如何描述，是否需要提及组成部分注册会计师工作尚有待探讨。

三、选择关键审计事项的数量

审计准则未对关键审计事项的数量作出要求，注册会计师应把握好数量尺度，过少（通常不会没有关键审计事项，除非在某些有限的情况下，如上市公司的经营业务非常有限，几成壳公司）或过多都不宜。如果过多，不能体现出"最重要"的准则要求；如果过少，不能起到新审计报告准则达到沟通价值的作用。实务中，对于规模较大的被审计单位，如境内外同时上市的企业，注册会计师选择的关键审计事项数量通常为2～3个，中小规模的企业则普遍为2个。2018～2019年A+H股企业关键审计事项数量分布情况如表12-3所示。

表 12-3　　　　A+H 股企业关键审计事项数量分布情况（2018～2019 年）

关键审计事项数量	企业数量（家）		占比（%）	
	2018 年	2019 年	2018 年	2019 年
1	21	22	19	19
2	40	48	36	41
3	36	42	32	36
4	12	5	11	4
5	2	1	2	1
合计	111	111	100	100

资料来源：根据上市公司年报披露信息统计。

从关键审计事项涉及的行业统计看，数量较多地集中于制造业，金融业，交通运输、仓储和邮政业以及采矿业四个行业，如表12-4所示。

表 12-4　　　　　　　A+H 股企业关键审计事项行业分布情况

行业	关键审计事项数量（个）	行业家数（家）	平均数量（个）
制造业	92	43	2.14
金融业	86	31	2.77
交通运输、仓储和邮政业	29	15	1.93
采矿业	19	10	1.90
电力、热力、燃气及水生产和供应业	14	6	2.33
建筑业	11	5	2.20
科学研究和技术服务业	5	2	2.50
房地产业	4	2	2.00
批发和零售业	3	1	3.00
租赁和商务服务业	3	1	3.00
水利、环境和公共设施管理业	2	1	2.00
文化、体育和娱乐业	1	1	1.00
合计	269	118	2.28

资料来源：根据上市公司年报披露信息统计。

　　不同会计师事务所选择披露的关键审计事项数量存在差异，以 2018 年出具上市公司审计报告数量最多的前 12 家会计师事务所为例（见表 12-5），12 家会计师事务所审计的上市公司数量 2 576 家，占全部上市公司数量的 73.53%，平均关键审计事项数量为 2.11 个，最高的为 2.36 个，最低的为 1.95 个。

表 12-5　　　　　　　会计师事务所审计报告关键事项数量情况

会计师事务所	上市公司客户数量（家）	关键审计事项数量（个）	平均关键审计事项数量（个）
大信	137	324	2.36
正中珠江	90	204	2.27
天健	394	872	2.21
瑞华	339	747	2.20
致同	178	384	2.16
天职国际	116	247	2.13
容诚	110	232	2.11
众华	66	139	2.11
大华	228	472	2.07
中审众环	123	253	2.06
信永中和	218	434	1.99
立信	577	1 124	1.95
合计	2 576	5 432	2.11

资料来源：根据上市公司年报披露信息统计。

四、关键审计事项的审计应对

审计准则要求注册会计师披露关键审计事项的应对措施，即已实施审计程序的简要概述，以使审计报告预期使用者了解异常情况以及注册会计师用于应对重大错报风险的重大职业判断。例如，在描述对某项被认为具有高度估计不确定性的会计估计（如复杂金融工具的估价）采用的审计方案时，注册会计师可能希望强调其雇用或聘请了专家。审计应对是注册会计师选择实施程序和职业判断的体现，一定程度上能够反映不同注册会计师、不同会计师事务所之间审计质量和专业水平的高低。

案例 12-1

美的集团（000333）是一家家电生产销售上市公司，商誉金额较大，2020年报审计中，普华永道中天会计师事务所选择了暖通空调及消费电器收入确认和商誉减值测试作为关键审计事项，并披露了审计应对如表 12-6 所示。

表 12-6　　　　　　　　　美的集团审计报告关键审计事项及审计应对

关键审计事项	我们在审计中如何应对关键审计事项
（一）暖通空调及消费电器收入确认 请参阅财务报表附注二（26）（a）"收入—销售产品"及附注四（44）"营业收入" 美的集团在客户取得相关商品或服务的控制权时，按预期有权收取的对价金额确认相关收入。2020 年度，美的集团的合并营业收入为 284 221 249 千元，其中暖通空调及消费电器收入合计为 235 105 807 千元 我们关注暖通空调及消费电器收入确认主要由于美的集团通过不同的销售渠道在境内外销售产品，销售客户众多且销售量巨大，其收入确认金额对财务报表具有重大影响，因此我们需要投入大量审计资源执行相应审计程序	就美的集团的暖通空调及消费电器销售收入，我们执行了以下程序 ①我们与美的集团管理层包括业务部门及财务部门，就不同销售渠道的销售业务流程进行访谈，了解及评估了管理层对暖通空调及消费电器销售收入流程中的内部控制的设计，并测试了关键控制执行的有效性 ②我们检查了美的集团与各销售渠道的客户签订的暖通空调及消费电器销售合同样本，结合我们对美的集团管理层的访谈，对美的集团暖通空调及消费电器销售业务的了解及审计经验，分析评估美的集团暖通空调及消费电器销售收入的会计政策 ③对产品销售收入实施月度销售变动分析及毛利率变动分析等风险评估程序 ④抽样检查与产品销售收入确认相关的支持性文件，包括销售合同、订单、销售发票、商品运输单、客户签收单或结算单等 ⑤抽样向客户发送函证以核实收入金额 ⑥针对资产负债表日前后确认的产品销售收入抽样核对至客户签收单或结算单等支持性文件，以评估产品销售收入是否在恰当的期间确认 根据已执行的审计程序，我们发现美的集团的暖通空调及消费电器销售收入符合其收入确认的会计政策

续表

关键审计事项	我们在审计中如何应对关键审计事项
（二）商誉减值测试 请参阅财务报表附注四（19）"商誉" 于 2020 年 12 月 31 日，美的集团合并资产负债表中的商誉金额为 29 557 218 千元，其中包括收购 KUKA Aktiengesellschaft 及其子公司（以下简称 "KUKA 集团"）业务产生的商誉 22 836 294 千元以及收购 Toshiba Lifestyle Products & Services Corporation（以下简称 "TLSC"）业务产生的商誉 2 944 486 千元。管理层根据财务报表附注二（19）的会计政策对上述商誉进行减值测试，以持续使用为基础的预计未来现金流量的现值来确定包含商誉的资产组和资产组组合的可收回金额，认为无需对商誉计提减值准备。商誉的减值测试中采用的关键假设包括预计收入增长率、税息折旧及摊销前利润盈利率、永续年增长率及折现率等，涉及重大的会计估计与判断 我们关注收购 KUKA 集团及 TLSC 业务产生的商誉合共 25 780 780 千元的减值测试，因为该等商誉的金额重大，而且商誉的减值测试涉及重大的会计估计与判断	就美的集团对收购 KUKA 集团及 TLSC 业务产生的商誉所进行的减值测试，我们执行了以下程序 ①了解了与商誉减值测试相关的内部控制和评估流程，并通过考虑估计不确定性的程度和其他固有风险因素的水平如复杂性、主观性、变化和对管理层偏向或舞弊的敏感性，评估了重大错报的固有风险 ②评估并测试了与商誉减值测试相关的关键控制执行的有效性，包括所采用关键假设的复核及审批以及包含分摊的商誉的资产组和资产组组合可收回金额的计算的内部控制 ③评估了资产组及资产组组合认定的合理性 ④通过比较前一年度的预计未来现金流量与本年度业务的实际表现，评估了管理层做出预测的合理性，并考虑了管理层在选取数据时作出的判断是否会存在管理层偏向 ⑤结合公司的历史经营情况及未来经营计划、市场发展的情况等，评估了商誉减值测试所采用的预计收入增长率、税息折旧及摊销前利润盈利率、永续年增长率及折现率等关键假设的合理性 ⑥检查了商誉减值测试计算过程的算术准确性 ⑦在内部估值专家协助下，评估了管理层采用的商誉减值测试模型和折现率的适当性 根据已执行的审计程序，我们发现管理层在商誉减值测试中使用的会计估计与判断能够被我们取得的审计证据支持

资料来源：巨潮资讯网站。

案例 12-2

　　德勤对英国最大的零售企业特易购（Tesco）审计时，选择确定关键审计事项之一为存货计价与准备，审计应对展示出了先进审计技术和审计质量。

　　1. 关键审计事项——存货计价与准备

　　如附注 1（会计政策）和附注 15（存货）中所述，集团存货计价采用成本与可变现净值孰低的方法。2016 年 2 月 27 日，集团存货的价值为 £2 430（2015：£2 957）。

　　集团在如下与存货相关的领域运用了特定判断：

　　（1）按照变更后的存货准备计提方法，集团对于存货陈旧作出的准备基于预计的存货耗用情况。这种方法基于在确定不同种类存货的准备计提比率时所需作出的假设。

（2）集团存货成本中，包括了资本化的一些直接相关的间接费用。这些费用与未使存货达到最终可销售状态相关，并且按照市场惯例与集团配送中心的费用包括在内。

此外，考虑到各地全部存货的整体水平，我们将存货的存在性作为我们审计工作未来的一个重点。

2. 该事项在审计中是如何应对的

我们通过监盘选取的所有重要地点（包括商店和配送中心）的存货盘点，测试了与存货的存在性和状态相关的控制。在整个集团内，我们监盘了商店的222次存货盘点和配送中心的28次存货盘点。

针对管理层在计算存货准备价值时所使用的假设的合理性，我们通过以下方法获取审计证据：

（1）质疑了集团的存货准备计提政策，特别考虑了陈年存货（特别对于非食品和日用商品）和存货周转情况（包括季节性的影响）。

（2）通过对存货发票和售价的对比，抽样验证了存货的价值，以确认它的计价采用了成本与可变现净值孰低的方法。

（3）使用了与英国企业相关的数据分析，根据集团的准备计提政策，重新计算了准备的金额。

（4）参照年内存货核销或其他对于存货的调整相关的本期存货减值，检查了历史上存货准备的准确性。

关于各项直接相关费用的资本化，我们评估了资本化的费用的性质，并对于选取的产品样本评估了这些费用的分摊情况。

资料来源：伦敦证券交易所网站。

此外，对于关键审计事项应对的结论问题，1504号准则第十一条规定："关键审计事项的应对以对财务报表整体进行审计并形成审计意见为背景，注册会计师不对关键审计事项单独发表意见。"同时，1504号准则指南第46段指出，注册会计师可以在审计应对中描述下列要素：（1）……；（2）……；（3）实施审计程序的结果；（4）对该事项的主要看法。对于1504号准则指南要求的审计应对描述"实施审计程序的结果和对事项的主要看法"与准则规定的"不对关键审计事项单独发表意见"似乎相矛盾，实务中很难把握。少数会计师事务所执业标准中，要求针对每一个关键审计事项作出评论（结论）。例如，某新三板创新层挂牌企业审计报告中，单独对关键审计事项发表了结论性意见，关键事项一："基于所实施的审计程序，我们认为贵公司销售收入的确认符合其收入确认的会计政策。"关键事项二："基于所实施的审计程序，我们认为贵公司在建工程结转固定资产符合企业会计准则的要求。"

先行执行新审计报告准则的 A+H 股上市公司 2016 年度审计报告，以及 2017 年度后上市公司和新三板（创新层）审计报告，大多数审计报告中未在审计应对段披露实施审计程序的结论和注册会计师的看法。事实上，从逻辑上讲，由于审计意见段已对财务报表整体发表了意见，关键审计事项及结论已包含于整体意见中，再单对关键审计事项发表一次意见已无必要。此外，1504 号准则指南 46 段表述的是"可以"，而非"应当"，不增加（3）（4）项也未违背准则指南。

五、多期审计的特殊考虑

IPO、债券发行、并购重组等审计业务，涉及多个会计期间，选择关键审计事项及应对措施时可考虑：

（一）各期分别确定关键审计事项，但可以多期合并披露关键审计事项

在多期财务报表审计业务中，注册会计师应在适用关键审计事项准则的各期分别确定关键审计事项。在具体描述关键审计事项时，可以将报告期内两期或多期均出现的同一关键审计事项合并列示，标明该关键审计事项适用的具体期间，以减少重复。

（二）各期关键审计事项在审计报告中的披露应视各期实际情况确定

针对不同期间的同一关键审计事项，注册会计师在某一特定期间所采取的审计应对措施可能受被审计单位具体情况、经济状况、行业发展、注册会计师对审计程序不可预测性的考虑等因素的影响，因而各期采取的审计应对措施不尽相同。相应地，对这些审计应对措施的描述也可能有所不同。在各期描述关键审计事项时，需要体现出各期不同的地方。例如，注册会计师将存货估值作为多个期间的关键审计事项，但各期的应对措施因存货种类的变化而有所不同，那么在描述应对措施时，应展现不同期间应对措施的不同。同时，描述时应注意避免重复。

（三）仅与特定期间相关的关键审计事项在审计报告中的披露

关键审计事项也可能仅与报告期内的某一个或多个特定期间相关，而非与报告期内的所有期间都相关。例如，注册会计师可能将被审计单位某一年度的某个

重大并购事项确定为收购当期的关键审计事项。在此情况下，注册会计师需要在审计报告中明确该关键审计事项所涉及的具体报告期间。

六、关键审计事项披露存在的问题

一是选择关键审计事项存在模板化现象，千篇一律，缺乏针对性。例如，某上市公司有较大比重涉密业务，企业及相关法规对涉密业务审计有特殊规定，如何确认相应的资产负债及利润表项目有别于一般审计业务且十分重要，但注册会计师既未说明该事项是否属于《中国注册会计师审计准则第 1504 号——在审计报告中沟通关键审计事项》第十四条规定可豁免的情形，也未将涉密业务确定为关键审计事项。又如，某上市公司主营业务为医药生产销售，兼营房地产开发业务，本期房地产业务收入占总收入的 30%，注册会计师将全部营业收入作为关键审计事项，并据此混同描述审计应对。对于该公司而言，房地产收入从审计风险、审计难度看并不大，确定为关键审计事项是否恰当值得探讨。

二是选择关键审计事项的数量总体偏低，且呈减少趋势。1504 号准则指南要求，注册会计师确定关键审计事项的决策过程，是从与治理层沟通的事项中筛选出较少数量的事项。"较少"并不代表越少越好，尤其是当"少"成为普遍现象时，可能引发利益相关方对审计报告信息含量的质疑。2018 年，我国上市公司关键审计事项平均数量为 2.08 个，低于英国平均的 4.2 个、中国香港平均的 2.8 个、新加坡平均的 2.3 个。

三是应对程序披露准确性不够。一方面，存在披露的应对程序与实际执行的程序不一致。中国注册会计师协会在对证券资格会计师事务所执业质量检查中，发现审计报告披露的应对程序与审计工作底稿实际执行的程序普遍存在不一致的情况。例如，披露商誉减值应对程序，复核了评估机构评估报告，以及相关参数的合理性等，但审计工作底稿仅收集了评估报告，并未执行其他程序。另外，注册会计师使用过多的专业术语，描述过于标准化，如"实质性测试程序""细节测试"等，使得审计报告使用者难以理解。此外，有的注册会计师不分重点，将审计工作底稿中关键审计事项应对实施的所有审计程序都予以披露，审计报告冗长，降低了可读性。

四是描述不够规范和缺乏针对性。关键审计事项描述格式不够规范，用语不够准确，甚至出现错别字。同一行业的关键审计事项存在照抄照搬的现象，没有与被审计单位的实际情况相联系，也未体现出行业特征，降低了关键审计事项的沟通价值。

七、不在审计报告中沟通关键审计事项的情形

一般而言，在审计报告中沟通关键审计事项，有助于提高审计报告的透明度，符合公众利益。然而，在极少数情况下，关键审计事项可能涉及某些"敏感信息"，沟通这些信息可能会给被审计单位带来较为严重的负面影响。在某些情况下，法律法规也可能禁止公开披露某些事项。例如，公开披露某些事项可能影响相关机构对某项违法行为或疑似违法行为进行的调查。

因此，除非存在下列情形之一，注册会计师应在审计报告中逐项描述关键审计事项：

（1）法律法规禁止公开披露某事项；

（2）在极少数的情况下，如果合理预期在审计报告中沟通某些事项造成的负面后果超过产生的公众利益方面的益处，注册会计师确定不应在审计报告中沟通该事项。

需要注意的是，如果注册会计师根据被审计单位和审计业务的具体事项和情况，确定不存在需要沟通的关键审计事项，或者仅有的需要沟通的关键审计事项是导致非无保留意见的事项或可能导致对被审计单位持续经营能力产生重大疑虑的事项或情况存在重大不确定性，注册会计师应在审计报告中单设的关键审计事项部分对此进行说明。这一要求包括三种情形：

一是注册会计师确定不存在关键审计事项，可以在审计报告中表述为"我们确定不存在需要在审计报告中沟通的关键审计事项。

二是因法律法规禁止公开披露某事项或注册会计师合理预期在审计报告中沟通某事项造成的负面后果超过产生的公众利益方面的益处，注册会计师确定不在审计报告中沟通某一关键审计事项，并且不存在其他关键审计事项。注册会计师可以在审计报告中表述为"我们确定不存在需要在审计报告中沟通的关键审计事项"。

三是仅有的关键审计事项是导致非无保留意见事项、可能导致对被审计单位持续经营能力产生重大疑虑的事项，但这些事项在审计报告中专门的部分披露，不在审计报告的关键审计事项部分进行描述。进一步说，在关键审计事项部分披露的关键审计事项是已经得到满意解决的事项，既不存在审计范围受限，也不存在注册会计师与被审计单位管理层意见分歧的情况。注册会计师应按照适用的审计准则的规定报告这些事项，并在关键审计事项部分提及形成保留意见或否定意见的基础部分或与持续经营相关的重大不确定性部分，可以表述为"除形成保留（否定）意见的基础部分或与持续经营相关的重大不确定性部分所描述的事项外，我们确定不存在其他需要在审计报告中沟通的关键审计事项。

第二节　连续审计关键审计事项

披露关键审计事项成为新审计报告中不可或缺的一部分。某些关键审计事项年年都可能发生或持续存在，但对于审计工作的重要性却不会减弱，这些事项可以预见，且每年都可以选择确定为关键审计事项。但是，如同长期不变的审计报告格式，若审计报告关键审计事项长期不变，将会使得审计报告使用者产生视觉疲劳，进而导致审计期望差距不断扩大，审计报告的信息价值下降。保持关键审计事项的新鲜度，对于维持信息的价值十分必要。因此，注册会计师应注意关键审计事项的当期与非当期特征，注重时效性和重要性的平衡，常讲常新，避免关键审计事项信息价值的流失。

案例 12-3

英国审计师对劳斯莱斯2013～2015年报同一关键审计事项（民用航空业务收入及利润分配的会计处理）披露信息体现了差异化特征。

1. 2013年度审计报告：关键审计事项——民用航空业务收入及利润分配的会计处理

（1）确定关键审计事项的背景。年度内针对发动机销售和售后服务所确认的收入及利润分配依赖于适当的评估，即每个长期售后服务合同与相关发动机销售合同是否相互关联或是彼此独立，因为这关系到适用的会计政策。由于该商业安排可能比较复杂，因此在针对每个安排选择适用的会计政策时涉及运用重大判断。其最大的风险在于贵集团可能在会计处理时不恰当将发动机销售和长期售后服务作为一项单一的安排，这会导致收入和利润的过早确认，因为长期售后服务合同的利润通常是高于发动机销售的利润。

（2）审计应对措施。根据相关会计准则规定，我们对本年新签订的每项长期售后服务合同的会计处理进行了独立评估，并与上年度集团会计处理进行了比较。

（3）执行审计程序的结果。我们发现贵集团已经针对民用航空业务收入及利润的会计处理建立了相应的框架，该框架与会计准则的规定相一致，并且得到一贯运用。对于几乎所有的本年度新签订合同，如何进行会计处理是清楚的。当存在解释的空间时，我们认为集团管理层的判断是不偏颇的。

2. 2014 年度审计报告：关键审计事项——民用航空业务收入及利润分配的会计处理

（1）确定关键审计事项的背景。年度内针对发动机销售和售后服务所确认的收入及利润分配依赖于适当的评估，即每个长期售后服务合同与相关发动机销售合同是否相互关联或是彼此独立，因为这关系到适用的会计政策。由于该商业安排可能比较复杂，因此在针对每个安排选择适用的会计政策时涉及运用重大判断。其最大的风险在于贵集团可能在会计处理时不恰当将发动机销售和长期售后服务作为一项单一的安排，这会导致收入和利润的过早确认，因为长期售后服务合同的利润通常高于发动机销售的利润。

（2）审计应对措施。根据企业会计准则的规定，我们重新评估了集团在民用航空业务采用的会计基础的适当性，包括检查集团与财务报告理事会之间的沟通函件并参加他们的会议，重新检查了以前年度的长期售后服务合同。此外，我们考虑了这次对话后财务报表附注中增加的信息披露是否能够让股东理解会计政策如何体现出集团与其客户间合同的商业实质。参照相关会计准则，我们对本年新签订的每项长期售后服务合同的会计处理进行了独立评估，并将其与贵集团的会计政策进行了比较。

（3）执行审计程序的结果。我们发现贵集团已经针对民用航空业务收入及利润的会计处理建立了相应的框架，该框架体现了对会计准则不偏颇的解读，并且得到一贯运用。此外，我们认为管理层所增加的信息披露是充分的。对于本年新签订的合同，适用的会计处理是清晰的。

3. 2015 年度审计报告：关键审计事项——民用航空业务收入及利润分配的会计处理

（1）确定关键审计事项的背景。年度内针对发动机销售和售后服务所确认的收入及利润分配依赖于适当的评估，即每个长期售后服务合同与相关发动机销售合同是否相互关联或是彼此独立，因为这关系到适用的会计政策。由于该商业安排可能比较复杂，因此在针对每个安排选择适用的会计政策时涉及运用重大判断。其最大的风险在于贵集团可能在会计处理时不恰当将发动机销售和长期售后服务作为一项单一的安排，进而作出不恰当的会计处理，这会导致收入和利润的过早确认，因为长期售后服务合同的利润通常是高于发动机销售的利润。

由于识别了一例，集团需要作出重大判断才能确定是否将发动机销售和售后服务合同作为一项安排进行会计处理，今年该风险的重要程度略有增加。

（2）审计应对措施。根据企业会计准则的规定，我们重新评估了集团在民用航空业务采用的会计基础的适当性，重新检查了以前年度的长期售后服务合同。此外，我们考虑了这次对话后财务报表附注中增加的信息披露是否能够让股东理解会计政策如何体现出集团与其客户间合同的商业实质。参照相关会计准则，我们对本年新签订的每项长期售后服务合同的会计处理进行了独立评估，并将其与贵集团的会计政策进行了比较。

（3）执行审计程序的结果。我们发现贵集团已经针对民用航空业务收入及利润的会计处理建立了相应的框架，该框架体现了对会计准则不偏颇的解读，并且得到一贯运用。此外，我们认为管理层的信息披露是充分的。对于本年新签订的合同，适用的会计处理是清晰的。

对于本年新签订的合同，总体而言，适用的会计处理基础是清楚的。我们识别出一例，集团需要作出重大判断才能确定是否将发动机销售和售后服务合同作为一项安排进行会计处理，该项合同导致新增利润4 400万英镑。本例中，在发动机销售合同订立与长期服务合同订立之间存在一个比正常情况下更长的时间。我们发现有足够的证据证明在发动机销售合同订立时长期服务合同的关键商业条款已经确定，并且合约双方一直意图基于这些条款签订长期服务合同。因此，我们认为集团就其会计处理作出的判断是不偏颇的。

资料来源：伦敦证券交易所网站。

我国在上市公司全面执行新审计报告准则已经四年（A+H股已经五年），多数关键审计事项得以延续披露，但有的审计报告披露的关键审计事项同质化，甚至是照搬照抄以前年度关键审计事项。

案例 12-4

广汽集团（601238）为境内外同时上市的A+H股企业，自2017年1月1日起执行新的审计报告准则，注册会计师出具的该集团2016～2020年财务报表审计报告显示，连续5个会计年度选择确定的审计事项完全相同，且披露的审计应对措施和文字描述也几乎未有任何变化（见表12-7）。收入确认、存货减值、应收账款减值等作为企业最重要的事项，多数同行业将收入确认作为关键审计事项，但5年来广汽集团注册会计师均未考虑这些事项作为关键审计事项。

表 12-7	广汽集团审计报告关键审计事项及审计应对
关键审计事项 （以 2017 年为例，其他年度除具体数据不同外，关键审计事项描述相同）	我们在审计中如何应对关键审计事项 （2016～2020 年相同）
（一）车型相关长期资产的减值评估 ①我们识别车型相关长期资产的减值评估为关键审计事项，主要是由于在估计相关资产的可收回金额时涉及广汽集团管理层（以下简称管理层）重大估计且减值金额重大 ②管理层在确定未来现金流量预测时需要运用大量判断，这其中包括用于未来现金流预测的收入、毛利、长期销售增长率和折现率等 ③如财务报表附注五 29（1）及附注七 19、20 所述在 2017 年合并利润表中，广汽集团已对特定车型确认了 10.84 亿元的无形资产和开发支出减值准备	我们对车型相关长期资产的减值评估执行的主要程序包括： ①我们了解与车型相关长期资产的减值评估的关键内部控制的设计，并测试了相关控制的运行有效性 ②评估管理层对资产可收回金额的计算方法 ③分析并复核管理层在减值测试中预计未来现金流量现值时运用的重大估计及判断的合理性，其中包括：将减值测试中的基础数据与支持性证据（包括已批准的预算、历史财务数据）进行比较，并考虑预算的合理性；分析并复核了减值测试中的关键假设（包括长期销售增长率、折现率）的合理性；评估管理层的敏感性分析；将 2017 年度实际业绩与预算业绩进行比较 ④检查财务报表附注中相关披露的充分性和完整性
（二）包含在对一合营企业投资中的商誉的账面价值发生减值评估 ①如财务报表附注五 29（2）所述由于管理层需要作出重大判断，且商誉金额重大，因此对一合营企业投资中的商誉的账面价值发生减值的风险增加 ②管理层在确定未来现金流量预测时需要运用大量判断，这其中包括用于未来现金流预测的收入、毛利、长期销售增长率和折现率等 ③如财务报表附注九 2（3）所述，于 2017 年 12 月 31 日，广汽集团对合营企业广汽三菱汽车有限公司（以下简称广汽三菱）的长期股权投资余额为 39.78 亿元，其中包含已计入长期股权投资的商誉 28.95 亿元 经过减值测试，管理层认为广汽集团对广汽三菱的长期股权投资无需减值	我们针对包含在对一合营企业投资中的商誉的账面价值发生减值评估的主要程序包括 ①我们评估管理层进行减值测试的方法的适当性 ②检查减值测试中所使用的基础数据 ③分析并复核了减值测试中的关键假设（包括长期销售增长率、折现率）的合理性，并将收入增长率与历史结果及第三方研究机构进行比较 ④评估管理层的敏感性分析
（三）产品质量保证金 ①根据财务报表附注五 29（3）所述，我们识别产品质量保证金为关键审计事项，主要是由于相关成本的预计需要管理层重大估计和判断 ②广汽集团根据已销售乘用车的数量和以往维修支出的经验预提已出售整车的产品质量保证金。如财务报表附注七 38 所述，广汽集团于 2017 年 12 月 31 日预提产品质量保证金余额为 9.15 亿元	①我们了解并测试了与确认产品质量保证金相关的内部控制 ②我们复核了产品质量保证金的计算过程 ③我们对计算过程中所使用的关键假设进行了评估，其中包括：评价合同条款与关键假设的一致性；将 2017 年实际发生的产品质量保证金与以往的预计进行比较；分析每款汽车的维修成本以及在保修期内的返修情况 ④将不同车型的销售数量与支持性文件进行对比 ⑤我们与管理层讨论了当前或期后是否存在重大产品缺陷，可能对已经确认的产品质量保证金产生重大影响

资料来源：巨潮资讯网站。

第十三章　审计报告意见

审计报告是注册会计师审计活动的最终"产品"，也是会计师事务所风险控制的最后防线。审计意见包括无保留意见、保留意见、否定意见、无法表示意见等基本类型，不同类型审计意见对被审计单位以及投资者决策产生的影响不同，注册会计师需要根据执行的审计程序和获取的证据情况，区别"错报"与"受限"，"重大性"与"广泛性"，选择发表恰当的审计意见。

第一节　审计意见类型及影响

审计报告是注册会计师根据审计准则的规定，在执行审计工作的基础上，对被审计单位财务报表发表审计意见的书面文件。审计意见，指财务报表是否在所有重大方面按照适用的财务报告编制基础的规定编制并实现公允反映作出的表达。审计报告是注册会计师工作的最终成果，也是交付给客户的"产品"。

一、无保留意见

无保留意见，是指当注册会计师认为财务报表在所有重大方面按照适用的财务报告编制基础的规定编制并实现公允反映时发表的审计意见。

无保留意见审计报告分为标准无保留意见审计报告和附带说明段的无保留意见审计报告两种。带说明段的无保留意见情形包括：

（一）强调事项

如果注册会计师认为有必要提醒财务报表使用者关注已在财务报表中列报，且根据职业判断认为对财务报表使用者理解财务报表至关重要的事项，应在审计报告中增加强调事项段。例如，下列情形可能需要增加强调事项段：

（1）异常诉讼或监管行动的未来结果存在不确定性；

（2）在财务报表日至审计报告日之间发生的重大期后事项；

（3）在允许的情况下，提前应用对财务报表有重大影响的新会计准则；

（4）存在已经或持续对被审计单位财务状况产生重大影响的特大灾难。

需要注意的是，若审计业务适用关键审计事项准则，则被确定为关键审计事项的不得在强调事项中报告，即同一事项不应在强调事项和关键审计事项同时出现。修订前的审计报告准则增加的强调事项一般很重大，多数情况属于关键审计事项，需要在关键审计事项报告。因此，新审计报告准则的强调事项段范围大大缩小。

（二）带持续经营不确定性解释说明段

《中国注册会计师审计准则第 1324 号——持续经营》规定，当如果运用持续经营假设是适当的，但存在重大不确定性，且财务报表对重大不确定性已作出充分披露，注册会计师应发表无保留意见，并在审计报告中增加以"与持续经营相关的重大不确定性"为标题的单独部分，以提醒财务报表使用者关注财务报表附注中对持续经营能力的披露，说明这些事项或情况表明存在可能导致对被审计单位持续经营能力产生重大疑虑的重大不确定性，并说明该事项不影响发表的审计意见。

（三）其他事项段

如果注册会计师认为有必要沟通虽然未在财务报表中列报，但根据职业判断认为与财务报表使用者理解审计工作、注册会计师的责任或审计报告相关的事项，应在审计报告中增加其他事项段。其他事项段主要包括两种情形：

（1）与使用者理解审计工作相关的情形；

（2）与使用者理解注册会计师的责任或审计报告相关的情形。

二、非无保留意见

（一）保留意见

当存在下列情形之一时，注册会计师应发表保留意见：

（1）在获取充分、适当的审计证据后，注册会计师认为错报单独或汇总对财务报表影响重大，但不具有广泛性。

（2）注册会计师无法获取充分、适当的审计证据以作为形成审计意见的基础，但认为未发现的错报对财务报表可能产生的影响重大，且不具有广泛性。

（二）否定意见

在获取充分、适当的审计证据后，如果认为错报单独或汇总对财务报表的影响重大且具有广泛性，注册会计师应发表否定意见。

（三）无法表示意见

如果无法获取充分、适当的审计证据以作为形成审计意见的基础，但认为未发现的错报对财务报表可能产生的影响重大且具有广泛性，注册会计师应发表无法表示意见。

三、审计报告的作用

注册会计师签发的审计报告，是对企业编制的财务报表发挥增信的作用，具体而言具有鉴证、保护和证明三个方面的作用，审计报告使用者在不同的审计意见类型下作出的决策可能不同。

（一）鉴证作用

注册会计师签发的审计报告，不同于政府审计主要在于问责，内部审计主要在于增值服务的作用，社会审计是以超然独立的第三方身份，对被审计单位财务报表的合法性、公允性发表意见。这种意见，具有鉴证作用，能够得到政府、投资者和其他利益相关者的普遍认可。政府有关部门判断财务报表是否合法、公允，主要依据注册会计师的审计报告；企业投资者及资金提供者，主要依据注册会计师的审计报告判断被投资企业的财务报表是否公允地反映了财务状况和经营成果，以进行投融资决策。

（二）保护作用

注册会计师通过审计，可以对被审计单位财务报表出具不同类型意见的审计报告，以提高或降低财务报表使用者对财务报表的信赖程度，能够在一定程度上对被审计单位的债权人和股东以及其他利害关系人起到保护作用。如投资者为了减小投资风险，在进行投资之前，需要查阅被投资企业的财务报表和注册会计师的审计报告，了解被投资企业的经营情况和财务状况。

（三）证明作用

审计报告是对注册会计师审计任务完成情况及其结果所作的总结性文件，它可以表明审计工作的质量并明确注册会计师的审计责任。因此，审计报告可以对审计工作质量和注册会计师的审计责任起到证明作用。例如，是否以获取的审计证据为依据发表审计意见，发表的审计意见是否与被审计单位的实际情况相一致，审计工作的质量是否符合要求等。

四、审计意见对被审计单位的影响

审计意见是判断企业财务报告质量是否合格的重要依据，保留意见、否定意见和无法表示意见审计报告，通常被认为是"不合格"的财务报告。审计意见对被审计单位的影响，视不同主体性质及审计报告用途而定，对受到严格监管的公众利益实体影响较大，如上市公司、金融机构、大型国有企业等。审计意见影响主要体现在两个方面，一是从被审计单位自身角度，经营行为可能受到限制，如被出具非无保留意见后，不得新开设分支机构、再融资；二是从监管角度，非无保留意见可能涉及合规性问题，且审计意见直接与退市风险警示、退市等监管行为挂钩。以公司资本运作为例，审计意见可能影响三个方面。

（一）影响企业上市

《首次公开发行股票并上市管理办法》《科创板上市公司证券发行注册管理办法（试行）》《创业板首次公开发行股票注册管理办法（试行）》等关于IPO首发上市申请，均要求发行人最近三年财务会计报告由注册会计师出具无保留意见的审计报告。

（二）影响并购重组

《上市公司重大资产重组管理办法》规定，上市公司发行股份购买资产，最近一年及一期财务会计报告应当被注册会计师出具无保留意见审计报告；被出具保留意见、否定意见或者无法表示意见的审计报告的，须经注册会计师专项核查确认，该保留意见、否定意见或者无法表示意见所涉及事项的重大影响已经消除或者将通过本次交易予以消除。

（三）影响退市

《上市规则（2020年修订）》规定，上市公司最近一个会计年度的财务会计报告被出具无法表示意见或否定意见的审计报告，股票实施退市风险警示。因审计报告意见实施退市风险警示后最近一个会计年度财务报告继续被注册会计师出具非无保留意见的，终止上市。上市公司退市后申请重新上市的，最近3个会计年度财务会计报告应被出具标准无保留意见审计报告。

上市公司最近连续三个会计年度扣除非经常性损益前后净利润孰低者均为负值，且最近一个会计年度财务会计报告的审计报告显示公司持续经营能力存在不确定性的，股票实施其他风险警示。

案例 13-1

　　银基烯碳新材股份有限公司（以下简称"烯碳新材"）是一家在深圳证券交易所挂牌的上市公司，2015 年度财务报告被注册会计师出具无法表示意见审计报告后，公司股票被实施退市风险警示。该公司后续对 2015 年度财务会计报告进行了会计差错更正，更正后的财务会计报告显示 2014 年、2015 年连续两年亏损。2017 年 6 月 24 日，烯碳新材披露 2016 年年度报告，继续亏损。因连续三年亏损，烯碳新材于 2017 年 7 月 6 日被暂停上市。

　　2018 年 4 月 28 日，烯碳新材披露 2017 年年度报告，其财务会计报告被出具了无法表示意见的审计报告，触及《股票上市规则》第 14.4.1 条第（五）项应强制终止上市情形（即暂停上市后第一个会计年度继续亏损，或者财务报告被出具无法表示或否定意见审计报告），深圳证券交易所上市委员会决定终止烯碳新材上市。

　　资料来源：巨潮资讯网站。

五、审计意见对投资者决策的影响

　　审计需求的信息理论表明，审计的本质功效在于增进财务会计信息的可信性及决策有用性。Tom Lee（1993）认为："没有人会否认，在过去 50 年里，注册会计师在增进财务报表可信性方面的重要性正得到迅速和稳步的提高……审计在建立和维护资本市场的信心上起着关键的作用，没有这种信心，资本市场的整个基础将受到破坏，因而审计的重要性是毋庸置疑的。"许多实证研究发现，不同审计意见对投资者决策和股价有影响。Firth（1978）分别以被出具保留意见和无保留意见的公司为研究样本，发现持续经营和资产计价保留意见可以向投资者传递负面信息，以及不同事项导致的保留意见审计报告的信息含量有显著差异，股价反映因保留意见内容的不同而有所差异。Louder 等（1992）将市场对审计报告的预期纳入事件研究模型，研究发现，当市场没有预期到保留意见时，保留意见审计报告会引起股价的负面反应，而当市场预期到了保留意见时，审计报告和股价反应之间不存在显著关系。

第二节　审计报告意见决策

一、总体考虑

由于审计意见与企业上市和重组条件，以及风险警示和退市直接挂钩，出具恰当的审计意见十分重要。注册会计师选择确定非无保留意见类型，需要考虑两个因素：

第一，导致非无保留意见事项的性质，是财务报表存在重大错报，还是在无法获取充分、适当的审计证据的情况下财务报表可能存在重大错报。

第二，注册会计师就导致非无保留意见的事项对财务报表产生或可能产生的影响的广泛性作出的判断。

上述两个因素对非无保留意见类型的影响如表 13-1 所示。

表 13-1　　　　　　　　　　非无保留审计意见类型及影响因素

导致发表非无保留意见的事项的性质	相关事项的错报或未发现的错报（如存在）对财务报表产生或可能产生的影响是否具有广泛性	
	重大但不具有广泛性	重大且具有广泛性
财务报表存在重大错报（已对相关事项获取充分、适当的审计证据）	保留意见	否定意见
无法对相关事项获取充分、适当的审计证据（不能得出财务报表整体不存在重大错报的结论）	保留意见	无法表示意见

二、错报与受限

注册会计师发表非无保留意见，一种情形是发现财务报表整体存在重大"错报"，另一种情形是无法获取充分、适当的审计证据以判断财务报表整体是否存在重大错报，即"受限"。两种情形出具的审计意见不同，可能存在注册会计师以"受限"规避应作出的职业判断，或者以"受限"代替"错报"的情形。如何区分"错报"与"受限"，有时涉及较为复杂的判断。

实务中，被审计单位存在向"受限"方向提供审计资料的动机和趋向。错报可能涉及舞弊行为，如果向注册会计师提供真实、完整的资料，将被认定为错报，而一旦被认定为错报，就会成为事实上的违法违规行为，监管部门将根据错报严重程度予以处罚。而拒不提供资料，导致注册会计师因"受限"出具保留意见或无法表示意见，则理论上不一定存在错报，还有消除非无保留意见的可能性，如更换会计师事务所，在不进行前期差错更正的情况下，以消除保留事项。所以，注册会计师虽然判断某些交易异常且可能存在财务造假行为，提出包括穿透至客户或供应商等审计的要求，但被审计单位往往不予配合，管理层施加某些限制，导致注册会计师的怀疑不能取得"落地"证据，只能以受限的方式发表非无保留意见。当然，也存在超出被审计单位控制的因素，使得注册会计师的审计范围受到限制的客观情形。例如，某上市公司投资的信托产品，因信托公司被银保监会接管，导致上市公司无法获取信托公司及信托产品的任何资料，公司及注册会计师均无法判断投资是否能够收回，因而被出具了保留意见审计报告。少数情况下，也存在注册会计师多一事不如少一事的心态，反正是非无保留意见，"受限"需要实施的审计程序和获取的证据要比弄清事实，认定"错报"付出更多的努力，还可能存在判断不当的审计风险。

在财务报表存在错报且具有重大性和广泛性时，应出具否定意见审计报告。资本市场出现该类型审计意见较少，从 1998 年第一份否定意见审计报告始，30多年来上市公司仅有 7 份审计报告为否定意见，其中两份为半年度审计报告，2002～2019 年，长达 17 年未出现上市公司被出具否定意见的情况。A 股市场历年否定意见审计报告情况如表 13-2 所示。

表 13-2　　　　　　　　　　　历年来 A 股否定意见审计报告

序号	上市公司	报告年度	会计师事务所	审计意见
1	渝钛白（000515）	1997 年报	重庆事务所	否定意见
2	ST 红光（600083）	1998 年报	四川君和	否定意见
3	ST 网点（600833）	1999 年报	众华沪银	否定意见
4	ST 网点（600833）	2000 年报	众华沪银	否定意见
5	ST 生态（600709）	2002 年半年报	武汉众环	否定意见
6	ST 中侨（000047）	2002 年半年报	上海东华	否定意见
7	ST 富控（600634）	2019 年报	中审亚太	否定意见

资料来源：Wind 资讯。

对于需要进行专业判断和会计估计的事项，如资产减值、预计负债、合并范围等，区别"错报"与"受限"可能更为复杂，也是比较容易出现"受限"代替"错报"发表不当审计意见的领域。财务报表中的某些项目涉及的事项的未来结果可能存在不确定性，并且注册会计师在执行审计时或许还不能获得有关这些事项未来最终结果的结论性证据。这种情况下，管理层负责按照适用的财务报告编制基础的规定对当前状况进行分析，估计相关事项未来进展对财务报表的影响并进行确认和计量，或由于在某些极端罕见的情况下无法作出合理估计而在财务报表中作出必要披露。这些存在不确定性的事项可能包括应收款项的坏账准备、存货的跌价准备、产品质量保证准备金、提供担保的连带偿还责任、尚未判决生效的诉讼或仲裁等。存在不确定性并不必然导致审计范围受到限制。当存在不确定性的情况下，管理层应合理利用财务报表编制时已经存在且能够取得的可靠信息，依据适用的财务报告编制基础的规定作出估计和判断，注册会计师应在获取充分、适当的审计证据的基础上评价管理层估计和判断的合理性，不应回避作出实质性判断。

📝 案例 13-2

被审计单位由于关联方交易的转移定价问题受到税务机关的稽查，管理层没有计提可能需要补缴的税款。注册会计师在税务专家的协助下评估了补缴税款的可能性，并对可能需要补缴的税款作出了区间估计，据此提出了审计调整。被审计单位管理层以税务稽查结果存在重大不确定性、无法可靠估计为由拒绝接受调整建议。截至审计报告日，税务机关尚未就稽查结果提供明确信息。在这种情况下，如果注册会计师根据所获得的信息和基于这些信息所作的合理判断已经足以认定财务报表存在重大错报，发表保留意见或否定意见可能是适当的，即该种情形是属于"错报"，而不是"受限"。

📝 案例 13-3

注册会计师对亿阳信通（600289）2019 年度财务报表出具了无法表示意见审计报告。审计报告涉及的主要"受限"事项为预计负债的转回："如财务报表附注所述，截至 2019 年 12 月 31 日，亿阳信通预计负债余额 11.75 亿元，本年冲回 17.82 亿元。我们获取了亿阳集团股份有限公司（亿阳信通之母公司）重整方案，了解了重整方案的执行情况。由于重整未能按计划实施，亿阳信通承担的担保责任是否免除仍存在重大不确定性，我们无法就亿阳信通确认的预计负债获取充分、适当的审计证据，也无法确定是否有必要对这些金额进行调整。"

亿阳信通对控股股东违规担保涉诉事项转回预计负债 17.82 亿元，转回依据为根据《企业会计准则第 22 号——金融工具确认和计量》规定，基于前瞻性信息，公司判断控股股东破产重整成功的概率为 71%，并披露了详细完整的判断材料。预计负债转回的会计处理结果，使得公司净资产由负数转为正数。注册会计师以亿阳集团重整结果有重大不确定性为由，认为无法获取充分、适当的审计证据，无法证明公司转回巨额预计负债使净资产转正的合理性，也无法确定是否有必要对这些金额进行调整，可能存在以"受限"代替"错报"的情形。

资料来源：巨潮资讯网站。

未能恰当区分"受限"与"错报"的较为典型例子，是上市公司并购重组完成后，因双方存在分歧，出现被收购的子公司拒绝向上市公司提交财务报表、账簿等关键资料，或阻挠上市公司进入办公现场进行审计等"失控"情形。对此，上市公司未充分考虑其是否依然享有对子公司施加控制的实质性权利，如能够通过股东大会、董事会等内部权利机构，或者外部司法途径等方式，继续行使控股股东权力，包括更换管理层、获取印章及账簿资料以及接管经营管理等，仅依据形式上的"失控"认为丧失对子公司控制，未将子公司纳入合并财务报表范围。也就是说，通常情况下该情形仍应纳入合并范围，未纳入合并范围不符合会计准则规定。但是，注册会计师对此情形，多以"无法判断不纳入合并范围是否合理"，即以"受限"为由出具非无保留意见审计报告，如果应纳入合并而未纳入合并范围，属于"错报"，而非"受限"，审计意见恰当性存疑。

《公开发行证券的公司信息披露编报规则第 14 号——非标准审计意见及其涉及事项的处理》规定，注册会计师应对非标事项对被审计单位报告期财务状况和经营成果的影响，以及涉及事项是否明显违反企业会计准则及相关信息披露规范性规定明确发表意见。当注册会计师以"受限"原因出具非无保留意见时，如何量化涉及事项对财务报表的影响往往很困难，"受限"事项有可能影响：一是"受限"事项涉及金额均为错报，如注册会计师对某笔收入确认的保留，若该笔收入为虚假，或提前确认，则整个保留事项均为错报；二是"受限"事项涉及会计估计判断，保留事项对财务报表的影响可能大于、等于或小于保留金额，如坏账准备计提、预计负债、商誉减值计提等。

如果同时存在"错报"和"受限"事项，注册会计师应发表何种审计意见？由于审计意见类型是根据涉及事项的严重程度确定，因此可分析判断"错报"与

"受限"对财务报表整体的影响程度，按照影响程度较大者确定审计意见，不能以较低者确定，因为无法表示意见或否定意见是比保留意见更严重的非无保留意见类型，注册会计师不能以保留意见替代本应发表的无法表示意见或否定意见。

案例 13-4

因管理层未提供完整的相关资料，注册会计师无法就被审计单位的存货、应付账款、营业成本、管理费用和资产减值损失等多个重大的财务报表项目获取充分、适当的审计证据；此外，注册会计师发现被审计单位期末某项金额重大的以公允价值计量的交易性金融资产存在重大错报。在这种情况下，由于前一个事项对财务报表可能产生的影响重大且具有广泛性，注册会计师应发表无法表示意见。在审计报告的"形成无法表示意见的基础"部分，除了说明导致无法表示意见的事项外，还应当说明识别出的重大错报。

此外，关于上市公司被立案调查导致的"受限"情形，如何影响审计意见类型，实务中存在不同的做法。注册会计师在判断上市公司被立案调查对财务报表审计意见的影响时，主要有三种处理方式：一是认为无法判断对财务报表的影响而发表保留意见或无法表示意见，发表无法表示意见的，往往不止立案调查事项，还涉及其他事项，发表该类意见的理由是审计范围"受限"；二是认为监管行动的未来结果具有不确定性而发表强调事项说明段，可理解为立案调查对财务报表当期不存在重大影响，注册会计师的审计范围也没有受到限制，但调查及处理结果可能对将来会计期间财务报表产生重大影响，即不确定性是支持该种审计意见的主要依据；三是认为立案调查不对财务报表审计意见产生影响，即审计报告应出具标准无保留意见，立案调查事项仅需要在财务报表附注披露即可，有的认为连披露也不必要，因为该事项不属于财务信息。

上市公司被立案调查对审计意见的影响，可从两个方面因素考虑其影响：

一是立案调查所涉及事项是否已经整改。立案调查通常涉及信息披露违规行为，如果截止资产负债表日（审计基准日），上市公司已经对这些事项进行了恰当处理，包括违规行为涉及经济业务的会计确认、计量和报告，以及关联方披露等，则财务报表不再存在重大错报。同时，注册会计师对包括立案调查所涉事项在内的财务资料进行了审计，实施审计程序时未受到任何限制，并获取了充分适当的审计证据，认为财务报表在所有重大方面按照适用的财务报告编制基础编制并公允反映，根据《中国注册会计师审计准则第 1501 号——对财务报表形成审计意见和出具审计报告》规定，应发表无保留意见。立案调查行为本身并不构成对注册会计师审计范围的限制，除非因案件调查需要财务资料被查封、移交，但该种情形极为少见。

二是立案调查可能产生的财务后果。上市公司受到严格的监管，必须遵循《公司法》《证券法》以及其他相关法律法规。监管部门对上市公司的立案调查及处理，主要以《证券法》为依据，其监管行为可能会对上市公司产生影响，但是否影响审计意见需要判断其影响程度。《中国注册会计师审计准则第 1142 号——财务报表审计中对法律法规的考虑》规定："如果认为违反法律法规行为对财务报表具有重大影响，且未在财务报表中得到充分反映，注册会计师应当发表保留或否定意见。"《中国注册会计师审计准则第 1503 号——在审计报告中增加强调事项段和其他事项段》指南指出："注册会计师可能认为需要增加强调事项段的情形举例如下：异常诉讼或监管行动的未来结果存在不确定性。"上市公司被立案调查的后果可能包括：警告与罚款、民事赔偿、退市。这些后果的财务影响如果具有重大性，如招致巨额民事赔偿，或触及退市条件从而影响持续经营的，可能影响审计意见类型。

三、错报、受限与披露事项（强调事项）

错报、受限超过注册会计师确定的重要性水平时，注册会计师应发表非无保留意见，而强调说明段是无保留意见，强调事项的性质是披露事项，财务报表本身已经在所有重大方面公允表达，只是某些事项比较重大需提请报表使用者关注，而影响非无保留意见的错报或受限的性质是被审计单位财务报表存在重要程度以上的"错报"或无法判断是否"错报"，与披露事项的性质存在本质的差别。但是，实务中存在两种以强调事项段代替非无保留意见审计报告的趋向：一是因注册会计师专业胜任能力不够等原因，导致其未能清楚地区别错报、受限与强调的区别，混淆两者之间的关系，出具不当的审计意见；二是有的注册会计师认为，虽然是错报、受限事项，通过强调事项段在审计报告中进行说明，反正审计报告披露了，就可以免责。后者可能受到来自被审计单位的压力，出于既能维护客户关系，又能"保护"自己，不得已而选择以强调事项代替非无保留意见。这种观点显然不符合准则规定，属于选择审计意见类型不当。

📝 **案例 13-5**

2020 年 9 月，福建证监局对会计师事务所及注册会计师因执行白茶股份（832946）2017 年财务报表审计未勤勉尽责给予行政处罚，涉案事项为审计的财务报告存在虚假记载，其中一项为"少计利息费用，未确认对相关银行的逾期借款利息（含罚息、复利，下同）343.21万元"。会计师事务所辩称，上述事项已经通过审计报告强调事项段披露，起到了向投资者提示风险的作用。强调事项内容为"我们提醒会计报表使用者关注，如会计报表附注六（十三）所述，截至财务报表批准日，白茶股份正积极落实逾期银行借款2 610万元的偿还计划，但其持续经营能力仍然存在重大不确定性；本段内容并不影响已发表的审计意见"。福建证监局认为，审计报告强调事项段针对的是公司逾期借款和持续经营能力，未能准确反映公司的财务状况，带强调事项段并不能免除会计师事务所的审计责任，反而恰恰证明，注册会计师已经关注到白茶股份存在逾期银行借款2 610万元，但审计底稿未见其向相关银行获取充分的免除逾期银行借款利息的审计证据。

本案例中，被审计单位存在应计未计利息费用的错报，且具有重大性，在被审计单位不更正的情况下，注册会计师应出具保留意见（若不具有广泛性），而不应当以强调事项代替。

资料来源：中国证监会网站。

案例 13-6

注册会计师对乐视网（300104）2016年度财务报表出具了带强调事项说明段的无保留审计意见，强调事项为"我们提醒财务报表使用者关注财务报表附注十一、4.（1）所述。本段内容不影响已发表的审计意见"。财务报表附注十一、4.（1）具体内容为："如附注十六、7.（3）所述事项及关联单位业务量增长，导致当期关联方交易增加。附注十一、3.（1）应收账款的回收情况取决于各关联公司的经营情况，公司实际控制人贾跃亭对上述应收账款为公司提供了担保。"乐视网财务报告披露，2016年末对关联方应收账款余额37.8亿元，较上年末余额增加33.1亿元，关联方款项按照账龄计提坏账准备。此外，乐视网预付款项及其他应收款存在大额关联方款项。

在不考虑关联交易的真实性前提下，乐视网应收关联方巨额款项的可收回性是否存在问题，如果存在问题，是否应当单独评估计提坏账准备，如无法判断，则属于审计范围受限，应发表非无保留审计意见。注册会计师可能未进行实质性判断，涉嫌以强调事项代替非无保留审计意见。2017年，乐视网更换审计机构，后任注册会计师对乐视网 2017 年度财务报表出具了无法表示意见审计报告，主要涉及事项为注册会计师无法判断 2016 年及当年新增的应收关联方货款及其他资金往来的可收回性，以及坏账准备计提的恰当性。

资料来源：巨潮资讯网站。

关于涉密业务对审计意见的影响，有的注册会计师在审计报告中以强调事项或其他事项段进行披露，说明未对涉密事项进行审计，该种做法可能并不恰当。在集团财务报表审计业务中，如果组成部分有涉密业务，如军工业务，根据相关规定不属于注册会计师审计范围，由被审计单位实施内部审计。在这种情况下，如果注册会计师利用内审计人员的工作，应当按照《中国注册会计师审计准则第1411 号——利用内部审计人员的工作》要求，评价内部审计人员工作是否及其取得的证据是否足以实现审计目标。如果能够达到审计目标，则审计报告不应提及内部审计人员的工作。实际工作中，由于涉密业务的特殊性，注册会计师不参与和接触涉密业务，自然无法评价内部审计人员工作的适当性。因此，注册会计师不能参与的涉密业务，属于审计范围"受限"，尽管该受限并非注册会计师主观原因导致，注册会计师仍应根据受限范围对财务报表的影响程度确定审计意见，若具有重大性，应发表非无保留意见审计报告，而不应以强调事项或其他事项说明代替。

四、重大性与广泛性

（一）重大性

重大性通常需要从定量和定性两个方面考虑，定量的标准通常是注册会计师确定的财务报表整体的重要性或特定类别的交易、账户余额或披露的重要性水平。例如，对于以营利为目的且并非微利或微亏的企业，注册会计师可能将财务报表整体的重要性设定为经常性业务税前利润的 5%。定性考虑错报是否重大时，注册会计师需要运用判断评估错报的性质是否严重，是否影响财务报表使用者的经济决策。例如，错报是否影响被审计单位实现盈利预期或达到监管要求，错报是否影响被审计单位的盈亏状况，错报是否是由于舞弊导致。

关于重大性与重要性之间的关系，《中国注册会计师审计准则第 1221 号——计划和执行审计工作的重要性》的提法是"重要性""重要性水平"，《中国注册会计师审计准则第 1251 号——评价审计过程中识别出的错报》《中国注册会计师审计准则第 1502 号——在审计报告中发表非无保留意见》提及的是未更正错报单独或汇总起来是否"重大"，二者存在一定关系，可以理解为超过重要性水平的，就具有重大性，即重大性的起点是注册会计师确定的重要性水平。

（二）广泛性

对财务报表的影响具有广泛性的情形包括三个方面：

1. 不限于对财务报表的特定要素、账户或项目产生影响

（1）重大错报对财务报表的影响。如果注册会计师发现了一项重大错报，例如，应收账款坏账准备的计提不充分，该重大错报所影响的财务报表项目数量有限（应收账款和信用减值损失），且这些项目并不是财务报表的主要组成部分，通常认为该错报对财务报表的影响不具有广泛性。如果注册会计师发现了多项重大错报，例如，商誉、固定资产、存货和应收账款的减值准备计提均不充分，这些重大错报影响多个财务报表项目（商誉、固定资产、存货、应收账款、营业成本、信用减值损失、资产减值损失等），通常认为这些重大错报对财务报表的影响具有广泛性。

（2）在无法获取充分、适当的审计证据时，未发现的错报对财务报表可能产生的影响。例如，如果注册会计师无法对被审计单位某一重要联营企业的财务信息执行必要的审计工作，因而无法就被审计单位采用权益法确认的投资收益获取充分、适当的审计证据，相关长期股权投资和投资收益不构成财务报表的主要组成部分。由于该联营企业可能存在的错报仅影响被审计单位财务报表的个别项目，且相关财务报表项目并未构成财务报表的主要组成部分，注册会计师可能认为该事项对被审计单位财务报表可能产生的影响重大但不具有广泛性。如果注册会计师无法对被审计单位某一重要子公司的财务信息执行审计工作，因而无法就被审计单位合并财务报表中与该子公司有关的项目获取充分、适当的审计证据，由于该子公司可能存在的错报影响被审计单位合并财务报表的大多数项目，通常认为该事项对被审计单位合并财务报表可能产生的影响重大且具有广泛性。

2. 虽然仅对财务报表的特定要素、账户或项目产生影响，但这些要素、账户或项目是或可能是财务报表的主要组成部分

案例 13-7

某上市公司的控股股东违规占用上市公司资金，且上市公司违规为控股股东的借款提供担保，截至资产负债表日，上述违规占用资金和违规担保余额合计为上市公司年末净资产余额的数倍。控股股东财务状况持续恶化，偿债能力严重不足，其由上市公司提供担保的借款均已进入诉讼程序。注册会计师认为

上市公司未就与被占用资金相关的应收款项计提减值准备、未就与违规担保相关的偿付义务计提预计负债构成重大错报。在这种情况下，尽管涉及的财务报表项目较为有限，但金额特别重大，因此，可以认为与控股股东资金占用和违规担保相关的交易及余额构成财务报表的主要组成部分，该事项的影响重大且具有广泛性。

3. 当与披露相关时，产生的影响对财务报表使用者理解财务报表至关重要

"广泛性"是否具有量化的判断标准？即保留意见与否定意见和无法表示意见的数量界限。不同的会计师事务所及注册会计师把握的标准不尽相同。例如，有的注册会计师对已经发现的错报或潜在错报，或者受限事项，如果超过财务报表整体的50%，认为具有广泛性，若涉及舞弊行为，将数量标准降低至30%。需要注意的是，非无保留意见涉及事项的金额，可能并非均为错报，尤其是涉及会计估计的保留事项，需考虑可能发生的实际错报是否超过财务报表整体的一定比例。此外，需要区别错报或受限的性质，影响利润、净资产等关键指标的错报和受限事项，比仅影响分类和列报更重要，如同样是应收账款错报金额1 000万元，无法收回但未计提坏账准备，与可收回性不存在问题，仅应分类为其他应收款的分类错报相比，前者错报性质及影响更严重，注册会计师在考虑错报对财务报表整体量化影响时，应有所区别。

实务中，注册会计师在判断是否具有广泛性时，可能存在以下问题：一是未审慎评价多个重大事项汇总的影响是否具有广泛性。例如，被审计单位同时存在违规担保、应收款坏账准备、其他流动资产减值、商誉减值、不明资金转入转出等事项，涉及多个报表项目，但注册会计师仍认为上述事项的影响不具有广泛性，合理性存疑。二是未审慎评价单个重大事项的影响是否具有广泛性。例如，有的审计报告保留意见虽仅涉及商誉减值或应收账款减值等单个事项，但这些事项均对财务报表的主要组成部分形成重大影响，注册会计师仍认为上述事项的影响不具有广泛性。三是未审慎评价未更正和未发现的错报可能影响退市指标、风险警示指标、盈亏性质变化、持续经营等重要指标时，是否具有广泛性。例如，个别上市公司虽然某一错报涉及的财务报表项目较为有限，但导致净资产为负，可能影响其退市，但注册会计师仍认为上述事项的影响不具有广泛性。

案例 13-8

　　注册会计师为 ST 康美（600518）2019 年度财务报告出具了保留意见的审计报告，保留事项为：一是应收关联方（实际控制人控制的企业）非经营性占用资金的款项余额合计为 948 112.62 万元，注册会计师无法判断是否能够收回；二是对在建工程余额 335 511.29 万元，注册会计师无法判断其准确性和完整性；三是对存货账面余额 256 322.47 万元（包括发出商品 43 917.86 万元），注册会计师无法判断减值计提是否充分，以及应收账款余额及对应的营业收入确认是否恰当。

　　2019 年末，ST 康美资产总额 642 亿元，2019 年度净利润 −46.6 亿元。保留事项涉及的资产金额占总资产的比例为 24%，关联方资金占用若不能全部收回，对当期利润影响超过 100%，占归属于母公司的净资产超过 40%，从定量上看具有广泛性。即使是可能 50% 不能收回关联方款项，对财务报表整体影响也具有广泛性。因此，出具保留意见的合理性存疑。

　　2021 年 4 月 21 日，同一家会计师事务所对 ST 康美 2020 年度财务报告出具了无法表示意见审计报告，除新增内部控制缺陷、持续经营和未决诉讼等与财务报表无直接相关的事项外，主要无法表示事项仍为 2019 年保留意见涉及的三个事项，基本相同的事项，注册会计师在两个年度却出具了不同的审计意见。

　　资料来源：巨潮资讯网站。

五、集团财务报表审计组成部分审计量对审计意见的影响

　　在集团财务报表审计中，有时存在主审所与参审所。所谓参审所，即组成部分注册会计师。根据《中国注册会计师审计准则第 1401 号——对集团财务报表审计的特殊考虑》规定，担任集团审计的注册会计师，应就组成部分注册会计师对组成部分财务信息执行工作的范围、时间安排和发现的问题，与组成部分注册会计师进行清晰的沟通，并针对组成部分财务信息和合并过程，获取充分、适当的审计证据，以对集团财务报表是否在所有重大方面按照适用的财务报告编制基础编制发表审计意见。审计准则并未明确规定主审所应审计的工作量，如负责审计的资产额、收入额占集团合并财务报表的比重。国务院国资委发布的《中央企业财务决算审计工作规则》《关于加强中央企业财务决算审计工作通知》规定，对于多家会计师事务所联合审计的，主审会计师事务所承担的审计业务量一般不低于

50%，且企业总部报表和合并报表必须由主审会计师事务所审计。

虽然审计准则规定了集团审计注册会计师、组成部分注册会计师各自的责任，但在主审所承担的工作量比较小的情况下，并不容易实际执行到位。实务中，在发行债券审计业务中，有的集团实现了整体上市，主要资产均在上市公司体内，资产总额、收入及利润可能占集团合并报表的比重高达80%以上，集团本部及非上市部分体量小，上市主体由一家会计师事务所审计，集团另行聘请一家会计师事务所出具集团合并财务报表审计报告，以用于集团发行债券。这种情况下，组成部分注册会计师是事实上的"主审所"，而集团合并报表审计注册会计师则成了"参审所"，形成主次颠倒、头轻脚重的现象。集团主审所要将1401号准则执行到位很困难，且有时主、参审所审计并不同步，上市主体每年均进行审计，而集团只是需要发债等融资时才需要审计。集团审计注册会计师即使发现了组成部分重大错报，通常难以调整已经公开披露的上市主体财务报表数据。因此，执行1401号准则难免流于形式。但是，承担的审计责任却不因会计师事务所审计工作大小确定，也不因为集团审计注册会计师未发现组成部分错报而免责，因为集团审计注册会计师需要对集团整体财务报表承担责任。

审计意见需要充分、适当的审计证据支持，在审计工作量主次颠倒的情况下，如果审计证据获取存在困难，注册会计师应考虑对审计意见的影响及可能存在的审计风险。为了规避风险，有的会计师事务所规定，承接集团发债财务报表审计业务，审计的资产总额或收入总额一般不应低于合并财务报表金额的50%。

六、"洗大澡"现象与审计意见

企业在某个年度过度确认损失或费用，导致突然报出大额亏损，俗称"洗大澡"。"洗大澡"可能源于两种原因：一是以前年度虚假交易、少计减值等虚增利润转回或注销；二是为了使未来年度实现高收益，本期过度计提准备金。企业经营有自身的规律，除非经营环境出现重大变化，通常不会突然产生巨额亏损。"洗大澡"往往发生在下列情形：

（1）控股股东，或管理层发生重大变化。新的股东或管理层接手，往往会将企业的财务状况清查，处理潜亏，可能使得当期大额亏损。

（2）更换审计机构。在连续审计的情况下，会计师事务所对被审计单位"洗大澡"较为谨慎，担心存在较大的检查风险，趋向于逐步消化。更换审计机构后，后任会计师事务所不愿承担后续审计风险，但迫于客户压力，妥协不进行前期差错更正，且认为存在反正问题已经消化，后期不再有风险，至于处理在当期还是以前，没有实质性影响。

"洗大澡"涉及相关事项可能违反会计准则规定，如在内外环境未发生显著变化情况下，当期计提大额减值准备，涉嫌前期减值计提不足的问题。注册会计师需要逐项核实当期亏损的具体原因，是否存在前期差错，从而应重述前期财务报表的情况，若被审计单位未将亏损计入恰当期间，注册会计师应考虑对审计意见的影响。

案例 13-9

中国华融（HK02799）2020 年度亏损 1 063 亿元，亏损金额相当于中国华融 2017～2019 年三年营业收入总额，2015～2019 年五年利润总额的两倍多，60% 的股东权益账面价值。公司披露亏损原因为：随着原董事长赖小民受贿、贪污、重婚罪的开庭审理和宣判，公司对其任职期间激进经营、无序扩张造成的风险资产持续清理和处置，同时新冠肺炎疫情造成的市场冲击，部分客户履约能力下降，当期部分资产质量加速劣变，经对风险资产评估计提大额减值。

赖小民于 2018 年 4 月接受纪律审查和监察调查，2017～2019 年度财务报告未对其在职期间的经营损失计提大额减值，于 2020 年度采取"大洗澡"方式处理，该等巨额亏损显然并非发生于当期的损失，全部计入当期损益不符合企业会计准则规定。中国华融在 2020 年度报告中披露，由于内部组织架构调整、资产重组、人员变动等多重因素，公司未能延伸对相关资产于 2019 年 12 月 31 日及 2019 年 1 月 1 日的公允价值、信用减值损失或资产减值损失相应进行全面审视和评估及减值测试，因此经评估后相应确认的公允价值变动损益、信用损失准备以及减值准备全部计入截至 2020 年 12 月 31 日止年度，但这些原因似乎并不是不追溯重述前期财务报表的会计准则方面的理由。

审计机构安永会计师事务所对中国华融合并财务状况表发表了无保留意见，但对合并经营成果及合并现金流量发表了无法表示意见："我们无法获取充分、适当的审计证据，就下一段事项所述的贵集团于 2020 年度确认的相关损益是否有部分应计入以前年度合并损益表以及合并综合收益表进行合理判断，以作为对贵集团合并经营成果及合并现金流量发表审计意见的基础，我们不对贵集团截至 2020 年 12 月 31 日止年度的合并经营成果及合并现金流量发表审计意见。"

资料来源：巨潮资讯网站。

七、前期非无保留审计意见的处理

如果以前针对上期财务报表发表了保留意见、无法表示意见或否定意见，且导致非无保留意见的事项仍未解决，注册会计师应对本期财务报表发表非无保留意见。在审计报告的导致非无保留意见的事项段中，注册会计师应分两种情况予以处理：

（1）如果未解决事项对本期数据的影响或可能的影响是重大的，注册会计师应在导致非无保留意见事项段中同时提及本期数据和对应数据。

（2）如果未解决事项对本期数据的影响或可能的影响不重大，注册会计师应说明，由于未解决事项对本期数据和对应数据之间可比性的影响或可能的影响，因此发表了非无保留意见。

判断上期导致发表非无保留意见的事项是否在本期已经消除，主要依据为本期获取了哪些审计证据，可能出现三种消除情形：一是本期获取的证据，证明上期被审计单位的会计处理或披露是恰当的，非无保留事项自然消除；二是本期获取的证据表明上期会计处理错误，经前期差错更正重述报表后，予以消除；三是在本期消除，如前期保留应收账款的可收回性问题，在本期已经收回，则该保留事项在本期消除。第三种情形值得进一步探讨，即是由于本期新发生的情况导致应收款项收回可能性较期初发生变化，还是仅仅因为获取审计证据消除了"受限"，款项可收回性本身未发生任何变化。例如，注册会计师对某上市公司 2019 年财务报表出具了保留意见，保留事项为应收账款的可收回性（应收账款客户发生财务困难，但上市公司未计提坏账准备，注册会计师为此出具保留意见）。2020 年，上市公司收回了该应收账款。如果 2019 年应收账款确实存在减值，2020 年收回是因为客户财务状况好转，如获得新的投资，新产品成功上市等，这种情况表明 2019 年不计提坏账准备不恰当，消除保留意见的方式应是进行前期差错更正，而非"自然消除"；如果应收账款客户 2019 年、2020 年自身经营未发生重要变化，即信用风险未发生任何变化，注册会计师出具保留意见是因为未获取询证函回函等原因，则 2020 年收回款项宜认定为"自然消除"，不应涉及更正期初数的问题。实务中，这个界限可能并不很清晰，需要一定的职业判断。当然，上市公司和注册会计师也存在一种结果导向的趋向，即反正非标事项在次年已经解决，从减小对公司和市场的影响来说，尽可能在当期处理而不追溯以往。

有的时候，本期部分消除上期非无保留事项，需要视上期未消除事项对本期的影响程度确定审计意见，如果对财务报表的影响从广泛性降至重大性，或从重大性降至非重大性，则审计意见可能下降一个等级，即无法表示意见降为保留意见，保留意见降为标准意见。如果本期较上期未发生实质性变化，则审计意见也不应发生重大变化。

案例 13-10

ST 西发（000752）2018 年度财务报告被会计师事务所出具了无法表示意见审计报告，主要事项为注册会计师无法判断管理层舞弊涉及资金往来和对外担保对财务报表的影响，以及无法判断对联营企业苏州华信善达力创投资企业（有限合伙）长期股权投资 29 881 万元是否应当计提减值。

2019 年，ST 西发更换前任审计机构，聘请新的会计师事务所为 2019 年度财务报告审计机构，后任会计师事务所出具了保留意见审计报告。保留事项仍为上期事项，其中对长期投资事项，后任注册会计师在保留意见中披露，其获取了充分、适当的审计证据，判断长期股权投资已经全额发生减值，但由于年初数的不确定性，无法合理保证减值金额全额计入当期损益是否恰当。相同的事项，后任注册会计师将无法表示意见降为保留意见的合理性存疑。

资料来源：巨潮资讯网站。

案例 13-11

ST 节能（000820）2017 年度、2018 年度财务报告分别被注册会计师出具了保留意见和无法表示意见审计报告，两年均涉及的主要事项为注册会计师无法判断大额预付款项的实际用途，是否存在关联方关系和可收回性。2019 年，ST 节能更换前任审计机构，聘请新的会计师事务所担任审计机构。2019 年度，公司将预付款项 10.9 亿元计提坏账准备（其中部分转入其他应收款计提），全部计入当期损益，后任注册会计师认可被审计单位会计处理，未对该事项发表非无保留意见。

2017～2019 年，ST 节能预付款项的性质和可收回性并未发生实质性变化，将减值损失计入 2019 年度不符合企业会计准则规定，不恰当消除前期保留事项，审计意见明显不当，存在规避退市之嫌。事实上，如果将减值计入前期，将导致上市公司归属于母公司的净资产连续 3 年为负数，直接触及退市条件，而将全部减值计入 2019 年度，则仅最近一年归属于母公司的净资产为负数。

资料来源：巨潮资讯网站。

八、持续经营能力重大不确定与审计意见

持续经营能力重大不确定性可能对应多种审计意见，需要注册会计师作出恰当的职业判断，实务中也可能存在操纵空间。《中国注册会计师审计准则第1324号——持续经营》规定，如果财务报表已按照持续经营假设编制，但根据判断认为管理层在财务报表中运用持续经营假设不恰当，应发表否定意见；如果运用持续经营假设是恰当的，但存在重大不确定性，则要区分财务报表对重大不确定性是否作出充分披露，如是，则应发表无保留意见，并在审计报告中加入与持续经营相关的重大不确定性段落；如不是，则应发表保留意见或否定意见。此外，如管理层不愿意按照注册会计师的要求作出评估或延长评估期间，注册会计师应考虑其对审计报告的影响。

注册会计师在形成与持续经营能力相关的审计结论时，可能存在以下问题：一是未识别出可能对持续经营能力产生重大疑虑的事项或情况，包括存在重大偿债压力、重大经营亏损、重大流动性风险、关键管理人员离职且长期无人替代等；二是根据获取的审计证据，未对管理层运用持续经营假设的适当性形成恰当的审计结论；三是财务报表未对持续经营相关的重大不确定性进行充分披露，但注册会计师仅增加了持续经营重大不确定性事项段，未按照准则要求发表非无保留意见；四是未审慎评估财务报表未充分披露持续经营相关信息的影响程度，导致未恰当区分保留意见或否定意见；五是将与持续经营相关的重大不确定性事项列示于强调事项段，未按照准则要求增加与持续经营相关的重大不确定性事项段；六是不同年度持续经营状况基本相同，但出具了不同意见的审计报告。

案例 13-12

ST工新（600701）2017年、2019年财务报告被注册会计师出具了无法表示意见审计报告，2018年财务报告被出具了保留意见。保留意见审计报告显示，公司报告期发生巨额亏损，归属于母公司的净资产为负数，多个银行账户被冻结、资产被查封、核心技术员工大量流失，生产经营停滞、子公司涉及大额债务逾期、企业信用缺失，公司持续经营能力存在重大不确定性，且公司已披露了改善持续经营能力的措施，但未披露具体方案和细节。2019年审计报告显示，因公司经营持续恶化，净利润、净资产均为负数，多个银行账户被冻结、债务逾期等，注册会计师无法判断公司运用持续经营假设是否恰当，出具了无法表示意见审计报告。ST工新2017年、2018年、2019年其持续经营能

力状况基本相同，并未明显改善，但注册会计师却出具了不同意见审计报告，合理性值得商榷。

资料来源：巨潮资讯网站。

此外，实务中存在注册会计师出具了无法表示意见审计报告，同时在报告中增加了以"与持续经营相关的重大不确定性"的解释说明段。这种审计报告形式是否恰当值得探讨。审计准则规定，出具无法表示意见审计报告，不再需要沟通任何关键审计事项，以避免暗示财务报表整体在这些方面比实际情况更为可信。与持续经营相关的重大不确定性事项，就其性质而言属于关键审计事项，以此逻辑，不宜在无法表示意见审计报告中增加"与持续经营相关的重大不确定性"的解释说明段。

九、财务报表审计意见与内部控制审计意见的一致性

非无保留的财务报表审计意见与非无保留的内部控制审计意见类型略有不同，前者有保留意见、否定意见和无法表示意见，后者仅有否定意见和无法表示意见，因为内部控制要么有效，要么无效，要么无法判断，不能发表部分有效的审计意见，因审计意见是对重大缺陷的肯定或否定，所以内部控制审计意见没有保留意见类型，这显然不同于财务报表的可以有超过重要性的部分错报与受限时的保留意见。

由于两种类型的审计依据不同，所以审计意见类型不一定相一致。内部控制缺陷并不必然导致财务报表错报或注册会计师审计范围受限，反之亦然。例如，非因被审计单位管理层控制因素，导致注册会计师审计范围受限，财务报告被出具非无保留意见审计报告，该情形与内部控制无关。所以，两者没有完全必然的匹配性。但是，从内在逻辑而言，内部控制存在重大缺陷的企业，财务报表发生错报或舞弊的风险较高，财务报告被注册会计师出具非无保留意见的概率较大。如果财务报告被出具非无保留意见，则表明内部控制可能存在缺陷。2017~2019年，A股上市公司内部控制审计意见中，否定意见分别为37份、53份、68份，无法表示意见的内部控制审计报告仅2019年有2份。2019年70家被出具非无保留意见内部控制审计报告的上市公司中，有10家的财务报表审计报告为无保留意见，其中6家为带强调事项段或持续经营事项段的无保留意见；60家的财务报表审计报告为非无保留意见，其中32家为保留意见，1家为否定意见，27家为无法表示意见。可见，非无保留内部控制审计报告对应的财务报表审计报告一致性比

例高达 85.7%，具有显著的相关性。

十、相关专项业务审计意见

除财务报表审计业务外，注册会计师可能还会接受客户委托，出具一些专项鉴证意见，有些专项意见的类型，可能对被审计单位产生重大影响。例如，非经常性损益专项报告，可能影响 IPO 企业发行条件、上市公司再融资和退市条件；业绩承诺完成情况专项报告，可能影响标的企业原股东股份或现金补偿，以及收购方财务状况；盈利预测审核报告，可能影响交易对价或资产减值计提；扣除非主营业务收入专项报告，可能影响上市公司退市等。注册会计师出具这些专项报告时，需要按照相关标准进行核查和判断，如《中国注册会计师其他业务鉴证准则——预测性财务信息的审核》《公开发行证券的公司信息披露解释性公告第 1号——非经常性损益》《上海证券交易所关于落实退市新规中营业收入扣除相关事项的通知》等规定。如果因专项意见不当影响被审计单位"上市资格"，则注册会计师或将承担较大的审计责任。

📖 案例 13-13

ST 万方（000638）主营业务为软件与信息技术和基础设施建设，2020 年度营业收入 11 099 万元，其中，粮食购销贸易收入 1 811.01 万元，信通网易硬件租赁收入 3.17 万元，实现净利润 −1 165 万元。2021 年 4 月 12 日，注册会计师出具的《关于万方城镇投资发展股份有限公司 2020 年度营业收入扣除事项的专项核查意见》仅将信通网易硬件租赁收入作为与主营业务无关的收入扣除，扣除后的营业收入为 11 096 万元。根据《股票上市规则（2020 年修订）》规定，若上市公司扣除与主营业务无关的业务收入后低于 1 亿元且净利润为负值，将被实施退市风险警示，连续两年扣除与主营业务无关的收入低于1 亿元，将被退市。

ST 万方年报披露后，深圳证券交易所下发了《关于对万方城镇投资发展股份有限公司 2020 年年报的问询函》，要求上市公司及会计师事务所说明"新增粮食贸易收入是否属于具有偶发性和临时性业务，是否属于与主营业务无关或不具备商业实质的业务收入，你公司未在营业收入中对粮食贸易收入进行扣除的原因及合理性，你公司是否存在规避《股票上市规则（2020 年修订）》第 14.3.1 条"最近一个会计年度经审计的净利润为负值且营业收入低于 1 亿元"的退市风险警示的情形。2021 年 6 月 15 日，注册会计师重新出具了《关于万方城镇投资发展股份有限公司 2020 年度营业收入扣除事项的专项核查意见》，将新增粮食贸易收入作为与主营业务无关的收入扣除，扣除后营业收入为 9 282.15 万元。

因未勤勉尽责，违反《上市规则（2020 年修订）》，2021 年 8 月 25 日，深圳证券交易所对会计师事务所及注册会计师出具了监管函。

资料来源：巨潮资讯网站。

第十四章 项目质量复核

项目质量复核是审计活动中重要的监督性制度安排，既能够发现或督促影响审计质量的重大问题落实到位，又有利于监督项目组遵守职业道德。要充分发挥质量复核的作用，需要选择合适的复核管理模式、选择具有胜任能力的复核人员、选择有针对性的复核内容。

第一节 质量复核管理模式

项目质量复核（以下简称"质量复核"），是指在报告日或报告日之前，项目质量复核人员对项目组作出的重大判断及据此得出的结论作出客观评价。由于项目质量复核人员是会计师事务所委派的独立于项目组的合伙人或其他人员，因而项目质量复核也称独立复核，以区别于项目组内复核。多数会计师事务所设立了质控部，或类似部门负责该项工作。质量复核是会计师事务所质量控制体系中的重要环节，不论是会计师事务所管理层，还是行业监管部门，历来十分重视质量复核在提高审计质量中发挥的作用。会计师事务所需要结合自身管理方式，选择合适的质量复核管理模式。

一、质量复核目标定位

质量复核的目标定位，通过质量复核的定义从专业角度进行了描述，即一种对项目组工作的评价活动。从评价活动的性质和不同个人的认知看，质量复核的目标定位有两种选择：

一是协助项目组。质量复核工作作为项目组的延伸，从属于项目组，帮助项目组发现问题，从而防范风险，共同控制质量。复核人员与项目组的关系，主要是一种合作关系，复核意见可为项目组出具审计报告提供决策依据参考，但最终以项目合伙人意见为主。在质量控制流程上，复核人员居于项目合伙人之后。

二是监督项目组。质量复核完全独立于项目组，复核人员与项目组分工明确，在质量控制流程上为平行关系，复核人员和项目合伙人任何一人未同意，均不能继续下一个流程。在这种目标下，发现问题的目的主要是监督，复核人员行使类似于政府或企事业单位纪检监察部门的职能，督促项目组勤勉尽责。

尽管质量复核的对象、内容相同，但选择不同的制度安排，会影响复核效果及复核目标的实现。协助项目组，是以协助为主，监督为辅；监督项目组，是以监督为主，协助为辅。在当前审计环境下，对于会计师事务所合伙人较多，各自的职业道德、胜任能力、价值取向、管理水平存在差异，同时总分所一体化管理较弱，以及在监管政策对审计失败处罚偏向于"连坐"的情况下，选择第二种质量复核的目标取向或许更为有效。绝对的权利导致绝对腐败。对于会计师事务所来说，绝对的自由将导致绝对的审计失败。

二、质量复核机构在会计师事务所治理体系中的地位

治理，是一个组织对机构内权利和责任如何进行安排。会计师事务所的治理结构与一般企业并无太大差异，特殊普通合伙所组织架构通常由合伙人大会、合伙人管理委员会、监事会、经营管理层组成，分别行使涉及合伙人利益的最高权利、重大事项决策权利、监督权和日常经营权。那么，质量复核机构处于什么地位？为谁服务？是后勤部门还是一线部门？这些都需要会计师事务所在制度安排时作出选择。实务中，质量复核机构作为一个职能部门，往往在首席合伙人或其授权的合伙人领导下工作，服务于管理层，属于日常经营管理组成部分。

IAASB 最新制定的质量管理准则《国际质量管理准则第 1 号——会计师事务所对执行财务报表审计或审阅、其他鉴证或相关服务业务实施的质量管理》，以及财政部 2020 年 12 月发布的《会计师事务所质量管理准则第 5101 号——业务质量管理》，借鉴 COSO 理念，强调会计师事务所治理，并将其作为"八大"质量管理要素之首。从优化治理结构和会计师事务所执业活动的特殊性而言，质量复核机构应行使治理体系中的监督权，这与前述质量复核的监督目标相一致，也是大型会计师事务所管理的内在需要。这是因为：合伙制企业通常由志同道合的个人共同组建，以相互信任为基础，所以监督机构不如公司制企业重要，多数会计师事务所不设监督机构，即使设立监督机构，实际运行也往往流于形式。但是，特殊普通合伙制会计师事务所不同于合伙人较少的一般合伙企业，业务规模大，合伙人数量多[①]，工作于不同地点，相互之间并不甚了解，完全靠共同的理念经营难度

---

① 财政部《会计师事务所执业许可和监督管理办法》第九条规定，设立特殊普通合伙会计师事务所，应当由 15 名以上由注册会计师担任的合伙人，60 名以上的注册会计师。

较大，一个合伙人出现审计失败，其他合伙人将承担连带（或有限）责任，即责任"连坐"。我国现行合伙人最多的会计师事务所超过 300 人，"连坐"制度，意味着一人出事，所有合伙人受影响。

事实上，《合伙企业法》的理论基础或许并不适用于合伙人众多的会计师事务所。这时，产生一个能够代表全体合伙人意志的机构行使监督权很有必要。会计师事务所机构设置中，监事会（若设置）、监控机构都属于监督机构，但监事会并不负责相关质量监督，监控机构往往是一个临时机构，专业人员少，且以事后检查为主，难以担当维护全体合伙人利益的重任。只有质量复核机构，最有条件完成这个使命。在会计师事务所架构设置中，可考虑设置"监督委员会"或类似机构，与合伙人管委会平行，将监事会、监控和质量复核职能均纳入其中，各尽其责，统一行使监督权。其中，质量复核机构类似于公司制企业和金融机构的内部审计（稽核）部门，直接对监督委员会负责，提高其独立性和权威性，能更好地发挥监督与增值服务的作用。

需要注意的是，质量复核机构不仅是服务于某个合伙人、某个部门或分支机构，而是对全体合伙人负责。在会计师事务所组织形式与合伙人机制和总分所一体化管理不匹配，客户私有化现象较为严重，市场导向优先的环境下，质量复核机构的合理定位十分重要。

三、质量复核的运作模式

质量复核一般有两种运作模式：一种是设立独立的复核机构，实施准则规定的项目质量控制复核，复核人员均为专职。具体操作中，从复核范围看，有的实行分级分类管理，仅复核重点项目，如上市公司等高风险业务，有的将所有项目均纳入质量复核；从复核对象看，有的要求项目组送审完整的纸质或电子工作底稿，有的以复核审计报告为主；从复核集中度看，规模较大的会计师事务所多采取区域管理，以中心城市为据点负责周边分支机构业务项目质量复核，中小型会计师事务所主要集中于一地复核。另一种是不设独立的复核机构，或虽设立了复核机构，但人员较少，复核任务主要由事务所委派其他合伙人承担，即合伙人之间"交叉复核"，复核人员为临时兼职。该种模式下，复核范围限于重点项目，复核对象以审计报告为主，复核人员分散于不同地点。

选择何种运作模式，准则并没有强制性规定，孰优孰劣尚无实证研究结果。实务中，"交叉复核"模式可能存在影响复核效果的不利因素，主要是受复核合伙人的专注、专业和责任影响。业务合伙人一般有自己的团队和项目，安排其承担复核任务，属于临时性工作，特别是在自身比较忙的时候，可能没有足够的时间和精力专注于复核其他项目。专业性上，尽管委派时会考虑复核合伙人的经验，但业务的多样性很难做到完全匹配，且相对于专职复核人员，其复核经验可能仍有所不及。更重要的是，在新《证券法》实施后，注册会计师面临的监管压力越来越大，合伙人首先考虑的是自己的项目不出问题，因人总是趋向于自身利益最大化，对于"别人的项目"，即使出了问题对自己影响也不大，在尽责上会打折扣。此外，"交叉复核"还面临较大的道德风险，可能存在相互帮忙的内部舞弊现象。

"交叉复核"通常效率较高，比较适合于一体化管理水平较高的会计师事务所，且项目组执业能力普遍较强，如国际"四大"会计师事务所。质量管理的最高境界是不再需要项目质量复核，项目组就能基本把控风险，这时复核人员显得"多余"，但目前这仅只是理论。现阶段，对于多数会计师事务所而言，专职复核可能效果更好，特别是对于执业能力较弱和分权管理的会计师事务所。

四、信息技术下的复核体系建构

信息技术正在深刻地改变注册会计师行业的审计模式，审计团队空间分布将发生重大变化，项目组不再固定，注册会计师通过网络平台沟通交流，大量的审计任务在非客户现场完成，会计师事务所组织形式更加扁平化。共享中心建设与实践已在不少大型会计师事务所推行，同质化、标准化、低风险审计业务实现集中处理。信息技术的影响，改变了人与人之间的沟通和交易方式。

质量复核如何适应新变化，如何选择新的质量复核管理模式？不同于审计人员地理分散化趋势，相反地，在信息化程度较高，审计工作底稿实现无纸化的会计师事务所，复核人员可以考虑集中化管理，成立类似函证中心的质量复核中心，将分散于各地的复核人员集中于质量复核中心工作。现行单兵或小分队式的分散复核模式缺陷是，不能有效整合复核资源，不能根据项目所处行业及业务特征和风险，在所有复核人员中匹配复核资源，以实现精准复核，且沟通成本也很高。构建质量复核中心，不仅可以通过合理分工，有针对性地开展复核，提高复核效率和效果，也能够实现复核人员之间信息、技术和经验共享，为建设数据共享中心创造条件，还能够优化复核人员结构，降低人力资源成本。

五、风险控制中质量复核的作用与局限性

质量复核应发挥多大的作用，实际究竟发挥了怎样的作用，实务中有两种选择性观点：一种观点认为，控制项目的实质性风险，主要依靠项目合伙人和项目组，复核人员不接触一线，仅通过短时间内复核工作底稿，难以发现重大问题。不仅如此，复核人员提出较多程序性、细节性问题，没有把握关键和风险点，但

为应付复核人员，项目组不得不花费大量精力反馈和沟通，会计师事务所投入的复核成本大于收益，质量复核作用有限。另一种观点认为，质量复核很重要，因复核人员经验丰富，不仅能够发现重大问题，监督合伙人独立性，还通过共性问题督促基础性审计工作质量的提高，该环节的控制对所有审计人员是一种无形的压力和促进，具有"看不见的手"的作用。不仅如此，复核机构还是会计师事务所的信息中心、技术中心，挖掘复核生成的数据价值潜力很大。不同的认识，导致会计师事务所管理层对质量复核的重视程度迥异，复核人员配备相差较大。从质量控制体系来说，质量复核应发挥较大作用，IAASB 新制定《国际质量管理准则第 2 号——项目质量复核》，首次将其单列为一个准则，凸显了质量复核的重要性。实务中，质量复核实际发挥的作用，与复核环境关系较大，因所而异，因人而异，且具有自我强化的趋势，即越重视质量复核，配备人员水平越高，复核效果越好，会进一步更加重视复核，反之亦然。

现行执业环境下，不少会计师事务所和监管部门越来越重视质量复核工作，希望以此为抓手，提高整体审计质量。需要探讨的是，因质量复核有其固有的局限性，其作用应有理论上的最大值，即天花板效应。复核的局限性，主要是存在信息量递减规律。会计信息的传递过程为：企业经营活动，反映至财务报表，信息已经被过滤一次，财务人员账务处理可能并未反映真实的信息，如经营舞弊；项目组在审计过程中，因客户蓄意欺骗，或注册会计师胜任能力不足，甚至故意隐瞒，审计工作底稿反映的信息又被过滤一次；复核人员工作的对象是项目组工作底稿，了解的信息越来越少，且都是间接信息。因此，复核人员复核的信息已经是"第三手"信息了。会计是对经营活动的监督，审计是对会计的再监督，质量复核是对审计的再监督。由于获取的信息越来越少，监督的效果越来越弱。例如，存货监盘的复核难以有明显效果，不像函证有外部证据，客户及注册会计师是否实际盘点和监盘，从工作底稿记录中并不能正确判断，但注册会计师却是心知肚明，因为注册会计师掌握了复核人员不知道的信息。

因此，要正确认识质量复核的作用，不宜期望其能根本上提高整体执业质量。一般而言，质量复核人员占总人数的 3% 左右，期望 3% 的人数（成本投入）发挥30% 以上的质量管理效果，那岂不是可以极大地降低会计师事务所成本？提高审计质量的关键，是提升所有从业人员的水平，即全员质量管理。会计师事务所好比一支足球队，复核人员是守门员，如果其他球员水平太差，不宜指望守门员一个人就能赢得比赛。

第二节　复核人员选择

一、质量主管合伙人

《会计师事务所质量管理准则第 5101 号——业务质量管理》要求会计师事务所应当建立健全质量管理领导框架，明确领导角色与责任，其中包括质量主管合伙人，该角色往往是质量复核机构及人员的最高领导，有的会计师事务所称为总审计师，有的则称为质量总监。

质量管理主管合伙人具体负责质量管理体系的设计、实施和运行，并履行下列职责：建立、完善并有效运行会计师事务所质量管理政策和程序，确保会计师事务所持续满足法律法规、职业准则和监管要求；全面参与业务质量管理决策，形成工作记录；对监控和整改程序的运行提供督导，就质量管理存在的问题提出整改措施，并向主要负责人报告；就与重大风险相关的事项提供咨询；会计师事务所其他质量管理职责。

二、选择复核人员

选择什么样的人员担任复核岗位，是质量复核管理的关键。《会计师事务所质量管理准则第 5102 号——项目质量复核》将该准则的目标确定为"会计师事务所的目标是，委派符合相关资质要求的项目质量复核人员，对项目组作出的重大判断和据此得出的结论作出客观评价"。准则对复核人员任职条件规定了原则性的要求：

（1）具备适当的胜任能力，包括充足的时间和适当的权威性以实施项目质量复核，项目质量复核人员的胜任能力应至少与项目合伙人相当。

（2）遵守相关职业道德要求，包括与项目质量复核人员如何应对对其客观性和独立性产生的不利影响相关的职业道德要求，并在实施项目质量复核时保持独立、客观、公正。

（3）遵守与项目质量复核人员任职资质要求相关的法律法规规定。

同时，对协助复核人员的助理人员也规定了相应任职条件：

（1）具备适当的胜任能力，包括充足的时间，以履行对其分配的职责。

（2）遵守相关法律法规的规定（如有）和相关职业道德要求，其中，相关职业道德要求包括与该人员如何处理对其客观性和独立性产生的不利影响等。

对于不设立专职复核机构及专职复核人员，采取"交叉复核"模式的会计师事务所，复核人员的选派具有临时性，往往根据当年业务项目的具体情况进行指派，注重复核人员对拟复核项目的行业经验和项目经验，以及时间安排，同时考虑独立性。此种模式下的独立性，更多地关注复核人员与项目合伙人之间的关系是否过于密切，是否存在互相"放水"的风险。

📝 **案例 14-1**

某会计师事务所设置了复核部门，专职从事项目质量复核，复核人员不从事具体的审计业务，并规定了复核人员的任职条件：

（1）职业道德良好，能够坚持独立、客观、公正原则；

（2）具备注册会计师执业资格；

（3）虽不具有注册会计师执业资格，但具有银行、证券、保险等特定行业，或具有税务、资产评估、法律、信息技术等特定业务方面的专业知识和技能；

（4）三年以上项目执业实务经验；

（5）会计师事务所要求的其他条件。

复核人员地位特殊，责任重大，选择优秀的人员担任复核岗位，有利于促进审计质量的提升。优秀复核人员应具备下列素养：

一是有水平。水平不够，就发现不了问题，控制不了风险，也就得不到信任和尊重。复核人员的水平通常应高于同等级别审计人员，否则会被认为是瞎指挥，额外增加会计师事务所和项目组审计成本，这是复核人员频繁遭"吐槽"的原因之一。复核人员的水平，体现在是否有常识、知识和智慧。常识，是熟悉被审计单位的业务模式，不说外行话；知识，是熟悉会计审计及其他相关规则；智慧，是具有将知识转化为专业能力，即职业判断力，这是最重要的功夫。复核人员的水平，来源于知识和经验的不断积累与更新，来源于对真理的不断探求。只有你比项目组想得更周全，判断更精准，才能得到信任。

二是有担当。一个项目没有出问题，没有多少人关心质量复核的作用。但是，项目出现质量问题，如被出具警示函，或行政处罚，所有人都会质疑：复核人员为什么没看出来？是如何把关的？正如审计具有固有风险一样，质量复核并不能保证发现所有问题。发生质量问题，复核人员要勇于承担责任，特别是复核机构负责人，要做到守土有责，守土担责，不应因批评、扣罚工资而感到委屈、冤枉，甚至耿耿于怀。聪明的复核人员不是去找理由开脱责任，而是反思出现问题的原因，吸取教训避免再次发生。

三是有情怀。质量复核岗位较少与客户交往，但人的社会属性使得其希望与更多的人打交道，所以多数执业人员不愿意从事质量复核工作，因为外面的世界很精彩。特别是分管业务的高级经理、合伙人甚至更高职位的管理层，因工作机会能够积累大量的客户资源、人脉关系，在会计师事务所出现危机时，随时可以携带客户他投，而此时复核人员的机会相对较少。同时，复核岗位是一个充满矛盾的地方，不断考验复核人员的心理承受能力。因此，没有对行业、对质控工作的热爱，就不可能一直从事质量复核工作，这需要有情怀的职业价值观。随着经济业务越来越复杂，会计审计准则职业判断要求越来越高，专业的价值越来越受到重视。

三、复核工作存在的困难与问题

监管部门在检查会计师事务所执业质量时，时常指出质量复核流于形式，一定程度是会计师事务所质量管理的顽疾，也是影响行业整体质量的重要因素。实务中，复核人员开展复核工作存在诸多困难，具体体现在：

一是权威性不够。发现问题后没有决定权，虽然准则规定复核人员提出的问题未得到满意解决之前，不得签发审计报告，但在最终决定处理意见时，复核人员通常没有决定权，一般由首席合伙人或授权的合伙人决定。因此，对于重大问题，有的项目合伙人越过复核人员，直接与负责人商量处理意见，这是影响质量复核发挥作用的重大障碍。权威性不够是表象，问题的根源是单位"一把手"对质量复核工作的认知和态度。

二是独立性不够。基于独立复核的监督角色，类似于会计师事务所及项目组必须与客户保持独立性，独立性是复核发挥作用的制度保障。有的会计师事务所复核人员隶属于业务合伙人，薪酬由其决定，还有的对复核人员采取所谓的"双重管理"，即业务上垂直管理，由总所分管质量控制的合伙人领导，但行政上属地管理，薪酬由分支机构支付。独立性不够，可能会使复核人员放弃原则，甚至出谋划策隐瞒重大风险事项。

三是专业性不够。专业性不够源于复核人员胜任能力不足，复核岗位缺乏优秀的人才，多数注册会计师不愿意从事复核工作。有的首席合伙人认为，最优秀的骨干应充实到执业一线，复核机构属于后勤部门，又不创造经济效益，有个机构和几个人就行。事实上，以合伙人为例，再优秀的合伙人，其管理的业务规模一般不超过2 000万元，而若安排至复核岗位，他可能对2亿元业务收入的重大风险进行有效把握。这是点和面的作用，带项目，从全所来看，发挥的是"点"的作用；做复核，发挥的是"面"的作用。如果没有优秀的复核人员，把复核岗变为不愿出差审计人员的照顾岗，质量复核只能是摆设，必然流于形式。

四是时间不够平衡。审计工作具有典型的季节性特征，年报期间将完成全年收入的 50%～80%，项目审计集中度高，复核集中度更高。但是，正如铁路系统不会按照春运期间的高峰客流量配置日常运力，复核人员也不会按照高峰期的工作量配备。这个矛盾是影响复核效果的固有风险。

五是手段不够。存在舞弊迹象的审计业务中，项目组获取的"形式证据"往往充分，但诸多交易并不符合商业逻辑。复核人员尽管提出质疑，但项目组难以取得直接可靠的实质性证据，也无法实施进一步的延伸程序。复核人员面对这种情况，虽然提出了问题，但却没有手段解决问题，停留在质疑状态，最终只能由会计师事务所风险管理机构决策。

六是集中度不够。为适应会计师事务所多地区执业的需要，复核人员分散于多地，有的会计师事务所实现了有限集中，按照片区分工管理。多元化领导、分散性复核不适应该项工作的特点，导致复核资源浪费较为严重，复核效果打折扣。

案例 14-2

监管部门在对会计师事务所执业质量检查中，多次指出质量复核方面存在问题。例如，证监会在通报 2015 年度审计机构检查处理情况时指出，"部分审计机构内部管理薄弱，未实现总分所一体化管理，质量控制体系不健全，质量控制部门人员力量薄弱，部分执业项目的质量控制复核工作流于形式"。又如，某地区行业监管部门在 2019 年会计师事务所执业质量检查工作总结中指出："大部分会计师事务所已建立逐级复核制度、编制逐级复核表，但在实际执行中存在复核表仅有签名，但未见将复核过程中提出的问题、与项目组成员的沟通结果、补充工作底稿情况以及负责答复问题的项目组人员和答复日期等复核轨迹的书面记录，致使复核制度可能出现名存实亡的问题，复核效果不佳；部分事务所存在使用'业务报告流转表/审批单'代替复核表的情况，无法起到合理保证执业质量的作用；个别会计师事务所还存在各项目团队的工作底稿、报告模板标准不统一的问题，存在较大的执业风险。"

第三节 实施质量复核

一、质量复核范围

会计师事务所是应将所有业务项目纳入质量复核范围，还是有选择性地将部分业务项目纳入质量复核，新的《会计师事务所质量管理准则第 5102 号——项目质量复核》并未明确规定。《质量控制准则第 5101 号——会计师事务所对执行财务报表审计和审阅、其他鉴证和相关服务业务实施的质量控制（2010 年修订）》第五十条规定："会计师事务所应当制定政策和程序，要求对特定业务实施项目质量控制复核，以客观评价项目组作出的重大判断以及在编制报告时得出的结论。这些政策和程序应当包括下列要求：（一）要求对所有上市实体财务报表审计实施项目质量控制复核；（二）明确标准，据此评价所有其他的历史财务信息审计和审阅、其他鉴证和相关服务业务，以确定是否应当实施项目质量控制复核；（三）要求对所有符合本条第二款第（二）项所提及标准的业务实施项目质量控制复核。"可见，原准则是针对特定项目实施质量复核，并非要求对所有业务项目实施质量复核，即有选择性地实施质量复核。新的质量复核准则的目标是"对项目组作出的重大判断和据此得出的结论作出客观评价"，删除了"特定业务"，意味着应当对所有业务实施质量复核，即没有选择性复核的空间。但是，《会计师事务所质量管理准则第 5102 号——项目质量复核》应用指南（征求意见稿）指出："会计师事务所可以指定多个人员负责委派项目质量复核人员。例如，会计师事务所的政策和程序可以区分上市实体审计业务、非上市实体审计业务或其他类型的业务，针对不同类型的业务分别规定不同的委派项目质量复核人员的流程，并由不同的人员分别负责各流程。"虽然要求全范围复核，但仍然应重点突出，分级管理，针对不同风险的项目实施不同流程控制和不同级别人员的质量复核，从这个角度看，复核范围的选择，体现了风险导向审计的理念。

实务中，有的会计师事务所将业务项目分为若干类，例如，分为 A、B、C、D 四类，其中，A 类主要为首次承接的上市公司、IPO、资产总额超过 1 000 亿元的特大型企业等，B 类主要为连续承接的上市公司、债券发行企业、金融保险机构等公众利益实体，C 类主要为非公众利益实体的并购重组、资产总额超过 1 亿元的企业，D 类为其他业务。针对不同风险等级的业务项目，会计师事务所规定了不同的质量复核流程，A 类业务需全所主管质量的合伙人复核审批，B 类业务需复核合伙人复核审批，C 类业务需复核部门高级经理复核审批，D 类业务不需要实施质量复核。

二、选择复核方法

质量复核是对项目组作出的重大判断进行评价，是高层次的选择性复核，不是详细复核。因此，必须贯彻风险导向理念，核心是坚持两个思维：一个是哲学家思维。哲学家具有质疑精神，善于透过现象去认识事物的本质，通过演绎或归纳去证实结论。事物的本质，从审计和质量复核角度理解，是要判断重大异常交易是否具有商业实质，是否符合逻辑，是否符合理性的"经济人"假设。质疑精神，不仅要合理怀疑客户，还要怀疑项目组和合伙人。另一个是法官思维。法官审判案件，依据的是证据。审计证据充分性和适当性的判断标准是：交易可解释、轨迹可观察、期后可验证。如果一项交易违背常识，虚假的可能性很大；可解释未必为真，演绎的推断结论还必须眼见为实，取得直接或间接的观察证据，如资金流水、物流轨迹；时间是最好的试金石，理论上所有的交易都可以通过时间（期后）验证，如上市公司关联方资金占用，期末归还，但期后又借出。事实上，审计活动是取证的过程，是在做一道证明题，质疑与信任、证伪与证实，都需要获取审计证据。无论项目组如何解释，复核人员最终需要看到证据。

高水平的复核人员，通常掌握了有效的复核方法。方法有时比知识更重要，下面这些做法贯彻了风险导向理念：

第一，要把握重点，抓大放小。首先要抓重点项目，例如，上市公司、金融机构等公众利益实体审计业务；IPO、发行债券等融资审计业务；资本市场并购重组审计业务；可能涉及国有资产流失的审计业务；其他监管风险较大的项目。针对具体项目复核，坚持"二八原则"，审计风险往往在于关键的少数。要将复核资源集中在20%的重点项目、重点项目中20%的风险领域、风险领域中20%的关键程序和审计证据。记住三个20%，工作中就不会漫无目的一把抓。

第二，要花点时间了解项目业务。不要直接进入主题，通过客户网站、项目组成员了解被审计单位的运作流程，以及一些惯例和规律，有助于更好地把握项目的问题和风险点，提高质量复核的针对性。

第三，要利用公开信息与财务数据相互印证。特别是涉及重要的销售客户、供应商、关联方、被投资单位等，要通过公开信息了解交易的大致真实性。公开信息渠道很多，如国家企业信用信息公示系统、天眼查等第三方企业查询平台、巨潮资讯、中国裁判文书网等。媒体质疑上市公司财务造假主要通过公开信息分析，注册会计师了解的信息比媒体多得多，却未能发现，值得反思。应对系统性舞弊，往往需要跳出工作底稿，功夫在诗外。

第四，要关注细节。识别财务舞弊，要从细节异常处寻找突破口。例如，文件形式异常，如询证函格式不一致；文件签字信息异常，签字人没有权限，笔迹显示代签；印章是否合理，如同一印章形状不同；文件之间的一致性，如回款凭证载明的付款人与入账凭证不一致等。细节之于复核人员，考验的是敏感性，需要的是见多识广的经验。

第五，要尽可能实现过程复核。复核人员介入项目的时间越早，否决一个项目的压力越小。明天就要出报告了，客户也认为没有问题了，你想不签发审计报告就很难，因为领导压力太大。过程复核，必要时要到审计现场，从"桌上复核"

到现场复核，把问题解决在过程中。

第六，要看项目是谁做的。项目组水平有高低，合伙人风险偏好不同。对于责任心强、一贯审计质量高的团队项目，要合理相信项目没问题；对于胜任能力不够，与客户关系走得太近的项目组，要合理怀疑项目有问题。因此，复核人员不仅要对事（工作底稿），还要对人，要因人施策。

实务中，复核人员关注项目组关键人员下列情形：一是项目合伙人、签字注册会计师及项目组重要成员最近期间是否因审计质量受到监管部门行政处罚、行政监管措施、行业自律处分；二是项目合伙人、项目经理参与项目的时间长度，是否未实际参与项目。

第七，要提高复核意见质量。不要盲目追求问题的数量，关键在问题的质量。提出一些不是问题的问题，项目组会很反感。一些小的、共性的问题，可以直接口头告之项目组，不宜写入书面复核意见。对于重要的问题，一定要持续跟踪项目组反馈落实情况。

三、分歧与处理

分歧，既有复核机构与项目组，包括审计人员、项目经理、项目合伙人的分歧，也有复核机构内部分歧，包括复核人员之间、复核人员与分管质量合伙人之间的分歧，甚至还可能有与单位负责人、客户的分歧。分歧涉及的问题，既有专业技术判断问题，也有已经明确的风险事项处理意见问题。存在分歧是正常现象，因为质量复核工作的性质和目标决定了其处于矛盾交汇点，很少出现分歧的质量复核可能表明独立性出了问题。

处理分歧应坚持下列原则：首先，先内后外。复核机构内部先要达成一致意见，再与项目组沟通。当然，项目组内部有分歧，也应先形成统一意见。其次，先专业后风险。已经确定的风险事项往往需要领导层决策，复核人员需要就专业问题，如审计程序、审计证据、会计处理判断等分歧与项目组沟通解决。再次，坚持少数服从多数，下级服从上级原则。经过广泛研究讨论后，仍然无法达成共识的，贯彻民主集中制原则，否则分歧将悬而不决。最后，坚持底线原则。经过项目组努力后，仍然存在未决分歧的，复核人员要判断，哪些问题可以放过，哪些问题不能放过，必须要有底线思维，原则问题要坚持，如影响审计意见类型的问题，要谨慎处理。

复核人员特别应注意的是，正确处理与项目组关系。会计师事务所质量控制最大的隐患之一是，项目组与质量复核机构成为"猫和老鼠"的关系。复核人员努力通过工作底稿找问题，问题越多，报告越难出。项目组为了能够快速顺利出具报告，故意隐瞒重大事项，复核人员发现了则解释或整改，发现不了则埋下潜在风险，这是一种缺乏互信的糟糕关系。

如何正确处理与项目组的关系？首先，要尊重项目组，但并不完全相信项目组。项目组直接战斗在一线，有的项目长达数月，如 IPO 审计业务，会计师事务所没有人比项目组更了解客户，而且当前监管环境下，多数合伙人、项目经理不会为一个项目铤而走险。因此，复核人员一定要给项目组充分的解释机会。当然，项目组有时也会当局者迷，或者个别项目丧失独立性，如果项目组不能提供有力的审计证据，复核人员需要合理怀疑项目组。其次，帮助项目组，但并不代替项目组。复核人员可以利用经验，特别是类似项目的经验，向项目组提供咨询建议，以帮助项目组。但是，不能大包大揽，代替项目组做决策，准则规定也不允许。复核人员不仅对项目组有建议权，还有要求项目组如何做的权利。最后，只讨论专业问题，不妄加评论。注册会计师水平有高低，复核人员不能以自己的水平作为标尺，度量其他人的水平，贬低性评价其专业能力。这对项目组人员来说，可能会觉得自尊受到了伤害，会与复核人员产生沟通障碍。

四、质量复核意见

质量复核是对项目组审计工作及审计结论的再判断，是层次较高的职业判断和选择活动，质量复核意见应体现这一活动，复核人员应注重问题的质量，审慎注意问题的数量，从复核发现的问题中总结提炼，选择出可能存在重大风险的事项反馈给项目组，切记复核过度，越俎代庖。例如，过于关注项目的细节、规范性等应由项目内项目经理和部门经理一级、二级复核的事项，职责不清，甚至还使得项目组产生依赖思想，反正有独立复核人员把关，马虎点没关系，不利于责任分解，质量控制前移。复核意见应按照问题的性质，区分为提请项目组调整或修改的事项、要求项目组补充执行程序和补充审计证据的事项、要求项目组解释说明的问题等，复核人员应明确意见。复核人员提出的问题应清晰和可理解，同一问题不应重复提出，同类问题应汇总提出。

如果项目质量复核人员怀疑项目组作出的重大判断或据此得出的结论并不恰当，应告知项目合伙人。如果这一怀疑不能得到使项目质量复核人员满意的解决，项目质量复核人员应通知会计师事务所内部的适当人员项目质量复核无法完成。

📝 **案例 14-3**

　　某会计师事务所复核意见分为重点问题、审计报告及附注披露问题、审计工作底稿编制问题三类，要求项目组反馈答复，下面为参考示例：

×× 有限公司项目质量复核意见

审计 ×× 部并 ×××（项目负责人）：

　　现对你部承办的 ×× 有限公司股改审计报告（2016 年 1 月 1 日 ～ 2018 年 9 月 30 日）提出复核意见，请你们针对下列问题逐项落实，并及时解释说明或整改。若对本复核意见有任何问题，请与复核人员 ××× 联系，联系电话 ******。

　　一、重点问题

　　（1）公司 2018 年 1~9 月营业收入 180 亿元，毛利率 12.16%，2016 年度、2017 年度，毛利率分别为 15.65%、14.05%；预收账款余额 2018 年 9 月 30 日为 90.7 亿元，较上年末增加 26.3 亿元，请说明是否存在推迟确认收入的情况。

　　（2）母公司及子公司 ×× 公司合计持 PT.ASRIGITA.PRAISARANA 印度尼西亚巨港电站 90% 的股权，截止 2018 年 9 月末账面投资成本 3 亿元，按照三方协议约定 18 周年后中方股东将其所持有的印度尼西亚巨港电站全部股份转让与 SSP，在股份转让前所有债务和税务责任将予以清理和清偿的前提下，SSP 将支付 200 万美元与中方股东作为股份转让款。请说明投资成本 3 亿元到期不能收回的情况下，如何进行会计处理以及是否应当分期摊销。

　　（3）预付款项中 2018 年 9 月末余额中 6 200 万元系"硫化床甲醇制丙烯（FMTP）关键技术研究及工业化"项目开发支出，请说明是否符合资本化条件，以及在预付款项中核算是否正确。

　　（4）合并财务报表 2016 年末、2017 年末、2018 年 9 月末外币报表折算差额分别为 −183 万元、−6 681 万元、8 052 万元，主要系子公司印度尼西亚巨港电站外币报表折算产生。根据印度尼西亚巨港电站记账本位币、财务报表项目以及人民币对美元汇率变化情况，请说明外币报表差额的折算过程。

　　（5）……（略）

　　二、审计报告及附注披露问题

　　（1）股份有限公司（母公司）成立于 2018 年 9 月 20 日，但母公司财务报表之利润表、现金流量表列报为 2018 年 1~8 月，母公司财务报表附注披露为三年一期（2015 年至 2018 年 9 月），请说明是否符合相关规定。

（2）现金流量表中2018年1～9月、2017年、2016年支付的税费分别为54 956万元、64 512万元、40 569万元，但《主要税种纳税情况、税收优惠的专项审核报告》相应期间仅实际缴纳四项税费就分别为59 678万元、65 697万元、42 384万元，已大于现金流量表所支付的税费，请说明差异原因。

（3）公司2015年至2018年9月利息支出分别为3亿元、1.1亿元、1.4亿元、0.94亿元，同期借款余额分别为16.7亿元、19.6亿元、23亿元、26.2亿元，请说明在借款大幅增加的情况下，利息支出呈下降趋势的原因。此外，请说明财务报表附注中利息支出、偿付利息支付的现金等对应关系是否正确。

（4）其他应收款中将单项金额重大标准与应收账款同样确定为1 000万元，请说明确定依据以及是否合理。

（5）……（略）

三、审计工作底稿编制问题

1. 货币资金

（1）××账户未达金额1 000万元，审计工作底稿未对大额账项进行调整或说明。

（2）××银行账户未实施函证程序，也未说明不实施函证的理由。

（3）工行天津南京路分理处2725账户的定期存款账面余额1 695万元、回函金额2 195万元，未说明差异原因。

2. 应收账款

大额应收账款无回函，且部分时间已1年以上，其中PT项目8.04亿元、MPCI项目4.32亿元，请进一步补充款项真实性和可收回性的审计证据。

3. ……（略）

四、解释说明或整改情况

附项目组签字确认的书面材料。

五、复核人员轮换

《中国注册会计师职业道德守则第4号——审计和审阅业务对独立性的要求（2020年修订）》对注册会计师审计轮换进行了重大修订，特别是扩大了公众利益客户相关合伙人的轮换范围，延长了关键合伙人轮换后的冷却期。新守则规定，如果审计客户属于公众利益实体，会计师事务所任何人员担任下列一项或多项职务的累计时间不得超过五年：项目合伙人；项目质量复核人员；其他属于关键审计合伙人的职务。同时，明确如果某人员担任项目质量复核人员累计达到五年，冷却期应为连续三年。这意味着，质量复核人员也应定期轮换，且遵循冷却期年限的规定。

对于选择采取"交叉复核"模式的会计师事务所，执行新守则轮换和冷却期规定没有任何障碍，且具有必要性。在"交叉复核"模式下，虽然复核人员并不直接与客户接触，但项目合伙人与复核合伙人之间职位通常为平级，主要工作均是从事项目的执业活动，每一位合伙人的项目都将被其他合伙人复核，复核合伙人为了自己的项目能够顺利出具报告，存在于其他合伙人搞好关系的动机，进而影响独立性。对于采取设置独立复核机构模式而言，是否应定期轮换值得商榷。轮换的根本目的是保持独立性。专职复核模式下，复核机构和复核人员在以下两个方面能够保持独立性：一方面，与审计客户保持独立，因复核人员并不实际接触客户，与客户没有任何经济利益关系，能够保持高度的独立性；另一方面，与项目合伙人及项目组保持独立，因复核机构的职能具有监督制衡的作用，在制度安排上复核人员与业务合伙人没有利益关系，复核机构是代表会计师事务所对所有业务及合伙人进行质量监督。国际会计师职业道德准则理事会（IESBA）关于复核人员轮换的规定，可能更适用于"交叉复核"模式，我国采取与国际准则趋同的路线，是否考虑不同会计师事务所质量复核管理的模式，值得进一步深入探讨。

第十五章　数字经济时代的审计选择

　　信息技术快速发展，推动经济社会向数字化迈进，数据成为驱动经济增长的重要要素资源。数字经济深刻地改变注册会计师职业的模式，虽然审计目标没有变，但实现目标的方式、途径发生了变化。数字经济下的审计选择，包括审计方法、审计样本、审计资料、审计流程，以及审计工作模式，不同于传统的审计选择，注册会计师需要转变思路，加快审计创新，适应新的形势。

第一节　信息技术审计

一、数字经济的发展

　　人类社会的大变革始于 18 世纪 60 年代的工业革命，依次经过蒸汽时代、电气时代、信息时代，现在正迈向智能时代。每一个时代都因新的科学技术革命，极大地推动了生产力进步，人类社会正以"几何级"的速度向前发展。信息时代与智能时代以信息技术为核心，它改变了经济环境和经济活动方式，社会经济形态从工业经济向数字经济转型。数字经济，或称新经济，相对于传统经济而言，核心是经济的数字化，使用知识和信息作为关键生产要素，以现代信息网络为重要载体，通过数字技术与实体经济深度融合的新型经济形态，创新经济、知识经济、共享经济、数字经济等构成新经济的基本内涵。

　　推动数字经济发展的信息技术包括互联网、大数据、云计算、虚拟现实、区块链、智能化等。数字经济时代下，数据成为驱动经济增长的核心生产要素，数字基础设施成为新的基础设施，数字素养成为对劳动者和消费者的新要求。新的商业模式不断出现，如互联网＋时代的"多对多"模式、基于数字信息平台构建"一对多"的生态圈、共享经济及众筹模式对接终端多个个人用户、大量人工智能技术运用的个性化定制模式等。这些新的商业模式有一个共同特点，即数字化。2020 年 3 月，中共中央、国务院《关于构建更加完善的要素市场化配置体制机制的意见》提出了土地要素、劳动力要素、资本要素、技术要素、数据要素"五大"要素资源，其中，技术要素、数据要素均与信息技术相关，数据要素更是第一次作为资源要素被提及。

全球数字经济呈快速发展趋势，美国、德国、英国等发达国家数字经济比重已超过60%。10年前，全球十大市值公司中，新经济仅有微软、中国移动2家，2019年，全球十大市值公司，新经济占据7席。中国数字经济发展迅猛，2017年3月，国务院总理李克强在作政府工作报告时表示，将促进数字经济加快成长，让企业广泛受益、群众普遍受惠。这是"数字经济"首次被写入政府工作报告。2019年，数字经济增加值35.8万亿元，占GDP的比重已达36.2%，对经济增长的贡献率高达67.7%。新冠疫情重创全球经济，但新经济逆势增长，疫情促使消费需求由线下向线上转移，远程办公、在线教育、在线医疗、电商等相关行业大幅增长。更重要的是，疫情加快了传统经济向数字经济转型升级的步伐。新冠疫情冲击，至少加速数字化发展5～7年。2020年，沪深上市公司中，代表新经济的信息传输、软件和信息技术服务业，营业收入、净利润同比分别上升 –1.53%、30.23%。2020年，新上市的IPO企业中，99家为新一代信息技术行业，占比高达25%。

二、信息技术审计领域与风险特征

审计对象的数字化，给注册会计师审计带来新的挑战，信息技术审计（IT审计）因势而生。信息技术审计，即根据信息系统相关的规范和标准，对信息系统规划、建设、运行、维护等活动进行检查和评价，并判断信息系统的安全性、合规性和数据生成可靠性的审计活动。什么情况下需要开展信息技术审计？这无疑是注册会计师在数字经济下面临的重要选择。如果被审计单位财务核算或业务执行对信息系统依赖程度较高，应选择执行信息技术审计。下列为对信息系统依赖较高的情形：

（1）有复杂的自动化计算系统，包括金融机构利息和保费的计算、使用加权平均估值法对存货成本的计算、基于复杂模型的成本计提的计算等，无法通过人工进行验证或者传统的审计方法难以确定其准确性；

（2）处理大量交易的系统，包括银行、电信和零售业务等，无法依靠人工手工管理，海量业务数据是会计确认和计量的直接来源；

（3）企业资源规划（ERP）系统，如使用SAP、Oracle、用友、金蝶等ERP专业软件管理业务，软件集成度较高，内部存在复杂的关联性，会计记录根据前序模块自动生成；

（4）采用自主开发或高度定制的系统、高度个性化的系统存在自动接口，通过该类接口，业务系统自动将生成的业务数据进行逻辑加工后传输给财务系统，进行相关的会计处理；

（5）复杂的信息技术架构，如多地点、多系统；

（6）为复杂经营实体处理信息，如为跨国运营处理信息；

（7）尚未广泛应用的新兴技术，如区块链的使用。

从行业或业务角度，下列行业或业务信息系统通常较为复杂，财务报表审计对信息系统依赖程度较高：

（1）银行、证券、保险、基金、信托等金融机构；

（2）互联网企业，包括游戏、第三方支付平台等；

（3）电子商务企业；

（4）水电气等面向受众广泛收费的公共事业单位；

（5）其他依赖信息系统生成财务数据的业务。

如果注册会计师对上述领域未实施 IT 审计，将面临较大的审计风险。例如，注册会计师在对佳电股份（000922）2015 年度财务报表审计时，未执行对佳电股份自行开发的成本核算信息系统进行测试的相关审计程序，受到行政处罚。又如，注册会计师在对美盈森（002303）2019 年度财务报表审计时，对拟信赖的信息系统未执行 IT 审计等控制测试，即认定美盈森的信息系统有效，被出具警示函。

《注册会计师行业信息化建设规划（2021~2025 年）》制定的行业信息化发展目标：到 2035 年，数字技术在行业广泛应用，成为行业高质量发展的有力支撑；行业数字产业初具规模，成为行业服务的新兴业态；标准化、数字化、网络化、智能化水平大幅提升，基本实现行业数字化转型，基本实现网络强注会目标。会计师事务所信息化实现新突破。大型会计师事务所系统智能化升级有序推进，中小型会计师事务所作业和管理信息化产品的普及率大幅提高，推进函证数字化发展，会计师事务所通过信息化手段提升审计质量和审计效率。

🖊️ **案例** 15-1

美国注册会计师协会（AICPA）与加拿大特许专业会计师协会（CPA Canada）联合发布的题为《数据驱动的审计：自动化和人工智能如何改变审计和审计师职责》报告指出，自动化、人工智能和计算机均为赋能工具。虽然无法取代审计师，但将改变审计和审计师职责。

报告认为，未来财务报告审计可能会发生多个变化：一是审计团队将由跨专业人士组成，包括审计师、非审计师和其他专业人士。审计师的技能框架也将发生变化，审计与鉴证专业人士需要掌握更多的数据管理及机器学习技能。二是因能够分析更高比例（甚至可达100%）的交易和数据，新技术可能继续扩大公众对会计行业的期望差距，提升"合理鉴证"的门槛。三是人工智能工具可能引发审计抽样程序方面的问题。例如，在执行实质性程序时，如果审核全部数据，离群值的数量将大大增加，若审计师无法设计具备足够精确参数的程序以避免处理这些离群值，则使用抽样可能更为有效。四是鉴于多项审计任务已能够自动开展或同时开展，各审计步骤将更快速地完成，连续审计（如每月、每季度或其他相关时间）或实时审计和报告（如在交易发生时）可能将成为主流。

实务中，审计风险呈现新变化。首先，审计资料往往不具可观察性。传统的商业模式一般为实物经济，可观察到实物流、资金流、信息流，审计对象是有形的物品、可见的服务、独立的账簿，而数字经济则是"三流合一"，化有形为无形。其次，资产及交易价格弹性大，不具备线性规律，缺乏可比参照。再次，财务数据生成高度依赖复杂的信息系统，信息系统的可靠性直接影响财务信息的真实准确性，如不具备信息技术 IT 审计能力，将无法审计数字经济客户。最后，造假动机强烈，新兴的数字经济及商业模式，往往受到资本市场的追捧，利益驱动较大，舞弊风险较高。2012～2016 年，我国沪深交易所上市公司并购重组形成的商誉，从 2 000 亿元快速增至 1 万亿元，不少交易标的为数字经济，这已经成为注册会计师审计的最大风险之一。

三、审计选择的变化

信息技术快速发展，推动经济社会向数字化迈进，数据成为驱动经济增长的重要要素资源。大数据挖掘和分析工具、审计智能机器人、VR/AR 技术等已经越来越多地运用到审计实践，远程审计、联网审计、共享审计加快推广。数字化正深刻地改变注册会计师职业的模式，虽然审计目标没有变，但实现目标的方式、途径变化了。《大数据时代》[①]提出的"三更"，对现行审计理论提出了挑战：一是更多。数据不再是随机样本，而是全体数据。大数据时代，需要的是所有数据，"样本＝总体"。小数据时代的随机采样，以最少的数据获得最多的信息将成为过去。二是更杂。执迷于精确性是信息缺乏时代和模拟的产物，只有 5% 的数据是结

---

① 《大数据时代》是国外大数据研究的先河之作，作者维克托·迈尔·舍恩伯格被誉为"大数据商业应用第一人"。

构化且能适用于传统的数据库。如果不接受混乱，剩下95%的非结构化数据都无法被利用，只有接受不精确性，才能打开一扇从未涉足的世界的窗户。大数据的简单算法比小数据的复杂算法更有效，纷繁复杂的数据越多越好。三是更好。不是因果关系，而是相关关系。在大数据时代，不必非得知道现象背后的原因，而要让数据自己发声。关联物，预测的关键"是什么"，而不是"为什么"。

大数据下的审计选择，在以下方面显著不同于传统审计：

第一，审计选择的方法论不同。现行审计以演绎法为主要方法，重在对未知事项的预见与预测，通过风险评估事先设定风险领域，是一种先验思维，证伪路径为因果关系。大数据审计模式则以归纳法为主要方法，重在对客观存在的事实，通过大量数据予以发现与洞见其特征，不需要预先设定风险领域，是一种后验思维，证伪路径为识别相关关系，找出总体中不具有相关性的样本，自动根据模型判断被审计单位业务的真实性和合规性，即存在错报的样本。

第二，样本选择方式不同。现行审计理论以抽样为基础，需要根据风险评估结果选择样本类型及数量，样本小于总体。大数据审计模式下，审计对象为全数据，样本等于总体，审计抽样已经没有任何意义了，似乎又回到了详细审计时代。大数据下的审计理论，已经亟待重新构建。

第三，审计程序的选择不同。传统审计主要依赖于检查、观察、询问、函证、重新计算、重新执行以及分析性程序，全数据除了传统审计程序外，数据挖掘、数据分析技术将更多应用于审计实务。

第四，选择的审计资料不同。全数据审计，需要审计资料和技术的大数据化，并不仅限于财务数据，还扩展到全部业务数据、非业务数据，包括结构化数据、半结构化数据、非结构化数据（音频、视频、图片等）。这极大地扩大了审计样本量，有利于发现风险点。

第五，审计选择的时间不同。传统审计主要是定期审计，在企业结账完后进场审计，全数据更多地采用实时审计。

第六，审计选择的流程不同。全数据审计，较现行递进式的审计流程而言，审计更加扁平化。风险评估的重要性下降，因为大数据审计可以直奔主题；控制测试变得多余，不再需要根据控制测试结论评估被审计单位内部控制有效性，并据以确定实质性测试的程序和样本选择，而是直接进行账户和交易的细节测试。

审计的发展史，依赖于人类社会科技发展史，从工业革命到现在的工业4.0，审计技术已经进入智能审计阶段。技术发展与审计理论的对应关系如表15-1所示。

表 15-1   技术发展与审计理论的关系

工业阶段	技术发展	审计理论
1.0	蒸汽时代	账项审计
2.0	电气时代	制度审计
3.0	信息时代	风险导向审计
4.0	智能时代	智能审计

第二节　审计工作新模式

传统的审计工作方式，是一个项目组建一个审计项目小组，由项目负责人带领全体成员进驻被审计单位现场，通过查阅会计账簿、凭证等资料，收集审计证据，据以编制审计工作底稿，并面对面地与客户进行交流，整个审计是互动式，80%以上的工作在客户现场完成，注册会计师常年奔波出差是常态。

数字经济时代，由于注册会计师获取审计资料的方式发生了重大变化，不需要到客户现场即可以取得很多审计资料，审计的时间和空间发生了变化，只要客户向注册会计师开放信息系统，注册会计师在任何地方、任何时间都可以开展审计，完全不受交通行程的影响，会计师事务所组织架构更加扁平化。项目组成员可分散于各地，不用见面即可完成整个项目的审计工作。因此，信息技术的发展，正在改变，或将颠覆现行审计项目的执业方式，会计师事务所可以根据客户的信息化程度、会计师事务所的管理体制、人员分布等，选择采用不同的审计模式，以提高审计效率和执业质量。

一、远程审计

远程审计，是指注册会计师不到被审计单位主要办公场地点、生产经营场所实施现场审计，而在工作单位或居家通过网络通信渠道和信息化工具，包括电话、邮件、数据交换平台、语音和视频工具、内部视频和电话会议平台、具有同步和远程审核功能的审计软件等，获取被审计单位电子化财务资料和其他与审计相关的信息，并形成相应的审计工作底稿的审计方法。远程审计，既有主动开展，将多数工作在非现场实施，出具报告前到现场核实确认，目的是提高审计效率，降低审计成本；也有被动实施远程审计的情况，例如，2020年新冠疫情大流行，项目组不得已只能采用远程审计。

选择采用远程审计工作方式，通常应具备以下条件：

（1）被审计单位已完成报表截止日结账工作，可提供未审财务报表、科目余额表、序时账、记账凭证库、财务软件备份数据库等财务数据的电子版资料；

（2）互联网相关行业、金融行业以及餐饮、零售、酒店等存在海量交易数据的被审计单位，可以提供完整的交易业务系统数据；

（3）被审计单位能够提供审计工作需要的其他书面文件资料的电子扫描件，并同意注册会计师在后期现场审计工作中核对原件；

（4）被审计单位具备相应的通讯条件，可满足保密和实时通讯的要求，同意配合注册会计师的远程审计要求，并承诺对所提供的电子数据和相关文件扫描件的真实性、完整性负责；

（5）会计师事务所具备远程审计工作方式所必要的软硬件基础设施、远程审计工作操作指引文件和相关内部控制制度。

鉴于远程审计工作方式对电子数据、网络通信、信息化工具软件存在较大程度的依赖，注册会计师在实施远程审计工作时，应特别关注远程审计工作方式的固有风险，包括数据传输和存储的安全性、数据自身的真实性和完整性、信息化工具软件的可靠性、审计程序和审计证据获取的合规性和有效性，以及履行保密义务等职业道德要求。

例如，采用远程实时视频的方式实施存货监盘或检查存货时，由于远程视频的拍摄由被审计单位相关人员在现场进行控制，导致审计项目组的视野存在一定限制，难以清晰、直观、全面地了解现场状况，无法选择更合适的场景或视角进行观察。同时，审计项目组无法掌握镜头之外的实时状况。这些都为监盘程序的执行带来较大的限制和风险。又如，注册会计师在评价获取的电子文件证据时，该电子文件可能存在被篡改的风险，被审计单位也可能在转换或提交电子文件时故意遗漏某些重要信息。审计项目组需要考虑该电子文件的来源、原始文件的性质和来源、与文件转换和数据传输相关的控制等因素以评价电子文件的可靠性，进而评价是否获取了充分、适当的审计证据，并确定是否需要实施进一步的审计程序。

案例 15-2

2020 年 1 月，新冠肺炎疫情突然爆发。为阻止疫情全国大流行，国家决定实施封城、隔离，非必要不外出等措施。此时正值年报审计高峰季，禁止人员流动使得审计工作陷于停滞状态。某会计师事务所为了在居家隔离的情况下开展审计，下发了《关于做好新型冠状病毒感染的肺炎疫情期间审计工作有关事项的通知》，指导审计人员积极开展非现场的远程审计工作，明确非现场审计以实施调查访谈、分析性程序、重新执行、重新计算、分析性程序等为主，如需要对客户相关人员进行调查可通过电话、邮件、微信等方式，部分实物证据可通过拍照获取等。具体而言，项目组及审计人员可以开展以下工作：

一、审计准备工作

（1）收集获取可开展非现场审计的客户资料，如客户提供的未审财务报表、账户或交易明细表、可传递的电子文档（内控制度、合同协议等）等；

（2）导入客户账务系统，或客户授权可登录其账务系统；

（3）获取客户导出的业务系统资料（如销售系统、采购系统等），或经客户授权可登录其业务系统；

（4）其他可通过网络获取的电子文档、影像等审计资料。

二、风险评估及审计计划

（1）连续承接客户完成大部分"初步业务活动底稿"，需要对客户相关人员进行调查的（如"被审计单位业务情况调查记录"底稿），可实施电话访谈调查，并详细记录于底稿；

（2）连续承接客户完成大部分"了解被审计单位及其环境（不包括内部控制）"部分底稿；

（3）连续承接客户完成部分"了解被审计单位及其环境（整体层面的内部控制）"底稿，并完成整体层面内部控制缺陷评估；

（4）拟定总体审计策略（初步）；

（5）拟定财务报表项目的具体审计计划（初步）；

（6）完成计划阶段项目组讨论。

对于首次承接的上市公司、新三板及民营企业发债审计客户，审慎采取非现场方式进行风险评估。

三、控制测试

（1）连续承接客户完成部分"了解内部控制程序"底稿；

（2）选定拟穿行测试样本（如客户能提供合同、发票、发货单等电子证据，可先行完成穿行测试程序，后期验证）；

（3）选定控制测试样本（如客户能提供合同、发票、发货单等电子证据，可先行完成控制测试程序，后期验证）；

（4）完成控制测试计划矩阵（初步）。

需要出具内部控制审计报告的主板上市公司客户，非现场审计难以实现审计目标，项目组应考虑是否与现场审计一并同步实施。

四、实质性测试

（1）根据客户提供的科目明细表和账务系统，完成总账、明细账及日记账核对工作；

（2）实施分析性程序（某些科目适用，如收入）；

（3）选定拟实施函证的项目及具体样本；

（4）确定拟抽样检查的样本规模以及具体样本；

（5）拟定存货及在建工程等长期资产监盘计划、重要客户和供应商实地走访访谈计划（如适用），对于财务报表不具有重大影响的实物资产，必要时可采取视频方式监盘；

（6）部分项目的重新计算或重新执行，如折旧测算、借款利息费用的测算、存货计价测试等；

（7）通过网络、媒体等渠道了解被审计单位重要客户、供应商和关联方情况；

（8）完成不重要的组成部分审计（审阅）或分析性程序，以及不重要的科目的审阅；

（9）获客户授权后远程登录系统实施 IT 审计（如适用）；

（10）其他可通过网络远程开展的审计项目。

五、其他需要注意的事项

非现场审计过程中，合伙人及项目负责人要加强项目组成员对客户信息安全保密的督导，信息传输过程中不得泄露客户商业秘密。涉及军工等保密单位审计的，要严格按照国家保密规定和《涉密审计业务管理办法》执业，不得通过网络传输涉密资料。

二、共享中心审计

会计师事务所建设共享审计中心，是将各业务单元进行的事务性工作和专业服务工作，从原业务单元中分离出来，成立专门的部门运作，为审计团队提供统一、专业、标准化的高效服务。共享中心作为后台支持部门与前端业务部门深度融合，共同为客户服务。

选择共享中心模式开展审计，具有以下优势：一是有利于整合审计资源，充分发挥专业化分工，提高标准化水平；二是提高风险控制能力，降低执业风险，如大数据分析中心可为项目团队进行数据处理和分析，包括指标分析，行业数据分析，最终向项目组提供数据分析报告，以及风险点；三是降低审计成本，提高效率，如函证中心统一进行收发函，因数量巨大，能够获得快递公司较大比例的快递费用折扣。共享中心扩大了审计选择的路径，如函证可选择集中收发函。

哪些审计工作可以实现共享？一般而言，标准化、低风险的审计工作，均可由共享中心处理，包括函证（银行函证，包括存款、借款函证，客户和供应商函证）、客户背景调查、数据收集与分析性工作、编制审计报告、核对财务报表等。"四大"会计师事务所均建设了相关的共享中心，如德勤重庆全球交付中心、毕马威佛山共享审计中心、安永大连全球共享服务中心、普华永道成都人力资源共享服务中心及上海IT技术支持共享中心等。

函证处理中心是典型的审计共享中心，通常具有下列功能：

（1）完整的函证处理流程，包括函证生成、地址核查、函证审核、电子签章、函证寄发、函证收回、函证扫描、归档移交等；

（2）快速制函，实现函证业务的自动化和智能化，支持高效地处理函证业务；

（3）风险识别，融合互联网大数据，如企业征信系统，对函证信息和企业信息进行核查，发现风险，以及基于机器学习技术识别函证关键信息和印章，自动实现回函内容比对、印章核查，识别风险、智能判断回函有效性；

（4）数据分析，实现函证统计分析，建立客户函证数据库，挖掘数据价值；

（5）业务集成，能够与审计作业系统等信息化平台集成，实现互联互通。

三、联网审计

联网审计，是指在会计师事务所与被审计单位相关信息系统进行网络连接的基础上，通过网络实现高效率的数据采集、分析与处理，对被审计单位财务相关信息的真实性、合法性、效益性进行实时、远程、连续、全面检查监督的行为。

联网审计属于远程审计的一种形式，但要求更高，更具系统性，与传统审计方式相比，联网审计具有以下主要特征：

（1）适时或实时审计。注册会计师可通过网络访问被审计单位财务信息数据库，实现事后与事中审计相结合，静态与动态审计相结合。

（2）远程、非现场集中审计。注册会计师可通过网络远程访问被审计单位的财务、业务系统数据库（或数据库备份），实现远程审计，同时通过数据分析工具对被审计单位数据库进行全面的扫描和初步审计判断，大量地减少现场审计工作量。

（3）高效的数据采集。联网审计中，网络连接和数据采集一次性完成，其数据采集的数量、质量、效率远远高于传统审计方式注册会计师利用计算机辅助实施审计数据的采集。

（4）高度依赖审计分析模型。审计分析模型是注册会计师根据被审计单位业务特点和获取的数据结构特征，按照其固有的内在关系，通过计算、判断或条件关系建立的，用于审计数据分析的数学公式或逻辑表达式。审计分析模型可用于分析、检查、验证被审计单位财务相关事项的性质或数量，对其真实性、合法性、完整性做出科学的初步判断。审计分析模型分为系统分析模型、类别分析模型和个体分析模型等。目前，构建联网分析审计模型的技术主要有 SQL 查询技术、多维联机分析技术和数据挖掘技术等。联网审计下，通过联网审计系统和审计分析模型可实现全样本审计，对被审计单位全部数据进行全面、多层次、多角度的扫描检查。

（5）信息系统审计成为必备条件。由于联网审计方式下，大量审计工作依赖于对被审计单位数据库的分析、查询、计算，因此，确定被审计单位信息系统的真实性、完整性、可靠性成为联网审计的必备条件。

（6）数据安全性至关重要。由于联网审计需要通过网络环境在线工作，数据的安全性问题凸显其重要性。从技术层面需要确保数据具备机密性、完整性、可用性和可审计性。联网审计涉及的数据安全性问题主要包括数据交换安全、数据存储安全、网络安全等。

联网审计有着独特的优势。例如，由于其具有实时性，可以解决会计师事务所年报审计时间过于集中的问题，将审计工作平滑至少全年；又如，由于被审计单位处于注册会计师的过程监控中，可以有效地防止企业财务造假，至少是增加造假的难度。目前，由于国家审计机关的特殊地位及技术力量，早在 2014 年开始部署"金审工程"，即国家审计信息系统（GAIS），联网审计推进迅速，已进入"金审四期"建设。但是，会计师事务所推进联网审计难度较大，最主要障碍是数据采集难。在当前会计师事务所的财务报表审计工作中，仅有少数被审计单位同意提供财务系统电子数据，多数被审计单位仅同意查阅电子数据，但不允许复制或直接数据采集。有些涉密的被审计单位甚至仅允许在特定地点、特点时间使用被审计单位提供的计算机查阅，并且只能查看不能采用复制、截屏等取证方式。个别被审计单位允许注册会计师采集数据，但由于被审计单位信息系统的复杂性，加之会计师事务所数据采集技术不足，导致难以获取足够的有效数据。数据采集难的问题主要源自于注册会计师采集被审计单位电子数据缺乏法规、政策依据，难以获得被审计单位的理解和配合。

四、众包审计

众包指的是一个公司或机构把过去由员工执行的工作任务，以自由自愿的形式外包给非特定的（而且通常是大型的）大众网络的做法。众包的任务通常由个人承担，但如果涉及到需要多人协作完成的任务，也有可能以依靠开源的个体生产的形式出现。众包模式是信息技术在商业领域的运用，使得传统上由公司内部提供的服务被外部化。

信息技术发展，为选择审计服务众包模式提供了条件。众包的操作模式，是项目经理将审计工作流程进行充分的标准化和拆解，也就是将任务进行拆分，分成若干个小任务，将其中一些对专业技能要求不高的环节通过互联网平台分发出去，由平台上符合条件的专业技术人员通过抢单的方式完成，并保证作业成果达到会计师事务所预定的质量要求，会计师事务所即按预定价格进行结算；项目经理通过对上述专业技术人员完成的各项任务进行组装并分析汇总，同时结合项目经理完成的重要部分的审计证据制作相应的审计工作底稿和撰写报告，然后交给质控部复核后向被审计单位提交审计报告。审计服务众包模式下，部分简单基础的流程环节利用专业的社会人群碎片化的时间进行处理，大部分参与人员均不是会计师事务所的固定员工，是通过互联网平台参与项目的人员，属于会计师事务所的临时聘用人员。这种模式让注册会计师从简单重复的工作中解放出来，把精力放在更有价值的创造性工作中去。但是，由于注册会计师执业受到严格的监管，如不能跨所执业，这种模式能否得到监管部门的认可，有待进一步探讨。

第三节　数字经济审计的特殊考虑

由于审计对象的状态、介质发生了变化，数字经济下的审计方法和程序选择也不同于传统审计，必须围绕大数据选择有效的方法，例如，抽样审计不再完全适用于拥有海量小众的互联网客户企业，需要注册会计师创新审计思维，创新审计方法。

一、控制测试

控制测试的目的是评价被审计单位内部控制的有效性，据以确定实质性测试的范围、时间和性质。信息技术改变了企业内部控制的实施方式，使得企业规范管理通过信息技术落地，即实现了管理制度化、制度流程化、流程信息化，由系统实施自动控制，减少了人为控制的舞弊和错报风险。相应地，控制测试的重点转移到评价信息系统的可靠性，即 IT 审计。

IT 审计主要包括信息系统一般控制（ITGC）和应用控制（ITAC）。信息系统一般控制是为了保证信息系统的安全，对整个信息系统以及外部各种环境要素实施的、对所有的应用或控制模块具有普遍影响的控制措施，审计内容包括：信息系统开发；系统变更；处理日常业务的程序执行；程序及数据访问的安全管理。应用控制是指限定在应用系统范畴，针对经应用系统处理的数据和交易，在输入、处理和输出等环节实施的控制，是业务层面的控制，对财务报表科目产生直接或间接影响，审计内容主要包括信息系统的自动控制、数据录入、自动计算、访问控制、系统接口等审计。

以收入与应收账款流程为例，说明应用控制的审计，如表 15-2 所示。

表 15-2 收入与应收账款流程常见应用控制

子流程	控制目标	控制活动举例	信息处理目标	财务报表认定
订单处理	订单被完整准确记录	系统自动检查预先自动顺序编号的销售订单，以确保销售订单没有丢失、重复或者编号落在预订的范围之外。所有被拒绝、挂起或者丢失的项目都被及时调查、更正和及时重新录入	完整性	完整性
订单处理	订单被完整准确记录	销售订单包括所有必要的订单信息，包括商品描述、数量、价格调整、支付条件、运费条款、税费以及支付条款	完整性	完整性
订单处理	订单被完整准确记录	所有无效、遗漏或者不完整的信息录入都会被系统拒绝，并要求重新录入，或者这些信息会定期生成例外文件，以用于及时跟进和重新录入	完整性	完整性
订单处理	订单被完整准确记录	系统自动校验客户订单录入数据的完整性和准确性	完整性准确性	完整性计价或分摊存在和发生
订单处理	重读订单没有被记录	编辑检查拒绝已经存在的订单编号的录入，被拒绝的订单被放入一个例外文件用于及时的调查、复核及跟进	完整性准确性	完整性计价或分摊
订单处理	防止和检查对虚假客户的销售	销售订单上的客户信息只能从系统中已经审批完成的客户主数据中选择，以确保所有销售订单仅面向已经审批完成的真实客户	有效性完整性	计价或分摊存在和发生
订单处理	客户的信用额度是可控的	作为建立客户过程的一部分，信用额度需要经过合理的评估和审批。在新的销售订单处理之前，需要比对销售订单和未决应收账款金额与信用额度，超过信用额度的订单被存储在例外文件中用于后续及时跟进处理	有效性	存在和发生

子流程	控制目标	控制活动举例	信息处理目标	财务报表认定
订单处理	冲突职责得到了充分分离	系统中维护了合理的职责分离，通常包括以下职责：订单录入、决定信用额度、存货保管、发货、开票、接受退货、退货审批、信用证核、现金收款、现金支出、银行对账、银行对账审核、应收会计、总账维护	访问限制	存在和发生
订单处理	会计过账权限授权给特定人员	对特定会计记录的访问权限授权给恰当的人员。管理层定义复核系统中的账号权限清单，以确保只有授权的个人有会计记录的访问权限	访问限制	存在和发生
发货	商品被完整准确记录	系统自动根据审批完成的销售订单生成拣货单。系统根据销售订单信息自动执行编辑检查以确保相关信息的完整和准确	完整性准确性	完整性计价或分摊
发货	发货已被记录在合适的会计期间	一旦发货成功，发货文档自动标记为"已发货"，并正确记录发货日期和时间	准确性	计价或分摊
发货	销售成本和存货的会计处理被正确记录在合适期间	基于发货日期、时间和数量，系统正确记录存货、销售成本	准确性	计价或分摊
开票	对所有审核的发货生成销售发票并记录在合适期间	一旦仓库发货审核完成，系统自动生成相同日期的发票。发货日期不能进行修改，除非得到了合适层级的管理人员审批	完整性准确性有效性	完整性计价或分摊存在和发生
开票	对所有审核的发货生成销售发票	发票是顺序编号的，系统自动检查发票文档，确保没有丢失、重复或落在预定的编号区间之外的发票存在。所有被拒绝、挂起或丢失的发票得到了及时跟进处理	完整性准确性有效性	完整性计价或分摊存在和发生
收款	收款记录正确	系统每天根据收款情况自动准确生成收款报表并发送给管理层	完整性准确性	完整性计价或分摊
收款	收款被记录于正确的客户	系统自动根据客户名称、客户编号和发票编码等信息自动进行收款数据与客户的应收账款匹配。未匹配的收款被及时跟进并进行人工匹配	完整性准确性有效性	完整性计价或分摊存在和发生
调整及账户维护	调整的科目及会计期间是正确的	财务人员通过逐一比对调整记账报告和调整的源数据，确认关键数据，如金额、时间等信息录入的准确性	完整性准确性	完整性计价或分摊
主数据维护	经审核的变更完整、准确地录入	主数据的创建和修改要经过恰当的审核才能生效	有效性	存在和发生
主数据维护	职责充分分离	主数据维护的冲突权限得到了恰当的分离、如维护权限、审核权限、核对权限等	访问限制	存在和发生

IT 审计方法与通常的控制测试方法存在显著区别，其方法包括：

（1）观察，观察相关人员流程或控制的操作；

（2）询问，从具有相关专业知识或技能的人员获得信息，如向信息系统项目负责人询问项目启动的流程和有哪些必要的文档；

（3）检查，检查纸质、电子或其他介质的记录或文件，如检查测试验收报告，以了解是否相关人员确认了测试结果，是否对测试结果进行了记录；

（4）重新执行，重新执行流程和控制；

（5）跟踪，跟踪并观察主要的实际控制措施和工作流程；

（6）系统测试，测试信息系统中的自动化控制的有效性，如测试系统预定义的控制或逻辑权限设置；

（7）抽样测试，抽取若干业务数据，检查信息系统处理结果是否正确，以确定应用控制是否有效执行；

（8）数据验证，通过检查数据间逻辑关系，验证输入数据的正确性和保存数据的完整性，包括业务数据与财务数据的对比验证和业务数据间主表与明细表之间的核对；

（9）平行模拟，利用被审计程序副本或模拟程序，处理实际数据，把处理结果与被审计程序的处理结果进行比较，以评价被审计程序处理和控制功能是否可能或被修改。

二、数据分析

分析性程序在大数据审计中至关重要，甚至是不可替代的。实施分析程序的目的，是对交易或事项数据进行相关性分析，降低数据分析对因果逻辑关系的依赖，寻找例外交易，缩小审计范围，提高对复杂现象的认识能力和舞弊风险识别能力。数据分析程序不仅可以应用于审计计划阶段，在大数据审计中还可以直接用于实质性测试，目的是找出异常数据，然后对异常数据进行分析，并通过其他证据判断是否存在错报。数据分析在审计中的应用包括：

（1）发现并分析数据特征；

（2）从数据集中提取有用信息；

（3）识别异常值；

（4）自动化的数据聚合和科目余额重新计算；

（5）揭示关联性；

（6）数据可视化；

（7）在运营单位、系统、产品或其他维度进行数据映射；

（8）建立统计学，或者其他探索性或预测性模型，如回归分析。

实施分析程序，主要分为四个步骤：

第一，获取数据。与被审计单位沟通，审计人员可登录、查阅并了解业务数据，以便制定有针对性的数据分析方法。

第二，选择性设定特征值。特征是指可以反映事物特点的征象、标志等。注册会计师一般将被审计单位财务报表及交易和账户余额错报迹象，或者说存在异常的交易或事项设定为特征值。特征值可以选择相应的分析方法，设置特征值的方法如表 15-3 所示。

表 15-3 设置特征值采取的方法

序号	特征性质	作用
1	筛选	按照条件对数据进行检索或者选择，筛选出审计人员需要的数据
2	排序	检索出金额较大或较小的经济业务，通过检索发现被审计单位数据存在的规律或异常特征
3	统计	用于检查数值型字段的平均值、方差、最小值、最大值和记录数
4	查询断号	检索出记录缺失的文档记录
5	查询重复	检索出某个字段或某个字段组织是否存在重复现象
6	时间间隔分析	对一笔经济业务不同阶段的日期相差天数进行分析
7	表达与计算	利用被审计单位电子数据，使用工具软件提供的函数、运算计算生成新的字段
8	抽样	按照预先设定的条件检索出部分记录
9	分组计算	获取数据和业务运营的总体情况，以便进一步实施审计数据分析
10	分层	将单元划分为多个子总体，每个子总体由一组具有相同特征（通常为货币资金）的抽样单元组成
11	连接	将两个不同数据源或相同数据源的数据信息进行排序，并将对应的记录匹配组合在一起，可以检索出一些关键信息
12	趋势分析	通过检查数据库中存在的异常发现有问题的部分
13	数字分析	检查被审计单位不合理或不恰当的数字
14	比率分析	发现数据比率的异常情况
15	班福定律	发现异常数字

收入与应收账款和会计分录测试特征值设定的示例如表 15-4、表 15-5 所示。

表 15-4　　　　　　　　　　　　　收入与应收账款分析特征值

序号	项目	交易或账户的特征
1	收入	①非标来源的收入
		②销售的截止性
		③大额交易
		④冲抵后金额不为零的金额发货单与发票的日期的间隔
		⑤发货量与开票量差异
		⑥高额信用交易客户
		⑦退货与贷方票据的日期间隔
2	客户收据	①大额或异常收据
		②重复收据
		③每个期间收据数量及金额
3	应收账款	①应收账款清算（期后收款）
		②应收账款账龄及余额分层
		③大额应收账款余额
		④应收账款逾期
		⑤大额或长期暂估账户
		⑥应收账款贷方余额

表 15-5　　　　　　　　　　　　　　会计分录测试特征值

序号	类型	潜在虚假分录特征
1	金额特征	①取整数或末位一致的数字
		②在单一账户中同时借记和贷记金额
		③零金额
		④冲抵后金额不为零的金额
		⑤重复的行号
2	非金额特征	①计入不相关、异常或很少使用的账户中的分录
		②由日常不负责编制分录的人员所编制的分录
		③在期末或结账后记入、很少或没有相应描述或解释的分录
		④在编制财务报表之前或编制过程中作出的没有账号的分录
		⑤在节假日过账的分录
		⑥在周末过账的分录
		⑦有效日期超出测试期间的分录
		⑧在后续期间的期初转回的分录
		⑨在会计记录的任何部分含有"轧差"和"冲抵后净额为零"等关键字的分录
		⑩标题栏不一致的分录
		⑪无效日期的分录
		⑫未经由常规业务流程处理的分录、非标准分录

续表

序号	类型	潜在虚假分录特征
3	账户的性质和复杂性	①包含性质复杂或异常交易的账户
		②包含重大估计及期末调整的账户
		③过去经常发生错报的账户
		④未及时作出调节或含有未调节差异的账户包含公司内部交易的账户
		⑤其他与已识别的因舞弊导致重大错报风险相关的账户
4	在编制财务报表过程中作出其他调整分录	①直接计入财务报表的调整（调表不调账分录）
		②合并和抵销分录
		③在期末或临近期末时记录的结账会计分录（如重分类）

第三，选择工具捕获特征，即从大数据中提取有用的信息和知识的过程。数据分析需要相应的工具，即信息技术辅助审计技术（CAATs），这些工具是根据业务处理逻辑建立模型进行特征发现。CAATs 工具通常包括通用软件、专业审计软件、数据库软件、数据统计分析软件、数据分析及展示软件等，审计人员应根据审计对象选择运用。应用 CAATs 时，应考虑审计对象的具体情况，包括评估数据质量及可靠性、电子化数据的获取、测试时点、数据格式、数据传输方式、数据存储及安全性、数据的完整性和准确性、保密性等因素。常见工具性软件如表15-6 所示。

表 15-6　　　　　　　　　常见软件适用情形及技术要求

软件	适用情形及技术要求
Microsoft Excel	①涉及较少数据表运算，单表数据量小于一百万条，运算处理过程较为简单 ②掌握简单 Excel 公式，具有 VBA 编程能力，可进行复杂计算
Microsoft Access	①涉及较少数据表运算，单表数据量大于 Excel，运算处理过程较简单 ②拥有简单的 SQL 语言技术能力
Microsoft SQL Sever Oracle MySQL	①涉及较多数据表运算、单表数据量大、运算处理过程较为复杂 ②拥有相当的 SQL 语言技术能力
MATLAB SAS R	①涉及复杂的统计运算、统计预测、数据分析等 ②拥有特定统计软件的语言技术能力
ACL IDEA	①涉及较多数据表运算，单表数据量大，运算处理过程较为复杂 ②拥有专业审计软件使用能力

数据分析要使用工具，数据化工具是实现审计创新和转型的关键，特别是面

对复杂的数据和存在舞弊迹象时，可应用工具对关键财务指标建立模型，实时进行舆情分析和对舞弊迹象预警。

案例 15-3

IDEA 是加拿大一家公司开发的数据分析工具，支持 SAP 等各种数据导入，可以读取 PDF，无需数据库层面操作，广泛应用于数据分析。财务审计方面的应用包括：

（1）对原始会计分录进行分析，包括总账、应收应付等各类凭证；

（2）对数据进行抽样分析，包括随机抽样等各类抽样；

（3）自动合并报表，对集团下属分、子公司报表进行自动合并；

（4）进行舞弊检查，系统自带奔福德定律，可以对各类数据进行舞弊检查；

（5）对各类业务数据和财务数据进行比对分析，包括业财融合分析；

（6）对客户全业务链条，进行各个关键节点的比对分析，异常检查。

案例 15-4

针对近年来发生的多起货币资金舞弊案件，以及上市公司未披露关联方过程资金占用的审计风险，D 会计师事务所向软件开发商定制了"银行流水 AI 核对系统"审计工具。审计工具可以采取两种方式核对被审计单位银行流水：一种方式是通过网银导出被审计单位资金流水，与银行日记账核对；另一种方式是为防止被审计单位篡改网银数据，直接将银行提供的纸质对账单，经过扫描后为电子文档后与银行日记账核对，这种方式利用 AI 技术，通过 OCR（文字识别）将扫描文档上的数字识别后与日记账进行比对。比对内容包括：银行流水发生额比对、银行账户余额比对、交易对手比对、大额资金筛选等，通过比对识别异常值，注册会计师再执行检查程序，核查异常值是否存在错报。利用该审计工具，较手工核对方式大为提高效率的同时，还很容易识别出某些货币资金舞弊行为。

第四，核实发现的特征值。识别出的异常值，发生错报的可能性较大，但并非一定是错报，注册会计师应逐一检查，获取有针对性的审计证据，核实交易或事项的真实性。对于"正常值"数据，仍宜选择一定样本进行抽样检查，可采用随机抽样方式，选取"正常值"样本，实施细节测试，这可以从方法论上完善审计程序。

实务中，实施数据分析面临一些挑战。例如，在获取客户数据过程中，因不同客户所用系统不同，会计师事务所面临为不同客户系统开发可用的接口，成本高昂，且有的客户以商业秘密为由，不向注册会计师提供数据接口。又如，以何种方式保留数据，从而满足审计准则的文件记录要求，也存在不同观点，有的认为应当保留客户数据至一定年限，有的认为没有必要，因为这样做不仅成本较高，而且可能面临泄露客户信息的法律风险。

向会计师事务所提供真实、完整的会计资料及与审计相关资料，是被审计单位的会计责任，也是应有的法定义务，采购、销售等业务系统数据属于注册会计师审计范围的相关资料，被审计单位没有理由不予提供。如果被审计单位拒绝提供这些必要的数据，注册会计师应视对财务报表的影响程度，以审计范围受限为由，出具非无保留意见审计报告。当然，注册会计师也有义务为客户保密，为了消除客户的顾虑，可以借鉴军工等涉密业务的审计模式，使用客户的电脑设备，在客户现场获取数据并进行数据分析，将分析结果记录于审计工作底稿，并说明数据分析过程。采取该种方式，注册会计师离开客户现场后，不会带走原始分析数据，这样可以用提高被审计单位的配合程度。

三、数据分析典型应用领域

（一）银行和通讯行业

针对银行、通讯行业的经营收费情况，可以对下列数据进行审计分析：

（1）银行各类账户储蓄、贷款业务利息计算；

（2）银行各类中间业务、同业金融业务息费计算；

（3）通讯企业各类账户充值、消费计算；

（4）通讯企业各类账户通话、宽带、收视套餐的费用计算；

（5）通讯企业各类中间业务的收入计算。

（二）电子商务行业

电子商务行业高度依赖网络流量带来的商品经销收入，在上线渠道繁多、物流复杂且难以追踪的情况下，可以对下列交易数据进行分析，以验证业务真实性：

（1）消费 App 用户日活、月活，App 下载量；

（2）消费 App 用户付费转化率；

（3）消费 App 用户平均单价；

（4）消费 App 用户高频、重复下单排查；

（5）消费 App 用户物流信息排查；

（6）销售 App 用户支付渠道信息排查。

（三）在线教育行业

在线教育企业的用户完全脱离实体课堂，在线上报名、选课后也可通过线上或者移动支付方式付款，此情况下对在线教育用户的收入确认，可以对下列数据进行分析核实：

（1）在线教育用户日活、月活，在线时长及课程报名情况；

（2）在线教育用户付费转化率；

（3）在线教育用户平均单价；

（4）在线教育用户高频、重复下单排查；

（5）在线教育用户支付渠道信息排查。

（四）互联网娱乐行业

互联网娱乐行业收入确认金额主要来自企业的业务管理系统统计的经营数据，收入流程从用户充值。到兑换礼物、游戏币等虚拟资产消耗的过程，可以对下列数据进行分析：

（1）平台、游戏、手机 App 浏览量（通过 IP 地址、手机 IMEI 方式识别）；

（2）平台、游戏、手机 App 月注册账号数量、月活跃账号数量、月新增注册数量、月付费用户数量等；

（3）平台、游戏、手机 App 月充值用户数量、月推广费用、百度指数、腾讯指数等指标；

（4）平台、游戏、手机 App 月均每账号充值金额（ARPU）、月均每账户停留时间、用户月转化率；

（5）CDN 的月均流量和经营支出。

（五）制造业

物联网、工业 4.0 概念提出后，越来越多的制造业通过信息系统、通讯技术将物流、生产、营销、服务整合为端到端业务闭环，业务信息链的紧密联系、庞大的数据量、复杂的逻辑关系，需要进行大数据的分析：

（1）采购循环，原材料、商品的线上交易验证，基于地理位置、物流运输的数据分析；

（2）销售循环，线上销售、收款验证。销售地域、物流运输的数据分析；

（3）成本费用，结合销售数据对各产品生产成本、销售费用、人员薪酬进行综合分析。

四、RPA 审计技术

机器人流程自动化（Robotic Process Automation，RPA），能够实现部分审计工作的自动化和智能化，替代人工审计，显著降低审计成本。

审计 RPA 框架模型通常分为五层：基础设施层、数据层、服务层、平台层和应用层，形成了审计 RPA 完整的体系架构。基础设施层是审计 RPA 的运行环境，包括服务器、网络、信息安全、数据存储和混合云，保障 RPA 能够安全、可靠地实现 7×24 小时全天候工作。数据层为审计 RPA 的工作提供数据保障，实现从被审计单位的信息系统和相关文件中采集业务数据及财务数据，以及从互联网上采集审计业务相关的外部数据。服务层为审计 RPA 开发提供所见即所得、即插即用的功能组件。审计机器人的开发涉及 RPA 的基础能力和 AI 能力，其面向应用场景进行开发的过程是对基本命令预制件、鼠标键盘预制件、界面操作预制件、软件自动化预制件、数据处理预制件、文件处理预制件、系统操作预制件和网络预制件进行组装使用的过程。平台层为审计 RPA 的开发和应用提供支撑，包括流程设计平台、机器人和管理控制平台。应用层是 RPA 技术在审计领域的具体应用，是审计 RPA 的具体实现。在注册会计师财务报表审计工作方面，可以实现初步业务活动审计 RPA、会计分录测试审计 RPA、函证程序审计 RPA、主营业务收入实质性程序审计 RPA、应收账款实质性程序审计 RPA、销售与管理费用实质性程序审计 RPA、审计报告与附注生成审计 RPA 等自动化应用。在审计实务中，RPA 技术可以完成以下工作：

（1）收集和整理信息。数据检索功能（内部和外部安全站点访问）、数据汇总和整理。

（2）验证和分析。数据映射和验证、错误模式分析和识别、非结构化数据整理和分析、采取 ORC 技术的自然语言查看和分析。

（3）数据记录。数据录入和日志记录、多接口数据输入、元数据和信息存储。

（4）计算、决策和生产。自动计算、基于规则的决策、分析和记录或者制作报表。

（5）监盘。利用无人机，实现存货智能盘点及分析。

（6）协调和管理。机器人任务智能调度、任务分配和异常切换处理、通过调度多个机器人实现并行处理。

（7）转换和沟通。数据迁移和测试（一对多、多对一、多对多）、自动发送提醒至员工、供应商和客户。

（8）报告。自动上报机器人运行状况和性能、支持流程性能分析。

由上海国家会计学院、中兴新云等单位联合发起的"影响中国会计从业人员的十大信息技术"中，流程自动化（RPA）技术位居第5，且连续多年上榜，如图 15-1 所示。

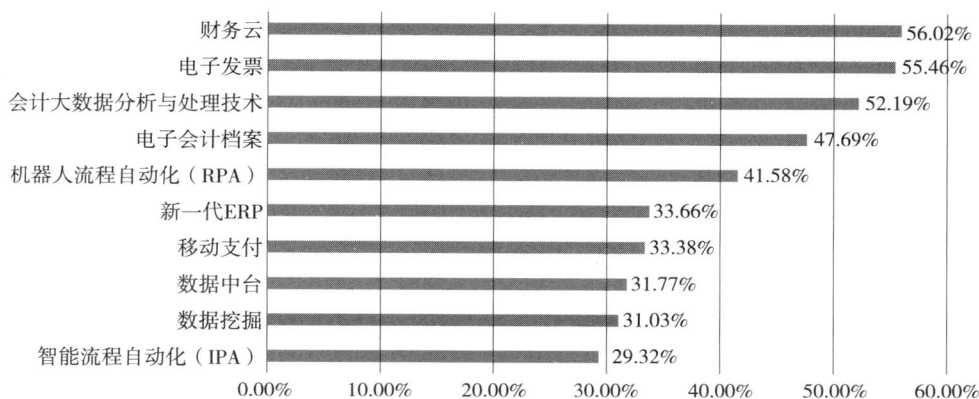

图 15-1　2021 年影响中国会计人员的十大信息技术

资料来源：上海国家会计学院《2021 年影响中国会计从业人员的十大信息技术评选报告》。

五、审计资料范围的新变化

未来世界的认知能力，是找到信息的搜索能力，运用信息的思考能力，以及从大量信息里抓取趋势的洞察能力。从信息获取渠道角度，只要是媒体、网络公开的信息，任何人都可以获取，这为大数据审计提供了可能。数字经济时代，业财融合使得财务信息与非财务信息高度融合，边界越来越模糊，使得审计资料的范围越来越广，除了会计账表证等财务资料外，经营数据、外部相关信息也很重要。注册会计师选择哪些途径、通过哪些媒体和网站快速有效获取与审计相关的信息，是风险控制的关键，也是自外到内的风险导向审计理念体现。

（一）财务资料

传统的审计，是注册会计师通过抽样检查会计记录及所附的原始凭证，即可以对交易或事项得出结论。因为该类企业尚未实现数字化转型，或者属于传统的制造业经济，会计凭证往往有相应的原始单据，如合同、发货单、出库单、发票、审批单等，一笔交易的轨迹证据都集中于会计记录，易于实地检查和判断。这种情况下的审计，财务资料基本能够满足大部分的审计工作取证需要，注册会计师主要与被审计单位的财务部门和财务人员接触及沟通。

但是，如果被审计单位业务实现了数字化，或者属于互联网经济，情况就大不一样了。例如，被审计单位系游戏运营企业，经营活动完全依赖游戏平台，玩家的充值是企业的收入来源。该类企业会计记录凭证所附原始单据非常简单，就是一张当天（按日记账）或当月（按月记账）游戏玩家充值的汇总表，注册会计师仅通常账务核算记录，完全无法判断交易的真实性、准确性和完整性，甚至连客户都不知晓是谁。此类会计账凭证记录的业务、金额完全来源于被审计单位的业务系统生成的数据，注册会计师在财务部门几乎获取不到实质性的审计证据。因此，数字经济下审计资料范围大为扩展，单纯的财务资料不足以获取充分适当的审计证据。

（二）经营信息

会计信息是经营活动的反映，会计记录和财务报表反映的信息，是经过财务人员处理过滤后的结果，已经不是第一手信息，可能并未反映真实性的经营活动。信息技术使得财务与业务的界限变得模糊，且有的会计记录直接来源于业务数据。从这个意义上讲，注册会计师面对的经营信息，才是提供直接证据的审计资料。

实现数字化转型的企业，业务活动往往通过信息系统实现控制和数据传输，如制造业有采购系统、生产系统、销售系统、资产管理系统、人力资源系统等。对于传统企业实现数字化的，在信息技术审计的基础上，注册会计师可结合商品的实物流转进行审计，此时 IT 审计与财务报表审计都需要分配相当的审计资源；对于提供的服务没有实物形态的互联网企业，经营信息来源于网络平台，以及供水、供电、供气等提供公共服务的单位，收入确认主要依赖计费系统，常规审计难以验证真实性，此时以 IT 审计为主。

案例 15-5

证监会在对注册会计师执行康美药业（600518）未勤勉尽责的行政处罚中，指出 2016 年和 2017 年年报审计期间，注册会计师未对康美药业的业务管理系统实施相应审计程序，未获取充分适当的审计证据。

捷科 SCM3.0 新架构供应链系统（以下简称"捷科系统"）为康美药业的业务管理信息系统，金蝶 EAS 系统是康美药业进行账务处理的信息系统。会计师事务所相关审计人员明知康美药业捷科系统的存在，未关注捷科系统与金蝶 EAS 系统是否存在差异，未分析差异形成的原因及造成的影响，未实施必要的审计程序。具体包括：一是在财务报表层面了解信息技术的运用时，未涵盖业务管理系统。根据审计工作底稿的记载，康美药业的销售业务流程是基于捷科系统开展，从捷科系统发起销售订单，并经过一系列流程，最终通过系统配送货物。在知悉康美药业存在捷科系统的情况下，注册会计师仅了解了金蝶EAS系统，未涵盖捷科系统。二是注册会计师了解金蝶EAS系统时，未执行审计程序了解金蝶EAS系统与捷科系统之间数据的勾稽关系。金蝶EAS系统与捷科系统的销售数据存在明显差异，注册会计师却未执行审计程序了解捷科系统的数据如何结转至金蝶EAS系统。三是注册会计师实施风险应对措施时，未从业务管理系统获取审计证据。注册会计师在内控测试、实质性程序中计划获取销售出库单等业务单据，但仅从金蝶EAS系统获取审计证据，没有追溯至捷科系统，也没有说明未追溯至捷科系统的理由，获取的审计证据不具有充分性和适当性。

资料来源：中国证监会网站。

（三）外部信息

任何一个企业都不是封闭的，尤其是数字经济时代，企业所有重大经营活动，都被纳入整个社会巨大的信息网中，信息的透明度也越来越高。例如，一个企业销售的商品，对于其客户来说，是原材料的采购；而企业采购的原材料，对于其供应商来说，则是销售商品。如果一个企业的客户、供应商是需要公开披露财务信息的上市公司等公众利益实体，按照《公开发行证券的公司信息披露内容与格式准则第1号——招股说明书》《公开发行证券的公司信息披露内容与格式准则第2号——年度报告的内容与格式》等规定，需要披露前五名客户及供应商名称，以及销售或采购的金额，如果这些信息与被审计单位财务报表反映出现差异，则可能存在审计风险。

选择相关网站，查阅与被审计单位有关的信息，主要有两个目的：一是印证企业提供的内部资料是否真实、准确。例如，注册会计师审计"或有事项"项目，往往需要企业提供是否存在诉讼事项的资料以及完整性的声明，若企业隐瞒不予提供，注册会计师难以知悉，但可以通过"中国裁判文书网"等信用网站查询，确认企业是否如实提供了诉讼事项资料。又如，注册会计师审计"无形资产"科目，涉及专利技术等知识产权的权属及有效期时，可以通过"中国商标局商标查询系统""中国版权保护中心"等知识产权查询网站了解。二是通过查询交易对手信息，印证企业销售与采购等交易活动的真实性。例如，注册会计师对大额异常销售收入，可以通过天眼查、企查查等第三方平台，了解交易对手的资信情况，如果客户或供应商的注册资本、经营业务、人员情况等与被审计单位交易类型和规模明显不匹配，则交易真实性可能存在质疑。又如，有的网站直接可查阅到企业与客户或供应商之间的交易信息，如巨潮资讯网、中国债券网。

注册会计师选择查阅审计所需要的相关信息网站如表 15-7 所示。

表 15-7   注册会计师获取外部信息查询网站

类型	网站名称	网址
主体资格及基本信息	①国家企业信用信息公示系统 ②第三方企业查询平台，企查查、天眼查、启信宝 ③全国组织机构统一社会信用代码公示查询平台 ④各省市级信用网，这些网站是地方性主导的，一般以企业信用体系建设推进办为主，如深圳信用网、北京市企业信用信息网、浙江企业信用网等上述网站涵盖了相关基本信息，深圳信用网还可以查询到如年检信息、企业年报、企业参保、法定代表人可能任职其他企业情况等信息 ⑤小微企业名录	① http://www.gsxt.gov.cn/index.html/ ② https://www.qichacha.com/，http://www.tianyancha.com/、http://www.qixin.com/ ③ www.cods.org.cn/ ④ www.szcredit.org.cn/、http://qyxy.scjgj.beijing.gov.cn/、http://zj.qiyexinyong.org/ ⑤ http://xwqy.gsxt.gov.cn/
企业信用查询	①信用中国 ②中国人民银行征信中心 ③绿盾企业征信系统 ④学信网	① http://www.creditchina.gov.cn/ ② http://www.pbccrc.org.cn/ ③ http://www.11315.com/ ④ http://www.chsi.com.cn/
境内资本市场信息	①中国证监会 ②上海证券交易所 ③深圳证券交易所 ④全国中小企业股份转让系统（新三板） ⑤中国银行间市场交易商协会 ⑥中国债券信息网 ⑦中国外汇交易中心 ⑧北京金融资产交易所 ⑨巨潮资讯网：中国证监会指定的上市公示信息披露网站，上市公司公告、年报、基本信息、IPO 申报材料均可在此网站上查询 ⑩和讯网 ⑪万得资讯 ⑫同花顺财经	① http://www.csrc.gov.cn/ ② http://www.sse.com.cn/ ③ http://www.szse.cn/ ④ http://www.neeq.com.cn/ ⑤ http://www.nafmii.org.cn/ ⑥ http://www.chinabond.com.cn/ ⑦ http://www.chinamoney.com.cn/ ⑧ http://www.cfae.cn/ ⑨ http://www.cninfo.com.cn/new/index/ ⑩ http://www.hexun.com/ ⑪ https://www.wind.com.cn/ ⑫ http://www.10jqka.com.cn/
境外资本市场信息	①香港联交所 ②美国证券交易委员会 ③英国伦敦证券交易所 ④新加坡交易所	① http://www.hkexnews.hk/index_c.htm/ ② https://www.sec.gov/ ③ http://www.londonstockexchange.com/ ④ http://www.sgx.com/
境外关联方查询	①中国香港，公司注册处 ②中国台湾，经济部商业司 ③美国 Wysk B2B Hub ④新加坡 ACRA Website ⑤澳大利亚 ABN ⑥印度 Ministry of corporate Affairs ⑦德国 Firmenwissen	① http://www.icris.cr.gov.hk/csci/ ② http://gcis.nat.gov.tw/ ③ http://www.wysk.com/index/ ④ https://www.acra.gov.sg/home/ ⑤ Australia BussinessRegister ABN Lookup/ ⑥ http://www.mca.gov.in/ ⑦ http://www.firmenwissen.de/index.html/

类型	网站名称	网址
税务信息	①增值税一般纳税人资格查询 ②高新技术企业认定	① http://www.foochen.com/ zty/ybnsr/ yibannashuiren.html ② http://www.innocom.gov.cn/
诉讼仲裁情况	①中国裁判文书网 ②中国执行信息公开网 ③人民法院公告网 ④人民法院诉讼资产网 ⑤第三方诉讼查询，如北大法宝、威科、无讼、OpenLaw、理脉 ⑥淘宝司法拍卖 ⑦各省级高院网站 ⑧CaseShare 裁判文书分享平台 ⑨无讼案例 / 无讼名片	① http://wenshu.court.gov.cn/ ② http://zxgk.court.gov.cn/ ③ http://rmfygg.court.gov.cn/ ④ http://www.rmfysszc.gov.cn/ ⑤略 ⑥ http://sf.taobao.com/ ⑦略 ⑧ http://www.caseshare.cn/ ⑨ http://www.itslaw.com/
知识产权信息	①中国商标局中国商标网 ②中国版权保护中心 ③知识产权第三方查询平台（权大师） ④专利第三方查询平台（SooPAT） ⑤商标第三方查询平台（标库网）	① http://wssq.sbj.cnipa.gov.cn ② http://www.ccopyright.com.cn/ ③ http://www.quandashi.com/ ④ http://www.soopat.com/ ⑤ http://www.tmkoo.com/
行政资质	①建设工程相关资质，住房和城乡建设部查询平台 ②食品、药品行业相关资质，国家市场监督管理总局 ③ICP/IP 地址 / 域名信息查询系统，工业和信息化部 ICP/IP 地址 / 域名信息备案管理系统	① http://www.mohurd.gov.cn/ ② http://www.samr.gov.cn/ ③ http://beian.miit.gov.cn
企业环保和劳动人事信息	①国家环保部 ②各地区环保部门官网，主要针对企业所在地的环保部门的公开信息，如年度重点排污单位名录、年度国家重点监控企业名单等。 ③了解其他劳动、社保等方面情况，可参照环保查询企业所在地区的政府主管部门官方网站，侧重信息公示和披露部门	① http://www.mee.gov.cn/ ②略 ③略
搜索引擎	搜索引擎是搜索公司信誉、新闻的最佳手段。例如：谷歌、百度、搜狗、必应等	
公司官网	如果公司有自己的官方网站，则可在其主页上迅速了解该公司的管理层、产品、行业、内部组织架构、对外投资情况等	
其他	域名、微信公众号、微博	

资料来源：根据公开信息整理。

案例 15-6

注册会计师在审计 A 公司 2016 年度财务报表时，发现本年新增服务器等硬件和嵌入式软件销售客户 B 公司，硬件系外购，销售收入金额 2.14 亿元，销售成本 1.61 亿元，产生利润总额 5 300 万元，占 A 公司当期利润总额的 30%。B 公司系另外一家上市公司的全资子公司。注册会计师对该笔交易的真实性存在质疑，但通过实施检查合同、函证销售和采购的交易对手均取得回函确认，注册会计师还进一步到客户 B 现场向相关人员进行访谈，访谈对象也确认该笔交易确实已发生，均未发现 A 公司虚构收入的证据。

因 B 公司是上市公司的全资子公司，根据《公开发行证券的公司信息披露内容与格式准则第 2 号——年度报告的内容与格式》规定，上市公司应在年度报告"经营情况讨论与分析"中披露主要控股及参股公司相关信息，包括主要业务、资产总额、归属于母公司的净资产、营业收入、利润总额等。注册会计师通过巨潮资讯网站查阅 B 公司所属上市公司 2016 年度报告披露的子公司经营信息，发现 B 公司当年收入仅 5 000 万元，资产总额 9 000 万元。如果 B 公司采购自 A 公司的商品实现了销售，则收入至少超过 2 亿元；如果未实现销售，则会形成存货 2.14 亿元，远大于资产总额，显然相互矛盾。注册会计师将该不一致性与管理层沟通，管理层未能合理解释，承认了该笔交易为虚构交易以达到虚增利润的目的。在注册会计师的要求下，A 公司调整了虚构交易账务。

该案例注册会计师通过互联网公开披露的信息，获取了常规审计程序无法取得的有效证据，以支持职业质疑，最终揭露了被审计单位与客户串通舞弊的财务造假行为。

第四节　信息化建设实施路径

由于不同会计师事务所的规模、服务对象、管理体制、发展水平等存在差异，甚至有的差异还较大，即使是同一会计师事务所，由于所处发展阶段不同，信息化建设目标也不同，因而不大可能有适用于所有会计师事务所信息化的"通用"路径。但是，同等条件的会计师事务所，在建设条件、主要功能、应用效果、成本投入、建设模式等方面具有一定的普适性，或者说信息化建设的目标基本相同，实施路径类似。会计师事务所应根据自身条件作出选择，包括建设高水平信息化、中等水平信息化、小规模事务所信息化。

一、建设高水平信息化的路径

（1）建设条件。一般而言，建设高水平信息化的会计师事务所规模较大，治理机制健全，管理水平较高，技术力量强，服务的客户要求高，会计师事务所整体处于行业领先水平。特别是在信息化技术与管理方面具有很强的实力和丰富的实务经验。但是，会计师事务所规模大小，不是建设高水平信息化的必要条件，一些非大型会计师事务所，也可能实现高水平信息化。

（2）主要功能。会计师事务所信息化实现全覆盖，不仅包括审计作业系统，还包括内部管理系统，实现流程控制信息化；广泛使用各种智能审计工具，如审计机器人、分析工具等；改变作业方式，通过共享审计中心等实现精细化分工作业；拥有 IT 审计支持团队；等等。信息化底层技术先进，技术框架至少保持 5～10 年左右不过时，可以适应应用层面的迭代。所有系统、模块互联互通，信息共享。

（3）应用效果。信息化建设的目的是控制风险、提高效率、节约成本、拓展业务等。例如，应用大数据分析，增加了风险导向审计新路径，即高水平信息化在审计方式上有所突破。在效率提升上，相较于低水平信息化或没有信息化的会计师事务所，至少应提高 30% 的效率。从输出结果考察，高水平信息化下，审计工作底稿、办公过程应实现完全或基本无纸化，可以节约成本。此外，高水平信息化还应能拓展业务范围，如开展数据分析等管理咨询业务。

（4）成本投入。建设高水平的信息化，在资金投入上较大，包括一次性建设投入以及后续运行支出。通常而言，首次新建高水平信息化，资金投入较大，如有的会计师事务所仅审计系统建设投入就超过 2 000 万元。此外，会计师事务所应有相应的信息技术方面的专业人才。目前，国内信息化水平较高的会计师事务所，信息技术专业人才多达数十人，有的甚至超过百人。

（5）建设模式。会计师事务所信息化建设，通常有四种模式：自主开发、定制开发、自主开发与定制结合、外购，"四大"则通常是全球统一开发与本土结合方式。由于高水平信息化针对性强，需要开发出较多的个性化信息系统或子系统，宜采用自主开发或自主开发与定制结合的方式。对于"四大"外的本土所，完全自建尚不具备条件，宜以自主开发与定制结合开发为主。高水平信息化，在合作伙伴上应选择实力较强的知名软件开发商；在合作程度上，会计师事务所应深度参与，如定制化程度超过 50%。

二、建设中等水平信息化的路径

（1）建设条件。具备一定规模的中型会计师事务所，或者具有特色的中小型会计师事务所，管理基础较好，客户对服务质量要求较高，宜建设中等水平信息化。

（2）主要功能。该类会计师事务所信息化建设，不求大而全，主要考虑适合自身管理和业务特点建设相应的信息系统，差异化较大。相对高水平信息化而言，是其信息化的一部分，在功能上具有针对性。

（3）应用效果。仍然强调控制风险与提高效率并重，但在数量级上和输出结果上不同，如中等水平信息化效率有一定提高，低于高水平信息化效率提升；审计工作底稿不一定实现完全无纸化等。

（4）成本投入。由于中等水平信息化建设的内容、深度较之高水平信息化少，因而投入相应降低，如 500 万～2 000 万元，专业信息技术人才不少于 10 人。

（5）建设模式。中等水平信息化，可以采用完全自建或合作模式。因复杂程度、功能齐全性及资金投入等不如高水平信息化要求高，这为一些大中型会计师事务所，特别是部分中型会计师事务所自行建设信息化提供了条件。对于合作模式，与高水平信息化建设不同之处，主要在于软件开发商的选择，基于成本效益原则，可选择中等或偏上水平的功能供应商，合作程度上，既可以深入参与，也可中等程度参与。

三、小规模会计师事务所信息化的路径

高水平和中等水平信息化，主要针对大中型会计师事务所。小规模会计师事务所也对信息化建设有迫切需求，该类会计师事务所数量众多，占行业数量比重较大，其最大的特点是从事业务多样化，有的以中小企业审计为主，有的以专项审计为主，但审计客户业务较为简单，会计师事务所规模较小，一般不设分支机构，从业人员通常在 100 人以内，业务收入多在 1 000 万元以内。

由于管理和业务具有较强的共性，因而这类会计师事务所在信息化需求上的共性大于个性，这为开发"通用"审计软件创造了条件。因此，该类会计师事务所信息化建设的路径可考虑"拿来主义"，即外购。外购的方式包括：自行购买市场成熟的审计软件等信息化产品，或者由地方财政部门开发建设适用中小所的信息化系统，以购买服务的方式使用。目前，个别省份已经开始了这方面的探索和开发工作，组织力量开发了适用中小会计师事务所的云审计平台，会计师事务所无需自行开发信息系统，以购买服务的方式在云平台上进行审计作业。

信息化建设的不同模式，对会计师事务所的内部管理、资金投入、应用效果

等有所不同，比较分析如表 15-8 所示。

表 15-8   信息化建设模式比较

建设模式	全球统一开发与本土化相结合	自主开发	定制开发	自主开发与定制开发相结合	外购
总分所一体化管理程度要求	高	高	高	中	低
决策效率	中	高	中	中	高
信息技术开发人员要求	中	高	中	高	低
用户体验	高	高	中	中	低
可扩展性	中	高	中	中	低
迭代速度	高	高	低	中	低
前瞻性	高	中	中	中	低
投资成本	高	中	中	中	低

案例 15-7

　　某会计师事务所是国内规模较大的事务所，为了实现数字驱动转型，战略赋能未来的数字化转型，启动了新一轮信息化建设。在建设目标上，该事务所确立了建设高水平信息化的目标，具体实施由事务所主导设计，软件开发商负责技术开发的合作模式。2020 年 8 月，该会计师事务所"××审计作业平台"上线，正式推动事务所信息化建设迈入 2.0 时代。该会计师事务所的信息化建设路径选择，采取了"建设高水平信息化"目标，采取了自主设计，委托软件开发商定制开发模式。

　　"××审计作业平台"取得四大突破：一是网络化。将原单机版的审计软件互联网化，改变了审计作业管理的模式和审计人员的工作方式，实现把审计工作从线下搬到线上。二是数字化。实现审计证据和审计工作底稿数字化、无纸化，使审计业务"焕然新生"。无纸化将降低各项成本，改善人才结构，推动事务所执业质量和管理水平再上新台阶。三是智能化。采用 AI、OCR、RPA 等多种技术，嵌入多项审计工具，提高审计工作效率，强化风险管理。四是灵活化。充分考虑了审计作业的复杂化、多样化，在符合准则规定、坚持质量优先的基础上，给审计人员更多灵活的选择和职业判断的空间。

　　"××审计作业平台"具备六大核心功能点：一是审计协同。集团公司与子分公司协同、项目经理与编制人协同、项目组成员与复核人员协同、项目组成员与被审计单位协同。审计协同在特殊时期发挥着重要作用，随时随地协同办公，极大地提高审计效率。二是风险导向。通过审计裁剪，体现风险导向理念，包括审计策略裁剪、业务循环裁剪、业务特征裁剪、控制测试裁剪。可利用审计工具为底稿做"加法"，使得整个审计作业分工更加全面、细致。三是质量管控。包括项目风险管理、风险导向、关键控制、质控复核管理。可从不同角度进行风险测评，全方位进行风险把控。四是扩展性强。审计作业系统采取"平台＋工具"模式，打破了传统审计软件模式的固有限制，线上与线下相结合，控制与开放相结合，具有低耦合性、可插拔性、灵活性、学习成本低等优点。五是数据共享。实现项目组、独立复核、管理人员等共享审计数据，能够进行动态过程管理审计项目。实现底稿复核在线复核，复核人员可随时随地在线查看底稿及底稿附件，亦可轻松追溯审计底稿的历史版本，极大地方便了质控人员的复核工作。六是互联互通。审计作业平台与会计师事务所函证中心、客户管理、工时考核等其他管理系统相联通，与客户建立数据对接端口，解决了"信息孤岛"问题。

四、信息化建设关注的重要问题

（一）技术架构问题

从当前企业级应用系统而言，分为 B/S 架构和 C/S 架构，两者各有优势，前者部署方便，但界面功能和交互性较弱；后者界面功能丰富，但部署和升级较为复杂。信息化实施中，采用何种架构，需要慎重考虑。在具体软件开发技术的选择上，应当尽量采用通用、成熟的技术路线。例如，采用 .Net 技术平台是开发桌面应用的较好选择；如果采用 B/S 架构，则 J2EE 较为流行；JAVA 也是较流行的开发工具。在移动终端开发方面，有 iOS、Android 等技术，需要针对性地开发相应的App（或采用微信小程序、H5 客户端）。

需要注意的是，信息化建设是一个循序渐进的过程，在设计底层技术架构时必须充分考虑更新与升级及扩展的接口，可采用搭积木式的"插拔式"架构模式，以增强信息系统对未来新技术、新方法的适应性。注重软硬件平台的标准化和开放性，搭建基于标准架构的开放性信息化平台，能够有效避免厂商绑定。

（二）审计作业系统的模式

审计作业系统建设建立的前提是有适合会计师事务所的审计方法论，同时既要体现审计准则规定的流程，又要体现灵活性，是否锁定程序的先后顺序取决于会计师事务所的管理水平和执业人员的素质；既要有"规定动作"，又要给予注册会计师更多的职业判断空间，避免将审计系统单纯当作"刷底稿"的工具；既要有全面性、包容性，能够涵盖注册会计师的业务范围，也要有前瞻性、扩展性。实务中，将审计作业系统建设成为"通用平台＋审计工具"的模式值得借鉴，"通用平台"主要功能为流程管理、审计文档记录与存储，而"审计工具"是工具箱，包括函证工具、会计分录测试工具、数据分析工具等，由注册会计师根据需要应用。该模式能够降低开发难度，也降低了注册会计师运用门槛，易于推广使用。目前，也有一些市场化的审计辅助工具，既可独立使用，信息化建设中也可考虑如何与审计平台相结合。

（三）系统运行稳定性与流畅性

影响审计作业系统使用常见的现象是不稳定，出现速度慢、卡死、数据丢失等问题，其原因多种多样。比如由于开发技术水平有限导致系统的不稳定，又比如由于 Office 版本兼容性的难点导致系统数据交互问题等。系统的稳定性是信息化建设极为重要的环节，直接决定成败。为此，会计师事务所需要谨慎论证系统的建设可行性，在系统开发及上线过程中执行严格的管理控制程序。

（四）业务范围覆盖面

会计师事务所运用的现行审计作业系统或审计软件，主要针对财务报表审计，注册会计师从事的其他业务，如经济责任审计、清产核资、验资、管理咨询等非财务报表审计，仍然为线下操作。设计作业系统时，可考虑增加"入口"，将非财务报表审计业务纳入信息化平台执业，实现业务范围全覆盖。

（五）技术标准嵌入

信息化设施是实现审计目标的手段，或者说仅是审计工具，对于审计这种高度"非标"的工作而言，计算机难以替代注册会计师的职业判断。如何在审计平台中植入供执业人员选择的审计程序、风险领域提示等，实现"电脑"与"人脑"的有机结合，是确保信息化成功的重要因素。这对于系统开发及迭代管理的要求非常高，需要不断地将新的准则、监管要求和实务中的经验形成文档嵌入审计作业系统中，供执业人员参考。从这个角度说，负责技术标准或质量控制的注册会计师是信息化建设中的"另类"构架师。

（六）数据存储方式

电子审计档案的管理，主要涉及两个问题：安全性和成本。信息安全是信化建设最重要的问题之一，特别是按照相关法律法规要求，注册会计师有义务为客户信息保密，而现行审计对象不局限于财务数据，容易出现数据安全问题，因而信息化建设中要充分考虑数据安全性，如对采集的客户原始数据进行加密处理、严格电子档案管理规程等。

审计工作底稿无纸化，意味着海量的电子数据，大型会计师事务所一年数据量将达 TB 或 PB 级 [①]，甚至更大，且会呈快速增长，服务器等存储设备投资较大。选择私有云，还是公有云，如阿里云、华为云、首都在线等，或者二者结合的混合云存储数据，各有利弊。

（七）实施信息化的基础条件

一个组织的管理需要制度化、制度需要流程化、流程需要信息化，会计师事务所也不例外。信息化建设的过程，也是管理与制度梳理的过程。不论是审计作业系统，还是内部管理系统，流程设计、控制都必须与会计师事务所的实际制度相符。特别需要注意的是，信息化建设要规范先行、强化基础、理解全面，切忌在落后的专业技术标准下搞信息化，也不要在粗放的内部管理基础上实施信息化，不要在不具备网络数字化基础上搞智能化，即信息建设必须具备一定的内控条件，否则不可能实现目标，甚至可能带来灾难。

（八）经验与成果借鉴

近年来，不少会计师事务所在信息化建设方面不断探索，有成功的经验，也有失败的教训，软件开发商也不断总结，推出改进后的审计作业系统或管理平台。会计师事务所信息化建设，不必一定要从"零"开始，宜采取"拿来主义 + 自身特色"的方法，广泛考察借鉴已经比较成熟有效的做法，集众家之所长，结合会计师事务所内部管理需要，建设适合自身特点的信息化系统。从中长期看，会计师事务所的信息化将趋于同质性，特别是审计作业系统、项目管理系统等与审计执业相关的信息化平台。

（九）开发团队协作

在定制式信息化建设中，需求是关键，需求由购买服务方提出，因此，会计师事务所参与人员非常重要。调研发现，有的事务所定制软件效果不理想，原因之一是开发过程中主要由技术人员参与，未能充分考虑一线执业人员的需求。定制量越大，会计师事务所参与人员应越多，且要有广泛代表性，包括各个职位层

[①] 计算机数据硬盘的存储容量单位，1TB=1024G，1PB=1024TB。

级人员、各个岗位人员。建设期间，双方人员要有整体上为一个团队的意识，充分论证每一条需求。

（十）培养引进信息技术专业人才

当前会计师事务所信息化建设中遇到的重要问题之一，是缺乏信息技术专业人才。该类人才不仅在信息化建设和运营维护中发挥重要作用，而且在支持财务审计、拓展 IT 咨询业务等方面成为不可或缺的角色，更是审计创新的重要力量。所以，不论是从技术、管理方面，还是市场拓展方面，会计师事务所要优化人才结构，大力培养、引进信息技术人才，逐步实现人才队伍的多元化，提升持续发展能力。

参 考 文 献

［1］中国注册会计师协会.审计［M］.北京：中国财政经济出版社，2021.

［2］阿尔文·A.阿伦斯等.审计学：一种整合方法［M］.北京：中国人民大学出版社，2010.

［3］韩洪灵，陈汉文.审计理论与实务［M］.北京：中国人民大学出版社，2019.

［4］注册会计师行业研究报告编写组.2020年注册会计师行业重点问题研究报告［R］.2020.

［5］财政部会计重要性课题编写组.重要性在财务报表中的应用：理论与实务［M］.北京：中国财政经济出版社，2019.

［6］证监会会计部.证券审计与评估行政处罚案例解析［M］.北京：中国财政经济出版社，2019.

［7］袁小勇.上市公司财务舞弊审计研究与案例解析［M］.北京：中国财政经济出版社，2020.

［8］陈毓圭.注册会计师职业化十四讲［M］.北京：.中国社会科学出版社，2018.

［9］吴卫军.资本的眼睛［M］.北京：中信出版社，2019.

［10］刘燕.会计师民事责任研究：公众利益与职业利益的平衡［M］.北京：北京大学出版社，2004.

［11］最高人民法院民事审判第二庭.最高人民法院关于会计师事务所审计侵权赔偿责任司法解释理解与适用［M］.北京：人民法院出版社，2015.

［12］普华永道.财务报表审计中对信息系统的考虑［M］.北京：中国财政经济出版社，2018.

［13］陈伟.大数据审计：理论、方法与应用［M］.北京：科学出版社，2021.

［14］证监会.监管规则适用指引：审计类第1号［R］.2021.

［15］证监会.会计监管风险提示第2号：通过未披露关联方实施的舞弊风险［R］.2015.

［16］证监会.首发业务若干问题解答（2020年6月修订）［R］.2020.

［17］中国注册会计师协会.中国注册会计师审计准则问题解答［R］.2019，2020.

［18］中国注册会计师协会.关于在新冠肺炎疫情下执行审计工作的指导意见［R］.2020.

［19］舒惠好.关于新时代注册会计师行业职能问题的思考［J］.会计研究，2021（1）.

［20］黄世忠.上市公司财务造假的八因八策［J］.财务与会计，2019（16）.

［21］谢荣.论注册会计师应有的职业关注［J］.审计研究，1988（4）.

［22］李若山，周莉珠.论注册会计师的勤勉尽责［J］.中国注册会计师，2000（12）.

［23］李洪.上市公司被立案调查对审计意见影响研究［J］.中国注册会计师，2014（11）.

［24］李洪.把握八个关系，控制审计风险［J］.中国注册会计师，2015（1）.

［25］李洪.数字经济时代的注册会计师审计转型［J］.国际商务财会，2017（5）.

［26］李洪.商誉减值测试应关注的若干问题［J］.国际商务财会，2019（5）.

［27］李洪.会计师事务所项目质量复核若干问题探讨［J］.中国注册会计师，2020（7）.

［28］李洪.审计失败与注册会计师职业化思考［J］.中国注册会计师，2019（11）.

［29］李洪.审计的逻辑：基于选择的视角［J］.现代审计与会计，2020（12）.

［30］李洪.新形势下的注册会计师审计：新变化·新格局［J］.商业会计，2021（2）.

［31］季丰.会计师事务所实施联网审计有关问题思考［EB/OL］.中国会计视野，2015.

［32］胡亚玲.审计服务众包：信息化时代注册会计师审计模式转型探索［J］.中国注册会计师，2018（10）.

后　记

2020 年 11 月，笔者撰写发表《审计的逻辑：基于选择的视角》一文，引起了一些审计同仁的关注，认为文章对注册会计师行业执业一线的审计人员有些帮助。对外经济贸易大学博士生导师、审计学专家叶陈刚是我的朋友，看到文章后，专程到会计师事务所与我探讨，建议以这篇文章为基础，出版一本审计方面的专著。

叶教授的建议，使我想起几年前写作《中国证券市场 IPO 审核财务问题 800 例》的历程。当时，我在整理 IPO 方面的财务资料供内部参考时，大信创始合伙人吴益格、中国注册会计师协会原秘书长丁平准建议我以整理的资料为基础，出版一本关于 IPO 财务方面的书，在两位行业老前辈的鼓励下，才有了后来的《中国证券市场 IPO 审核财务问题 800 例》。作为一名行业老兵，面对当前行业所处的压力，我觉得有义务做点什么，加之长期负责会计师事务所质量管理方面的工作，也有必要将自己的一些经验和体会写出来，供行业从业人员参考。所以，我欣然接受了叶教授的建议。

本书在写作过程中，得到了同事们的大力协助，他们是技术合伙人王微伟、质量管理合伙人冯发明、技术部高级经理何先琴等，他们整理收集了很多资料，感谢他们的辛勤付出！此外，由衷感谢我的家人默默支持，使我有信心和时间顺利完成写作。

李　洪

2021 年 11 月